本书为内蒙古大学"部省合建"科研专项高端成果培育项目
本书为内蒙古大学铸牢中华民族共同体意识研究系列丛书
本书为内蒙古自治区直属高校基本科研人文社科类支持科技领军人才和
创新团队建设科研项目"内蒙古自治区文化建设成效调查研究"（20300-54220366）的阶段性成果

推进内蒙古自治区
文化建设高质量发展的路径研究

Research on the Path of Promoting High Quality Development of
Cultural Construction in Inner Mongolia Autonomous Region

梅花 ◎ 主编

图书在版编目(CIP)数据

推进内蒙古自治区文化建设高质量发展的路径研究 / 梅花主编 . —北京：经济管理出版社，2023.12
ISBN 978-7-5096-9526-5

Ⅰ.①推… Ⅱ.①梅… Ⅲ.①文化产业—产业发展—内蒙古—文集 Ⅳ.①G127.26-53

中国国家版本馆 CIP 数据核字（2024）第 008184 号

组稿编辑：任爱清
责任编辑：任爱清
责任印制：黄章平
责任校对：陈　颖

出版发行：经济管理出版社
　　　　　（北京市海淀区北蜂窝 8 号中雅大厦 A 座 11 层　100038）
网　　址：www.E-mp.com.cn
电　　话：(010)51915602
印　　刷：北京晨旭印刷厂
经　　销：新华书店
开　　本：787mm×1092mm /16
印　　张：19.25
字　　数：481 千字
版　　次：2024 年 6 月第 1 版　2024 年 6 月第 1 次印刷
书　　号：ISBN 978-7-5096-9526-5
定　　价：98.00 元

·版权所有　翻印必究·

凡购本社图书，如有印装错误，由本社发行部负责调换。
联系地址：北京市海淀区北蜂窝 8 号中雅大厦 11 层
电话：(010)68022974　邮编：100038

前 言
PREFACE

  人的生活实践离不开文化。所谓的人生意义也就是把习得的文化传承给后人从而延续民族的发展并推动人类文明。文化无处不在，物质的、精神的、行为的和制度的，贯穿于人的整个生活实践当中。个人的文化属性，自觉抑或不自觉地改变着其人生轨道。文化建设，作为有目的的集体行为，是为了满足人们对美好生活的期待而进行的具有价值取向的社会活动，即改善文化属性从而改造社会的集体观念和行为。

  内蒙古自治区的文化建设，从内蒙古自治区成立以来通过几代人的长期探索和实践积累了大量的成功经验，推进了内蒙古自治区各民族社会经济文化事业的和谐发展、实现了长期的繁荣与稳定。70多年的民族区域自治制度的实施，内蒙古自治区在诸多方面取得了很好的成绩，尤其在文化建设等各方面取得了举世瞩目的成就，已成为祖国北疆重要生态安全屏障和祖国北疆安全稳定屏障。近年来，为促进各民族人心归聚、精神相依，内蒙古自治区系统集成红色文化、草原文化、农耕文化、黄河文化、长城文化等优秀文化领域，正在精心打造北疆文化品牌，兴起了新一轮的文化风尚。在此社会急速变革的节点上，总结民族区域自治制度实施70多年来内蒙古自治区文化建设的成功经验和不足，为相关部门提供理论依据和政策建议，成为摆在民族学与社会学科研工作者面前的一项重要任务。

  文化人类学在广义上包括考古学、语言学、民族学等范畴，在狭义上是指民族学，其以文化视角研究人与群体的思维和行为模式从而揭示人类文化史。因此，从某种意义上来讲，文化人类学研究使科学更能够接近于人，落实于人。本书以马克思主义为指导，从民族学、社会学、经济学等多学科/交叉学科的视角，用文献分析与田野调查相结合的研究方法，在畜牧业、手工业、民俗和艺术等文化产业的多领域，以制度、实践、人文和经济等不同领域的议题作为研究主线，以人类学的田野调查方法搜集实时的数据和资料，对内蒙古自治区文化建设过程中取得的成效和存在的问题进行调查研究。全书所选的八篇文章，通过个案调查收集第一手资料，以个案展现整体，并从实践路径中进行动态分析，包括每个个案的相关个人及其所属的群体以及其背后的人文社会背景和运行的细节，如实客观地进行探讨和分析，以便能够较清晰地呈现新时代文化建设的具体实践路径，力争在把握新时代内蒙古自治区文化建设历程中的成功经验的同时总结和反思尚存的问题。

  丰富文化资本和提高国家软实力均关系到全民科学文化素质和思想道德素养。无论是物质文化还是非物质文化，各行各业的文化建设都离不开社会经济基础。在文化保护和文化产业化的双重需求下，在市场经济的介入和文化主体的自觉调适中，经济增长和文化繁荣彼此依存、互相促进。文化事业与经济效益当然会受到政治制度的直接影响。因此，只有将文化研究置于社会整体中，从历时和共时的结合点出发，在兼顾主位和客位观点的同时，探讨文化给其所有者正在带来的全面效益，才能够更客观、全面地展现和分析文化建设的真面目。本书基于上述观点，旨在为相关研究领域增添一些具有特色和创新的内容和启示，编者倾注了力所能及的精力和时间，相信定能给读者带来不一样的品读体验。但由于我们自身水平有限，理论探讨方面不够深入，田野调查也做得不够充分，与我们自己向往的高水平目标还有一定的距离。未来，我们会在诸多方面努力探索。

  最后，本书的顺利出版首先要感谢经济管理出版社任爱清编辑与其他编校人员的辛勤付出；其次要感谢内蒙古大学民族学与社会学学院张士伟老师对本书的润饰修改。即使这样，书中可能还难免出现错误，恳请各位专家和学者批评指正。

梅花

2024 年 2 月 16 日

目 录
CONTENTS

论社会资本对牧户经济行为的影响 ·················· 杜兰　阿拉坦宝力格　001
  一、绪论 ··· 001
  二、巴林右旗畜牧业及合作社发展概况 ····························· 007
  三、社会资本与合作社运营 ·· 012
  四、合作社社会资本变迁与资源获取 ································· 020
  结论 ··· 037
  参考文献 ··· 040
  附录 ··· 043

内蒙古地区畜群经营方式变迁研究 ················ 查苏娜　那顺巴依尔　044
  一、绪论 ··· 044
  二、研究地概况 ··· 051
  三、中华人民共和国成立以来 X 嘎查放牧方式的演变 ··········· 056
  四、禁牧政策实施以来 X 嘎查牧户畜群经营方式的选择 ········ 065
  五、生计资本存量及变量对牧户畜群经营方式的影响 ············ 076
  结论 ··· 089
  参考文献 ··· 090

蒙古族银匠产业高质量发展路径研究 ······················· 阿斯娜　梅花　096
  一、绪论 ··· 096
  二、蒙古族现代银匠技艺的传承与其面临的问题 ·················· 102
  三、发扬"工匠精神"谋发展 ··· 110
  结论 ··· 116
  参考文献 ··· 117

民俗文化产业高质量发展意义研究 ························· 乌日力格　梅花　121
  一、绪论 ··· 121
  二、巴尔虎民俗文化产业园建设与历程 ····························· 126
  三、巴尔虎民俗文化产业园的文化保护与传承 ····················· 130
  四、巴尔虎文化再生产的动因及利用方式 ··························· 137
  五、巴尔虎文化再生产机制、意义及发展对策 ····················· 145
  结论 ··· 152
  参考文献 ··· 153
  附录 ··· 156

改善牧区奶业经营方式的路径研究 ··········· 高日军　梅花　159
 一、绪论 ·· 159
 二、田野点的概况 ································ 167
 三、宝木图嘎查牧民奶业经营方式的变化 ······· 170
 四、改善经营方式发展宝木图嘎查牧民奶业 ····· 181
 结论 ··· 189
 参考文献 ·· 190

奈曼版画的象征人类学阐释 ··············· 梁玉莲　杨常保　194
 一、绪论 ·· 194
 二、奈曼版画概述 ································ 203
 三、奈曼版画的工艺考述与分类 ················ 207
 四、奈曼版画的符号与象征意涵及价值 ········· 218
 结论 ··· 228
 参考文献 ·· 229
 附录 ··· 233

多民族共享那达慕大会文化空间的发展路径研究 ··· 赵额尔敦　乌日图那苏图　235
 一、绪论 ·· 235
 二、达尔罕茂明安联合旗及其那达慕大会概况 ··· 242
 三、那达慕文化空间再生产的逻辑 ·············· 246
 四、那达慕文化空间的运行模式 ················ 249
 五、那达慕文化空间中各民族交往交流交融的思考 ··· 259
 结论 ··· 261
 参考文献 ·· 262
 附录1　民族交往交流交融视角下的那达慕文化研究访谈调查提纲 ·········· 266
 附录2　民族交往交流交融视角下的那达慕大会研究调查问卷 ·········· 267
 附录3　田野调查资料1 ························· 268
 附录4　田野调查资料2 ························· 272

非物质文化遗产乌珠穆沁长调的传承研究 ········· 贺希格达来　乌日图那苏图　274
 一、绪论 ·· 274
 二、乌珠穆沁及长调概述 ························ 279
 三、乌珠穆沁长调当代传承载体 ················ 284
 四、乌珠穆沁长调当代传承人 ··················· 289
 五、乌珠穆沁长调当代传承空间 ················ 295
 结论 ··· 298
 参考文献 ·· 299
 附录 ··· 302

论社会资本对牧户经济行为的影响

杜兰　阿拉坦宝力格

摘　要：巴林右旗是以畜牧业为主体经济的牧业旗。据实地调研了解，巴林右旗合作社建设已经基本实现全乡村覆盖，已经到了提质转型的关键阶段。由此，本文在已有的内蒙古牧业合作社研究基础上，以社会资本理论为理论指导，通过访谈法、参与观察法等研究方法，展现合作社运营过程中社会资本的作用机制并进一步探讨社会资本对牧户经济行为的积极影响，继而为当地合作社规范发展提供一些有益的思考。

本文在厘清巴林右旗牧业合作社发展概况的基础上，对巴林右旗发展较为典型的合作社进行案例分析研究。最后通过实证研究得知，社会资本影响着个体合作进程、社员合作绩效。社会资本也可通过其积累性特征予以资源匮乏者动员或获取嵌入在人际关系、社会网络中资源的可能性。因此，在合作社建设过程中需重视社会资本的积极作用。

关键词：巴林右旗；牧业合作社；社会资本

一、绪论

（一）选题背景

自中华人民共和国成立以来，农村合作经济组织经历了从互助组、初级社和高级社、人民公社到现在的专业合作社的发展历程。这展现着合作经济组织在不同的经济体制中组织方式的不同，也展示了合作经济组织如何受国家经济体制改革的影响逐步实现向专业化、规范化合作组织的转变。在合作经济组织发展历程中，于2006年10月通过、2007年7月1日实施的《中华人民共和国农民专业合作社法》（以下简称《合作社法》），标志着农民专业合作社进入依法发展的新阶段。《合作社法》的制定和颁布不仅保护了农民专业合作社及其社员的合法权益，也给专业合作社的发展指明了前进的道路。在《乡村振兴战略规划（2018—2022年）》当中，对壮大新型农牧业经营主体方面也作出具体部署。这一系列引导和鼓励合作经济组织发展的文件相继出台，为新型农业经营主体的发展提供了良好的政策与法律环境。

党的二十大指出："中国共产党的中心任务就是团结带领全国各族人民全面建成社会主义现代化强国、实现第二个百年奋斗目标，以中国式现代化全面推进中华民族伟大复兴。"其中，"加快推进农业农村现代化"是中国式现代化的题中应有之义，是实现农业大国向农业强国跨越的基础和支撑。牧区作为内蒙古自治区乡村社会重要的组成部分，是实现现代化发展的重要场域。它不仅与全国农村牧区的发展有着共同的特点，还具有自身的区情特征。例如，随着草原生态环境保护政策的实施，牧区家庭承包经营中"小而全"的生产布局，直接或间接地导致了牧户在生产交易中成本过高以及家庭经营市场竞争力较弱等问题。而牧区出现的在家庭经营的基础上自愿联合、民主管理的互助性合作经济组织，不仅满足了牧户应对市场化进程中的组织化需求，也成为了其增加经济收益、发展现代畜牧业的现实选择。

习近平总书记指出，农民专业合作社是带动农户增加收入、发展现代农业的有效组织形式，要总结推广先进经验，把合作社进一步办好。内蒙古自治区深入贯彻习近平总书记重要指示精神，认真落实党中央、国务院有关工作部署。2020年出台的《关于规范提升农牧民合作社的实施办法》进一步规定，把贫困地区的农牧民合作社、旗县级以上示范性合作社、合作社联合社等作为支持重点，在农牧民合作社规范运行管理、培育发展壮大、分类改造提升、严格监督管理、强化政策保障五个方面作出具体规定。截至2021年6月，被纳入全区农牧民合作社质量提升整县推进试点共27个，其中15个成为国家级试点。本文田野调查点——巴林右旗是第三批全国农牧民合作社质量提升整县推进试点之一。

(二) 选题意义

1. 理论意义

社会资本理论认为，社会资本表现为一定的社会关系网络，强调的是在社会人际网络关系中所蕴含的诸多无形的资源。牧区出现的新型合作社作为一种"人的联合"，在其生成、运作、发展过程中不可避免被嵌入到社会关系网络当中，其生产生活也离不开对各种无形网络关系及网络关系资源的运用。由此，本文以社会资本理论为指导，分析巴林右旗牧业合作社发展相关问题。这对于进一步充实有关牧业合作社社会资本的研究具有一定的理论意义。

2. 现实意义

自巴林右旗被农业农村部确定为农牧民专业合作社质量提升整旗推进试点单位以来，始终把规范和加强农牧民专业合作社建设和管理作为全旗农牧业发展的重要任务之一。由此，在特定的制度环境中，合作社的存续和发展总是与国家对它的各种扶持联系在一起。那么，除了关注政府在合作社建设过程中的外部引导、帮扶的同时，也需要从参与合作社组建的行为主体视角，探究其社会关系网络中存有的社会资本对合作社成立、维持和发展产生的影响。本文重点以分析当地发展较为典型的合作社为个案研究对象，寻求合作社运行过程中社会资本的作用机制，为当地已经发展起来的合作社以及后续需要建立的合作社提供相应的引导和借鉴，继而为牧区振兴提供一些有益思考。

(三) 研究方法

本文在具体了解社会资本对巴林右旗牧业合作社发展所发挥的积极影响时主要以巴林右旗地区旗级以上牧业合作社为研究对象，运用人类学田野调查法进行翔实的考察，以期获取与本研究有关的第一手资料。具体方法如下：

1. 访谈法

在田野调查过程中，笔者为厘清巴林右旗合作社发展的全貌，首先，选取相关的政府工作人员进行半结构式访谈法，以了解当地牧业合作社发展所包含的具体特征，为进行下一步的研究明确具体方向。其次，在了解合作社发展过程中的社会资本特性及其作用机制时，笔者采用半结构式访谈法和非结构式访谈法进行访谈，将与本研究相关的疑问带入到访谈中，对合作社领办者、社员、员工（雇工）等不同的主体进行访谈，且在受访者同意的情况下，使用录音、录像等方式保存访谈内容，以便整理成文字资料，以此来获得深入、丰富的定性资料，提高民族志的解释力，从而对当地发展较为全面、具有典型性的（牧业）示范合作社的生成、运作、发展有较为深入的了解，以期对牧业合作社的发展提出一些有益的思考。

2. 参与观察法

参与观察的研究方法主要在牧业合作社进行，通过主客位研究法相结合，不仅要求研究者作为牧业合作社的一员参与合作社的日常生产、生活，也要求研究者在长期的互动和接触中观察领办者、社员的言行，了解、记录他们如何安排合作社的生产生活，从而掌握合作社在技术、劳动、产品销售等方面与内部、外部的交流与合作情况，以此推断其社交圈范围的广度、深度以及信息接收灵通性等基本情况，使得研究者对内部社会资本和外部社会资本在合作生产活动中所发挥的作用形成较为真实、全面的了解。

（四）概念界定

1. 牧业合作社

合作社起源于西方，1844年在欧洲诞生了第一个规范的合作社——罗虚代尔公平先锋社。自此以后，合作社经过170多年的发展，在欧洲一些国家的农业领域仍扮演着重要角色，并且在农村经济生活中占据着重要地位。1966年国际合作社联盟在罗虚代尔的行为规范和组织要点的基础上提出了合作社的六项原则，即入社自由、民主管理、资金报酬适度、盈余返还、合作教育、合作社之间的合作。1995年7月，国际合作社联盟重新颁布合作社合作的七项原则，即自愿开发的社员原则、社员民主管理原则、社员经济参与原则、自主和自立的原则、教育培训和信息的原则、合作社之间的合作原则、关心社区的原则（达林太、郑易生，2010）。这些都成为合作社赖以建立的主要参考原则。

牧业合作社，也称为畜牧业专业合作社。关于牧业合作社目前还没有明确的概念界定，丁忠兵（2014）将畜牧业合作社定义为，在农村牧区家庭承包经营基础上，畜产品的生产经营者或者畜牧业生产经营服务的提供者和利用者自愿联合、民主管理的互助性经济组织。乔娟等（2018）认为，畜牧业专业性合作经济组织是改革开放以来发展起来的新型合作经济组织，主要特点是在不改变农牧民家庭经营的基础上，自愿地在某特定生产领域实行联合的合作组织。李志青（2005）认为，畜牧业合作社是在同一产业领域内（如养鸡合作、养猪合作等），或者在某个生产环节合作（如畜牧业机械合作、运输合作、饲料合作、加工合作等）。

综上所述，新型合作社相较于传统合作社组织形态中的互助组阶段、初级社阶段、高级社阶段再到人民公社阶段发展经历的不同之处在于，它改变以往把土地、资金、牲畜、生产工具并为"大集体""政府化"的做法，保留农牧户独立自主的产权、经营权，并建立在其自愿互利基础上的兼有社会与经济功能的合作组织。

2. 社会资本

社会资本作为一个综合性的概念和研究方法，广泛应用于社会学、政治学、人类学和经济学，因而在不同学科应用当中，其概念使用会有所差异，最终由于其定义丰富而导致学术界无法给出确切的、普遍接受的定义。李志青（2005）在《社会资本技术扩散和可持续发展》一书中指出，汉尼芬（Hanifan，1916、1920）是最早独立使用"社会资本"这一名称的学者，他用"社会资本"概念说明了社会交往对教育和社群社会的重要性。但对社会资本概念的第一个系统阐释却在20世纪80年代以后才出现。自此以后，社会资本概念成为学者进行学术研究的新视角。尤其在20世纪90年代以后，它成为许多学科所关注的热门概念和分析研究的重要起点。自20世纪80年代开始，社会资本理论的发展脉络可具体归纳为初期阶段、发展阶段以及扩张阶段三个阶段（卜长莉，2005）。

（1）社会资本理论初期阶段。社会资本理论初期阶段以法国社会学家布尔迪厄对于社会资本理论的研究为主。布尔迪厄是对社会资本概念做系统阐述的第一位学者，1980年，他在《社会资本》一文中正式提出了社会资本的概念，认为"社会资本是以网络形式存在的'实际或潜在的资源集合体'……这一网络是同某种团体的会员制相联系的，它从集体性拥有资本的角度为每个会员提供支持，为他们提供获得声望的'凭证'"。不难看出，布尔迪厄揭示了社会资本中蕴含的工具性本质。具体来讲，布迪厄把社会资本定义为一种可以从中吸取某种资源、持续性的体制化的社会网络。在《社会资本在人力资本创造中的作用》一文中指出，通过社会资本，行动者能够摄取经济资源，以提高自己的文化资本，并从网络中获得非常不平等的收益（肖东平、王春秀，2013）。

（2）社会资本理论发展阶段。1988年，科尔曼从社会资本的功能定义社会资本的概念。在他看来，"社会资本和其他形式的资本的相同之处在于，社会资本不仅具有生产性特征，也不能被完全代替。由此，在实现某些既定的目标时，是否拥有社会资本起着决定性作用。而其不同之处在于，社会资本存在于人际关系的结构之中，它既不依附于独立的个人，也不存在于物质生产过程之中"。

在布尔迪厄和科尔曼有关社会资本的讨论当中，都涉及有关社会网络的概念，但"在布尔迪厄和科尔曼的研究中网络更多只是一种比喻。而社会网络理论则在继承格兰诺维特的'社会网络分析'（Social Network Analysis）的基础上，超越了隐喻阶段，形成一套关于社会网络的社会资本观"。在社会网络观看来，社会不仅是个由网络构成的大系统，而且是一种具有依赖性的联系网络。在这种或交错或平行的网络当中，社会成员按照联系点有差别地占有稀缺资源和结构性地分配这些资源。而网络分析观的特别之处在于，强调按照行为的结构性限制而不是行为者的内驱力来解释行为。由此，在试图探索社会关系网络的结构以及它对社会行为的影响时，波特斯从网络成员关系角度、博特从网络结构角度、林南从网络资源角度研究了社会资本，他们的研究都深化了布尔迪厄和科尔曼对社会资本理论的研究（卜长莉，2005）。

（3）社会资本理论扩张阶段。社会资本理论扩张阶段是指社会资本概念逐渐向政治、经济、文化领域的扩张。

20世纪90年代，帕特南（2001）将社会资本概念引入政治学研究领域，并且提出了较有影响力的观点。帕特南指出："与物质资本和人力资本相比，社会资本指的是社会组织特征，例如，信任、规范和网络，它们通过推动协调和行动来提高社会效益。社会资本提高了物质资本和人力资本的收益。"其特点在于从社会组织的角度定义了社会资本,改变了以往从个人层面探讨社会资本的研究视角。

美国学者迈克尔·伍考克(1998)从创新、制度经济学、经济发展和国家政策等方面研究社会资本。迈克尔·伍考克(1998)回顾了生产手段的发展历程,高度肯定社会资本对经济进步与社会发展的意义。他通过对社会资本理论的运用进一步发现,当各方都以一种信任、合作与承诺的精神来把其特有的技能和财力结合起来时,就能得到更多的报酬,也能提高生产率,因而建立、培养、维持社会资本对经济发展具有重要意义。

弗朗西斯·福山(1998)从文化的角度研究社会资本。他指出社会资本是建立在社会信任基础之上的,即所谓社会资本,则是在社会或其下特定的群体之中,成员之间的信任普及程度,这样的信任也许根植于最小型、最基础的社会团体里,无论是小到家庭,大到国家,还是其他居于两者之间的大大小小的群体中。社会资本和其他形态的人力资本不一样,它通常是由宗教、传统、历史习惯等文化机制所建立起来的。文化中所能传递的道德意识、共同的价值观念,成为了社团成员相互信任的基础,塑造着人与人之间的社会资本,而法律条文和规范并不能成为约束成员之间关系的准则。

在国内有关社会资本的研究是对社会资本概念的外延和拓展,注重社会关系网络和社会个体如何从社会网络汲取社会资源的过程研究。张其仔(1999)认为,社会资本从形式上看就是社会关系网络;边燕杰和丘海雄(2000)界定社会资本是"个体通过社会关系摄取稀缺资源并由此获益的能力",即社会成员关系和个体的社会关系网络成为形成社会资本的重要来源。

综上所述,诸多学者对社会资本的定义各不相同,各有侧重,但是在社会资本的构成要素上,基本上都包含信任、规范和网络三个方面的内容。由此本文在分析巴林右旗牧业合作社社会资本时,从当地牧业合作社所展现的主要特征——能人领办型合作社的特征入手,将合作社社会资本分为合作社内部社会资本和外部社会资本进行分析。其中,内部社会资本指的是合作社的内部人际信任、关系网络、潜在的规范等促成集体行动以及提高经济效益的作用机制;外部的社会资本主要是指合作社领办者所拥有的,利于促进合作社发展的、通过社会关系网络所能动用的各种关系资源。

(五)国内外文献综述

1. 国外研究综述

在国外,空想社会主义学者最早展开有关合作经济的研究。例如,欧文在1817年的《致工业和劳动贫民救济协会委员会报告》中首次提出兴办合作社来解决失业问题的主张,认为合作社是未来理想社会的基层组织细胞。1844年的英国罗虚代尔公平先锋社的建立正是对欧文思想的传承,而对农业合作经济展开系统的研究主要始于20世纪40年代。后经不断发展,学者主要利用新古典经济学及出现的新理论如新制度经济学、博弈论等研究农业合作经济,探讨农业合作社存在的原因及绩效。除此之外,还有学者从集体行动理论角度研究合作经济是合作社组建的原因(冯蕾,2016)。例如,雷内·莫吉和弗朗西斯·德克勒克(1996)在其研究中指出,农户自愿组建的合作经济组织是为了提高农业生产,规避农产品销售中的风险,从而达到提高经济收益的目的。

关于合作社出现及其所发挥的社会效益,哈达尔等(2021)指出,随着可持续农业越发受人重视和农产品价格的日益波动,选择农业的性质和参与合作社已变得至关重要。他们在研究中建立了两个阶段的战略博弈模型，考察了农民从事有机农业种植和参与合作机构销售农产品的决策。总结出了当农民更容易参与合作时，他们倾向于选择有机生产技术的结论，且发现了合作社数量较多的地区登记的有机作物交易较多的情况。

伊莎贝拉·雷诺·豪尔赫等（2023）为了填补合作社的理论空白，指出合作社是保障粮食和营养安全的工具，也是粮食市场建设中的一个重要载体。为此，他们考察合作社组织是如何构成、如何组织并使有些行动者参与其中。他们探讨了合作社在公共粮食购买政策执行中的作用，证实了合作社不仅有助于提高农村的社会资本，也为增加家庭收入发挥着重要作用。因此，总结出政府应支持农民的集体组织加强在家庭农业中推广联合主义和合作主义，为社会和经济组织的发展提供工具，并扩大和加强政府食品购买计划。

2. 国内研究综述

在牧区家庭承包经营背景下，随着国家行政力量的推动以及个体提高牧业生产水平、经济水平的现实需求，新型专业合作社应运而生。推进新型农民专业合作社发展的举措不仅为牧民的再组织化提供新的探索路径，也使参与合作的牧户感受到优于单户经营的良性效益和经济收益，但在其运作过程中也不免有各种问题导致其发展不畅。由此，就内蒙古自治区牧区新型合作经济组织发展现状，不少专家学者给予关注并提出相关建议。本文从牧区牧业合作社出现的原因、所发挥的复合功能以及在合作社发展历程中存在的相关问题三个方面对内蒙古自治区牧区合作社研究做梳理：

关于牧区牧业合作社出现：杨丽（2008）指出，影响着牧民合作与组织建设的原因在于政策推动、牧民实现经济发展需求、牧民面对自然灾害共同抵御的诉求、保护草原生态环境的需要和文化的动因等。郑甲青（2014）认为，除了政策推动的原因，牧区生产生活、意识观念中存有的在接羔、放牧、打草等环节中相互合作、相互照应的习惯为实现专业合作社的组织化发展奠定了基础。周红格（2011）认为，我国的牧业合作社是在草畜双承包经营体制逐渐出现的草场恶化、经济发展缓慢甚至倒退等情形下受到人们重视的。

关于牧区牧业合作社的复合功能研究，孟慧君、富志宏（2008）认为，新型合作经济的发展，展现出了优化生产要素、解决运销难题、协调企业与牧户利益的优势。进一步对提升牧民组织化程度、提高牧民在生态脆弱区的适应性、促进畜牧业产业化发展发挥作用，使牧民收入得到增加。周红格（2011）指出，新型牧业合作社与传统的牧业合作社相比，不仅有生产一体化基础，还具有更高的合作效率观念和生态保护意识为行为导向，所以新型牧业合作社在提高畜牧业生产效率的同时，可使草原生态得到保护，有助于实现畜牧业可持续发展。除了上述学者关注到合作社的生态保护以及解释其所蕴含的经济功能以外，敖仁其、艾金吉雅（2018）分析了合作经济组织可有效保护文化的多样性的特征。他们在研究中指出，"牧区合作社或合作经济组织运行过程中通过有效的组织制度变革和组织制度创新，可充分展现出其社会、生态、经济、文化的复合功能"。苏都毕力格（2019）指出，牧区专业合作社不仅在牧区资源调适中发挥着重要作用，而且成为了牧民实现规模化经营的重要路径。李博、高强（2021）指出，牧区合作社在乡村治理中发挥着特殊作用。它逐渐演化为一个崭新的主体，不仅能有效融合产业化发展和文化传播的关系，而且能促成良好社会效益，使自身成为吸引人才返乡、促进就业的有效平台。

关于牧区牧业合作社的相关发展研究：达林太、郑易生（2010）指出，在《合作社法》颁布以后，在政府的大力支持下，内蒙古的合作经济组织发展很快，但其合作的核心内容还停留在农村的经验之上,充分体现内蒙古草原牧区特别是纯牧区特殊性的组织创新的合作并不多。虽然现在的情况与过去不大相同,但是在解决新旧制度转换过程中的困难问题时,"稳、宽、长"原则完全适用于今天的内蒙古牧区政策制定。杨蕴丽、达古拉(2012)认为,与20世纪50年代相比,新时期的牧业合作社大多是能人领办型。指出需要从管理、资金、人才培养和品牌保护等方面支持牧业合作社发展,而这对于解决"三牧"问题也有重要意义。王凤兰(2013)对包头市牧区展开研究,总结当地牧民专业合作社组织方式,将其分为能人领办型、行政推动型、专业大户联合型三种形式。她指出需加强宣传和培训,提高牧民认知,并尽快出台牧民专业合作社法细则来解决合作社数量少、规模小、带动能力弱等问题,避免出现为了获得项目盲目跟风组建导致资金匮乏、信息不对称、人才短缺等情况。于文成(2015)指出,牧民专业合作社作为新生事物,在其发展初期,牧民很难凭借自身能力使合作社实现健康有序的发展。这就需要建构"政府主导"的发展模式,在双方良性互动当中使合作社得到快速发展。田艳丽、赵益平(2018)认为,想要实现科学、稳定的合作社发展,离不开完善和规范的产权制度、内部治理结构,以及对社员合法权益和民主权利的保障。

3. 研究评述

通过对文献的梳理可发现,国外合作社发展时间较早,相应地,对合作社的系统研究时间早、范围广。在国内,关于内蒙古牧区合作社发展中存在的相关问题,学者们大多关注到牧区在资金、人力、管理经验方面表现不足,或者需要政府力量的介入。但作为一个经济组织,必然嵌入到特定的社会关系、社会结构当中,从而对合作社生成、运作及发展产生作用。具体来讲,牧区新型合作社作为一种"人际连接"的产物,大多根植于亲缘或地缘性的社会网络建成,且在生产活动当中不可避免地与外界发生着诸多联系。这就表明从人际信任、社会关系网络、行为规范等角度分析农村场域中的合作经济组织具有一定的可行性。由此,本文试图将经济问题放入社会环境中进行考虑,以社会资本理论为指导,分析社会网络、社会关系对牧区合作社发展起到的积极作用;关注社会资本如何影响着个体走向合作以及社会资本对合作社有序发展起到的具体作用。

二、巴林右旗畜牧业及合作社发展概况

(一)畜牧业发展概况

畜牧业是指人们利用动物的生理机能,通过饲养、繁殖将牧草和饲料等植物性能转变为动物能,以获得畜牧和畜牧产品的物质生产部门,一般分为草原牧区(包括半农半牧区)和农耕畜牧区(何学威,2000)。巴林右旗位于内蒙古自治区东部,赤峰市北部,是以肉牛肉羊产业为农牧业主导产业的畜牧业旗(县),截至2021年全旗现有耕地199万亩(水浇地100万亩),草牧场1286万亩,拥有丰富的农牧业资源基础条件及良好的农牧业生产传统。自2016年以来全旗每年投入1000万元肉牛肉羊改良专项资金,发展肉牛肉羊主导产业,坚持"为养而种、为牧而农",以"品种改良、品质提升、品牌培育"为主攻方向,使肉牛肉羊主导产业展现出良好的发展态势。

1. 肉牛产业发展概况

巴林右旗自2016年开始，肉牛产业开始推广"1015"标准化养殖模式，即养殖户（两个劳动力）全舍饲养殖10头西门塔尔基础母牛，每头牛一年一犊，每户年纯收入5万元以上。以西门塔尔牛为主推品种，大力推广肉牛冷冻精液人工授精技术，为肉牛良种化水平的提高奠定了基础[①]。

自2020年以来，巴林右旗牢固树立"生态优先、绿色发展"理念，以"集中、集聚、集约"发展为导向，认真全面落实《赤峰市肉牛产业高质量发展实施方案（2020—2022）》要求，以"扩群增量、提质增效"为巴林右旗肉牛产业发展的总体目标，按照"小规模、大群体"的总体思路，以西门塔尔牛为主推品种，加强肉牛种源基地和良种推广体系建设，全力推进肉牛主导产业高质量发展。

2020年，巴林右旗按照"品种良种化、圈舍标准化、饲草优质化、设施机械化、生产规模化、防疫制度化、粪污无害化、监管常态化"标准，制定并印发《巴林右旗肉牛肉羊产业发展舍饲养殖示范嘎查村、示范户建设实施方案》，整合涉农涉牧资金，培育肉牛产业发展舍饲养殖示范嘎查村10个，示范户350户，推广标准化养殖技术，深入到示范嘎查村开展养殖技术培训。2020年末，巴林右旗肉牛存栏15.5万头，其中基础母牛存栏10.8万头，年出栏肉牛达6万头，完成基础母牛冷冻精液人工授精6万头，发放冻精13万支，液氮4.6万立升，采购液氮罐及输精器材30台（套）；2021年，肉牛存栏18.33万头，其中，基础母牛存栏11.1万头，年出栏肉牛6万头，完成基础母牛冷冻精液人工授精7万头；截至2022年，肉牛存栏20.08万头，其中基础母牛11.6万头，全年出栏肉牛7万头，肉牛良种覆盖率达88%。[②]

目前，巴林右旗肉牛养殖户达1.8万余户，规模以上肉牛养殖户达700余户。[③] 肉牛产业的集中度得到显著提高，产业带动能力日益增强，农牧民收入也有了较大的改善。这也表明肉牛产业已经成为促进巴林右旗经济发展的重要力量。但是，巴林右旗没有指定的活畜交易市场，牛源引进与出售主要依靠传统销售渠道，由中间商入户进行收购，利润分配不均衡，部分养殖户利益无法得到有力保障，从而成为肉牛销售利润难以取得较好成效的原因之一。

2. 肉羊产业发展概况

近年来，巴林右旗始终贯彻"生态优先、绿色发展"理念，按照"集中、集约、集聚"发展思路，以打造赤峰市优质农畜产品输出基地为目标，以培育创建肉羊舍饲养殖示范嘎查村、示范户为引领，通过肉羊经济杂交改良和提高肉羊舍饲管理水平，持续推动肉羊主导产业高质量发展。

首先，巴林右旗依托本地肉羊资源优势，2015年通过招商引资引进内蒙古宏发巴林牧业有限责任公司，通过屠宰加工，企业不仅把育肥利润留在本地，牧户也减少了运输等其

---

① 巴林右旗2019年政府工作报告，巴林右旗人民政府官网，详见 http://www.blyq.gov.cn/zwgk/xxgkzl/zfxxgknr/ghjh/gzbg/201902/t20190225_1792093.html。
② 巴林右旗农牧局2020年度、2021年度、2022年度工作总结，巴林右旗农牧局提供，提供日期：2023年1月4日。
③ 巴林右旗农牧局，2022年巴林右旗肉牛产业汇报提纲，巴林右旗农牧局提供，提供日期：2023年1月4日。

他成本支出，提升了肉羊养殖的收入空间。①

其次，巴林右旗自2016年开始，肉羊产业推广"23456"标准化养殖模式，即两年三产，四季均衡出栏，50只小尾寒羊或湖羊基础母羊为一组，以澳洲白羊或杜泊优质肉羊为父本，利用同期发情人工授精技术繁殖，以小尾寒羊、湖羊、本地大尾羊等母羊为母本进行经济杂交，每只基础母羊年纯收入达600元以上；示范性推广养殖湖羊、小尾寒羊肉羊等舍饲型品种，湖羊规模化养殖场达到5处，小尾寒羊养殖量达到20万只以上。②

最后，技术服务上大力推动社会化服务，全旗技术服务公司共12家，技术服务人员达100人。通过经济杂交改良，应用现代育种技术，逐渐实现肉羊舍饲型、多羔性、适应性强的目标。2022年完成肉羊杂交改良40万只，完成肉羊同期发情人工授精3.5万只。

2022年末，全旗羊存栏270万只，有肉羊210万只，其中基础母羊150万只，当年繁殖成活仔畜220万只，年出栏肉羊180万只；有绒肉兼用型罕山白绒山羊60万只，其中基础母羊35.7万只。在肉羊品种结构上，部分农牧民引进多羔性的湖羊和小尾寒羊，目前，全旗湖羊饲养数量达到3万只以上，小尾寒羊约20万只，在肉羊总量中所占比例很少；昭乌达肉羊约28万只；肉羊种群仍以乌珠穆沁大尾羊为主，约160万只。③

3. 饲草产业发展概况

近年来，巴林右旗畜牧业发展始终坚持"为养而种、为牧而农、以农促牧"的思路，积极推进饲草产业发展，有效缓解草原资源匮乏地区"草畜矛盾"，为抵御自然灾害、发展现代生态畜牧业提供可靠的饲草保障。2016年通过招商引资引进BDH绿草牧业有限公司，种植优质苜蓿2.4万亩，亩产800千克以上。除此之外，巴林右旗将植物蛋白桑和锦鸡儿等灌木加工利用项目也纳入草业发展规划，开始规模化转化生产利用，保证了牧草储备和供给。积极落实"粮改饲"政策，加大优质品种全株青贮玉米种植推广力度，实施青贮玉米种植、收贮全程机械化作业，实行收储环节补贴政策，鼓励和引导农牧民大力发展牧草产业。支持有条件的地区种植紫花苜蓿、燕麦草等高品质饲草，增强饲草料供给能力。这也为实现"生态友好型、资源节约型、发展高效型"的现代畜牧业高质量发展奠定了坚实基础。

2022年，巴林右旗青贮玉米播种面积由2014年的13万亩发展到48万亩，收贮量达到210万吨；全旗农作物秸秆产生量约75.4万吨，可收集量达到69.9万吨左右，利用量达63.5万吨；完成种植紫花苜蓿、燕麦等优质牧草6万亩④；引进四家灌木锦鸡儿加工企业，对45万亩灌木资源开展转化利用。大部分羊饲草来源为1/3的青贮，2/3的草料（包括干草、秸秆、精饲料等）；牛饲草来源为1/2的青贮、1/2的草料（包括干草、秸秆、精饲料、锦鸡儿等）。基本上能够实现饲养牲畜牧草的自给自足。⑤

---

① 巴林右旗农牧局：2022年巴林右旗肉羊产业发展情况汇报，巴林右旗农牧局提供，提供日期：2023年1月4日。
② 巴林右旗政府：巴林右旗2019年政府工作报告，巴林右旗人民政府官网，http://www.blyq.gov.cn/zwgk/xxgkzl/zfxxgknr/ghjh/gzbg/201902/t20190225_1792093.html。
③④ 笔者根据巴林右旗农牧局提供的调研数据整理，提供日期：2023年1月4日。
⑤ 巴林右旗抓好饲草产业发展，巴林右旗人民政府官网，http://www.blyq.gov.cn/jrbl/jrbl_8281/202205/t20220510_1852354.html。

（二）巴林右旗合作社发展概况

1. 合作社数量与产业分布

自 2007 年 7 月 1 日实施《中华人民共和国农民专业合作社法》后，农牧民专业合作社在巴林右旗得到快速发展。据实地调研了解，2008 年 4 月在 CGMR 镇 SRT 村成立了巴林右旗第一家合作社。截至 2022 年 12 月，全旗已有合作社 1369 家。

从发展情况看，2008~2011 年，巴林右旗农牧民专业合作社处于发展的起步时期，2012 年起合作社发展逐步进入高峰期。这也说明巴林右旗农牧民对专业合作社兴办经历了从认知到认可、从观望到参与的发展过程。除 2017 年、2018 年，2014 年以后增势逐步放缓。2022 年，注册登记的合作社数量明显下滑（见图 1）。

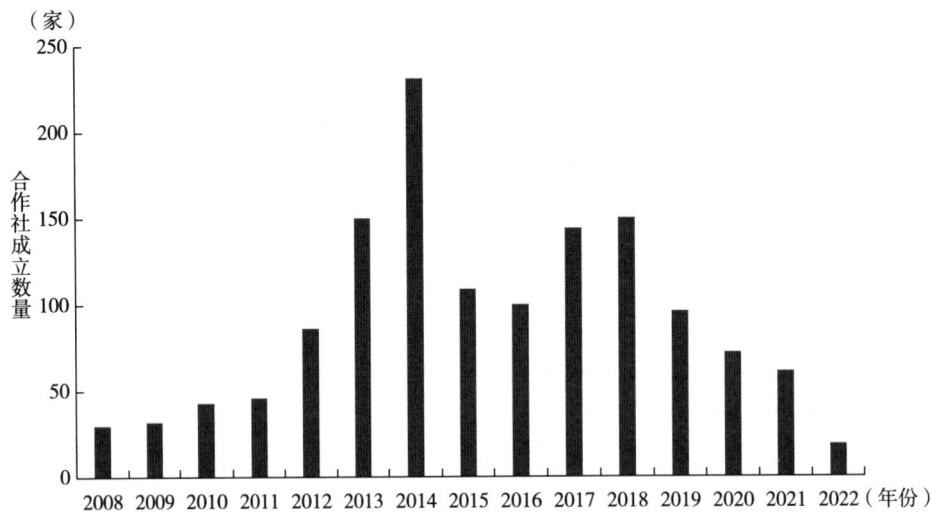

图 1　2008~2022 年巴林右旗农牧民专业合作社数量发展趋势①

如图 2 所示，从合作社产业分布情况来看，主要由种植业、养殖业、服务业（农机）及其他四种类型组成。其中养殖业为 494 家，占比为 36%；种植业为 407 家，占比为 30%；

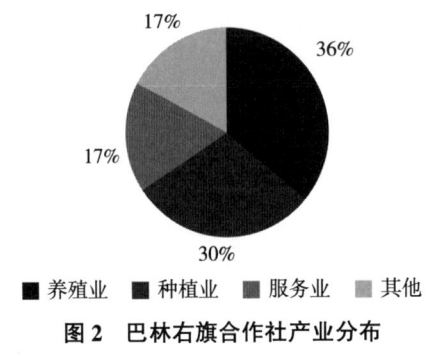

图 2　巴林右旗合作社产业分布

---

① 笔者根据巴林右旗工商局与农牧局提供的调研材料整理，巴林右旗工商局提供日期：2022 年 4 月 26 日；巴林右旗农牧局提供日期：2023 年 1 月 3 日。

服务业为233家，占比为17%，其中农机服务业为206家；其他类型为235家，占比为17%。在农牧部门备案的合作社有301家，其中国家级示范合作社3家、自治区级示范合作社10家、市级示范合作社47家、旗级示范合作社83家。[①]

2. 合作社发展中的政府作用

巴林右旗始终把规范和加强农牧民专业合作社建设和管理作为全旗农牧业发展的重要任务之一。据实地调研了解，巴林右旗合作社建设已经基本实现全乡村覆盖，已经到了提质转型的关键阶段。2021年，根据《农业农村部办公厅关于开展2021年全国农民合作社质量提升整县推进试点工作的通知》（农办经〔2021〕2号），巴林右旗获批成为全国农牧民合作社质量提升整县推进试点单位，进行两年的试点工作。[②] 其中，农牧民兴办合作社所展现的良好态势离不开政府的积极宣传及引导，他们所提供的配套服务也为合作社的发展提供了良好的经营环境。

首先，巴林右旗为加快合作社组建采取入户宣传、点题培训、组织学习考察等多种形式，以家庭为单位，重点引导种植面积大、经营牲畜多的个体经营者成立农牧民专业合作社，帮助更多农牧民走上政策扶持、自我发展的合作社经营模式。①加大宣传力度，使农牧民认清合作社作用。采取在地方媒体设立农牧民专业合作社发展专栏、发放宣传单等方式，以动态信息、调研专题等形式，对销路稳定的农牧民专业合作社进行重点宣传，同时加大对新成立并正常运作的农牧民专业合作社的宣传力度，让更多农牧民了解、知晓合作社的作用和优点。②加强指导，规范合作社发展。根据各类农牧民专业合作社经营特点、发展现状，指导合作社做好农村牧区土地流转、草场抵押、林地抵押、商标争创、经营模式创新等工作，努力使合作社在扩大经营规模、丰富经营形式、增加产品附加值上取得突破。[③]

其次，为了使农牧民专业合作社健康、有序发展，农牧部门依法指导农牧民专业合作社建章立制、规范管理。主动协助合作社起草《专业合作社章程》，制定社员（代表）大会、理事会、监事会、财务管理等内部制度，全面推行民主管理、民主决策、民主监督、盈余返还的农牧民专业合作社运行机制，使农牧民专业合作社成员之间就权利平等、利益共享、风险共担达成共识；为实现合作社信息化、系统化管理，巴林右旗农牧局于2014年4月筹建农牧民专业合作社核算中心，具体负责合作社档案管理、归类以及合作社基本信息和财务数据录入等工作，用作全面指导和监督合作社的财务管理、运营情况和经营成果。完成与市级、区级核算中心进行网络连接，为合作社提供各级各类信息服务；2015年，巴林右旗与内蒙古DX担保有限公司签订协议，由DX公司提供1亿元的贷款担保，信用社提供10亿元的规模贷款，为合作社发展壮大、从服务型向经营型转变提供强有力的信贷支撑；2018年，根据《赤峰市农牧业局2018年支持农牧民合作社发展项目实施方案》文件要求，开始对农牧民合作社予以中央财政扶持项目。自2018年以来，获中央财政扶持项目的合作社共62家，扶持资金共1160万元。[④] 具体来看，当地农牧业部门可将管理规范、运

[①] 笔者根据调研材料整理，巴林右旗农牧局提供，提供日期：2023年1月3日。
[②] 农业农村部. 农业农村部办公厅关于全国农民合作社质量提升整县推进试点单位的批复，中华人民共和国农业农村部官网，http://www.moa.gov.cn/xw/bmdt/202106/t20210625_6370299.htm.
[③] 巴林右旗加快推动农牧民专业合作社发展，巴林右旗人民政府官网，http://www.blyq.gov.cn/jrbl_8281/201610/t20161026_1846618.html.
[④] 《赤峰市农牧业局2018年支持农牧民合作社发展项目实施方案》，巴林右旗农牧局提供，提供日期：2023年1月3日。

行正常且形成稳定的经营模式和具有一定规模、示范带动能力强的旗级以上合作社列入考察范围并予以财政项目，支持合作社建设节水灌溉设施，农畜产品仓储保鲜设施和棚圈、储草棚、晾台、农机具停放库（棚）等附属设施，购置农牧业生产设备等。其资金补助主要采取"先建设后补助"的方式，即获得补助资金的合作社按照申报项目的建设内容实施完成后，由所在旗县区农牧业部门进行检查验收，合格后再进行拨款补助。

三、社会资本与合作社运营

合作社生成和发展过程中，由于其生成的内生力量的不同以及其所依托的外部力量的差异，在不同地区和不同行业，呈现出不同的发展特点和规律，最终构成不同的农民专业合作社发展模式。从目前来看，根据合作社领办者的身份，主要包括能人领办型、基层组织牵头型、龙头企业带头型等多种模式（宗义湘等，2012）。在巴林右旗，牧业合作社组织方式多以能人领办型的形式体现且社员所覆盖的地域范围小，大多同属于一个村落。合作组织也就成为一种社会资本和社会资源的集合体。其原因在于养殖业对土地、草场存有的依赖性降低了经营畜牧业的人口流动概率，加上农村场域中普遍存在的血缘、姻缘、地缘关系的交互关系使合作关系网络展现出亲熟型的特点。这也在某种程度上表明牧区社会结构本身对合作社所需的信任、潜在社会规范和网络的塑造。这种特点会在个体合作行为的选择以及对合作绩效的保障方面得到具体展现。

（一）社会资本与合作社生成

在巴林右旗，为积极构建合作社等新型农牧业经营体系，加快推进农牧业现代化建设，根据《赤峰市大力培育新型农牧业经营主体的意见》，坚持以政府引导、群众自愿、因地制宜、示范带动、政策扶持、市场导向、健全机制、规范建设为原则，以保障主要农畜产品基本供给、提高农牧业综合效益、增进农牧民利益为目标，从财政、金融、税收、用电、用地及人才培育等方面给予政策支持。并鼓励和引导新型农牧业经营主体申请无公害农产品、绿色食品、有机食品认证和使用农产品地理标志。[①] 这无疑为合作社的生成及运作提供了良好的外部经验环境。但作为自愿联合、民主管理的互助性经济合作组织，真正能够促使牧户合作起来的动机在于合作社的内部。对于一般牧户而言，由于缺乏较先进的技术、市场信息及销售渠道，依托能人、大户参与合作组织不失为一种提高经济收益能力而做出的现实选择；能人则试图通过建立合作经济组织，获取大于家庭经营"单打独斗"的市场力量，其本质也是一种满足自身利益的行为。在这种相互帮衬的人际关系网络当中，牧户之间合作行为的产生不仅取决于各个社员的能力耦合以及畜牧业增产、增收的需要，更为重要的是取决于牧户的自我意愿以及相互信任的程度。

信任作为社会资本的主要表现形式之一，也是合作社赖以建立的基础。它在实际生活运用中是难以被直观感知的，对于经济的影响也是依托社会网络而存在。

在巴林右旗，牧业合作社大多根植于亲缘或地缘性的社会网络建成。首先，市场化的进程虽然给乡村中的"熟人社会"特征带来一定的冲击，但是在日常交流及关系往来中仍存

---

① 《赤峰市大力培育新型农牧业经营主体的意见》，巴林右旗农牧局提供，提供日期：2022年5月9日。

在着特定的情感依恋和行为认同,从而产生合作关系。根据调研数据分析,巴林右旗牧业专业合作社多数由村干部、养殖大户、个体经营者、返乡创业者等领办。上述情况在某种程度上反映了以牧户为主体的合作社发展概况。其次,牧业合作社反映出拥有较高社会资本的领办者,可充分利用个人良好的人际关系网络、现有的技术或销售渠道,吸引进行同类生产经营的社员参与其中。而这种组织方式对于破解"'分'有余,'统'不足"的联产承包责任制下,同质性农牧民之间"精于理性算计"而产生的"集体行动困境"难题具有改善作用(井世洁,2017)。

1. 村干部领办型合作社

村干部作为村落集体中的公众人物,是村庄权威的主要构成部分,有着良好的人际关系和号召力。相较于一般村民,他们在村内外拥有更多的社会、经济资源,同时具备了对村落事务的组织、协调能力。他们在政策传达以及业务办理过程中保持了与相关工作人员的良好沟通。如此一来,村干部的职务不仅带来了更多的政治资源,也创造了更多的"熟人"资源。那些具有正向促进意义的、可供行为主体所使用的社会网络关系的拓展会逐步增加其社会资本的存量。这些熟人关系还会在某些关键时刻为村干部提供正向信息指导,助其行为选择。

嘎查开会选举时把我推选成嘎查长了,但是当时我并不想担任,因为我原先在外打工,还有几个村民跟着我一起做建筑承包,其实我还想继续干这个。担任村干部之后跟镇里打的交道也多了,逐渐地与镇里的干部都互相认识了。一次闲聊的时候就提到了我想开展合作社的事情,因为我们这开展养殖的话空间比较狭窄,很不方便。居住格局也在一定程度上妨碍了养殖规模,比如在院子里养牛,没有放草料的地方,放了草料就没有堆牛粪的地方。他们听了之后想扶持我开展合作社工作,但是因为合作社对我们村来说还是种新鲜的事物,到了让大伙一起合资为合作社投资的时候,原本商量好的13户中退出5户,就这样我们筹了钱盖棚圈、盖草料库,后来镇里也给了一些补贴,合作就开始了。一起合作养殖之后,比起原先的单户养殖,养殖空间宽敞了不少。而且全部机械化以后,合作社的两百多头牛,两三个人就能搞定。有了养殖基地之后,牛贩子、兽医等可以直接去合作社,不用挨家挨户地找,防疫、品种改良这些工作开展都方便了不少。①

领办者HGJLT是巴林右旗SBRG镇SBRG嘎查二组组长,有较好的村民基础和威望。他于2010年当选嘎查长,2016年10月带头成立BYGL农牧机械专业合作社。BYGL农牧机械合作社的组建源于社员改善养殖条件的诉求。但合作社这一组织在其所在嘎查还未普及,加上标准化养殖所需的各类基础建设需要大量的资金投入,这又使得一部分社员心生顾虑而终止合作关系。这也表明,即使改善养殖环境是SBRG嘎查牧户所要改变的现状,相互之间的信任关系不稳定或缺失就难以展开进一步的合作,合作关系也会随之终止。而其余社员集中资源来建立合作社,反映了他们之间存在较高维度的信任,反映着一种承担风险的意愿并确信没有人会做出违背道德意愿的信任关系。这也成为人际关系网络中的资本,有效改善BYGL合作社后续的融资难题,为合作活动的展开积累物质资本,助推合作社成型。

2. 养殖大户领办型合作社

养殖大户是指在同等市场条件下养殖收益高于其他养殖户。他们能利用自己在畜牧业

---

① 引自笔者的访谈记录。受访人:HGJLT,巴林右旗农牧机械专业合作社领办者;访谈日期:2022年2月24日。

生产领域中的规模效应、个人名望来带动牧户组成合作社。养殖大户一般掌握一些先进的养殖技术、拥有有利的地理环境或有担任活畜经纪人的经历等。他们了解各地市场以及对于品种的不同需求，同时也将市场信息反馈给牧户。

"我没读过几年书，就回家养羊，有点儿规模了就开始一点点地学怎么做经纪人，慢慢地这个圈子里认识的人也比较多了。到30岁时开始买大车，正式开始做牛羊买卖。一般收过来的羊，送往天山（镇）冷库、锡盟冷库、扎旗冷库。就这样一步步积累之后生活条件越来越好，想获得进一步的发展，所以就想开展合作社。我们的合作社是2017年成立的，因为我做经纪人每年的收入尚可，就找到几个关系好的朋友、亲戚一起商量，还把以后的规划说了一下，因为我一直做经纪人，他们都了解情况，也想跟我学习养殖技术或者开展销售的合作，于是就组建了合作社。成立了之后就是相互帮助，他们非常支持我，所以我干劲也足。我们做这个合作社最重要的就是有了'量'，比如想联系外地的商贩来我这儿的时候，要是一两家联系他们，他们肯定不来。这样几户合作一起卖也比较容易装满车。我也做点牛羊买卖。社员卖羊羔的话，我比别的经纪人出的价钱高，别人按照10元/千克收，我尽量不压价，按照11.5元/千克收，就这样相互帮助，以后我们合作社发展得更好。2018年开了肉铺，主要卖草地羊，再给企业育肥，我们对自己的收入都很满意。我们合作社、肉铺这两年挺成功，有很多人想参加，现在变成15户一起做。"①

如上所述，MGAB合作社的组建缘起于养殖户更好地对接市场以及销售时减少搜寻成本的需求。养殖大户ARGL在长期生产经营过程中积累了运销经验，建构了有利于生产生活的人脉网络，能从网络关系中获得的关键信息，构建了最为重要的人力资本和社会资本，吸引着同类生产经营者参与其合作社的组建。在合作关系网络中，社员通过参与领办者所提供的价格、市场准入等优惠，获得非网络成员难以获得的稀缺资本以及改善经济水平的机会。领办者也能获得社员提供的资金、劳动、土地资源以及市场力量，以维持合作社中的互惠关系，实现优势互补、资源共享。这不仅提高了合作社内聚力、合作的经济收益，也为组织创造了社会资本，从而能吸引更多的牧户参与其中。

3. 返乡创业者领办型合作社

返乡创业者是指户籍地在乡村的外出务工者或流动人员，因为某种原因而"回流"的现象。外出务工者有更新的观念、更多的物质资本积累，人际关系网络也呈现出异质性特点。他们返乡后能被家乡人认同，也有机会获取较高的社会地位。与在乡牧民相比，外出就业的经历使他们成为具有较高素质的精英群体，但他们的身份仍是农民，返乡者有自己的土地资源、村落中的先赋关系网络等。每个人的出生地就是其社会资本"自然积累"的开始（肖东平、王春秀，2013）。先赋社会关系网络为返乡创业者提供良好的心理支持和信任，避免了由于陌生人际环境带来的信任成本高的问题。除外出务工人员外，一些对牧区怀有感情的、致力于畜牧业发展的毕业生、退伍军人等也开始参与合作社组建。

"我最早也是从农村出来的，然后在城里打拼了多年，遇到过很多事情，也让人骗过。后来一想还是想做实业，考察过一段时间，感觉养牛挣钱，就这样跟村上的几个伙伴、一些亲戚，十个人一起组建的合作社，但是去年才开始买牛，刚开始确实回钱比较慢。我觉得建立合作社得自身条件要好，能做成一定的规模，一起干事的人要称心、人脉资源也要

---

① 引自笔者的访谈记录。受访人：ARGL，巴林右旗MGAB养殖专业合作社领办者；访谈日期：2022年10月21日。

广。就比如开始养殖时,我也不太懂,我在外面从事电力工程、绿化工程的工作,基本上对养殖技术没有帮助。但是我在赤峰和通辽这边走得勤,认识的各行各业的朋友比较多,他们帮了挺多忙。可以联系到好的草料商、外地的牛贩子。像咱们养殖户,在哪里买草,买谁家草,不得货比三家,质量、价格都得比较一下。我的信息渠道畅通,而他们一直干养殖,经验比较多,就这样一起合作、学习。"①

XGC 的外出创业经历增加了与自身不同的社会群体之间的交流,且能作用于合作社生产环节中差异化信息的获取。社会关系作为网络成员获取信息的重要渠道,使个体从先赋社会网络或建构的社会关系中获取对自己有用的信息,从而为行动提供便利。这种社会关系构成了行动者所拥有的社会资本。自 XGC 着手参与养殖行业到现在,他在外务工时所结识的人脉网络提高了其掌握购销信息的灵活性,通过日常交流建构友好关系,XGC 将他们网络社会中的资源变为自身的关系资本,用作间接获取的所需信息资源的途径。这不仅降低了其信息搜寻的成本,也避免了信息不确定性带来的损失。

4. 实体畜产品经营者领办型合作社

畜产品加工是以畜牧业生产中获得的畜禽初级(新鲜)产品(包括副产品)为原料,运用物理的、化学的或生物学的方法进行加工的过程(乔娟、潘春玲,2018)。畜禽初级产品经过加工处理不仅有助于提高畜产品的营养价值、适应膳食结构、便于贮藏运输、延长货架期,还有助于增加畜产品的附加值。因此,畜产品经过深精加工综合利用延长产业链后进入消费领域,有助于提高畜牧业的整体经济效益(乔娟、潘春玲,2018)。

在巴林右旗,实体畜产品经营者组建的合作社多为对肉、奶等畜产品加工提供稳定货源而组建。随着牧户养殖规模的增加,在畜产品普遍过剩的情形下,如何把牧户组织起来并有效解决畜产品的销售问题,是促进牧户组建合作社的主要原因之一。而对于擅长畜产品营销的实体经营者来说,他们本身在购销网络中的优势,对于牧户合作行为的选择,以及成为组建合作社的关键人物形成了一定的推动力。这类合作社一般生产加工蒙古包子、蒙古饺子、羊肉串、手把肉、风干牛肉、风干羊肉、奶酒、奶制品(奶豆腐、阿如拉、艾日嘎、黄油、嚼口、月饼、黄油渣、炒米粉、纯手工奶糖)等多种产品。

"我们开展合作社之前开过奶食品店,那时旗里的奶食品店比较少。刚开始也没有多做宣传,顾客在知道我们自己有牧场而且用传统的方法手工制作之后都喜欢从我们这买,买的老顾客相互传递消息,经常缺货。店里所卖产品除了自家牧场供一部分外,还去村里收奶豆腐,但是去乡下收奶豆腐时,有时能收到,有时收不到。而且每家每户做的奶豆腐的质量也不一样,有的质量好,有的质量差一点。到 2009 年,奶食品市场也比较广阔(夏季、冬季供需失衡),因为单户做牛奶销售的话,夏季没人收,做的奶豆腐也没人要。我们大板镇人口比较少,而且像我们这样的合作社、个人作坊、牧户都开始经营牛奶以及奶制品,出现供大于需的情况。那时牧户也不是专门养殖黑白花奶牛,牧民在秋天的时候卖牛犊,入冬就不挤牛奶了。一般把牛犊卖了之后就会停止挤奶,但顾客照常需要奶制品,就会出现奶源、奶制品缺口。所以一方面我们就想着四季都收,解决他们的难题;另一方面我们也想有稳定的合作关系,不用货少了就开始到处找,就因为这些原因,找了一些亲戚、朋友确定了合作关系。合作社建立以后,就不收奶豆腐了,因为顾客对奶制品种

---

① 引自笔者的访谈记录。受访人:XGC,巴林右旗 BYHHZ 农牧业专业合作社领办者;访谈日期:2022 年 10 月 16 日。

类和质量的需求也在不断变化。所以就直接改成收牛奶,再到合作社进行统一制作。"[1]

在FQ养牛专业合作社(以下简称F合作社),社员和领办者负责畜牧业生产的不同环节、不同阶段催生了合作的必要性,畜牧业生产经营活动涉及产前、产中和产后的方方面面,使其难以兼顾既要保障生产又要提高畜产品市场竞争力的需求。而合作社所提供的专业化服务可解决牧户加工奶食品费工费时、效益低下的问题,使畜产品品质优化、特色产品开发和品牌建设得以实现。如此一来,牧户之间既有的信任以及对于畜产品增值的共同愿景使得合作行为达成一致。

(二) 社会资本与合作绩效

虽然畜牧业有自给性生产的一面,也有商品性特征,但从本地区发展情况来看,还是以半商品性畜牧业为主要特点,只有极少部分开始采用商品畜牧业生产模式。牧户的生产经营以饲养基础母畜、出售子畜为主。加上当地没有活畜交易市场,牧户大多通过传统模式进行销售,虽然合作给牧户进入市场带来了不同程度的改善,但统一销售模式并未完全普及。不过也有一部分牧业合作社能经过一定的发展之后开始建立营销实体,进入畜产品加工增值环节。

对于牧户而言,畜产品加工也是畜牧业经营活动的重要一环,如果想提高畜产品经济价值并有所收入,如何提高畜产品附加值、生产后的畜产品如何连接市场、如何获得市场份额是其关键所在。这也在某种程度上反映了关系营销在合作社发展中的重要性。巴陵等(2010)指出,关系营销与传统的市场营销存在着本质的区别。传统的市场营销理念基本上是交易市场营销的观念;关系营销是为了建立和发展长期的、成功的交易关系而进行的所有市场营销活动。对于畜牧业来说,关系营销表现为与政府关系优良、与合作者同享、与竞争者共赢、与消费者互惠,只有争取与这些上下游关系的和谐,营销才能得到各方支持,推广才能得到各方协助,从而确保营销目标尽快实现。F合作社作为国家级示范社,在同类经营畜产品加工的牧业合作社及主动对接市场方面具有一定代表性。由此,本文进一步分析F合作社如何通过内部、外部社会资本的有效结合来获得社员、政府与商业伙伴信任,从而确保上下游关系的和谐,并通过提高畜牧业经营绩效来带动更多的牧户参与其中。

社会资本作为一种无形的资产,存在于人际关系的结构之中。在此部分将从F合作社所拥有的内部社会资本和外部社会资本两个方面进行观察。合作社内部的社会资本指的是内部信任、内部关系网络、潜在的规范等;外部的社会资本主要是指合作社领办者SQBY(以下简称领办者S)所拥有的利于促进合作社发展的、通过社会关系网络所能动用的各种关系资源。

1. 内部社会资本与合作社绩效

F合作社成立于2009年3月,注册地址位于巴林右旗大板镇BLG嘎查,由BLG嘎查9户牧户联合组建而成,主要在畜产品销售环节进行合作。F合作社的组建缘于领办者S家庭成员的从商经历。据WRH(领办者女儿)所描述,2000年时巴林右旗出现过严重的干旱,当时他们家有21头牛,做好奶豆腐去镇里卖的话一斤三元左右,有时候价格不合适连一斤都卖不出去。这对他们当时的生活造成了一定的困扰。由此,为克服奶食品售价低以及渠

---

[1] 引自笔者的访谈记录。受访人:SQBY,巴林右旗FQ养牛专业合作社领办者;采访日期:2022年4月29日。

道少的情况,领办者 S 卖掉一大部分牛,凑齐一万元启动资金,2002 年 4 月在旗里开了一家经营奶食品的门店。门店主要供应自家牧场或者下乡收购他人制作的奶豆腐等奶食品。他们凭借严格的品质筛选、良好的服务与传统制作工艺,在附近城市居民口中形成了良好的口碑,但是货源供给及产品质量等存在的不稳定情况也给奶食店的经营带来了诸多不便。2008 年 4 月,巴林右旗注册成立了第一家新型合作社。这给当地农牧民再组织化提供了新的探索方式,加上政府宣传以及对改变现状的想法使领办者 S 开始与亲戚、朋友商量组建合作社相关事宜。笔者在对入社牧户的访谈中得知,最初村里的养殖户确实觉得有组织起来的必要:

"他们原先开过奶食品商店,生意做得挺好,后来他们自家牧场的牛奶已经供不上卖了。我们家那时有 30 头牛,他也问过我要不要加入合作社,主要是给他们商店供牛奶。我很感兴趣,也想试试。因为自己做奶食品销售的话,都是在周围卖,有时卖得出去,有时卖不出去,夏天买的人就更少了(受到牛的生产周期的影响)。家家都在挤奶、做奶食。一边养牛,做奶豆腐时间就紧张,我们更没空去专门做买卖。然后他就组织了村里养牛数量可观的家庭,以及有这种想法的家庭,再加上他们亲戚比较多,我们八九家商量了一下,然后就开始开展合作社。"①

F 合作社组建过程中社员选择加入合作社的最直接目的在于,相比不参加合作组织,合作关系网络所提供的稳定的销售渠道能给个体带来可观的收入。但是,由于社员入社时的专用性资产投入少、退出成本低等情况使得合作参与具有一定的不确定性,而这就需要一定的社会资本机制来发挥作用。

由表 1 可知,F 合作社社员关系网络多以亲缘关系为主。这也表明除了内部的经济合作关系,还存在以亲缘和地缘关系的交互关系为基础的情感纽带。

表 1　F 合作社社员参与及基本情况②

社员姓名	性别	年龄(岁)	与领办者 S 的关系		养牛品种	存栏头数
SQDL	男	52	血缘关系	同宗兄弟	西门塔尔牛	77
MHBLG	男	54		同宗兄弟	西门塔尔牛	42
WRT	男	60		远房表哥	西门塔尔牛	48
HSBG	男	62	姻缘关系	妹夫	西门塔尔牛	34
BH	男	57		妹夫	黑白花奶牛、西门塔尔牛	43
MH	男	64	地缘关系	同村兄长,父辈交好	西门塔尔牛	58
YR	女	52		邻居	西门塔尔牛	39
LSK	男	54		好友	西门塔尔牛	30

---

① 引自笔者的访谈记录。受访人:CG,巴林右旗 FQ 养牛专业合作社社员 MH 妻子;访谈日期:2022 年 5 月 27 日。
② 引自笔者的访谈记录。受访人:WRH,巴林右旗 FQ 养牛专业合作社现阶段主要负责人,SQBY 其女;访谈日期:2022 年 12 月 22 日。

在合作关系网络当中，亲缘关系不同于一般的社会关系，它是社会资本的表现形式之一，是一种多线的、具有持久性特征的社会关系。相互之间的权利、责任和义务确定，主要不是通过法律或明确的规章制度建立的，相互之间的信任也不是通过法律来保证的，而是通过习惯或传统得以确定和保证的（张其仔，1999）。由此，无论是领办者 S 通过社会交往中积累的良好人际关系，还是依托习惯或者是传统存在的亲缘信任，都对于降低内部交易成本、保证稳定的合作关系具有正面的促进意义。在 F 合作社资源交互关系当中，对于维持稳定的合作关系，领办者 S 与社员之间做出的努力是相互的。

"我们相互间还是比较支持的，他们送过来牛奶一般最少时达到 40~50 斤，最多时有 300 多斤，然后等发酵完成就开始做各种奶食品，下月 5 日再给他们统一结账。我们也比较有诚意，一般都是比市场价高出 2 角，最低时也是 2 元/斤，是当地最高价。黑白花奶牛和西门塔尔牛的牛奶浓度不一样，出货量也不一样，但是我们按照同样价收，虽然是吃了点亏，但是一起做事也不能总想着自己的利益，他们不给我们送牛奶，我们也出不了货。"[①]

如上所述，领办者 S 先通过高于市场的收购价格来确保社员的正常供给，按他自己的话就是"先提供服务，再自己受益"。但是作为熟人关系上建立的合作行为，双方"面子""人情""情感承诺"等关系因素使他们中间形成潜在的规范，避免了社员"故意增加重量""另找买家"等"欺骗""失信"行为的滋生。其社员表示：

"咱们一起做事肯定要想着越做越好，再说大哥他们长期收，我们也能获益，咱们做养殖的就是以卖牛犊挣钱，再就是卖畜产品。都是自己人，能互相帮忙而且我们这么多年就是这么过来的，也可以说做得比较成功。这不合作社做好之后，我也开了家公司。"[②]

"都是街坊邻居，谁家什么品性都一清二楚，而且我们刚开始加入这个合作社时都商量好了，人家想跟我们一起做，我们就要讲信用。都合作十多年了，假如说要是今天掺点水，人家一看就能看出来，那以后谁也不愿意收了，而且他们价格也公道。"[③]

在合作社日常交易往来中，领办者 S 与社员间良好的信任及协作建立了合作社良好的生产经营形象。由于合作社中存在为提高畜产品附加值而建立的长期交往的机会和必要性，以及网络双方确信他们并不会采取有悖于道德的行为选择，在稳定的初级畜产品供给情况下，社员不仅能获得合理的报酬，合作社也能获得更好的发展，双方的互惠收益也开始逐渐增加。也正是维护社会关系的潜在规范、互惠关系的存在，反过来作用于内部社会资本维持和积累，避免了在组织、资源交互中的低效率，且为开拓更为广泛的市场奠定了基础。

2. 外部社会资本与合作社绩效

合作社的负责人是联系组织和外部利益相关者的关键人物（梁巧，2021）。在 F 合作社中，领办者 S 不仅是其合作社组织者，也是经营者。他在合作社内部起到动员、宣传，于外部起到获取各种现实或潜在资源的作用。同"社员是为了共同的利益而加入合作社，因

---

① 引自笔者的访谈记录。受访人：SQBY，巴林右旗 FQ 养牛专业合作社领办者；采访日期：2022 年 4 月 29 日。
② 引自笔者的访谈记录。受访人：MHBLG，巴林右旗 FQ 养牛专业合作社社员；采访日期：2022 年 12 月 28 日。
③ 引自笔者的访谈记录。受访人：CG，巴林右旗 FQ 养牛专业合作社社员 MH 妻子；采访日期：2022 年 5 月 27 日。

此处于良好外部关系网络环境中的合作社能够获取社员更大的信心"（梁巧、吴闻等，2014）一样，只有合作社与政府、消费者、商业伙伴建立良好的关系往来，销售经营才能得到各方支持，推广才能得到各方协助。

F 合作社后续的经济实践中，为了能更好地应对市场标准，以及消费者对于购买品质好、成色好的绿色食品的市场需求，合作社开始对畜产品储存、运输、包装、加工、服务方面做出改进。并于 2013 年 3 月成立旗下公司——HDDH 畜产品经销有限责任公司，采取现代化手段对牛奶进行质量检测，完善商标注册并配备了专门的冷链设施，实现了向规模化、专业化、品牌化的发展。那么，依托合作社建立的向奶制品加工公司的"转型"，除了自身条件的基础外，也需借助一定的外部力量才能得以实现。据实地调研了解，当时巴林右旗的工商管理部门着眼于牧区优势，为提升畜产品的附加值，促进牧业合作社走上商标发展的道路，对乳肉业专业合作社进行重点帮扶，并且对名称的选择、图案的设计、材料的准备与申请等环节进行全程服务，开通了申办快速通道。由此，在旗工商部门的引导下，F 合作社成功注册"HDDH"商标，为扩大市场奠定了良好的基础。

"我们关系比较稳定，慢慢地规模越来越大，因为一两家的奶豆腐是很难在市场中稳下脚步的。但当六七家的产品开始汇集到一起的时候，首先就会有规模，有规模以后就为申请商标打下了基础。现在市场监管的要求也越来越高了，市场监管也越来越严了，以卖奶豆腐为例，必须把生产时间、配料、保质期注明，要不然上不了市。所以我们想往外卖，想扩大生意就必须要有包装、商标，而这种包装和商标得由公司来做。有了制作标准、商标，买的人也更容易认可。建立公司的话，得需要厂房，所以就在玛拉沁村（后建的搬迁村）建了厂房，购买了冷库。建公司时政府发放了厂房补贴，自己多出资，也算是在当地做得小有规模了，政府也扶持了合作社，给了 30 万元的厂房补贴。"①

随着 F 合作社稳定的内部供给，经营销售量的增加、示范等级的提高，展现的典型示范作用越发明显。他们所经营的 HDDH 畜产品经销有限责任公司于 2013 年 12 月被评为赤峰市农牧业产业化重点龙头企业。HDDH 畜产品加工销售有限责任公司也积极发挥龙头企业带动作用，不仅为非社员提供了收购奶源的平台，还为当地产业发展、带动养殖户积极性做出了贡献。例如，在 2016 年国际生鲜乳价格持续低迷、国内乳制品市场销售放缓的背景下，全国多个省市出现奶农"卖奶难"的情况。作为当时巴林右旗鲜牛奶收购企业的 YL 集团，生鲜乳收购价格也呈现出持续下跌的趋势，同时还出现因鲜奶中体细胞、微生物等超标而导致的拒收现象。在这种情况下，巴林右旗境内的三个奶牛养殖区也受到了冲击，奶牛养殖户的经济收入明显下降。为了避免鲜奶价格下降而影响奶牛养殖户的积极性，该集团与 BYTL 苏木 BMT 养殖小区的 12 户奶牛饲养户（12 户共饲养奶牛 107 头）达成合作关系，解决了部分奶牛养殖户鲜奶销售难的问题。②

F 合作社随着经营业务的拓展、示范带动范围的扩大，成为了当地合作社发展典型案例，接待了各级领导及参观者。通过政绩输送、示范带动等行为，F 合作社领办者与当地农牧部门工作人员建立了良好的关系资本。这为其获得重要资金扶持、良好的资源环境奠

---

① 引自笔者的访谈记录。受访人：WRH，巴林右旗 FQ 养牛专业合作社现阶段主要负责人，SQBY 其女；访谈日期：2022 年 5 月 27 日。
② 户企联动"HDDH"为养殖户解除困境，巴林右旗人民政府官网，http://www.blyq.gov.cn/jrbl/bmdt/201605/t20160526_1825387.html。

定了基础。即与政府建立的关系资本拓展了合作社可利用的经济资源、商业资源。

"建了公司以后，规模扩大了，原先合作社的几家供应不上了，那时BMT的奶站收的价格变动也较大，他们开始给我们送牛奶，随后与BMT的养黑白花牛的牧户（12户）有了合作关系，他们一天差不多能出1000斤，还有社员的、自己家的牛奶，基本能满足客户需求。这些人并不是合作社成员，但是算是一种带动，后来带动户数又变成了60几户，也算做成了合作社，在当地影响力较大。别人听说巴林右旗有这样的合作社之后也过来参观、学习。有项目、展销或者农牧局推荐时也会优先考虑我们。前些年参加的展销较多，哪里的都有，然后我们被评为龙头企业。我们旗农牧业局曾组织我们合作社到北京免费展销了七天。这都给我们拉了不少客户，要是全靠自己做广告、自己做推销肯定赶不上大市场。"①

F合作社通过实体经营、线上销售、积极参加展销活动等经营方式保障销售绩效的稳定性。他们与外地客户或经销商建立的合作关系，激活了与新客户的销售链条，增加了异质性互动。加上持有赤峰名优特农畜产品的认证，有效增加了产品竞争力，也扩大了"HDDH"产品在市场上的知名度。而F合作社所赢得的市场占有率，除了政府赋能外，保持与外部市场相关的良好人际关系和有效的信息沟通也发挥着更重要的作用。

"我们每年用作批发的产品差不多20%给呼市、20%往周围村镇、8%往鄂尔多斯，剩下的就是通过线下商店卖。我们要保证质量，而且批发的话，一斤奶豆腐便宜四元。我们与呼市的一个商店合作7年，与鄂尔多斯的商店合作5年，旗里好几家饭店的食材也从我们这订，合作时间最长的饭店（BL宾馆）都有10年了，我们原先也与BMXR酒店签过一两年的协议，但是疫情那会儿他们饭店开不了张，也损失了不少，我们从那次后就知道了签协议的风险，当然签协议对我们来讲是有利的，但是也不能太单方面地考虑个人利益，之后就通过微信联系，他们需要食材的话说一声就好了。"②

对于经营畜产品的牧业合作社来讲，其产品品质、自身基础设施条件是吸引商业伙伴进行合作的关键。合作社与顾客、批发商、饭店之间常年交易往来关系一方面是对其产品质量的认可，另一方面源自合作双方之间搭建的信任，使其关系结构从货品交易关系转向稳定的经济伙伴关系。同上述访谈中所展现的"即使买卖双方除去书面合同的订立环节，也能确保持续的订单"的关系一样。这种在卖方和买方之间建立起来的社会资本，不仅降低了合作过程中的交易成本和减少了机会主义行为，而且增加了合作意愿，保障了买方、卖方交易的经济利益。

四、合作社社会资本变迁与资源获取

资本作为社会经济资源的总称，其扩张和壮大离不开资源不断地更新和积累。而作为特殊的资本形式的社会资本——社会结构资源的资本扩张也是如此。它可以通过社会关系

---

① 引自笔者的访谈记录。受访人：SQBY，巴林右旗FQ养牛专业合作社领办者；采访日期：2022年4月29日。
② 引自笔者的访谈记录。受访人：WRH，巴林右旗FQ养牛专业合作社现阶段主要负责人，SQBY女儿；采访日期：2022年11月2日。

网络中的人际交往、交流、互动等方式，在义务和期望的作用下，形成彼此之间的信任，并且以正式规范、非正式规范等多种渠道保持网络关系的持久性，从而实现资源的扩张和积累（肖东平、王春秀，2013）。为了展示合作社社会资本变迁与资源获取之间的关系，首先，在此部分以国家级合作社 MX 牧业专业合作社（以下简称 M 合作社）为例，分析合作社不同发展阶段的社会资本构成及存量，展现社会资本的积累和扩张如何作用于合作社发展；其次，关注社会资本的实质性价值和效益，分析领办者社会资本对 M 合作社发展的作用机制。即探讨合作社领办者 W 作为合作社关键人物，如何通过人际关系网络中的同质性互动整合改变自身有限的人力资源以及经济资源；建构异质性互动来激活与多个行动者之间的链条，摄取网络中的稀缺资源。

（一）合作社社会资本发展变迁

巴林右旗 M 牧业合作社成立于 2014 年 9 月，合作社注册资金为 300 万元，初始社员共 5 人。位于 BYTL 苏木 GLGLT 嘎查 DH 组，是一家致力于舍饲、现代化养殖的合作社，主要经营业务包括种羊繁育、优质肉羊育肥、技术服务等。在生产模式方面，以巴林右旗普遍存在的半商品性畜牧业生产模式不同，在其成立合作社时就以从事商品畜牧业为发展定位，即生产者不是以自己消费为主的适度规模养殖，而是以大规模的商品交换为目的的畜牧业生产。

随着封山禁牧和退耕还草还林政策的实施，为落实国家和内蒙古自治区政策精神，2012 年，巴林右旗将草原划分为禁牧区和草畜平衡区，索博日嘎镇、查干沐沦镇、幸福之路苏木、大板镇部分地区为禁牧区；大板镇非禁牧区、巴彦塔拉苏木、查干诺尔镇、宝日勿苏镇、西拉沐沦苏木为草畜平衡区。① 因此，在养殖模式方面，牧户开始采用半舍饲的养殖方式，但是半舍饲适合自繁自养，且规模在百余只。若想采取大规模养殖，因其放牧数量、载畜量等方面均受到水源、场地、草场等资源和条件的制约，其只能采取舍饲养殖的模式。总之，领办者 W 舍饲养羊的初衷即通过舍饲养殖来避免以往"靠天养羊"难以扭转的规律，使草牧场得到合理的利用，也想通过机械化操作保证劳动生产率，实现提高经济收益的目标。

M 合作社自成立至今，经历合作社筹备阶段、合作拓展阶段，目前处于合作社成长前期阶段。在不同的发展阶段，合作社内部、外部社会资本均有着不同程度的积累以及影响。

1. 合作社筹备阶段

从合作社发展历程来看，2013~2014 年为合作社建设的筹备期，即建设满足舍饲养殖的基础设施和探索饲养方式的阶段。

（1）筹备阶段基本情况。自 2013 年开始，领办者 W 筹划建立舍饲养殖所必备的基础设施，由于其宅基地处于 DH 组西侧，满足在办公区、生活区的下风向的建设要求。合作社距旗政府所在地大板镇东 20 千米，位于国道 303 附近，有可直达的通村柏油路，交通便利，具备发展农牧业所需的资源条件。如图 3 所示，合作社总占地面积为 24 亩，羊舍的建设以长方形为主。这不仅有利于羊的生理、生产需要，必要时可与羊舍连建成一定规模的

---

① 巴林右旗禁牧实行分片管理，巴林右旗人民政府官网，详见 http：//www.blyq.gov.cn/jrbl/jrbl_8281/201208/t20120830_1840605.html。

运动场,供羊活动,还有便于饲养管理、经济实用等特点。

合作社一期建设建立高标准棚圈 1000 平方米,育肥场地 2000 平方米,青贮窖 4000 立方米,发展饲料基地 800 亩,新建办公室 300 平方米。实行生产区与办公生活区分离的建设方式,建设办公区、饲养区、供暖区、暖棚活动区、子母监护区、饲草储备区、设备库区等区域。为避免污染,分离饲草料运送路线与排污路线,在远离住户的空旷处设立专门的排粪排污场地。

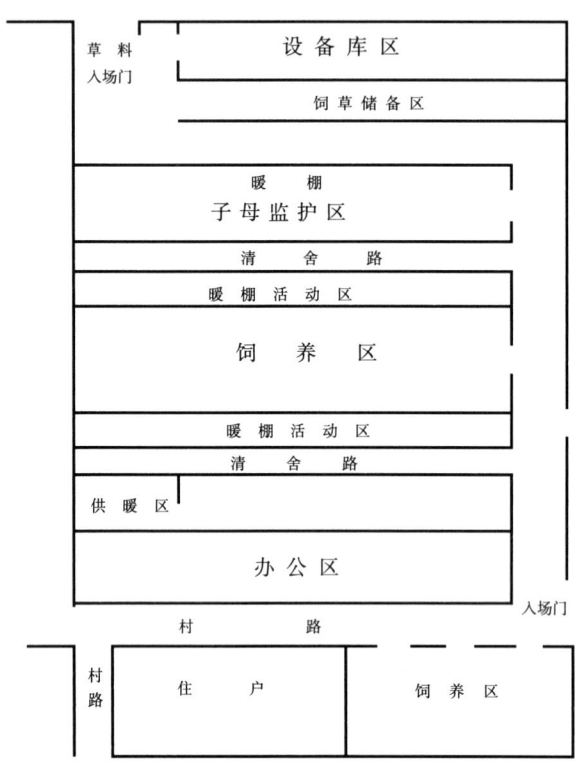

图 3　M 合作社养殖基地建设①

在养殖品种方面,领办者 W 从山东引进纯种小尾寒羊,初始饲养规模在千余只。小尾寒羊具有成熟早、早期生长发育快、体格大、肉质好、四季发情、繁殖力强、遗传性能稳定等特点,适合舍饲饲养(徐桂芳,2006)。加上小尾寒羊是当地较为常见的养殖品种,养殖户了解其生产习性,使商品养殖易于上手及管理。因此,小尾寒羊成为 M 合作社进行舍饲养殖的首选品种。但凭借以往的"半舍饲饲喂"(就是每天把羊放出去一段时间再赶回来圈养并进行舍饲喂养的形式)经验以及疫病管理方面的不到位等情况,疫病、伤亡时有发生,加上 2014 年羊价下跌,并未获取最佳收益。

(2)筹备阶段的社会资本。从合作社所拥有的内部网络联系来看(见表 2),在合作社内部,其信任关系主要由领办者 W、社员、雇工之间的信任关系组成。

---

① 笔者根据调查资料整理,巴林右旗 MX 牧业专业合作社提供,提供日期:2022 年 6 月 27 日。

表 2　合作社内部关系网络概况①

姓名	地域关系	合作社社内身份	参与合作社协作方式	社内分工
SL	同苏木	社员	业缘、地缘	技术员
BYMH	同苏木	社员	业缘、地缘	电工
WDF	X苏木	社员	业缘、地缘	领工
XST	同村不同组	社员	业缘、地缘	瓦工
YZW	同村不同组	雇工	社员 WDF 介绍	饲养员
HGD	同村同组	雇工	领办者 W 沟通	兽医
LXS	同村同组	雇工	主动询问	饲养员
WRTY	同苏木	雇工	领办者 W 沟通	饲养员
JY	同村同组	雇工	主动询问	饲养员
ZXM	同苏木	雇工	雇工 WCG 配偶	饲养员
WCG	同苏木	雇工	社员 BYMH 介绍	饲养员
ZXR	同苏木不同村	雇工	领办者 W 沟通	厨师

回顾领办者 W 的生活经历，虽然有养殖、担任活畜经纪人、担任建筑技术人员的经历，但在经营管理方面缺少经验，组织内的规章管理制度并未形成，或有一人身兼数职的情况出现，内部组织机制较为松散。在此阶段，合作社内地域关系大多集中于同一苏木之内，业缘、地缘关系成为社员参与合作的关系纽带。社员不仅作为技术人员为合作社提供建立基础设施所需的技术保障，在必要时也动用其人际关系网络，为合作社介绍适宜的饲养员应聘者。从表2可以看出，合作社所覆盖的成员范围较小。这也表明他们之间具有相似的文化背景和行为认同方式，并且从领办者 W 描述得知，人际关系网络中存在的包括价值信念、伦理道德、风俗习惯、文化传统等非正式规范成为规范成员行为的隐形标准，从而降低了 M 合作社内部管理的难度。

从图4的横向、纵向关系网络来看，当合作社外部网络关系连接时，合作社的横向关系网络主要体现在购销网络方面。在购买饲草料时，出于降低经济成本及信任成本的考虑，M 合作社更倾向于与当地的供应商或农民进行地缘关系合作。在出栏销售方面，主要基于前期积累的业缘关系进行对外销售。领办者 W 在做建筑技术工人之前曾有多年的活羊经纪人的经历，在此期间他所积累到的人脉及市场经验，为初始阶段下的合作社提供了良好的出售路径，保障了合作社基本的盈利能力。

合作社纵向联系网络主要体现在其与当地苏木政府之间的联系上，M 合作社虽以商品畜牧业为主要建设方向，并且与施工队成员，即后来登记成为合作社社员的人员具有一定的合作关系，但并未对合作社这一新型农牧业经营主体进行过多的关注，后来经当地苏木政府引导，于2014年9月注册登记，成立 M 牧业专业合作社。

---

① 笔者根据调查资料整理，巴林右旗 MX 牧业专业合作社提供，提供日期：2022年9月24日。

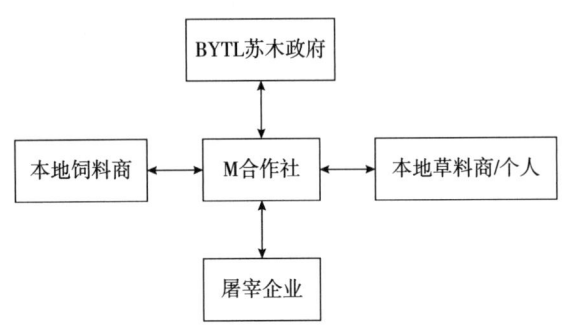

图 4　M 合作社筹备阶段外部关系网络①

2. 合作拓展阶段

从合作社发展历程来看，2015～2019 年可作为合作拓展阶段进行分析。其合作拓展不仅展现在业务能力方面，也体现在横向、纵向关系网络的拓展以及对当地的产业带动上。

(1) 合作拓展阶段的基本情况。2015 年，巴林右旗政府从天津 AQ 牧业引进澳洲白种羊并以贫困户免费、改良公司每只 60 元、政府补贴 30 元的方式引导当地农牧民开始做品种改良，提高经济效益。除此之外，M 合作社也通过国家绒毛用羊产业技术体系引进了部分杜泊羊。所以，无论是政府引导、牧民改良品种，还是增产增收的现实需求，都为 M 合作社进行拓展合作关系网络奠定了基础。

在此阶段，于合作社内部而言，其合作拓展主要展现为领办者 W 吸引专用性投资后在合作社西北侧建立 MY 小尾寒羊种羊场。经过一年的准备，二期建设共购买繁育种羊 1000 只；育肥羊 5000 只；如图 5 所示，建设高标准棚圈 3000 平方米，建青贮窖 5000 立方米，总储量达到 9000 立方米，可储饲料达到 7000 吨。羊场选在地势较高、避风阳坡，在排水通畅的非疫区。虽然与交通要道及城镇有一定的距离，但是交通运输方便，可与外界形成一个相对的隔离区。一旦发生传染病流行，易于与外界隔离，抵御疫病于羊场外，有利于内外经营管理。

2016 年，MY 小尾寒羊种羊场开始投入使用。那么，合作社除了能直接对接屠宰企业，还可以提供杜寒羊、澳寒羊、纯种小尾寒羊等优质种羊经营业务。这不仅降低了周边养殖户购买优质种羊所需的搜寻成本，为其提供了便捷的服务，合作社也达到了年育肥出栏肉羊一万只左右的生产规模。其经营收入、产业优势得到了显著的提高，使 M 合作社得以承担旗扶贫办的种羊扶贫项目。M 合作社曾先后发放优质种羊 2000 余只，助推当地牧民进行品种改良。

2016 年底，为完成贫困户的稳定脱贫工作，M 合作社利用"三到村三到户"项目资金承担了 BYTL 苏木建档立卡贫困户保底扶贫的任务。并以三年为期限，通过项目资金购买基础母羊放在合作社代养，以及资产收益分红的模式带动了贫困户的发展。截至 2019 年底，合作社对 BYTL 苏木 11 个嘎查 47 个独贵龙小组的 188 户贫困户 356 口人进行了 6 次分红，分红资金共计达到了 95.5 万元，充分发挥了合作社示范带动作用。

---

①　引自笔者的访谈记录。受访者：WLM，巴林右旗 MX 牧业专业合作社领办者；访谈日期：2022 年 6 月 27 日。

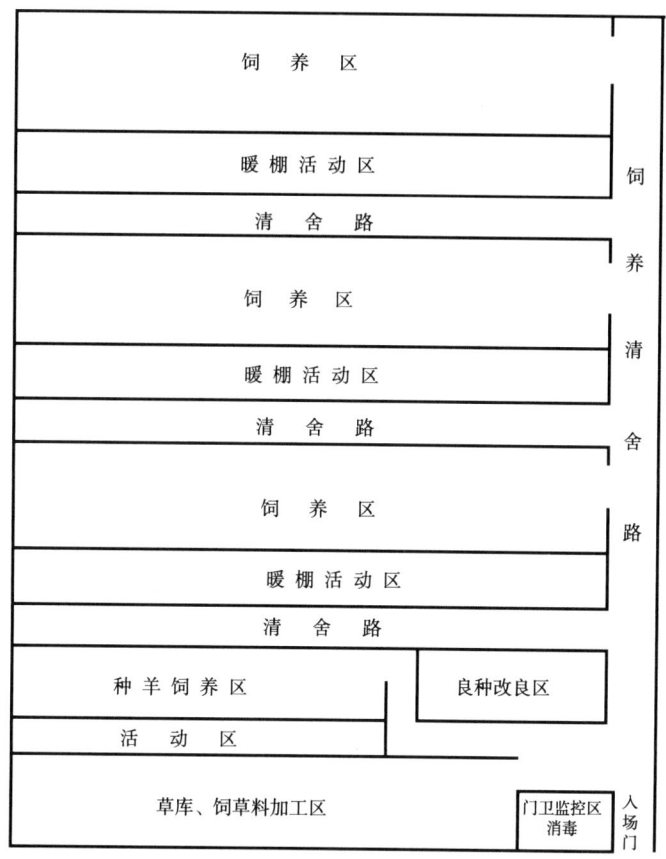

图 5　MY 小尾寒羊种羊场基地建设①

2016 年，赤峰市农牧业局发布了有关农牧业发展的"3661 工程"，围绕"3661 工程"，巴林右旗在"十三五"规划中提出了符合当地情况的"2862"工程。其目的在于加快农牧业转型升级，调优做强农牧业重点产业。"2862"工程中 2 个 8 就是流转土地 80 万亩，成立农机合作社 80 个；6 个 2 就是发展经济林 20 万亩，建设肉驴养殖基地 20 处，发展肉驴 20 万头，发展特色种植 20 万亩，经济作物种植 20 万亩，人工种草 20 万亩，发展优质基础母畜 200 万头（只）。② 由此，在深入实施旗委、旗政府农牧业"2862"工程和全旗加快产业结构调整的形势下，BYTL 苏木政府在与 M 合作社协商之余，合作社于 2017 年 3 月成立了 LM 畜牧业服务有限公司，而后双方签订肉羊技术服务协议，使 BYTL 苏木肉羊改良工作落到实处。LM 畜牧服务有限公司作为首家进行畜牧业技术服务的公司，是由 BYTL 苏木本地技术人员组建的技术服务公司。这也为全苏木、全旗畜牧业产业化进程起了一个良好开端。

---

① 笔者根据调查资料整理，巴林右旗 MX 牧业专业合作社提供，提供日期：2022 年 6 月 27 日。
② 巴林右旗加快推进"2862"工程，巴林右旗人民政府官网，详见 http：//www.blyq.gov.cn/jrbl/jrbl_8281/201609/t20160907_1846416.html。

LM畜牧业服务有限公司秉承提供优质高效服务、合作共赢同谋发展的服务宗旨，不断创新服务方式、方法，及时有效地向养殖户提供技术服务。一方面公司及时准确地把养殖户在养殖过程中遇到的困难和问题反馈给政府，为政府决策提供依据；另一方面将政府有关牛羊改良方面的优惠政策及时传达给养殖户，推动肉羊产业优化品种，促进畜牧业增产、增效、农牧民增收，从而实现合作共赢。LM畜牧业服务有限公司成立之后，积极开展培训、服务工作，比如邀请相关专家深入WLH嘎查、HRGTL嘎查开展肉羊改良技术服务培训。在肉羊改良的市场优势、开展肉羊同期发情技术、开拓和稳定肉羊价格的必要性以及如何增加肉羊繁殖等方面进行深入分析和讲解，对肉羊改良工作起到了良好的推动作用。

按照良种先行、科技示范、效益诱导、典型推动的实施原则，赤峰市罕山白绒山羊种羊场将M合作社作为示范基地。2016年3月，罕山白绒山羊种羊场在M合作社进行了第一次反季节同期发情常温人工授精与肉羊改良培训工作。其目的就是引导带动当地养殖户利用先进技术提高养殖效益。通过种羊场的老师教学，M合作社提供学习场地、设备及授体羊，为BYTL苏木农牧民提供免费肉羊改良培训服务。且报名参加的35位农牧民通过两期的理论与实践学习，均达到了可独立操作反季节同期发情人工授精技术的目标。此次改良培训意义在于用杜泊种公羊作为父本，小尾寒羊作为母本，其杂交所产的杜寒杂交羊具有增重快、肉质好、抗病能力强、市场价格高等优点，能够在一定程度上改善当时养羊业的不利局面，增加养殖效益。并且杂交羊适合舍饲直线育肥，使舍饲禁牧政策得到更有效的执行，有利于生态恢复。

另外，借鉴2015年、2016年在合作社开展的杜寒羊、澳寒肉羊杂交同期发情技术成功经验，通过政府购买服务的方式，与L畜牧业服务公司签订委托合同。截至2017年12月，合作社共派出19位技术员为养殖户做了8000多例同期发情人工授精，实施以杜泊羊、澳洲白种羊为父本的肉羊经济杂交技术，并且在肉羊改良繁育前与养殖户签订改良羊羔回收合同。即改良羊羔在45天断奶时以高于市场价回收。对于第一批同期发情人工授精的出生羔羊，M牧业专业合作社做到当初对养殖户的承诺，即出生羔羊断奶体重达到17千克以上，合作社就以600元的价格收购羔羊。合作社这一举措不仅缓解了社员销售羔羊的后顾之忧，还使养殖户从被动接受新技术新理念转变积极主动参与繁育改良新技术的应用。

据领办者W描述，按照养殖户当时养殖本地羊的情况，母羊一般在3月份产羔，9~10月份出售，饲养周期历时6~7个月，平均一只羊体重为50~60斤，且售卖价格在500元左右。但经改良繁育，杂交羊羔可在其养殖的第45天时达到40多斤，每只售卖600元。此饲养模式可缩短养殖周期，增加经济收益。简单来讲，养殖户可在母羊产羔后60天左右再次进行同期发情处理，进入到下一个繁殖周期，实现两年三产。

M合作社在产业扶贫期间所采取的种羊扶贫、资产收益分红、签订改良羊羔回收合同等实践，为逐步带动当地养殖户向基础母羊实现两年三产、羔羊舍饲育肥、四季均衡出栏的现代化肉羊养殖道路发展做出了贡献。与此同时，M合作社的舍饲养殖体系也开始逐步健全，最终形成标准化繁育体系，不仅让舍饲养殖便于科学管理，而且提高了劳动生产率。具体情况体现在以下四个方面：

第一，良种繁育的标准化。利用同期发情人工授精技术进行反季节受孕，达到母羊两年三产饲养模式,即第一年5月配种10月产羔,第二年1月配种6月产羔,9月配种隔年2月产羔。此饲养模式可满足全年任何时间段都可以提供优质活畜种羊及可屠宰的肉羊的需求。

第二,饲养以及营养的标准化。相较于传统的夏秋放牧、冬春补饲的饲养方式,合作社总结出一套合理草料的配比,可使羊在短期内获得均衡的营养供给。一方面,降低了疾病率与死亡率;另一方面,提升了舍饲圈养肉羊的品质,其风味和口感可以与草地散养的羊肉媲美。

第三,出栏的标准。羔羊体重达到40~50公斤时方可出栏。

第四,增收的标准。通过精确计算科学喂养达到营养均衡,避免粗、精饲料浪费,使羔羊达到出栏体重,进一步控制了饲养成本,提高了肉质,增加了养殖的经济效益。①

(2)合作拓展阶段的社会资本。在合作拓展阶段,在总结上一阶段养殖利润不高的经验,M合作社认识到只有转变观念、改良品种,才能在质量上和数量上取胜,才能把舍饲养殖的利润最大化。由此,为确保养殖基地的稳定运转,领办者W开始对外争取技术服务和市场支持,合作网络也开始进一步延伸和拓展。

如图6所示,在M合作社横向网络联系层面,合作社在经营过程中开始与多个草料、饲料供应商/个人建立联系,M合作社也与屠宰场从既有的购销关系的连接且在交往和交易过程的积累中逐渐建立信任关系。经过多方考察与权衡,M合作社最终与DZY肉业有限公司、MS饲料有限责任公司、赤峰市BLH食品有限公司保持较为频繁的经济来往,实现了经济利益上的相互渗透;在纵向关系网络方面,由于合作筹备期的"盲目养殖"所造成的损失,使得合作社开始注重养殖的专业性,即产生了对内建立严格的饲养程序、防疫制度及档案管理制度的需求。由此,M合作社开始与当地农牧局、旗种羊场(赤峰市罕山白绒山羊种羊场)建立网络联系,比如通过当地农牧局对接,获得内蒙古大学、内蒙古农业大学反刍类动物营养学教授的舍饲营养指导;经巴林右旗农牧局与赤峰市罕山白绒山羊种羊场推动,合作社与中国农业大学完成多项科研试验,获得澳洲白羊鲜胚胚胎移植成活率达到60%的成果。此次成功经验也使M合作社得以承接政府指定的某些经济、社会职责,从而带动当地养殖户进行品种改良。通过参与产业扶贫,M合作社逐步带动当地养殖户向基础母羊实现两年三产、羔羊舍饲育肥、四季均衡出栏的现代化肉羊养殖方向发展。如此一来,随着合作社的养殖、扶贫模式的有序推进,M合作社接待了内蒙古自治区各级领导及农牧民参观学习,同时也吸引了周边吉林省、辽宁省等外省人员前来参观考察。2018年被评为内蒙古自治区科技示范社,同年被巴林右旗农牧业局确立为"农牧民田间学校",其同行美誉度得到了提升。

在合作社规范化建设方面,随着M合作社业务增加以及规模的增大,为健全管理制度,实现好规范运作,其聘请非社员专业管理者的需求开始增加,增加了会计、现金保管员、对接销售员、繁育员、兽医、饲养员、施工人员和后勤人员等职位。本文就合作拓展阶段参与合作社劳动的人员情况,以地域关系分布为准,具体统计情况如图7所示。

---

① MX牧业专业合作社:《MX牧业专业合作社繁育标准化体系》,MX牧业专业合作社提供,提供日期:2022年6月27日。

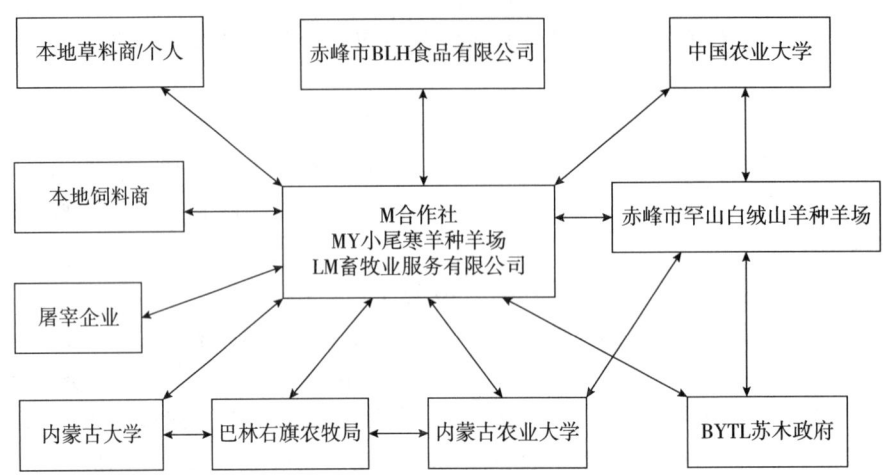

图 6　M 合作社拓展阶段外部关系网络①

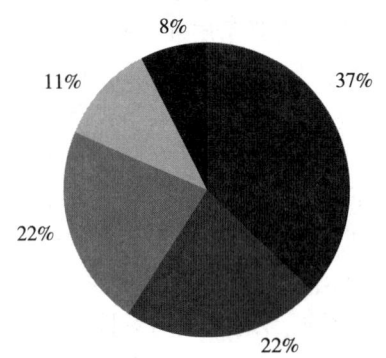

图 7　参与 M 合作社劳作人员地域关系分布②

　　M 合作社在当地的影响力逐步提升且有慕名而来的周边旗县的饲养员应聘者。加上合作社提供食宿，如图 7 所示，此阶段参与合作社劳作的历时人数共 27 人（具体数据见附录）。其中，来自不同旗（县）的人员有 2 名，同旗的 3 名，同苏木的 10 名，同村同组的有 6 名，同村不同组的 6 名。如上所述，在 M 合作社内部关系网络中，与前一阶段的不同之处在于参与合作社劳动的人员地域关系得到扩张。这也在某种程度上打破了合作筹备阶段的"熟人关系"网络，专人专职的业务分工提升了其组织运作效率，合作社内的信任也由人际信任向初步的系统信任转变。笔者根据领办者 W 的描述了解到，作为农村场域中建立的合作经济组织，道德观念、价值信念，舆论等非正式规范仍会对个体行为形成压力，从而规范领办者、社员、员工、饲养员的行为。

---

① 引自笔者的访谈记录。受访者：WLM，巴林右旗 MX 牧业专业合作社领办者；访谈日期：2022 年 6 月 27 日。
② 引自笔者的访谈记录。受访者：WLM，巴林右旗 MX 牧业专业合作社领办者；访谈日期：2022 年 9 月 24 日。

3. 合作社成长前期阶段

2020年至今，可作为合作拓展阶段进行分析。M合作社经过前两个阶段的发展，截至2022年底，已有固定资产与流动资金共计2000万余元。

(1)合作社成长前期基本情况。合作社的发展也可加快社会资本的积累速度。具体来讲，合作拓展期积累的政府信任、社会声誉为合作社宣传以及扩大机遇等奠定了基础。例如：M合作社于2020年5月与东乌珠穆沁旗ERL畜牧业发展有限公司开展合作。M合作社为ERL畜牧业发展有限公司以提供基础母羔和在其养殖全程中提供技术咨询及服务等方式，签订1000只多胎母羔(湖羊)的购买协议。这也表明了周边旗县养殖户对于M合作社的多胎母羊养殖模式的认可和接受。

关于单胎母羊和多胎母羊饲养成本和经济收入对比，领办者W指出，按《内蒙古自治区草畜平衡和禁牧休牧条例》要求，以12亩草场为一个羊单位，在100羊1200亩草场的情况下，每只羊一年产一只羊羔，每年6月15日左右出场，到10月一只羊羔平均体重为35千克，市值980元，除去劳务成本和饲养成本，一只羊羔纯利润为300元左右。而且在放牧的季节里一只母羊带领一只羊羔，本应承担100只羊的草场却必须承担200只羊的负担，过度的踩踏、采食草牧场可加快草牧场退化。而优良的多胎母羊既可以全年舍饲养殖，也可以半舍饲半放牧。可以实现一年两产、每产多胎的效果，并且在现有的基础上，平均每产达到2.6只羊羔，按市场价格算，每只羊羔10天左右喂羔羊开口料，45天断奶(达到20千克)，每只羊羔到断奶饲料费约为50元，断奶羊羔平均价格为800元/只，一产羊羔可以卖2080元/只，除去劳务成本和饲养成本，纯利润可以达到1230元/只。由此，一只多胎母羊一年至少可以为养殖户带来2460元的纯利润。在自我繁育养殖方面，每年的5月和12月为多胎母羊接羔季，也正是草原的枯草期。这种多胎基础母羊的饲喂方式就是在草原枯草期进行舍饲半年，虽然在舍饲期间饲料的量比大尾羊大，饲料平均每天为0.8斤左右，饲草为2.2斤左右，半年的饲草成本在400元左右。但其直接经济收益在于做好接羔保育，注重棚圈的保温而收取直接的经济收益。多胎母羊的其他特点与单胎的乌珠穆沁羊一样，在6~11月没有下大雪的情况下都可以放牧，也可缓解舍饲养殖所带来的饲草料压力。[①]

在此阶段，M合作社继续加强与赤峰农牧学校、内蒙古自治区农牧业科学院等科研院所的交流合作，于2021年成立BYTL苏木肉羊经济杂交改良示范基地，积极引进澳洲白羊、杜泊羊、湖羊、小尾寒羊等优质种公羊，为嘎查养殖户提供细管冻精技术、人工授精改良技术、饲养技术指导、定向收购等服务，解决了嘎查养殖户的饲养难题和后顾之忧。

综上所述，随着养殖规模的扩大，肉羊改良和科学养殖的成功经验得以积累，其示范等级也不断提高，同年被评为国家农民合作社示范社，成为了巴林右旗牧业合作社的发展典型案例。2022年，M合作社以市场为导向，引进乳肉兼用的东弗里生羊种公羊与湖羊做经济杂交，进一步提高了良种繁育能力，增加了经济收入。

(2)合作社成长前期阶段的社会资本。在合作成长前期阶段，合作网络的扩展是基于前一阶段的积累和深化。

[①] 引自笔者的访谈记录。受访者：WLM，巴林右旗MX牧业专业合作社领办者；访谈日期：2022年9月28日。

如图 8 所示，在 M 合作社纵向、横向网络发展中，纵向关系网络并无明显变化，其合作社关系网络的拓展主要体现在横向关系网络层面。通过前两个阶段的发展，M 合作社在总结市场需求及养殖经验的基础上，坚持引进先进品种及技术，继续保持与高校、研究机构，当地改良服务站的技术连接，致力于研发更适合当地舍饲品种。这也使 M 合作社成为本地区较有威信的科技示范社。2022 年，于多方支持下采用"科协领导、高校实施、教师指导、学生常驻、多方支持"模式，M 合作社中落成巴林右旗羊业"科技小院"。这不仅满足了政府扶持产业、科技人员转化科技成果的需求，也给当地专业技术人才的培养、合作社肉羊养殖提供了长期的、有力的科技保障。

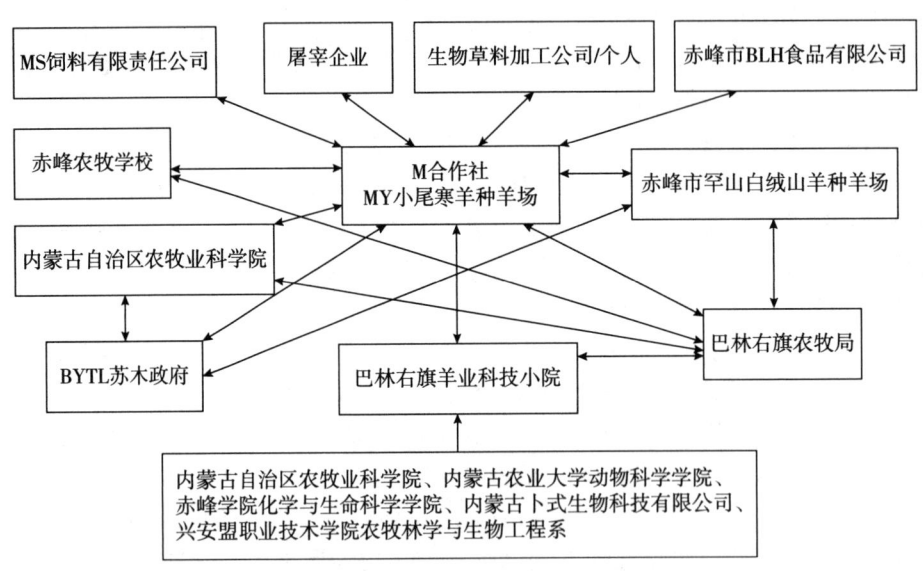

图 8　M 合作社成长前期阶段外部关系网络①

在合作社内部关系网络当中，M 合作社较强的外部关系网络以及良好的盈利能力维持了社员及雇工对合作组织的信任感，除此之外，合作社所设立的"年终奖""突出贡献奖"等工资福利制度激励了参与合作社劳动者的积极性，减少了人员的流动，维持了稳定的合作关系，大多数雇工具有三年以上的工龄(见表3)。

表 3　M 合作社社员概况及合作社工作年限②

姓名	性别	年龄(岁)	合作社工作年限(年)
SL	男	45	8
WDF	男	43	8
XST	男	47	8

---

① 引自笔者的访谈记录。受访者：WLM，巴林右旗 MX 牧业专业合作社领办者；访谈日期：2022 年 9 月 28 日。
② 引自笔者的访谈记录。受访者：CZH，巴林右旗 MX 牧业专业合作社会计，MY 小尾寒羊种羊场场长；访谈日期：2022 年 9 月 24 日。

续表

姓名	性别	年龄(岁)	合作社工作年限(年)
CZH	女	44	5
WYH	女	46	3
ZGM	男	44	7
LGB	男	48	4
YZW	男	56	8
BYMH	男	40	8
LZG	男	37	4
WRTY	女	36	8
WYGW	女	53	3
WGF	女	42	1
YJ	男	44	1

在合作社治理方面，由于合作社内部存在的分工配套的联系开始趋于成熟，社员及雇工主要遵守组织所指定的相关规定即可，而不参与合作社决策。合作社也演变为领办者私有企业。

"咱们的工作都是有分工的，比如有撒料的人，还有专门做清理的、拌料的人，大家做好自己的本职工作就行。这样安排也方便，不容易产生矛盾，也不会偷懒。我来这都差不多五年了，咱们这个工作环境好，没有突发意外、不会扣工资罚款，年末还有奖金。如果不值班，我们早上7：00从镇里出来，中午就在这吃饭，晚上就是按着值班表一共六个人轮番值夜班。"[①]

虽然M合作社在规范化管理上具有一定的发展，但对于合作社工资劳动者来讲，他们在日常工作中避免投机主义的行为规范首先来源于对组织的信任，其次存在于他们之间的日常交流、社内人际交往中，即人际关系中既有的非正式制度成为了其保障。

(二) 社会关系网络与资源获取

在社会资本研究当中，学者们指出社会资本与资源之间的相互联系。布尔迪厄认为，社会资本作为一种资源，每一个被联系在其中的社会成员都可以从中受益，但受益大小取决于成员可有效动员的网络模式，依赖于与他有关系的成员拥有的经济、文化和符号资本的数量与质量(卜长莉，2005)。林南(2005)认为，社会资本是一种通过社会关系获得的社会资源，包含其他个体行动者的资源(如财富、权利、声望和社会网络等)，个体行动者可以通过直接或间接的社会关系获取它们。哈皮特和戈沙尔认为，社会资本就是镶嵌在个人或社会组织关系网络中的资源，个体和组织可以通过网络获取(王佳，2018)。

---

① 引自笔者的访谈记录。受访者：LZG，巴林右旗MX牧业专业合作社饲养员；访谈日期：2022年9月26日。

从合作组织成立到进入生产再到销售交易，每个环节的生产经济活动都处在与此相关的关系网络当中。这就表明个体以及组织可通过行动者之间的交流、交往、交换等互动行为获得网络中的潜在的各类资源。在 M 合作社这一类能人领办型合作社中，领办者 W 作为合作社的关键人物，其资源禀赋及关系网络对合作社发展起着重要作用。基于此，本文主要从不同维度的社会资本入手，观察不同维度的社会资本与资源获取之间的联结关系。

在社会资本相关的研究中，学者们除了关注社会资本信任、网络、规范等基本要素，还试图对社会资本的相关研究维度进行分类。关于社会资本的研究维度划分，万生新（2018）在其研究中指出有三种典型的维度划分法：第一种是将社会资本分为内聚型、桥接型和连接型；第二种是从微观、中观和宏观三个层次对社会资本进行划分；第三种是将社会资本划分为结构型社会资本、认知型社会资本和关系型社会资本三个维度。结合田野调查实际情况，本文在分析 M 合作社领办者社会关系网络与资源获取之间的关系时将依据帕特南（2001）、伍考克（Woolcock，1998）所划分的内聚型、桥接型和连接型三个维度，分别探讨各个维度的社会资本对于合作社资源获取的作用机制。

1. 资源获取与内聚型社会资本

内聚型社会资本是指具有"强连接"关系的同质性个人之间所形成的较强的、紧密接触的社会连接，如家人、亲朋好友或邻居，它能够促进团体成员之间的团结与凝聚（万生新，2018）。除了促进个体采取合作行为，在 M 合作社发展历程中，家人、朋友、邻居之间的强连接提供了合作社发展中的人力、资金支持。

（1）获取人力资源支持。M 合作社初始团队共五人，领办者 W 和社员在地缘和业缘的交互关系、能力耦合的基础上所产生的信任使个体走向合作，加上社员均有从事建筑相关工作的经验，为建立标准化棚舍提供了技术保障。

"我以前就搞过养殖业，也做过中介，我从 17 岁毕业就开始做活羊经纪人，有时候做经纪人，有时候自己去送活羊给屠宰企业供货，一般卖往杭州、广东、山东。这些人（客商）都是通过周边的活畜交易市场认识的。因为当时交通不便利、信息不发达，他们来了也找不着、买不到羊，就在市场里等着。另外，农牧民的销售意识和去市场的意识都不高，所以客商收购时也很难。所以需要我们这样的经纪人带着下乡或者是收过来活羊给他们。后来也干过建筑工程工作，做厂区建设、棚舍的施工。我们的社员都是一起干建筑的，一起共事好多年了，我们当时的社员有技术员、电工、领工的工长，还有熟练的瓦工，基本上靠这些人，一个施工队就全了。加上我在养殖方面人脉也挺广，能保证好销路，所以他们也比较支持我做舍饲养殖。"[1]

合作社领办者在做建筑技术人员之前的活羊经纪人经历，以及结识建筑技术人员、建筑材料商的经历，不仅给合作社提供稳定的销售渠道以及为建立舍饲养殖基地打下基础，而且为处在初步合作网络建设阶段下的合作社提供了实现盈利分红的可能。但是作为巴林右旗首家进行大规模舍饲养殖的养殖户，可供借鉴的参考物较少。加上合作社存在阶段性引进不同饲养品种的改变，使合作社需要对不同品种的羊以及对设施、设备、环境进行相应的调整。为保证养殖成效，降低伤亡率，合作社社员积极为建立舍饲养殖建筑出

---

[1] 引自笔者的访谈记录。受访者：WLM，巴林右旗 MX 牧业专业合作社领办者；访谈日期：2022 年 9 月 26 日。

谋划策，经过多年的探索与改进，最终建造出了适合北方气候条件的高标准舍饲养殖棚圈。

"在琢磨这些东西时也有借鉴南方的一些棚圈，但是他们的棚圈在北方不适应，于是我们就开始改造。比如，南方的气温始终在零下2°~4°或3°~4°，气候比较温和。北方地区夏季和冬季温差比较大，但是四季分明，有利于肉羊肉质的提升，对草叶营养的吸收有好处。坏处就是季节性应激过大，伤亡率太高。所以我们研究棚舍的方向就是保证一年四季室内温度基本保持在10℃~30℃。这样就需要进行基础设施和设备的维护，以确保空间的温度。这样做就像人住进楼房一样，始终在一个恒定的温度，因为牛羊最舒服的温度就是5℃~25℃。提高了个5℃的话季节性应激不大，温差不大，有利于牛羊的生长和疾病的防控，还有利于羔羊、犊牛的接生。所以，这些合作社的建筑都是通过长时间研究出来的。而且我们马上要申请六项实用新型专利和两项国家专利，也就是关于北方高寒地区的舍饲养殖的机械化、智能化基础建设的专利。现在我们厂子都搭建好了，正在农村牧区进行推广。没有机械化是不行的，往后用人的成本过高，国家政策提倡新农村建设，牧区现代化都是奔这个方向去的。没有好的基础建设，想实现这些东西是很难的。"①

M合作社以商品畜牧业为发展定位且初始规模就在千余只，家庭劳动力基本无法满足其生产生活，需配合工资劳动者完成。这就使合作社产生了对技术人员及招聘饲养员等人力资源的需求。除了上述社员和领办者之间基于业缘关系上的人力资源获取之外，合作社所雇用的工资劳动者的参与也是在领办者私人交往和社员个人关系的基础上产生。

"我们搞舍饲养殖肯定会招工人，人员都是本地(周围村镇)的，后来别的旗县的也来我们这。我们也发过招聘，有急用钱自己找上门的，也有我们社员介绍的，如MK就是BYMH(社员)介绍的，都干好几年了。饲养员的话原先有十几个，每月4000元的工资，我们做好全自动清粪带之后用的工人也少了，现在饲养员有六个就够了。常住的夫妻二人一年8万元，我们也会在年底奖励有突出贡献(负责任的且当年的计划完成得比较好的)的工人一些电子产品或发放奖金，暂时还没有惩罚机制。要是哪个工人偷懒，反正说他两句也能听进去，比较自觉。要是工人实在觉得累或者想换工作，去干别的，可以直接沟通。"②

"我现在主要做现金保管，我来这都三年多了，原先在大板镇里干活，那时LZG(合作社员工)转发合作社招聘信息，我觉得待遇还行，也听过合作社发展得挺好，但是我在旗里住，也不会开车，后来问LZG，他就说除了他以外还有ZW等都在旗里住，能捎上我去上班，所以这件事也就定下来了。这儿离镇里(旗所在地)不远，也就20分钟左右车程，早上7：00从镇里出发，到点下班再回镇里。"③

从访谈中得知，借助地缘关系比较容易招募到养殖基地所需的饲养员。除了合作社招募，也会有同村的村民主动询问有无工作机会的情况。据笔者了解，领办者W与社员、员工之间每天有共餐的习惯。这不仅可以交流合作社中发生的日常琐碎，也可完成领办者对社员及员工的细节关照，建立合作社内部更深层次的情感。利用合作社内部无形的社会资

---

①② 引自笔者的访谈记录。受访者：WLM，巴林右旗MX牧业专业合作社领办者；访谈日期：2022年9月26日。
③ 引自笔者的访谈记录。受访者：WYH，巴林右旗MX牧业专业合作社员工；访谈日期：2022年9月26日。

本,降低其有形的组织经营成本。除此之外,每年年终也会通过物质或金钱奖励对社内突出贡献者予以工作上的肯定,增加互惠连接、信任关系。

(2)获取经济资源支持。舍饲养殖和传统放牧养殖的主要区别在于,舍饲养殖需要具有一定面积的圈舍和运动场,而且圈舍建筑要符合羊的生活习性、防疫要求和管理方便的需要(田可川,2014)。相较于半舍饲养殖,舍饲养殖生产过程需要较多的资金支撑,从饲草料的购买、羊舍建筑、各种机械设备、人员工资、水电暖、品种到技术引进等每个生产环节都离不开资金。因此,如果没有足够的周转资金,往往会造成从某一环节到多个环节的生产困难,致使生产无法正常运转,羊的生产性能无法得到充分发挥,经济效益受到很大的影响(田可川,2014)。从 M 合作社的建设工程来看,2013~2015 年末,M 合作社共投资 780 万元完成一期、二期工程。建成 M 合作社和 MY 小尾寒羊种羊场,实现年育肥出栏肉羊 1 万只的生产规模。如图 9 所示,其资金筹集的 14%来自政府项目支持,29%来自信用社借贷,57%是自筹资金。

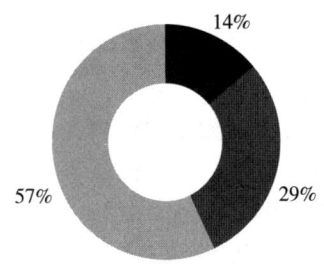

图 9　M 合作社建设资金筹集明细①

在合作社融资过程中,除了社员的部分出资外,主要依靠领办者 W 原始积累以及通过其家庭关系、同学关系等强关系网络筹集创业资金以及吸引专用性投资建立种羊场,延伸其经营链条。而无论是资金筹集中的人际信任还是吸引投资中的信任关系都是其社会资本作用的结果。因为在亲戚、朋友之间,借贷双方接触较多,彼此之间有一定的了解,且信息透明度较高可补充正规金融投入不足的问题。

"我在外面打了这么多年工,手里有了些启动资金,后来还办理了信用社贷款,同学、朋友等也帮了很多忙,我很感激。我跟他们商量好等资金流转开就归还,也有几个朋友没要利息,但是人家支持我,我也不能白拿人家的奖金,后来就都给补上利息了。我们苏木的也在项目上帮了不少忙。后来我的同学与我商量一起合伙做舍饲养殖,就开始投资,在合作社的基础上建的这个种羊场,后来又建了 LM 畜牧服务有限公司。"②

在合作社建设初期,大量的施工需求产生了对养殖基地进行有时效性的资金投入必要性,而领办者 W 的原始积累并不能满足所有投资需求。在不具备充足经济资本的条件下,内聚型社会资本提供了助力资金筹集的非正式渠道,也使合作社具备了建立种羊场等拓展经营业务的能力。

---

①② 引自笔者的访谈记录。受访者:WLM,巴林右旗 MX 牧业专业合作社领办者;访谈日期:2022 年 9 月 26 日。

2. 资源获取与桥接型社会资本

桥接型社会资本是指具有"弱连接"关系的异质性个人之间所形成的较弱的、较疏远的横断面社会连接，例如同事或社区之内的组织或其他群体，可以拓展社会性视野和个人视角，可提供难以接触到的信息和资源（万生新，2018）。其表现为成员之间的关系相对短暂，社会关系网络的范围较广。一方面，M 合作社领办者通过参与协会以及用网络自媒体渠道实现与异质性个体之间的社会连接，从而获取关键市场信息。例如，参与中国畜牧业协会养羊分会等微信群来交流、学习养羊经验。如此一来，通过网络中的异质性个体之间存在的知识共享、信息传递作用来提高合作社市场认知能力和反应能力。另一方面，领办者桥接型社会资本主要建立在合作社与其他养殖户之间的关系上。通过与养殖同行的交流，M 合作社完成了两次适合舍饲养殖的品种引进，一是在合作拓展阶段的湖羊引进，二是在合作成长前期阶段的东弗里生羊引进。领办者 M 通过与养殖同行的弱关系连接，借鉴其养殖经验，减少信息的不确定性，降低养殖风险。

"我们刚开始养的是小尾寒羊，全舍饲的效果不太好。刚好当时 XS 村（CGNE 镇）有个养殖大户（YJT），他先养的湖羊，后来我们到他们那边参观，效果挺好，就也想做种羊杂交。他是这边第一个养湖羊的，他有亲戚在南方，就引种过来与本地羊做杂交，我们在 2015 年开始卖小尾寒羊，让他带着去 HL 牧业，于是引进了湖羊种羊做杂交"。[①]

湖羊性情温顺，食性杂，耐粗饲，易管理。各类青草、干草、农副产品、秸秆等均可作为饲料。一般而言，若能备足优质青粗饲料和清洁的饮水，即可基本满足其营养需要（浙江省畜牧兽医局，2016）。湖羊作为多胎多产的品种，除初产母羊单羔较多以外，一般都在两只以上，多的可达七八只。1~6 月龄的湖羊生长最快，3 月龄可达成年体重的 50%，6 月龄可达成年体重的 85%；公羊 4 月龄就能配种，母羊 4~5 月龄就能发情，且能四季发情。为获取更高的经济效益、预测市场趋势，并作出相应的调整策略，引进东弗里生羊并与多胎的湖羊母羊做杂交成为了合作成长前期阶段的新发展目标。

"我预计用四年的时间完成东弗里生羊的杂交工作研究，我们去外地考察，羊已经买回来五只纯种了，有十只就可以做胚胎试验了。这种羊的好处就是乳肉兼用，就像西门塔尔牛。现在上海已经开始风靡了，绵羊奶 20 元/斤。蒙牛的官网的新品推荐中就有东弗里生奶绵羊酸奶，100 克卖 35 元，东弗里生羊多胎加上湖羊适合舍饲，它俩杂交是非常好的，第一，生下的羊羔长势很好不闹毛病。第二，肉质好，个头长得大，我们在外地朋友的厂子里做过实验，60 天断奶的羊羔，公羔达到 70 斤，母羔能到 50 多斤，它的生长速度非常快。"

领办者 W 指出，在信息时代，通过手机等交流工具获取信息可低成本且便捷地关注到所需要的关键信息，并建立生产活动所需的桥接型社会资本。因为手机上的相互交流、互动、监督作用，不仅可使弱关系增强，强关系也会得到增强，从而实现信息的流通和商品的交换。

---

① 引自笔者的访谈记录。受访者：WLM，巴林右旗 MX 牧业专业合作社领办者；访谈日期：2023 年 1 月 15 日。

3. 资源获取与连接型社会资本

连接型社会资本是指人们或组织跨越既有的界限、地位所形成的与社区个体、社区、市场或公共组织之间的垂直连接，它能促使个人或团体跨越既有界限，透过不同层级之间的连接获取资源（万生新，2018）。纵向联系指组织与农牧业局、工商局以及各级政府之间的联系，而在 M 合作社发展中，领办者与苏木原党委书记 WAB 所建构的良好关系往来，为合作社建设争取相关的政策支持以及技术指导发挥了重要作用。

"刚开始也没太关注合作社，我原先做过建筑工作，可以搭建棚圈，与材料商也熟悉。2014 年我们场子在建到一半时，他（原苏木党委书记 WAB）从这路过，然后来找的我。他说要不成立一个合作社吧，以后也好发展，也可以带动当地经济，做个示范。他觉得我们比较有想法就想帮扶我们，协助我们做项目，因为不知道项目信息的话，合作社是建立不起来的。"①

政府作为合作社组织设立的"引导者"，能为利用自身的社会资本和人力资本发展新型合作经营组织的"能人"提供部分项目补贴，协调低息贷款，缓解其在合作社建设期间资金短缺问题。但是在合作社真正开始运营之后，随着市场价格的波动，正遇羊价下跌。基于此，在舍饲养殖的情况下，如何降低养殖成本，提高养殖收益，降低市场风险是 M 合作社遇到的现实难题。以舍饲养殖中的日粮管理来讲，人工所供应的营养物质是否能够满足羊的生长生产和发育需要，决定了生产性能是否能够得到充分发挥，而饲草料配置是否合理除了会影响生产性能发挥外，还直接影响到养殖经济效益。如果饲料营养不全或饥饿会造成生长发育不良和生产性能下降，如果饲料营养过剩，则会造成营养浪费和养殖成本的增加，两者都直接影响到经济效益（田可川，2014）。舍饲养殖完全不同于传统意义上的养殖，在舍饲养殖的情况下，养殖品种、养殖环境、饲草料的供应、防疫措施等都必须按照技术要求有序地落实。这都需要 M 合作社掌握更为专业的舍饲养殖知识及技术。合作社初始条件下的以同质性互动为主的特点使得合作社无法满足对于品种改良、日粮搭配的需求。由此，M 合作社也开始通过 WAB 的介绍建立与当地农牧局、改良服务站的弱关系连接，寻求技术指导。

"我们开始养时是自己琢磨，刚好碰上养羊的低谷期，养了一段时间觉得不行，就托书记的介绍认识了旗种羊场（罕山白绒山羊种羊场）的 XHJ（试验站站长），因为他们有技术支撑，就想让他们带着我们做品种改良，也就是通过提高生产率、降低养殖成本来抵御价格下跌。还找农牧系统的工作人员给我们提供养殖技术，他们也对接高校给我们找了营养师，帮助我们渡过了难关。从 2016 年羊价开始回升，加上前两年总结的经验，合作社一步步地走入正轨。做起来之后，合作的人也就多了，我们也一点一点地积累关系，大概从 2020 年开始，我们也能自己找高校老师做一些指导、实验。"②

林南（2005）指出，社会资本除了通过直接关系获取资源还包括通过间接关系获取的资源，即获取他人的资源（他们个人的资源）。例如，为了某种资源，自我可以去找并不拥有这些信息但知道谁有这些信息的人，在这种情况下，最初联系的社会网络成为自我的资源。这样，社会资本不只是通过直接联系或者简单的两人联系，直接和间接的联系都能获取资源。通过他人的直接联系和间接联系，行动者的社会资本尽可能广泛地扩展他们的社

---

①② 引自笔者的访谈记录。受访者：WLM，巴林右旗 MX 牧业专业合作社领办者；访谈日期：2023 年 1 月 15 日。

会网络。也就是说，社会资本取决于嵌入在直接或间接关系中的资源，并且这些资源可以通过这些关系获取。例如，在 M 合作社发展历程中，领办者 W 通过与 WAB 之间的直接关系，间接取得与 XHJ 的联系，当地农牧局也充分发挥了其媒介作用，促成了高校对合作社的养殖技术指导。

赤峰市罕山白绒山羊种羊场于 1993 年建立，1995 年由内蒙古自治区政府正式命名。是选育罕山白绒山羊的原种场，国家绒毛用羊产业技术体系赤峰绒山羊综合试验站依托单位，第一批国家级动物疫病净化场，具备独立开展胚胎移植、胚胎制作、同期发情、人工授精、腹腔镜移植、输精等技术能力。[①] 经多方协调与促成，2015 年 M 合作社在巴林右旗农牧业局和罕山白绒山羊种羊场技术人员的指导下，积极开展同期发情、人工授精、胚胎移植等技术操作，采用以常年发情多胎的小尾寒羊为母本、澳洲白羊和杜泊羊为父本进行杂交改良生产商品羊的新模式，成为了全旗首家进行肉羊改良的合作社。2016 年初，又在罕山白绒山羊种羊场的推动下，和中国农业大学合作完成以杜泊羊和澳洲白羊为父本，多胎的小尾寒羊为母本的反季节同期发情、人工授精、胚胎移植、羔羊疫苗去势、精液低温保存等多项科研试验。并以 2016 年 3 月～2018 年 3 月为观察周期，合作社的改良肉羊取得了显著的成效，鲜胚移植澳洲白羊成活率达到 60%，为全旗养殖户做了良好的示范工作。除此之外，合作社通过高校教师调制的草料配方，精确计算、科学喂养，不仅进一步控制了饲养成本，而且降低了肉羊摄入营养不全面、不平衡而导致的体质差、发病率高等风险，保障了舍饲养殖条件下的养殖效益。

M 合作社后续发展中不断引进先进品种并与多个高校、研究机构、改良服务站合作研发来提高舍饲养殖效益。具体来讲，M 合作社通过维系与研究机构、高校教师的接触与交流，其人脉关系网络随着科研实验、合作交流的推进得到巩固。领办者 W 指出，合作社也是从 2020 年开始，可凭借自身积累的关系资本与高校教师进行直接联系，寻求技术指导。这也表明，曾经通过农牧局搭桥等间接关系获取的资源变成了合作社可用直接关系获取的资源，人际关系网络也展现出从弱关系连接到强关系连接的转变，进而技术资源获取能力得到了提升。在合作社和高校的合作与良性互动中，合作社获取资源能力得到发展，领办者 W 人际关系网络也随之拓展，并将其变为自身的关系资本，实现了从间接获取技术资源到直接获取技术资源的转变。

结论

本文以巴林右旗牧业合作社为例，研究社会资本对牧户经济行为的积极影响。牧业合作社作为建立在人际关系网络上的经济合作组织，在其生产运营过程中，社会资本如同物质资本和人力资本一样发挥着重要作用。具体表现为以下四个方面：

（1）社会资本可促进个体进行合作。巴林右旗牧业合作社组织方式多以能人领办型方式体现，而这种"能人现象"背后的原因，除了牧户对改善畜牧业生产经营环境的需求外，对领办者人格化的信任以及社员之间的良好关系往来等传统社会资本也成为合作社组建的

---

① 赤峰市罕山白绒山羊种羊场简介，巴林右旗农牧局提供，提供日期：2022 年 12 月 27 日。

主要推动力，这些因素使得个体走向合作。如果合作双方没有信任，就难以展开合作，合作经济组织也就不会存在。

（2）社会资本可提高合作绩效。本文通过分析合作社内部、外部社会资本对于合作绩效的影响，得出良好的内部社员信任及规范对组织外部社会资本的提升有着正向的促进意义。即领办者的社会关系网络所代表的外部社会资本的积累、拓展，离不开合作社内部有序的集体行动。另外，良好的外部关系、网络环境又能增强社员参与经济合作组织的信心，进而增强社员的参与性和凝聚力，使合作社内部社会资本得到积累和巩固，并且推动合作社的进一步发展。因此，在内部、外部社会资本的联合作用下，合作社中的交流、互动展现出节约劳动成本、提高经济收益、避免市场风险等优势。

（3）社会资本具有积累性。社会资本作为一种特殊形式的资本，需要不断更新与发展。这也要求合作组织需重视社会资本的积极作用。具体来讲，在合作社外部关系网络当中，只有对合作社外部的社会资本进行长期的和连续的投资时合作社社会资本才会得到逐步的扩张，使合作社主体获取更多的异质性资源，从而增加其竞争力；在合作社内部关系网络当中，只有基于前一阶段的情感积累和下一阶段的人际关系网络的维护，以及实现正式规范和非正式规范的良好互动，才能实现合作社的规范化发展。总之，合作社需要对已经形成的社会资本加以维护和利用，积极建构有利于组织发展的桥接型社会资本和连接型社会资本，确保合作社内部社会资本和合作社外部社会资本的有效结合，从而实现经济目标。

（4）社会资本作为一种具有"桥梁"作用的准公共用品，只有在社会网络关系中的各个行为主体动用嵌入在网络关系中的资源时，才会成为人际关系网络中的社会资本。对于社员，由于缺乏较好的技术、市场信息及销售渠道，他们动用人际关系网络，依托能人、大户参与合作组织的行为不失为一种提高经济收益能力而做出的现实选择，也成为了社员能动用的社会资本。对于领办者来讲，他们所拥有的有利于合作社生产活动开展的人际关系网络成为促进合作社发展的无形资源，对动员合作社内外部资源的能力、提升合作社的发展规模产生直接的影响。通过研究发现，在巴林右旗牧业合作社发展过程中，政府提供良好政策环境、资金支持以消除合作社发展的局限具有必要性，但是这一做法具有短期性特点，其政策帮扶无法贯穿合作社生成、运作、发展的方方面面。而培育具有丰富社会资本、专业知识的领办者可作为一种长效机制，使得合作社组织健康存续。例如，从巴林右旗发展较好的两个国家级牧业合作社发展情况来看，合作社领办者都善于积累并充分发挥其社会关系资本的效应与作用，如利用与亲戚、乡亲、同学等同质性群体互动中的内聚型社会资本整合嵌入在个人社会网络中的资源，改变有限的人力资源以及经济资源；通过异质性互动，建构与多个行为主体之间的链条，激活桥接型社会资本、连接型社会资本，扩大合作社外部关系网络的广度和深度并摄取网络中的稀缺资源。只有积极主动地与政府、高等院校、科研机构及协会、收购商和客户之间建立良好的外部关系，加强与牧业合作社发展相关的养殖品种，引进养殖技术，解决好产品销售相关问题，才能确保合作社纵向、横向关系网络的联合发展，才能在项目申报、获取政府扶持、先进技术示范推广、资金贷款、拓展市场等方面得到有力的支持和帮助，从而保障社员合作的持久性，更甚者吸引更多牧户参与其中。

综上所述，社会资本作为农牧户实现内源性发展的重要桥梁，所包含的人际关系中的"黏合"作用，不仅给合作社这一新型农牧业经营主体予以建立的可能，而且使得合作社组织化、规模化、规范化生产经营能展现出良好的社会、经济效应，推动着农村牧区现代化建设进程。

通过对巴林右旗牧业合作社的实地调研，本文从牧业合作社的组织方式、治理模式、经营内容等角度进行以下三方面讨论：

(1) 从合作社的组织方式来看，该地区基本上以村干部、养殖大户、返乡创业者、实体畜产品经营者等能人领办的方式体现。其优点在于，能人大户在农村场域中具有一定的威望，有着较强的判断力和决策力。这种组织方式具有牧户接受度高、能降低组织成本以及摆脱同质性牧户之间的合作难以为继的特点。但是，由于其他社员没有主动参与民主管理的意愿，或者受制于能人大户，这种类型的合作社多数由领办者自己管理。在合作社组织中处于领着干而不是合着干的状态。能人在合作社当中扮演组织者、经销者、管理者甚至财会者，出现一人兼任多职的情况。这就表明，合作社带头人的素质、能力、社会关系网络对于合作社的生存和发展起着决定性作用。一旦在合作运行过程中出现能人缺位，能人组织沟通能力遭受质疑或者能人经济、社会积累不再占有优势时，就会导致组织运行的不稳定，既有的凝聚力也会变弱，甚至消失，造成合作社的异化。

(2) 从合作社的治理模式来看，作为熟人关系网络上建立的合作组织，领办者需结合个人能力和既有的社会关系连接来维护合作社内部社会资本的稳定性。这不仅需要情感因素的连接，还需要理性因素的加持。首先，亲缘、地缘、业缘关系中领办者的社会影响力通过双方人际交往中的情感性因素的推动，成为合作经济活动展开的思想基础。情感性因素的连接有利于参与者认可领办者的经济行为，而社员明确对合作事务保持基本投入的正当性，使合作经济组织能够顺利建立。其次，情感性连接固然重要，需要合作社正视并运用经济合作关系中的理性因素保障合作社的健康存续，避免陷入集体行动困境。通过对巴林右旗的实地调研走访了解到，以正式规范成员行为的做法在合作社治理环节中是相当薄弱的。在牧区，正式制度的使用必然需要一定的时间，但在某种程度上，只有逐步地将正式规范和非正式规范相互结合，才能保证合作效率，增加合作社及社员的经济收入，提升组织内部的认同程度。

(3) 从合作社的经营内容来看，社员的合作与相互促进多以提供销售渠道、技术服务、市场信息等方式体现。首先，起到了既有家庭经营又有合作经营的好处，但经济上的联系还不够紧密，在实现收益分配时，只有小部分合作社盈利后按资分摊给成员的情况。其次，由于多处于分散养殖且规模数量不等，所能提供的畜产品种类、数量等都有所差异。这也导致合作社收购时通常采用买断制、保价收购或者发挥其中介作用联系买家。但是巴林右旗牧业合作社发展还处在起步阶段向规范化发展的转型阶段，这些状况的存在有一定的合理性。而且各级示范社对当地的典型示范、带动作用是不可忽视的。这也是本文分析典型案例所能复制的经验、启示，为实现因地制宜的合作社发展而所做的思考的原因。

参考文献

一、专著

[1]达林太,郑易生. 牧区与市场——牧民经济学[M]. 北京:社会科学文献出版社,2010.

[2]李志青. 社会资本技术扩散和可持续发展[M]. 上海:复旦大学出版社,2005.

[3]卜长莉. 社会资本与社会和谐[M]. 北京:社会科学文献出版社,2005.

[4][法]布尔迪厄. 文化资本与社会炼金术:布尔迪厄访谈录[M]. 包亚明译. 上海:上海人民出版社,1997.

[5]肖东平,王春秀. 社会资本研究[M]. 昆明:云南大学出版社,2013.

[6][美]詹姆斯·S. 科尔曼. 社会理论的基础(上)[M]. 邓方译. 北京:社会科学文献出版社,1992.

[7][英]罗伯特·D. 帕特南. 使民主运转起来:现代意大利的公民传统[M]. 王列,赖海榕译. 南昌:江西人民出版社,2001.

[8][美]弗兰西斯·福山. 信任:社会道德与繁荣的创造[M]. 李宛蓉译. 呼和浩特:远方出版社,1998.

[9]张其仔. 社会资本论:社会资本与经济增长[M]. 北京:社会科学文献出版社,1999.

[10]冯蕾. 中国农村集体经济实现形式研究[M]. 北京:新华出版社,2016.

[11]敖仁其,艾金吉雅. 内蒙古牧区合作经济组织研究[M]. 沈阳:辽宁民族出版社,2018.

[12]何学威. 经济民俗学[M]. 北京:中国建材工业出版社,2000.

[13]宗义湘,苏艳娜,张国梅等. 农民专业合作社管理与实务[M]. 北京:金盾出版社,2012.

[14]井世洁. 组织发展与社会治理:以乡村合作社为中心[M]. 北京:中国经济出版社,2017.

[15]乔娟,潘春玲. 畜牧业经济管理学(第3版)[M]. 北京:中国农业大学出版社,2018.

[16]巴陵. 为农副产品找销路(畜牧)[M]. 武汉:武汉大学出版社,2010.

[17]梁巧. 农民合作社社会资本:益处与困境[M]. 杭州:浙江大学出版社,2021.

[18]徐桂芳. 肉羊饲养技术手册[M]. 北京:中国农业出版社,2006.

[19][美]林南. 社会资本:关于社会结构与行动的理论[M]. 张磊译. 上海:上海人民出版社,2005.

[20]王佳. 在线品牌社群社会资本研究[M]. 上海:上海交通大学出版社,2018.

[21]田可川. 绒毛用羊生产实用技术手册[M]. 北京:金盾出版社,2014.

[22]浙江省畜牧兽医局. 浙江省畜禽遗传资源志[M]. 杭州:浙江科学技术出版社,

2016.

二、学位论文

[1]丁忠兵. 相关利益群体视角下的牧业合作社治理研究[D]. 中国社会科学院研究生院博士学位论文，2014.

[2]郑甲青. 内蒙古牧业合作社发展研究——以锡林郭勒盟地区为例[D]. 内蒙古大学硕士学位论文，2014.

[3]苏都毕力格. 牧区合作社与资源利用研究——以扎鲁特旗东萨拉嘎查合作社为例[D]. 内蒙古大学硕士学位论文，2019.

[4]于文成. 陈巴尔虎旗牧民专业合作社"政府主导"模式构建研究[D]. 哈尔滨工业大学硕士学位论文，2015.

三、期刊

[1] Michael Woolcock. Social Capital and Economic Development: Toward A Theoretical Synthesis and Policy Framework[J]. Theory & Society, 1998, 27(2): 151-208.

[2]边燕杰，丘海雄. 企业的社会资本及其功效[J]. 中国社会科学，2000(2): 87-99,207.

[3] René Mauget, Francis Declerck. Structures, Strategies, and Performance of EC Agricultural Cooperatives[J]. Agribusiness, 1996, 12(3).

[4] Haldar, Tanushree, Damodaran, A. Can Cooperatives Influence Farmer's Decision to Adopt Organic Farming? Agri-decision Making under Price Volatility[J]. Environment, Development and Sustainability, 2021.

[5] Moreira Isabela Renó Jorge, Freitas Alair Ferreira de, Alves Júnior Almiro, Freitas Alan Ferreira de, Bernardo Joyce Santana, Silva Suany Machado da. Family Farming Cooperatives and Associations and the Institutional Market Created by the National School Feeding Program (PNAE) in Minas Gerais, Brazil[J]. Sustainability, 2023(6).

[6]杨丽. 内蒙古牧民合作与组织的现状与特点[J]. 北方经济，2008(9): 11-13.

[7]周红格. 牧业合作社内部治理机制之检讨与对策——基于"公地悲剧"与"反公地悲剧"的分析[J]. 内蒙古煤炭经济，2011(2): 10,18-20.

[8]孟慧君，富志宏. 论新型合作经济与建设草原新牧区[J]. 农业现代化研究，2008(1): 45-48.

[9]周红格. 从传统到新型：牧业合作社的制度选择——基于可持续发展的比较分析[J]. 前沿，2011(5): 138-141.

[10]李博，高强. 转型与超越：乡村振兴背景下牧区合作社的功能演化[J]. 西北农林科技大学学报(社会科学版)，2021，21(3): 74-81.

[11]杨蕴丽，达古拉. 新时期我国牧业合作社的生成机制与发展策略——基于对哈日高壁牧业合作社的调研[J]. 中国畜牧杂志，2012，48(22): 51-54.

[12]王凤兰. 牧区合作社发展现状、问题及对策——以内蒙古包头市为例[J]. 安徽农学，2013，41(20): 8752-8753, 8755.

[13]田艳丽,赵益平.内蒙古农牧民专业合作社规范运行问题研究[J].农业经济,2018(1):23-25.

[14]梁巧,吴闻等.社会资本对农民合作社社员参与行为及绩效的影响[J].农业经济问题,2014,35(11):71-79,111.

[15]马戎."差序格局"——中国传统社会结构和中国人行为的解读[J].北京大学学报(哲学社会科学版),2007(2):131-142.

附录

2015~2019 年参与 M 合作社合作拓展阶段劳作人员概况

姓名	地域关系	社内分工	参与合作社方式
LZG	不同旗	饲养员	招聘
HF	不同旗	饲养员	招聘
CZH	同旗	会计	同学
WYH	同旗	现金保管	招聘
WDF	同旗	领工	社员
SL	同苏木	技术员，销售员	社员
LGB	同苏木	繁育员	招聘
BYMH	同苏木	电工	社员
ZMX	同苏木	饲养员	招聘
ZGM	同苏木	饲养员	招聘
LGY	同苏木	饲养员	招聘
WRTY	同苏木	饲养员	领办者 W 沟通
BTBYE	同苏木	饲养员	招聘
ZXM	同苏木	饲养员	雇工 WCG 配偶
WCG	同苏木	饲养员	社员 BYMH 介绍
YZW	同村不同组	饲养员	社员 WDF 介绍
CY	同村不同组	兽医	招聘
GQ	同村不同组	饲养员	招聘
LD	同村不同组	饲养员	招聘
XST	同村不同组	瓦工	社员
QMG	同村不同组	后勤	招聘
BTE	同村同组	后勤	招聘
WRGRL	同村同组	饲养员	招聘
NCBYE	同村同组	饲养员	招聘
HGD	同村同组	饲养员	招聘
LXS	同村同组	饲养员	主动询问
JY	同村同组	饲养员	主动询问

内蒙古地区畜群经营方式变迁研究

查苏娜　那顺巴依尔

摘　要：畜牧业生产方式是内蒙古地区牧民在草原生态环境中探索出来的生计选择，也是支撑内蒙古地区经济发展的主要产业。但近年来牧区普遍缺乏劳动力、现有的草牧场放牧空间和时间受限、生态保护压力变大等一系列问题导致牧民放牧成本日益变高，定居畜牧业受到严峻的生计挑战。在推进乡村振兴进程中，如何通过经营方式的调整来降低牧业生产成本，实现畜牧业与市场经济、人口资源、生态保护相协调，成为亟待探索和解决的问题。

本文根据"人、畜、草"三要素论，在鄂尔多斯市杭锦旗X嘎查范围内筛选出15家牧户，通过入户访谈对委托放牧、租赁草场、雇人放牧（请雇工）三种经营方式进行认真的调查，获得了详细的田野资料。在此基础上，运用生计资本理论，分析受访牧户变更畜群经营方式的影响因素。论文内容分为绪论、正文和结论。正文分为4个部分：一是从自然地理、行政单位编制史、人口概况、畜牧业传统生产方式、草牧场相关政策与项目等方面对本文研究地点概况进行简要的介绍。二是梳理从新中国成立至草畜双承包时期内，在国家宏观草地管理制度下X嘎查牧民微观放牧管理方式的演变。三是详细介绍X嘎查牧户"禁牧"政策实施以来所采用的畜群经营方式及其实际运行机制。四是运用生计资本理论研究受访牧户的生计资本存量及变量情况，在此基础上运用案例分析方法分析牧户采用各类畜群经营方式的影响因素。

关键词：生计资本；畜群经营方式；畜牧业

一、绪论

（一）选题依据

1. 选题背景

民族要复兴，乡村必振兴。2017年10月，党的十九大提出实施"乡村振兴战略"，要求必须始终把解决好"三农"问题作为全党工作的重中之重。乡村振兴是党的十九大做出的重大战略部署，是新时代"三农"工作的总纲领。畜牧业作为乡村振兴战略的重要基础性产业之一，也是内蒙古地区牧民的主要生计方式。畜牧业产业绿色健康可持续发展事关牧区产业兴旺也事关生态安全、边疆稳定。内蒙古草原是畜牧业的"天然牧场"，也是中国北方重要的生态屏障,在内蒙古经济发展和全国生态保护领域里担任着重要角色。继续做好内蒙古地区的乡村建设,解决好"三农"问题的重要性不言而喻。

回观牧区,随着禁牧政策与生态保护各类政策的实施,牧民放牧空间与时间发生了较大的变化。加之近几年来牧区普遍出现放牧劳动力衰老、年轻劳动力流失、草饲料费用变高、生态保护压力变大等一系列问题导致放牧成本变高,这也成为了现代牧业面临的新挑战。牧区不再是人们心中单靠土地和草业资源就可享受大自然馈赠获得安生的景象,传统的"逐水草而居"的美好景象早已不复存在。为应对诸多新形势,牧民们计算好各类成本费用。继续维持放牧生计且提高家庭收入成为牧民群众最关心的问题。

2. 选题意义

首先,"三农"工作是新时代全党工作的重中之重,全面推进乡村振兴让农业更强、农村更美、农民更富,是全面建成社会主义现代化强国、实现中华民族伟大复兴的一项重要战略任务。牧户作为内蒙古牧区基本经营主体,不仅承受制度与政策、市场环境的影响,还承担着内蒙古草原生态保护的重任。本文通过实地田野调查获得内蒙古地区畜群经营现状第一手资料,旨在为我国内蒙古地区实施一系列乡村振兴政策和区域生态保护政策提供实证调查资料,为制定具有地区适宜性和针对性的政策提供科学依据,这是本文研究的理论意义。

其次,对于草原畜牧业而言,天然草牧场放牧资源是其持续发展的根基。牧户作为利用草牧场放牧资源维生的群体,是畜牧业发展中的重要角色。研究制度、政策与市场环境中牧民畜群经营方式变迁问题不仅事关牧户民生问题,更是对于畜牧业持续健康发展有着重要的现实意义。

(二) 研究方法与创新点

1. 研究方法

本文从历史、现实和理论三个维度对内蒙古牧区牧民的放牧方式进行深入研究。梳理历史上(从新中国成立至草畜双承包制实施时期)国家宏观放牧管理制度的演变和牧民微观放牧管理方式演变的历史维度,观察当下(2003年禁牧政策以后)牧民本土化的畜群经营现状的现实维度,运用生计资本理论分析牧户生计资本存量及变量对其畜群经营方式的影响机制等历史、现实和理论三个维度。从纵向和横向两个角度详细展现了牧户畜群经营方式的演变路径和当下策略性选择。以生计资本理论为指导,对收集到的第一手资料进行深入的剖析。

本文以人类学民族学田野调查为最主要的研究方法,同时,结合文献研究法、访谈法以及个案分析法等社会学研究方法。

具体的田野调查内容为:2022年初初步筛选好访谈对象,即在自家草场自己放牧的牧户以外的单户家庭,了解牧户畜群经营方式的具体运行机制和原因等方面的内容。共入户访谈了15户20人。

田野工作大致分为三个阶段:①前期准备:前期准备是论文开题前的准备与进入田野前对调查对象进行大致的分类与取舍的环节。2022年初到2022年7月。②中期准备:进入田野点做调查。7月初开始对筛选好的访谈对象进行入户访问。③后期准备:整理信息,并对田野中遗漏的问题运用微信和电话方式联系牧民补充信息。

研究地点基本信息及其历史上出现过的相关政策、国内外生计研究和畜牧业相关研究等历史维度的内容大多采用文献引用和整理方法,参考了知网论文、相关著作、地方档案资料和地方志等,历史上出现过的放牧方式部分为访谈内容获得。

本次田野中入户访谈法是最直观的获取信息的手段。利用半结构式访谈法了解牧民如何放牧以及放牧方式的变化。通过对野外调查和访谈内容的整理,利用个案分析方法,确定影响牧民选择各类畜群经营方式的主要影响因素。

2. 创新点

首先,本文运用生计资本理论分析牧户在市场与政策环境中调整畜群经营方式的影响因素,对内蒙古牧区畜牧业研究与牧户生计研究扩展研究视角。

其次,通过展现受访牧民生计资本存量及变量,用以小见大的方式展示目前内蒙古畜牧业发展现状与问题。

(三) 主要概念与理论依据

1. 主要概念

相关研究认为,生计(livelihood)方式是指人们相对稳定的、持续地维持生活的计谋和办法,即通常所说的生计模式或生活习惯(周大鸣等,2009)。也有学者引用钱伯斯(Chambers)和康威(Conway)提出的生计概念,生计即谋生的方式,该谋生方式建立在能力、资产和活动基础之上,这个定义直接关注资产和在实践中与所拥有的选择之间的联系(李斌等,2004)。多数学者目前普遍接受的定义是,生计是建立在能力、资产和活动基础之上的谋生方式(钱伯斯等,1992)。

2. 理论依据

生计资本(livelihood capital)是评估可持续生计的重要指标,也是可持续生计研究中最重要的研究领域之一。由于翻译上的细微差别,有时以"生计资产"术语出现。斯库恩斯(Scoones,1998)对可持续生计定义为,某一个生计由生活所需要的能力、有形和无形资产以及活动组成,如果能够应付压力和冲击进而恢复,并且在不过度消耗其自然资源基础的同时维持或改善其能力和资产,那么该生计具有持续性。钱伯斯等(1992)认为,只有当一种生计能够应对并在压力和打击下得到恢复,能够在当前和未来保持乃至加强其能力和资产,同时又不损坏自然资源基础,这种生计才是可持续性的(中国社会科学院社会政策研究中心课题组,2005)。英国国际发展署对可持续生计的界定延续了观点,认为"可持续性"表现为经济、制度、社会和环境四个维度。汤青(2015)在《可持续生计的研究现状及未来重点趋向》中对现有可持续生计分析框架进行了较为详细的梳理,潘大志(2017)在《苗族生计方式变迁研究——以贵州省黄平县太坑村为例》中对汤青的梳理进一步用表格进行了整理(见表1和表2)。梳理前人研究成果得出的结论为,生计资本包括人力资本、自然资本、社会资本、物质资本和金融资本五种类型。

表 1　现有的可持续生计分析框架

序号	机构	名称	特点
1	英国国际发展署	可持续分析框架	总结贫困问题,分析联系。以人为本,目的在于实现可持续生计,丰富其手段
2	美国援外合作组织	农户生计安全框架	以家庭为中心,关注家庭因素。理解脆弱性和影响生计的核心要素
3	联合国开发计划署	可持续生计途径	基于整体发展观,综合方面因素,设计了一系列生计安全监测指标,包括投入、产出、成果、影响及过程

注：潘大志. 苗族生计方式变迁研究[D]. 贵州民族大学硕士学位论文, 2017.

表 2　现有的可持续生计分析框架

分析框架组成		内容
脆弱性背景		包括天灾人祸、季节性冲击,以及来自社会各方面的变化
生计资产	人力资产	包括人的身体和文化素质与能力等
	自然资产	包括土地、水土、林木、动植物等资源和环境服务等
	社会资产	包括来自地域、血缘、宗族、社会团体、组织等社会关系
	物质资产	包括生存所需的基础设施及生产工具、设备与技术
	金融资产	包括人们拥有的资金,如工资、储蓄等
"政策、机构和过程"		不同层次的政府,或组织通过采取一些措施或手段；各种决策过程、社会风俗、性别、制度、阶级、语言等过程因素
生计策略		生存的办法,包括生产、消费投资等

注：潘大志. 苗族生计方式变迁研究[D]. 贵州民族大学硕士学位论文, 2017.

章祖同(2004)在《草地资源研究》一书中的"放牧方式"也是本文重要理论依据,本文根据原文关系得出表3。

表 3　放牧方式

放牧制度	放牧方式	放牧技术
自由放牧	连续放牧	瞭牧
		跟群放牧
		羁绊放牧
		抓膘放牧
划区轮牧	重复季节放牧	跟群放牧
		宿营放牧
	营地分段放牧	控制放牧

续表

放牧制度	放牧方式	放牧技术
划区轮牧	小区放牧	日粮放牧
		一昼夜放牧
		联合放牧
		交替放牧
		系留放牧
	季节放牧	延迟放牧
		休闲放牧
		轮牧
		延迟轮牧
		休闲轮牧

注：章祖同. 草地资源研究[M]. 呼和浩特：内蒙古大学出版社，2004.

（四）研究现状

1. 畜牧业放牧制度研究现状

内蒙古草原牧区的主体经济是放牧畜牧业。放牧畜牧业既是一个传承了传统游牧业的合理成分与精华，又涵盖和兼容现代科学、技术、管理的产业（敖仁其，2004）。新中国成立以后，传统的游牧方式逐步向定居放牧转型，真正传统意义上的游牧畜牧业的调查研究也随之变成了历史方面的研究。新中国成立以来的放牧制度研究主要是以宏观层面的国家为主体的政策效应研究和以微观层面的牧户为主体的放牧方式研究。宏观层面的研究主要有草牧场产权制度研究以及禁牧政策和生态补奖政策等各类政策的生态效应及生计效应研究。微观层面的研究主要有牧民草地管理模式、放牧方式等方面的研究。近年来，越来越多的学者在前人制度与政策环境研究中增添市场环境来关注牧户的放牧经济行为。

（1）国家牧区制度与政策相关研究。内蒙古牧区草牧场产权制度研究中较为系统的研究著作有敖仁其的《制度变迁与游牧文明》（2004）、《牧区制度与政策研究——以草原畜牧业生产方式变迁为主线》（2009）。论文有敖仁其的《草牧场产权制度中存在的问题及其对策》（2006）、赵澎的博士学位论文《草原产权制度变迁与效应研究——以内蒙古锡林郭勒盟为例》（2015）等。本文梳理田野点历史维度的产权制度变迁主要参考了以上著作及论文。

在禁牧政策和生态补奖政策研究方面，有杨春的著作《草原生态保护补助奖励政策效应研究》（2020）、有康晓虹等的论文《草原禁牧补助政策背景下牧户生计资本现状及其影响因素研究——基于内蒙古典型牧区的调查数据》（2018）等。当前学界对禁牧政策各抒己见。在邱焕广等（2021）所著《中国草牧业可持续发展：政策演变与实现路径》一文中介绍了一些研究观点，如王晓毅认为，禁牧政策所导致的结果往往是禁牧区域草原环境在短时间内得到恢复，但也给非禁牧区域带来更大的放牧压力；王一提出，禁牧对草原生态的恢复作用是有限的，并不是禁牧时间越长越好；朱美玲、蒋志清认为，禁牧政策作用的实现需要协调好国家与地方草地畜牧业、农牧民收入与其他生产规模、生态保护与产业发展之间的关系，提高牧户对禁牧政策的满意度，从而使禁牧政策得到有效落实；额尔登木图认为，政府的补助资金无法缓解因包括分割草地的围栏、种植牧草、草地管理和维护等草地生产成本提高而增加的农牧民经济负担，偷牧现象时有发生，这种制度的建立必然产生私人权利保护与公共生态维护两种利益冲突，需要在两者之间寻求一种法律上的兼容机制，以协调国家、集体和农牧民三者之间的关系。郭秀丽、李旺平、周立华等（2018）在《生态政策驱动下的内蒙古自治区杭锦旗植被覆盖变化》一文中，利用 Landsat-TM 卫星遥感影像数据，运用 NDVI 像元二分模型，对杭锦旗实施禁牧前（1991～2001年）和实施禁牧后（2001～2011年）的植被覆盖变化进行了对比分析，结果表明，实施生态政策后，杭锦旗的植被覆盖率得到了显著提升，其年际平均增长速度约为实施前的 10 倍，年净改善面积占据了该地区总面积的 18.83%。这种改善主要得益于生态政策的推动，而降水和气温等因素对植被覆盖变化的影响并不明显。

国内对内蒙古草原畜牧业经济方面的研究起步较晚，著作主要有陈文、暴庆五、额尔敦布和的《中国草原畜牧业经济研究》(1992)，巴图和邰霖的《中国草原畜牧业经济发展概论》(1993)，内蒙古农业大学经济管理学院编《内蒙古农村牧区经济社会发展研究进程》(2012)、阿拉坦宝力格的《游牧生态与市场经济》(2013)、乌日陶克套胡的《内蒙古自治区牧区经济发展史研究》(2018)，杜发春和张世和的《西部草原畜牧业经济转型研究》(2014)、达林太和郑易生的《牧区与市场：牧民经济学》(2010)与《牧区与市场：市场化中的牧民》(2021)、杜富林的《新型经营主体与草原畜牧业现代化》(2021)等。

（2）牧民放牧方式相关研究。内蒙古地区牧民放牧方式研究的重点是游牧放牧研究和"双权一制"政策下的放牧方式研究，禁牧政策实施后的研究重点集中于生态效应、社会效应方面的研究。对于后禁牧时期牧区畜群经营和管理的具体研究较少。著作和论文有敖仁其的《制度变迁与游牧文明》(2004)《草牧场产权制度中存在的问题及其对策》(2006)《草原产权制度变迁与创新》(2003)，刑莉等的《内蒙古区域游牧文化的变迁》(2013)，张昆的《根在草原：东乌珠穆沁旗定居牧民的生计选择与草原情节》(2018)，赵澎的博士学位论文《草原产权制度变迁与效应研究——以内蒙古锡林郭勒盟为例》(2015)等，这些研究对于本文梳理年代久远的历史上的草牧场产权制度演变是重要的研究基础。敖仁其(2006)在《草牧场产权制度中存在的问题及其对策》里将现有草牧场产权制度下的放牧模式分为 6 种。其研究区域覆盖了呼伦贝尔、锡林郭勒、鄂尔多斯等多地，全面概括出内蒙古牧区放牧方式。王晓毅(2009)在《环境压力下的草原社区——内蒙古六个嘎查村的调查》一书中对有关放牧方式的论述为，在缺少社区传统和分散居住的格局下形成了定居与游牧的结合，定居是牧业的常态，而游牧则是应对灾荒时的特殊情况。

此外，在放牧方式的研究中对"苏鲁克"制的研究较系统且居多。学位论文与期刊论文有戴双喜和包英华的《法律视域中的苏鲁克制度》(2007)、乌云塔娜的《改革开放初期内蒙古自治区"新苏鲁克"责任述论》(2015)、张权的《近代内蒙古游牧经济中的苏鲁克研究》(2016)、罗丽达的《清代在察哈尔部设置宗室"苏鲁克"制的满文史料及关于"苏鲁克"制论述》(1991)、哈斯图雅的《苏鲁克制度的历史演变及其当代价值》(2015)、骆长胜的《新苏鲁克是实行各尽所能按劳分配的较好形式》(1982)等。这些论文分别从法律、历史、满文史料文献研究等角度对"苏鲁克"制进行了考究。"苏鲁克"制在内蒙古地区牧民生活当中有较长远的历史,与本文所重点考察的各类畜群经营方式有渊源关系。

委托放牧方式是本文重点观察的放牧方式。此方面有两篇研究论文:杜富林等的《内蒙古牧区牧户委托放牧行为及影响因素实证研究》(2016)、史双的《内蒙古草原牧区草场管理模式的实证分析——以委托放牧为例》(2016)。这两篇论文是在同一个田野数据分析上进行的,但是有各自的研究方向和研究重点。第一篇论文对牧户委托放牧行为及其影响因素进行了实证分析,分析结果表明户主年龄、畜牧业收入占据家庭收入的比例、是否禁牧和单位面积载畜量对牧户委托放牧行为有显著正影响,而放牧经验、家庭劳动力人数、家庭固定资产价值以及有无打草对牧户委托放牧行为有显著负影响。第二篇论文旨在分析有效实现草畜平衡的草场管理行为。本文在充分参考以上实证型结论的基础上,利用民族学参与观察法观察委托放牧,以每个牧户的具体情况作为案例分析,分析牧民选择各类畜群经营方式的主要影响因素。

近年来,内蒙古放牧方式的研究主要集中在农林草学专业领域,主要围绕不同放牧方式对草原土壤、植物群落、生态系统、气候变化的影响,不同的饲养方式对牲畜本身的影响,放牧对鼠类的影响等方面。更多关注的是放牧带来的影响,而不是牧户放牧方式本身的现状。总体而言,内蒙古畜牧业研究是一个活跃的研究领域,参阅众多研究文献,关于内蒙古放牧方式变迁各时期的大致划分为:新中国成立初期的游牧转向定居放牧时期,承包化时期的定居强化时期,划区轮牧与舍饲结合的放牧方式时期。

2. 生计研究现状

目前,生计研究已成为可持续生计分析和扶贫问题的重要研究领域。在国际社会对贫困和反贫困理论不断深化的背景下,生计研究逐渐成为一个较活跃的领域。国内生计研究中,大多关注农村地区生计资本现状、生计风险评估、生计策略变迁以及生态环境对农户生计的影响等方面的探究。国外生计研究主要集中在农户层面上的经济活动、生产经营过程中的生态后果以及对农村环境的关注。在关于农户的可持续生计研究中,生计资本评估是一项至关重要的领域。生计资本概念自提出以来,国内外学者进行了大量理论和实证研究。在 2000 年,英国海外发展部 DFID 提出的可持续生计分析框架中,详细阐述了在特定的正式和非正式制度背景下,个人和家庭如何通过多种生计资本(包括自然资本、人力资本、社会资本、金融资本和物质资本),以追求不同的生计策略(如农业集约化和粗放化、生计多样化和流动等),从而影响不同生计模式的生产效率,以实现可持续生计。该框架强调从整体上认识农户的生计系统,以生态系统为基础构建生计模式,并将其整合于整个国家或地区的宏观战略之中。围绕解决贫困问题,可持续生计分析框架已被广泛应用于研究和实践农村可持续发展问题,包括但不限于农户生计现状、农村发展方向的确定以及发展策略的制定。在国外,对于农户可持续生计的相关研究已经相对成熟,其研究范围广泛,尤其是在探究农户可持续生计与生态环境之间的相互作用方面。随着我国农村经济的不断增长与生态保护意识的加强,我国学者也开始从理论上关注农户生计问题,并取得了许多有价值的成果。然而,国内的农户生计研究尚需进一步完善和创新,因为在生态脆弱区,贫困农户集中、人地矛盾突出、自然灾害频发、生态环境恶化等问题仍然存在,因此这些问题必须成为农户生计研究的重中之重。我国农户的生产活动以农业为主，因此农户可持续生计不仅受自然条件制约，而且也受到社会因素和政策制度的限制。此外，发达国家在城市化和工业化方面的起步相对较早，非农经营和社区林业得到了快速发展，而国内则仍处于城乡转型期，大多数研究仅关注农户生计的某一方面，例如，生计资本和生态补偿对农户生计的影响等。当前国内生计资本研究聚焦于量化实施生态补偿对农户生计资本的影响，探究农户生计策略对实施生态补偿的反应机制，以及建立多元化的生态补偿路径等方面的研究。研究中认为，"为了实现生态和社会效益，不可避免会牺牲一部分农户的经济利益，这将导致农户在参与生态环境保护方面缺乏积极性。通过分析发现，农户具有较强的替代性生计能力，且这种特征与环境恶化程度呈负相关关系，而农户自身拥有较多的土地资源是造成上述结果的重要原因之一"[1]。

综上所述，从生计资本理论视角，内蒙古地区生计研究大多着眼于经济学和生态学领域的调查，运用人类学民族学研究方法考察后禁牧时期内蒙古地区牧户畜群经营方式变迁影响因素的研究尚且较少。

二、研究地概况

（一）自然地理

杭锦旗，旧称伊克昭盟右翼后旗，位于内蒙古自治区鄂尔多斯市西北部。地跨鄂尔多斯高原与河套平原，库布其沙漠横亘东西，将全旗自然划分为北部沿河区和南部梁外区。X嘎查位于杭锦旗南部梁外区，以草原和天然林保护区为主，是一个以畜牧业为主体的纯牧业嘎查。

杭锦旗地理坐标为北纬39°22′3″至109°16′02″，东经106°55′16″至109°16′02″，X嘎查委员会驻地坐标为北纬39°8′，东经108°8′。杭锦旗总面积1.89万平方千米（2825万亩），现有耕地88万亩，宜农宜林待开发土地500万亩，有可利用草牧场2000万亩。其中，X嘎查占地50.5万亩，天然草牧场面积为42万亩，林地面积为8万亩，耕地面积为0.5万亩。平均每户承包草牧场面积约2000亩，人均面积约465亩。2000年初X嘎查境内有15万余亩沙地，通过牧户生态种植，现今沙地面积已不足2万亩。[2]

杭锦旗地形地貌复杂多样。沙漠占全旗总面积的73%。地势南高北低，平均海拔1389.5米，X嘎查海拔1407.5米左右。[3]北部沿河区地势平坦、水土资源丰富，属黄河冲积平原。南部梁外区则位于库布其和毛乌素沙漠的中间地带，X嘎查正处于这中间地带。这一地带的地貌以固定和半固定沙丘为主、流动沙丘很少，属于荒漠、半荒漠草原。X嘎查有近30万亩沙蒿沙丘，草场植被相对较差，草场载畜量相对较低。地貌类型以平原、丘陵为主。土壤类型以棕钙土为主，质地为沙土或沙壤土。

---

[1] 张芳芳，赵雪雁．我国农户生计转型的生态效应研究综述[J]．生态学报，2015．
[2][3] 数据由X嘎查书记HQYLT提供。

据杭锦旗地方志记载"杭锦旗属典型的温带大陆性气候,春季干旱、风大、少雨;夏季温和短暂,降雨时段较为集中;秋季晴朗少云,阳光充足,昼夜温差大,无霜期132 天;冬季漫长、寒冷、少雪、多寒潮。年平均气温 6.3℃,历年最高气温 38.1℃(2007 年 7 月 16 日),历年极端最低气温-32.3℃(2004 年 12 月 3 日),历年最大冻土深度 171 厘米。年平均降雨量 200~250 毫米,受季风影响,降雨量在年内分配很不均匀,降水主要集中在汛期 6~9 月,其降水量为 219 毫米,占年总降水量的 78.4%。年平均蒸发量为 3159 毫米,为年平均降水量的 11.3 倍。日照时间较长,年平均日照时数 3192.5 小时,日照百分率 71%。年平均相对湿度 49%,风向多为偏南风,平均大风日数 28.7 天/年,平均风速为 4.1 米/秒,10 分钟平均最大风速 28.7 米/秒,瞬间最大风速 39.06 米/秒。"[①]

杭锦旗拥有丰富的植物资源,生长着许多具有重要经济价值和生态功能的野生动植物种类。"野生植物 374 株,其中饲用植物 309 株,目前柠条保存面积达 230 万亩,植被以干旱草原植被、荒漠草原植被、草原化荒漠植被和沙生植被为主,沙生植被位于库布其沙漠和毛乌素沙地及各类草场沙化地段,原生植被很少,多为次生植被,沙蒿居多。"[②]

(二)行政单位建制改革和人口概况

1. 行政单位的建制改革历史

清朝时,杭锦旗称为伊克昭盟右翼后旗,清顺治六年(1649 年)大扎木素叛乱,小扎木素不附逆沿封为札萨克镇国公,世袭罔替,佐领三十六额。孙都陵于康熙三十七年(1698 年)因功晋封为固山贝子。杭锦旗旗政府所在地为锡尼镇,原名"贝勒音召",后改称百灵庙,1957 年再改称锡尼镇。[③]X 嘎查是锡尼镇下辖的行政村,位于锡尼镇东区 23 千米处,与阿拉腾图布希嘎查、巴音补拉格嘎查、阿斯尔嘎查、广丰村、浩绕柴达木嘎查、古城梁村、夭斯图嘎查、布哈岱村、胜利村、道劳呼都格嘎查、天德恒湾村、赛音台格嘎查、扎日格嘎查、察哈尔乌素村相邻。下辖 6 个自然社(牧业社)。

2. 人口概况

截至 2022 年,杭锦旗总人口 11.54 万人,40%的人口集中居住在沿黄河南岸地区,60%的人口分散居住在梁外区。根据 2015 年 X 嘎查户口簿数据[④],X 嘎查共有 322 户 887 人,其中男性 445 人,女性 407 人;汉族 83 人,蒙古族 769 人,少数民族人口占全嘎查总人口 98%以上。图 1 是根据 X 嘎查 2015 年户口簿统计数据整理得到的 2022 年 X 嘎查常住人口年龄及各年龄段人数统计图。根据农业劳动力的划定标准,在乡村人口中能够参加生产经营活动的人的年龄划分标准为,男性 16~60 岁,女性 16~50 岁。从图 1 中可知,X 嘎查人口多数分布在 30~60 岁,16~29 岁的人口较少。尽管 X 嘎查的男女常住人口比例相对平衡,但其放牧劳动力的年龄偏老,且随着时间的推移会继续衰老。因年轻劳动力接受教育或外出务工导致劳动力断层,不可避免使 X 嘎查面临放牧劳动力短缺的窘境。

---

①②③ 杭锦旗地方志编纂委员会. 杭锦旗志(1991-2010)[M]. 北京:人民日报出版社,2018.
④ 数据由 X 嘎查书记 HQYLT 提供。

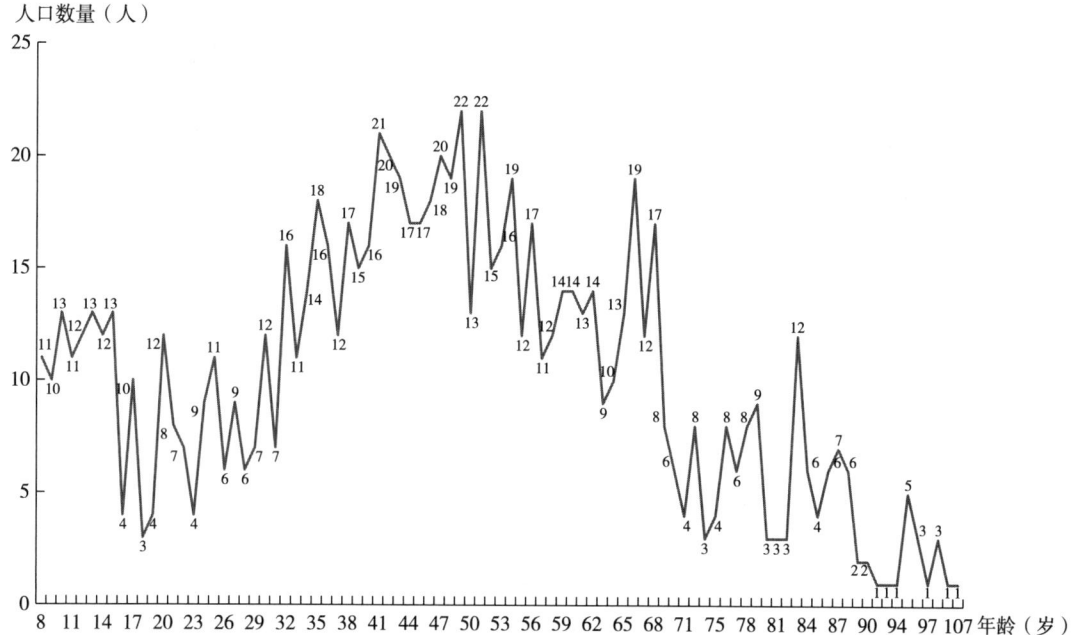

图1 X嘎查常住人口年龄及各年龄段人数统计图

(三) 畜牧业传统生产方式

畜牧业是人类文明中较重要的生产方式之一。在漫长的历史长河中，人类从最早期的采集狩猎为生转向对动物的驯养。随着畜牧业生产水平的提高和对野生动物资源利用的扩大，人类逐渐认识到家畜是最主要的食物来源之一。在新石器时代晚期，众多家畜已经被驯化，这一过程经历了漫长的岁月。随着畜牧业生产规模扩大和技术进步，人们逐渐认识到家畜对社会经济发展具有极其重要的作用。起初，人类仅将家畜圈养于其周围，以供其作为活体肉库之用（张秉铎，1986）。后来，由于饲料来源的差异，逐渐形成了以自然牧草为主要来源的畜牧业和以种植作物为主要来源的农区畜牧业。历史上，蒙古高原上曾生活着不同的放牧民族，这些先民为了适应自然，利用自然力为自身的生存与发展服务，发展了游牧经济（敖仁其，2009）。关于北方地区游牧的产生，学者们认为，蒙古高原严酷的自然生态环境，造就了一种以时间及空间移动为主的游牧生产方式。乔晓勤（1992）在《关于北方游牧文化的探讨》一文中提到，畜牧业（pastoralism）是指人类通过驯化和管理有蹄类的群居性家畜，如牛、马、绵羊、山羊、骆驼、驯鹿等，来维持他们的生存方式。从这个意义上说，畜牧业就是人与动物之间进行交流的活动过程。在早期畜牧业中，人类群体随着对水和草的寻找而迁徙的畜群，呈现出季节性的迁徙趋势，很少有人能够长期定居下来。游牧经济最基本的运行机制是使用游牧的放牧方式，获得草牧场资源来饲养和管理这些被驯化的食草牲畜。

杭锦旗地区牧民自古以来过着迁徙游牧的生活。其传统畜牧业生产方式主要靠游牧方式和两季轮牧，牧民用蒙古语叫作走"敖特尔"。据《鄂尔多斯蒙古族传统五畜畜牧》

(2012)中记载，牧户一般会按照两季轮牧，分冬春和夏秋两季，冬春区冬令营，夏秋区夏令营放牧。其中，冬令营为主要的居住地。夏令营多选有湖泊处或盐沼地（图门吉日嘎拉、斯琴布拉格，2012）。"敖特尔"可分为近距离和远距离两种形式，前一种方式可以节约人力、物力资源，在其所处的区域内，选择适宜的草场。为了应对自然灾害时会出现远距离走"敖特尔"的情况。"敖特尔"的逗留时间将根据自然灾害的严重程度、气候条件和水草条件而定。一般而言，夏、秋在远场，冬春在近场。

新中国成立以后，牧民由游牧放牧生活转向定居放牧生活。但走"敖特尔"的放牧方式并没有完全消失。牧民会随着气候、季节的变化，有选择性地走"敖特尔"。

2010年杭锦旗牲畜头数200万头（只），以杭锦白绒山羊和鄂尔多斯细毛羊为主，均属优良品种。X嘎查2018年存栏羊4.5万只，存栏牛2800余头①。该嘎查多数牧户畜群结构以山羊和绵羊为主，少数牧户同时还会养殖本地黄牛。由于该地区放牧条件较差，导致牧户畜群结构相对单一。

（四）四草牧场相关政策和项目

20世纪90年代后期，虽然杭锦旗进行一系列的综合治理，但治理的速度远远赶不上沙化的速度，到2002年底，库布其沙漠森林覆盖率仅为0.8%，植被覆盖度仅有16.2%（杭锦旗地方志编纂委员会，2018）。1998年，杭锦旗被列为第一批国家生态环境建设的重点旗县。自2000年起，杭锦旗陆续实施了一系列生态环境保护政策和项目，包括禁牧休牧政策、退耕还林、"三北"防护林、天然林保护、生态移民、草原生态补助奖励等。

1. 禁牧休牧政策

2000年内蒙古自治区为更好地保护生态环境，颁布了《内蒙古自治区草畜平衡暂行规定》（政府令〔2000〕104号），开始实施草畜平衡制度。2002年国务院发布《关于加强草原保护与建设的若干意见》（国发〔2002〕19号），提出建立基本草原保护制度，实行草畜平衡制度，推行划区轮牧、休牧和禁牧制度。库布其沙漠作为禁牧政策的典型实施区域，其类型包括全年禁牧和季节休牧两种，其中耕地和草地是两种不同的土地利用方式。X嘎查属于季节性休牧区域，也叫半年禁牧区域。即每年4月1日至6月30日为禁牧时间，在此期间有畜群的牧民需要舍饲。

《杭锦旗志》（2018）对禁牧政策实施的具体进展记录如下：

2000年，杭锦旗人民政府发布《杭锦旗人民政府关于部分地区实施禁休牧的命令》。在109国道杭锦旗段、锡尼镇至碱口公路、锡乌公路（穿沙公路）锡尼镇至巴音乌素段、巴音乌素至独贵塔拉段两侧各2000米，环锡尼镇周边1000米和毛布拉格孔兑流域实行全年禁止放牧的制度。旗草原监理所组建草原执勤巡逻小组，在牧区草原不间断、无固定线路地巡查，对乱采滥挖、乱开滥垦、偷牧抢牧等违法行为及时进行处理。2001年，在2000年禁休牧地区的基础上又扩大实行禁休牧的地区：巴拉贡镇农区、呼和木独镇农区、独贵塔拉镇农区、吉日嘎朗图农区和半农半牧区以及四十里梁乡、阿门其日格乡、塔然高勒乡全部被列为全年禁牧区，推行舍饲圈养。其余苏木、镇牧区每年4月1日至6月30日实行季

---

① 数据由X嘎查书记HQYLT提供。

节性休牧的办法。2002年3月,杭锦旗人民代表大会通过《杭锦旗草原生态保护管理办法》《杭锦旗草原生态保护管理办法实施细则》两个关于禁休牧政策的规范性文件。原《杭锦旗人民政府关于部分地区实行禁休牧的命令》同时废止。旗草原监理所完成对全旗禁休牧面积的核查,确定国家退牧还草工程在杭锦旗的立项实施。

至此2003年开始实施的禁牧政策,即牧户口中的"半年禁牧"成为了当地人家喻户晓的放牧规定,也深深地影响了当地牧户放牧空间和时间。

2. 生态环境保护政策与项目

2003~2007年,杭锦旗委和政府以生态建设为全旗最根本的基础建设,全面启动了库布其沙漠综合治理与生态建设工程,通过天然林资源保护工程、退耕还林、退牧还草工程、"三北"防护林工程和日元贷款风沙治理项目、建设小流域综合治理工程、淤地坝试点工程、十大孔兑沙棘生态减沙工程,结合"穿沙公路"防沙治沙经验,针对库布其沙漠不同的立地类型,采用多种治理模式进行综合治理。2007年库布其沙漠完成人工造林33333.3公顷,飞播造林110000公顷,封沙育林53333.3公顷。在穿沙公路(锡乌公路)两侧共完成人工造林22666.7公顷,飞播造林37333.3公顷,设置沙障3133.3公顷,封沙种草71333.3公顷。同时,旗委、政府就沙漠和沙地治理制定"谁造谁有、合造共有"、扶持造林大户和允许进行荒沙土地拍卖等政策。出现了像全国治沙劳模、全国十杰青年乌日根达来等治沙造林典型,也吸引部分企业投入资金进行造林,治理库布其沙漠。2008年,杭锦旗完成义务植树73万株、806.7公顷,适龄公民参加义务植树人数达8.2万人次,筹集以资代劳、义务植树资金13.01万元,尽责率达98%。其中,杭锦旗2002年启动退耕还林工程。2007年4月,杭锦旗退耕还林、飞播造林与天然林保护等工程通过验收。截至2010年,杭锦旗完成生态建设任务35046.7公顷,其中新增造林27846.7公顷,完成国家重点工程补植补播7200公顷,完成义务植树50万株,梭梭接种肉苁蓉166.7公顷,完成沙柳、杨柴等灌木林平茬20000公顷。全旗森林覆盖率达到14.4%。X嘎查范围内的天然林包括20世纪90年代的飞播项目种植的沙蒿和杨柴,以及80年代开始的牧户自愿参与的人工造林活动(杭锦旗地方志编纂委员会,2018)。

2018~2020年,鄂尔多斯市交通局对X嘎查的扶贫项目团队进行了大规模的生态种植帮扶,以促进该地区的畜牧业发展。"2018年3月,鄂尔多斯市精准脱贫三年攻坚行动员培训大会召开后,鄂尔多斯市交通运输局第一时间召开党组扩大会议,安排部署脱贫攻坚和驻村相关事宜,并选拔2名思想素质高、工作能力强、谋事思维开阔的精兵强将组成驻村工作队进驻嘎查……鄂尔多斯市交通运输局负责人、驻村工作队多次与嘎查'两委'班子、农牧民代表集合在一起构思嘎查集体经济发展方向,积极为嘎查想路子、出点子。"[①] 截至当前,鄂尔多斯市交通局共资助270万元种植种子,已对X嘎查地区的10万亩草场进行了改良,并计划在未来继续进行12200亩草场的补种。

3. 草原生态保护补助奖励机制

为了确保国家安全,促进牧区牧业发展和牧民增收,维护民族团结和边疆稳定,统筹城乡和区域协调发展,从2011年开始国家建立草原生态保护奖励机制,中央财政每年拨出

---

① 张旭:《绿了草原 富了牧民》,《鄂尔多斯日报》,2020年7月31日。

134亿元用于草原生态保护补助奖励政策。以5年为一个实施周期，实施的范围从第一轮（2011~2015年）的8个省（自治区）扩展到第二轮（2016~2020年）的13个省（自治区）。2021年8月，财政部、农业农村部和国家林草局联合印发《第三轮草原生态保护补奖奖励政策实施指导意见》，明确"十四五"期间，国家将继续实施第三轮草原生态保护补奖奖励政策。此项政策主要包括以下三项：①实施禁牧补助。对生存环境非常恶劣、草场严重退化、不适宜放牧的草原，实行禁牧封育，中央财政给予禁牧补助。禁牧期满后，根据生态功能恢复情况，继续实施禁牧或者转入草畜平衡、合理利用。②实施草畜平衡奖励。对禁牧区域以外的可利用草原实施草畜平衡。根据草原载畜能力，确定草畜平衡点，核定合理的载畜量。中央财政对未超载的牧民给予草畜平衡奖励。牧民在草畜平衡的基础上，实施季节性休牧和划区轮牧。草畜平衡奖励持续实施，直至形成草原合理利用的长效机制。③落实对牧民的生产性补贴政策。增加牧区畜牧良种补贴，在对肉牛和绵羊进行良种补贴的基础上，将牦牛和山羊纳入补贴范围。

具体补贴方式为，划定为禁牧区的草原执行严格的禁牧政策，禁牧期间不得放牧，其禁牧补贴为每亩7.45元。禁牧区以外的草畜平衡区则是根据草牧场承载能力确定载畜量，可实行休牧、划区轮牧等合理制度，逐步达到草原可持续利用，其草畜平衡补贴标准为每亩2.45元。

三、中华人民共和国成立以来 X 嘎查放牧方式的演变

新中国成立以来，内蒙古牧区普遍实行"自上而下"的草原管理模式。国家在每个历史时期制定宏观制度与政策来调节牧户微观层面上的草原管理方式，这两个层面在每个时期的互动作用形成了内蒙古牧区放牧经营方式的演变。梳理并还原杭锦旗 X 嘎查历史上的放牧管理制度与政策变迁史以及牧民的放牧方式变迁，对于研究 X 嘎查牧户当下的畜群经营方式有着重要的历史渊源关系。牧户当下采取的各类畜群经营方式并不是凭空出现的，也不全是照搬了历史上的放牧方式，而是在市场经济大环境中对其经营方式进行策略性调整后探索出来的经济行为，充分展现了畜牧业发展的新趋势。

新中国成立以后，放牧管理制度宏观格局的演变，尤其是产权制度的变化使内蒙古地区畜牧业草地利用方式从传统的游牧方式逐步向定居放牧方式转型，大致可划分为封建领主和牧主私有制转向全民集体公有制，再到承包化时期的草牧场集体公有制和牲畜私有制两个时期。与此相对应的是牧民的放牧管理方式上呈现出游牧向定居放牧转型期和定居放牧制度强化期两个时期。

（一）草牧场与牲畜的产权制度演变

草牧场和牲畜是国家对于牧区产权结构的物质对象。其中，草牧场产权结构处于基础性地位，是人们对草牧场资源的占有、使用、继承、管理、交易等诸多方面的一套规则（敖仁其、额尔敦乌日图，2009）。新中国成立后，牧民在政府的宏观管理下逐渐获得了更多的法律权利。内蒙古地区草牧场和牲畜的产权制度大致经历了从封建领主和牧主私有制到全民集体公有制，再到承包化时期草牧场公有制和牲畜私有制的演变历程。

1. 封建领主和牧主占有转向集体公有制时期

游牧民族历史上的土地占有和使用关系,将社会成员分为不同的社会阶层(包玉山,2003)。游牧经济中的草场被划分为公有、私有两种形式,并分别由王室或封建领主掌握管理。新中国成立之前,封建领主或牧主控制着绝大部分的放牧资源,是统治阶级占有的私有制。作为最基本生产资料的草牧场归王公贵族占有,领地制是自然环境和草原的占有方式,大面积轮牧是其土地利用方式。领主们通过占有土地而占有臣民百姓,并以赋税关系保持稳重的管理关系,很长一段时间里,草原各民族都是按照"各有封地"的模式进行草原的产权分配。

清朝时期,土地被认为是清朝王室所有,并由有代表权的官员管理。主要的行政区是旗,由亲王或大喇嘛管理。寺庙和封建领主拥有大量的牲畜,富有的牧户也拥有牲畜,相对穷困的牧民拥有少量的牲畜。牧户通常为领主(皇室、寺庙、官员、富有牧户)放牧,放牧的牧户要向领主缴纳畜产品(牲畜或畜产品)(Humphrey 和 Sneath,1999)。封建王公或喇嘛有权决定草场的使用权,冬季和春季牧户会被禁止随意离开旗下。牧户每年必须支付固定的报酬。富有的牧主为了充分利用草场资源,也为了满足生态和政治的需求,每年进行长距离轮牧,小户牧民则无法胜任季节性的大规模轮牧任务,领主们会重新规划草场的分配,为了满足社会需求而生产出更多产品来交换他们自己或他人的牲畜,从而达到自身利益最大化。在广袤的草原上,游牧是人们主要的生存方式。在游牧过程中,牧主对牧畜实行了一种特殊的管理制度——"苏鲁克"制,它由牧主制定并实施,牧主将家畜分组,并以一定的代价将其分配给贫困的牧民进行放牧。在牧区,"苏鲁克"制是一种根深蒂固的组织形式。

民国时期,草牧场归国民政府所有,他们凭借对畜牧业基本生产资料的所有权对牧区人民实行压迫。内蒙古自治区成立时有一半以上的地区属于游牧区。……牧区草原存在着牧主所有制和封建部落所有制等几种体制,对草原的占有除一部分属牧主个人所有外,有相当一部分草场名义上是属领地,由部落或大寺庙共有,实际上由王公贵族和牧主依靠封建特权控制,普通牧民通过放苏鲁克(畜群)和当雇工等方式维生,属于他们自己的牲畜数量很少(马林等,2015)。

内蒙古自治区成立后,1947 年由内蒙古人民代表大会通过和公布了《内蒙古自治政府施政纲领》。并对草场实行统一管理。在此纲领中规定:"保护蒙古民族土地所有权之完整。保护牧场,保护自治区地域内其他民族之土地现有权利。"对牧民享有的各种权利进行合理限制,并将其法律化、制度化,确保牧区居民土地使用权得到妥善保护。在实行民族区域自治制度后,对草原上的牧民采取特殊的管理办法和措施,以保证他们有充分的自由来从事生产经营活动。确保自治区内其他民族的土地权益得到妥善维护,特别是在畜牧业方面,以确保他们的权益得到充分保障。民主改革时期宣布了"牧场公有,放牧自由"。这个"公有"是民族公有。1953 年,政务院民族事务委员会通过和公布了《关于内蒙古自治区及绥远、青海、新疆等地若干牧业区畜牧业生产的基本总结》。其中指出,草场,牧场为民族公有的内蒙古自治区,实行"自由放牧、调剂牧场"的政策。草牧场民族公有是特定历史条件下的产物,有其自身的特殊意义。它是实行"不分,不斗,不划阶级""牧工牧主两利"政策的前提条件,为稳定当时的牧区阶级关系起到了积极作用。旧"苏鲁克"制与"新苏鲁克"制是清朝民国时期封建领主和牧主私有制到民主改革时期最典型的放牧制度。

(1)旧"苏鲁克"制与"新苏鲁克"制。"苏鲁克"系蒙语，意为畜群。"苏鲁克"制是指清朝民国时期，贫苦的牧工从召庙、王公、贵族和富裕的牧民处揽放一批畜群，获得少量的报酬维生的放牧方法。

规定牧工一年只能得到极少的绒毛或货币报酬，形成一种租佃关系的放牧方式，即为旧"苏鲁克"制。《杭锦旗志》(1994)对旧"苏鲁克"制详细地记载到，"揽放'苏鲁克'，须带一定礼品(烟、酒、糖、茶)登门请求雇主，无力备礼者则被雇机会很少。揽到畜群，或在雇主住地放，或在牧工住地放，或由雇主指定地点。放大畜'苏鲁克'的牧工，多食宿于雇主家中，每年能得到1头3岁口大畜，并配有冬夏衣服，个别的还能分得少量粮食、肉食等。放小畜'苏鲁克'的牧工，多不和雇主家一起食宿，报酬以绒毛为主，另外产双羔可得1只，羔羊产的羊羔也归牧工。雇主每年定期到畜群给所产仔畜打印记一次，打印记后所产仔畜也归牧工。打印记时忌讳所有仔畜尽数打完，总要留3~5只赢羔归牧工。雇主对牧工没有具体生产指标要求，死亡的牲畜须交回皮子，并附印记(耳记)。丢失的牲畜须赔偿。雇主视年景好坏，向牧工索要数量不等的奶食品。少数富户拥有数十群'苏鲁克'。召庙的'苏鲁克'也较多，如沙日召的'苏鲁克'遍布全杭锦旗，外旗也有。放牧者除当地的牧民外，还有农区的逃丁者。此外亲友间也放'苏鲁克'，属互助关系"(杭锦旗志编纂委员会，1994)。

当时的旧"苏鲁克"制中，揽放王公贵族、寺庙喇嘛等封建社会上层阶级的"苏鲁克"中，牧工处于弱势的地位。首先，草牧场产权属于封建领主，领主可以在其领地里随意地大面积远距离地游牧，贫穷的牧工跟着其雇主游牧。其次，牲畜产权属于封建领主或牧主。牧工揽放"苏鲁克"后，付出劳动力获得的报酬只够勉强维持其生计，在这种运行机制下牧工是无法拥有并且经营属于自己的畜群。

内蒙古自治区成立后，对牧区和牧业经济的特点进行了实事求是的分析，并制定了九项政策，其中包括内蒙古牧场民族公有，废除了封建的牧场所有制；废除封建阶层所享有的一切特权，废除奴隶制度的存在；在确保牧民和牧主双方利益的前提下，实施有计划的措施，以改善牧民的经济生活和促进畜牧业的发展，同时保障牧场和放牧的自由。这些政策得到了广大农牧民群众的拥护和支持，并逐步落实到实践中去。1948年7月，当时担任自治区主席的乌兰夫在内蒙古干部会议上明确提出，在盟旗行政区划内，所有草原牧场的牧人享有放牧自由，而在牧区则实行"牧场公有、自由放牧""不斗不分不划阶级""牧主牧工两利"的政策，积极发展畜牧业生产，包括牧主经济在内，确立了"政策稳、办法宽、时间长"的改造原则，允许继续放"苏鲁克"，但对"苏鲁克"制的不合理因素进行了改造，从而形成了新的"苏鲁克"制。这种以牲畜为主体的新型牧民自治形式，不仅解决了传统游牧生产方式与现代牧业生产方式之间的矛盾问题，而且促进了农牧业生产力的进一步解放。"新苏鲁克"制是一种具有过渡性质的组织形式，提升畜牧业从业者的福利待遇，以提高其获得的报酬水平，从而增加其收益。

访谈中牧户关于"新苏鲁克"制的回忆如下：

"揽放'苏鲁克'的牧工跟雇主在绒毛和羔子的获利上，按照三七之分或四六之分来分摊。雇主家里赶来的羊群叫'铁数'①。例如，从雇主家里揽放 100 头羊，那这 100 头就是'铁数'，事先定好的期限到期后归还时不能少一个，还要加上四六之分的 40% 的羊羔归还。赚的就是绒毛和 60% 的羔子。"②

从访谈内容可以发现，"新苏鲁克"制中，虽然牧工的身份没有变化，还是揽放雇主的畜群。但是三七之分或四六之分的报酬规则下，牧工比起旧"苏鲁克"制能获得更多的生产资料，主要是能拥有自己的一群羔羊，维持生计的同时，有了发展自己畜群的机会。牧工的畜群达到足够自家生计就可以不用再去揽放牧主的畜群。这种方式给了众多贫穷的牧工群体通过自己的劳动打破被压榨的命运的机会。这种政策下，贫穷的牧户发展了自己的畜群，为牧业集体化时期大队"合群"提供了牲畜来源。

在新中国成立前，草原上的封建上层社会掌握着草牧场和大部分牲畜的所有权，他们以"苏鲁克"制为手段，对贫困的牧民进行了剥削。因为缺乏或仅有极少数的牲畜，劳动牧民被迫为王公、贵族、牧主和上层喇嘛提供放牧服务，或者通过出售劳动力的方式来维持生计。除了在经济上遭受剥削之外，还必须向封建统治者提供无偿的劳役服务，以确保他们的尊严和权利得到充分的保障。因此，从某种意义上讲，劳动牧民就是封建统治阶级的雇佣工人，是封建剥削阶级中最下层的一部分人。在此情形下，劳动牧民仅被视为奴隶，无法享有自由迁徙的权利。这就造成了牧民与社会之间的不平等关系。在牧区，王公世袭制度所带来的封建制度下的剥削和压迫，对牧民而言，是一种残酷至极的现实。在古代，由于草原地区生产力低下、牲畜数量少以及人口稀少等原因，许多游牧部落没有形成规模较大的畜牧业生产体系，因而牧民们不得不依靠天然草场维持生计。他们将放牧场地移交给王室或贵族管理，而自身则被剥夺了自由放牧的权利。由于没有土地，牧民的生活得不到保证，从而导致草原沙化、草场退化等一系列问题。新中国成立后，颁布了一项政策，允许将牧场纳入公有范围，并确保放牧的自由。在实行牧业生产责任制的社会主义条件下，牧民的地位得到了根本性的转变。在国家统一领导下，草原归集体经营。王公贵族、上层喇嘛和牧主对优良牧场的占有特权被废除，他们也从过去的"主人"转变为"劳动者"，并由原来的"雇佣劳动者"变成了具有一定生产资料所有权的经济活动主体。鉴于畜牧业的独特属性，针对牧区实施的"三不两利"政策，确保了畜牧业可持续发展。通过合理的劳动报酬分配，使得牧工在经济上得到了合理的回报。这些措施不仅促进了牧业经济的发展，也对社会稳定起到了积极作用。在民主改革时期，"新苏鲁克"制的实施极大地激发了牧民们的劳动热情和主动性。这一形式一直延续到 1957 年集体化时期。

(2) 牧业集体化时期的"合群"。1954 年，全国上下开始酝酿牧业集体化，当时政策精神是"稳妥进行，要求每个旗办好 1～2 个互助组，逐步发展为初级集体化。通过社会主义改造，逐步废除剥削制度，改变所有制形式，要求到 1962 年入社牧户达到 60%～80%"（杭锦旗志编纂委员会，1994）。畜牧业社会主义改造的目标在于将畜牧业经济从私有制基础上的模式转变为公有制基础上的社会主义模式，以实现生产关系的全面转型，即从传统的个体户向合作社过渡，进而发展为集体经济。实现个体牧民经济和牧主经济的社会主义改造是必要的。个体牧民经济是劳动者私有的社会经济形态，它是劳动者个人占有生产资料

---

① 蒙古语为"tomor tolgoi"，《鄂尔多斯土语词典》（1999）中的释义为：除羔子以外的成年牲畜。
② 引自笔者的访谈记录。受访人：SRDRJ，X 嘎查牧民；受访日期：2022 年 8 月 13 日。

和生活资料的个体性生产。在自愿互利原则的指导下，个体牧民经济以劳动者私有制为基础，通过互助合作的方式，逐步演变为集体所有的社会主义畜牧经济。这是牧区经济体制改革的方向。随着生产关系的变革，牧主经济作为一种非劳动者的私有制，为了保护生产力不受损害，牧主所拥有的家畜不会被没收，而是采取多种形式的赎买措施，逐步废除剥削制度，最终实现社会主义畜牧经济的转型。

1957年，通过实行"母畜入社，评分入股，按股分红"的政策措施，实现了牧业集体化。具体办法有五个：①母畜入社，仔畜按劳畜比例分成；②牲畜分等定价，按价作股入社，劳畜比例分益；③折标准畜入社或牲畜评分入社，劳畜比例分益；④牲畜作价入社，付给固定报酬；⑤作价入社，分期偿还（敖仁其，2004）。

1958年，杭锦旗实现人民公社化。牲畜作价入社，分期偿还。每户留有一定数量的自留畜。牧民入社的牲畜，由所在大队每年付给3%的畜股金，边商、大户、召庙的牲畜，每年付给畜股定息1%~3%。实行统一经营，集体生产，大队核算制（杭锦旗志编纂委员会编，1994）。这种母畜入社、众多牧户私有的牲畜构成集体的畜群的政策被当地人称为大集体"合群"①。

访谈中关于新集体化时期"合群"的牧户回忆如下：

"牧业集体化后，进行了'合群'活动，两户的羊群合成一个大集体的羊群，牲畜数量多的牧户记工分。十几二十户一个小队。那时的小队后来合成了现在的嘎查。然后是两两户合在一起放羊，放自己留下的羊或者集体的羊。当时主要是为了省出人力。例如，两家人一起放一群羊的话，两户的妻子留在家放羊干活，两个男的就可以去大队那儿干活了，或者也可以外出务工。大家一起去小队里的牧户家里盖羊圈、挖井、挖水库等。那时候天天去大队干活，会给算工分。成年人干一整天的活会给算10分，二十多岁的小姑娘干一整天的活也就能算8分。打草也给算分，例如，3500斤35分这样算。"②

从访谈内容可知，大队"合群"包含两层含义：第一层是牧户为集体筹出一群集体的畜群，第二层是两户合在一起放牧，释放多余的劳动力。因此，牧业集体化时期牧民除了将牲畜归集体之外，还进行了集体劳动。方法为两两户一起放牧，通过合作互助的方式释放出多余的劳动力，为大集体的生产提供劳动力。

1958~1980年，集体生产的22年中，"两定、一奖"制从1963年到1980年推行17年。人民公社化期间，牧业生产提出"百母百仔"口号。1959年上半年全旗牧区开始推行"百母百仔"运动。同年11月，在内蒙古自治区第九次畜牧业生产工作会议上，杭锦旗提出"百母百仔"运动倡议，得到与会各盟市、旗县的响应。11月23日，中共伊克昭盟委员会下达《关于开展百母百仔运动的决定》。12月8日中共内蒙古自治区委员会下达《内蒙古党委关于开展"百母百仔"运动指示》，要求集体畜群中每百头适龄母畜，在一个牧业年度内，争取保活百头仔畜，称"百母百仔"运动。

《杭锦旗志》（1994）中对"百母百仔"的记载如下：

1960年6月30日，杭锦旗首次实现"百母百仔"（实际数字是大畜百母62.4仔，羊百母90.5仔。在全旗范围内，有不少畜群、大队以至公社实现"百母百仔"）。《内蒙古日报》

---

① "合群"蒙古语为 sürüg neilegülkü 或 sürüg qamturaqu，意为把畜群合到一起。
② 引自笔者的访谈记录。受访人：SRDRJ，X嘎查牧民；受访日期：2022年8月13日。

《人民日报》赞誉"百母百仔"运动。同年7月，全旗召开千人牧工大会，庆贺"百母百仔"运动的实现，表彰有功人员。"百母百仔"运动中制定的各项措施、指标制度一直沿用到1979年。人民公社化时期的若干年中，"百母百仔"是衡量牧业生产成绩的唯一标准。1959~1965年，全旗牲畜每年均有递增。1965年6月30日统计，牲畜总数达到历史最高峰，117.91万头（只），人均13.4头（只）。"百母百仔"运动的开展，对发展牲畜数量起到积极的推动作用。

上述近30年历史中，政府不断地调控内蒙古地区草牧场与牲畜的产权制度过程中，牧民群众的社会地位也不断提高，从中华人民共和国成立前后在"苏鲁克"制下被压迫到逐渐拥有私有牲畜，再到牧业集体化时期，为大集体"合群"，再从"母畜入社"中获利。虽然有波折，但其积极效果仍不可磨灭。

2. 草牧场集体公有制和牲畜私有制承包化时期

1982年，内蒙古的牧区率先实行了"草畜双承包"政策，根据《内蒙古自治区草原管理条例》的规定，将草牧场所有权划归至嘎查，并将使用权下放到户，普遍采用牲畜作价归户、户有户养的方式进行牲畜承包。至此内蒙古牧区开始了承包制时期，草牧场归属于嘎查集体所有，而牲畜则归属于牧民私有。

1984年7月召开的内蒙古自治区牧区工作会议决定，在牧区全面推行草原分片承包、牲畜作价归户的"双承包"制，即"草场公有，承包经营""牲畜作价，户有户养"，把"人畜草"责权利有机地统一协调起来，使经营畜牧业和经营草地管理紧密挂钩，让生产者在争取获得更多经济效益的过程中，关心生态效益，激发牧民养畜和保护建设草原的积极性，初步形成了适应内蒙古牧区特点的社会主义畜牧业经营管理体制。

1985年10月，我国颁布施行了第一部《中华人民共和国草原法》。其中规定"全民所有的草原、集体所有的草原和集体长期固定使用的全民所有的草原，可以由集体或者个人承包从事畜牧业生产。"杭锦旗X嘎查"第一轮草原承包划分的时间为1988年，1988年之前在本嘎查有户口的可得到每人400亩的草牧场，1989年出生的新生儿与嫁入本嘎查的妇女一律获得半份草牧场，1990年以后的便无权承包。1998年实施第二轮草原承包时进行了小调整，按照第一轮的划分没有进行大改动"[①]。其中，阿日斯楞图苏木[②]在1989年首次试行草牧场有偿使用制。有偿使用后，明确规定，牧民建设草场任务，嘎查和牧民每三年签一次合同，每年检查，进行奖惩兑现，承包期为10年。

《杭锦旗志》（1994）中对牧业生产责任制的具体过程记载如下：

"1982年，内蒙古牧区生产体制改为'牲畜户有户养，草场分拨到户使用'的承包责任制。明确规定，这一制度长期不变。牧业生产责任制，分两步进行：

第一步是1980~1981年，将牲畜作价承包到户，具体办法是：用历年付给社员的牲畜股金，抵偿1958年牲畜入社时作价款。尚欠部分，以现金或牲畜抵偿。先抵清作价款后，牲畜仍有多余者，作价按人口分配到户。牲畜少于当年入社数量的生产队，按比例递减后再分配到户。多数生产队牲畜均比入社时多，抵清入社作价款外，社员仍能按人口分得一部分牲畜，解决了人口增加和集体化后迁入人口的生产需要。牲畜'户有户养'后，牧区有

---

① 引自笔者的访谈记录。受访人：HSBTE，X嘎查原嘎查长；受访日期：2022年7月15日。
② 阿日斯楞图苏木为现今锡尼布拉格嘎查的一部分。

了经营自主权,生产积极性倍增,加强饲养管理。

第二步是1984年,开始把草牧场划拨到户使用,完善为'畜草双承包生产责任制'。旗委、政府成立草牧场划拨指挥部,各苏木、乡成立草场划拨领导小组,根据全旗划拨方案,结合各地实际,依据牧民居住条件、放牧习惯,制定草牧场划拨实施细则(草案)。草场到户使用后,牧民增加对草场的投入,围栏面积迅速增加。抢牧、滥牧现象得到改变,明确了牧民对草场使用建设的责、权、利。1989年,阿日斯楞图苏木首次试行草牧场有偿使用制。有偿使用后,明确规定,牧民建设草场任务,嘎查和牧民每三年签订一次合同,每年检查,进行奖惩兑现。承包期为10年,根据草场产草量,确定每户的养畜量,超载者,限期纠正,超期不纠者罚款。达到以草定畜,畜草平衡,使草场永续利用。1990年,全旗陆续推行草场有偿使用制度。"

草牧场承包可分为单户承包、联户承包和自然村承包三种形式。X嘎查采用单户承包经营方式。在1998年的草场第二轮承包中,保留了第一轮承包区域的基础上更加明确了草原所有权、使用权和承包责任制(草原承包经营权),从而将草原承包经营权完全落实到每一个牧户身上。草原承包经营主体是单户牧民。根据规定,草原的所有权归属于基层嘎查集体,并由旗县人民政府进行注册登记,最终颁发《草原所有证》给嘎查。实行草原"三权分置"改革。在嘎查与每个牧户签订承包合同后,根据牧民承包的草牧场,旗县人民政府颁发《草原使用证》给每一户牧民,并提出将草牧场使用权承包到户30年不变。

科斯等(1994)在《财产权利与制度变迁》一书中提到,一个国家一个时期的产权结构是多重的。从历史角度分析,产权重组和产权安排的变迁都可能发生,不同的产权结构将会对收益—报酬制度及资源的合理利用、有效配置产生重大影响。内蒙古牧区草牧场产权制度的演变,不仅调整了草牧场资源的分配,同时也提高了牧民群体的社会地位。牲畜分配到户实现了"私有",个人、家庭成为了资源分配和生产的基本决策单元。

从新中国成立至家庭承包责任制的实施这一段历史时间,对于内蒙古牧区牧民来说,是从没有草牧场所有权,也没有私有牲畜,到承包到草场并拥有了私有畜群的历史。其演变的关系如图2所示。

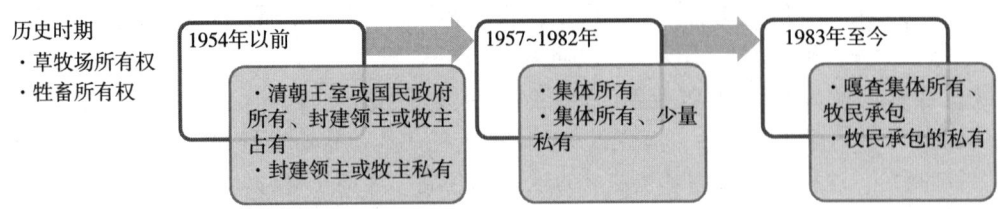

图2 各历史时期内蒙古草牧场所有权和牲畜所有权变迁关系

(二)牧民放牧方式的演变

在畜牧业生产中,牧民所展现出的全部社会劳动和智慧,集中体现在如何巧妙地将牲畜资源与草原资源相互融合,以不断提升畜牧业生产力。因此,牧民的牧业生产方式是影响整个畜牧业发展水平的关键因素之一。随着草牧场和牲畜产权制度的演变,作为微观经济主体的牧民，其放牧方式发生了翻天覆地的变化。牧民在草场使用权流转过程中，逐渐形成以家庭为单位，以农户为基本单元的集体经营模式，并最终实现草地资源向牧业经营者集中的目的。在遵循国家宏观放牧管理制度的前提下，牧户会根据自身条件调整其草地放牧方式，以达到最佳的利用效果。

1. 游牧向定居放牧转型时期

1947年5月内蒙古自治区成立之后，实行"草牧场公有、放牧自由"的制度。大多数牧区仍然沿袭了以"艾勒"(户)为单位的四季轮牧方式。随着人口的不断增长以及草牧场在几代人之间的分割等问题的存在，导致了牧民放牧面积不断缩小，四季轮牧方式也陷入了困境之中。进入20世纪50年代，牧民定居加速，游牧半径进一步缩小，一般局限于20~30千米。在牧区基本形成骨干劳力到夏秋营地放牧，其他家庭成员，尤其老人和孩子留在冬春营地的定居生活方式(乌仁格日乐等，2009)。

民主改革时期，以牧区经济情况为出发点，宣布实行牧场公有、自由放牧政策，并根据牧区经济性质和畜牧业生产特点，制定了"不斗，不分，不划阶级"、"牧工牧主两利"政策。接着又颁布《关于牲畜管理办法》等一系列法令法规，对牧区实行了一系列管理制度，如集体劳动制度、草场承包责任制以及牲畜买卖制度等。随着这些制度政策的公布和实施，牧区的畜牧业生产方式发生了巨大的变化，旧有的"苏鲁克"制经过改革转变为全新的"苏鲁克"制，从而使得该行政区域内的牧民们都享有了自由放牧的权利。同时随着牧业经济发展，牲畜数量增加，牲畜饲养方式也发生很大转变。在这一时期，牧民们仍然沿袭着传统游牧模式，以家庭经营为主要经营方式。广义的"游牧"是指"从一个居住场所移动到另一个居住场所"的客观行为。游牧营地的划分是以草场利用的季节适应性、情况和牧草生长条件以及饲养管理条件等为依据。(张秉铎，1986)。

1956年3月，内蒙古自治区人民委员会提出，"在游牧区应该逐步做到定居移场放牧，在牧场狭窄的地区应该做到定区划区轮牧"。在游牧区度过了大约十年的时间，终于初步实现了游牧定居的目标。到20世纪60年代中期，内蒙古地区数千年来一直采用的游牧方式已被定居游牧或定居移场放牧所取代，定居放牧方式已经成为牧户主要的生产方式。

牧业集体化初期的放牧组织形式是以家庭经营为基础。通过集体劳动，创造集体的财富，基本上尊重了牧户对共同财产的所有权和利益分配的合理性。这一时期的放牧方式仍然是"游牧"。随着集体化时期的到来，牧民们开始将游牧的范围限制在小队或大队的范围区域内。实行家庭联产承包责任制后，草场由集体经营变为个体经营，牧民们可以自由地在承包草场放牧。自此以后，牧户的放牧时间和空间受到了严格的限制和约束，无法自由地进行游牧。为了解决这一问题，实行了以划片轮牧为主、集体组织为辅的分散经营方式。与民主改革时期的"游牧"不同，当时在合作社中实现了分工和合作，从而实现了分群放牧。在适度规模的基础上，将畜群分为母畜群、种畜群、苏白群、老弱群、土种群和改良群等，从而催生了牧牛人、牧羊人和牧马人等分工明确的畜牧与分工岗，促进了畜牧业的增产和增收。分群合作放牧为后期请雇工放牧的历史基础。

人民公社时期，畜牧业的生产和经营是以生产队为基本单位，即生产大队或牧业队。实行统一管理，大队由几个小队构成。生产队享有自主经营的权利，可自主决策。生产队长对自己所辖牲畜的饲养、繁殖等一切事务都要负责，并向公社报告，由公社统一安排部署。生产队的所有权、分配权、管理权和指挥权直接关系到社员的个人利益，因此，实行按畜群组"定工、定产、超产奖励"制度，不仅可以统一生产队的生产管理、劳动管理、财务管理和收益分配，还能妥善处理基本核算单位与社员个人之间的利益关系，从而更好地发挥生产管理的作用。在此基础上，公社就可以根据需要，组织不同种类的畜禽饲养户，对其进行科学的饲养和科学管理。

至此，游牧经济时期的四季轮牧向定居游牧、定居移场放牧方式演变。

2. 定居放牧强化时期

草场承包到户政策的实施进一步加强了定居畜牧业生产方式，为牧户提供了更加可靠的生产条件。牧民在草原上建立家庭畜群，成为草地资源的主人，从而形成了一种新的生产生活组织形式——家庭游牧经济。在改革开放之后，牧区实行了"户有户养"的政策，而草场则采用了公有承包制度，同时将牲畜的价格作为归户的方式，明确了牲畜和草牧场的产权。牧民在家庭承包责任制基础上，又发展起多种形式的生产组织形式，如合作社等。畜牧业的经营方式已经从以集体为主转变为以家庭为基本单位的放牧方式。牧民家庭成为草原资源生产的主体，草场所有权归个人所有，使用权也由个人拥有。由于草场面积的有限性，每户牧户只能使用固定的草场，因此大多数采用定居划区轮牧的放牧方式，以确保草场资源的最大化利用。在此过程中，牧民对草地进行长期管理，形成一种独特的分区放牧方式。根据草场生产力和畜群需求，将放牧区域划分为多个区域，并规定了放牧顺序、周期和分区时间，以实现放牧方式的优化。通过对这些放牧区实施长期而系统的管理与经营，从而实现草地畜牧业持续稳定发展。将草原生态系统划分为不同的区域进行轮牧，可以实现资源的高效利用，减少水土流失，提高农牧民的收入水平，从而推动经济和社会的发展。内蒙古的放牧周期通常以季节为单位进行计算，并在传承和保留传统游牧方式的基础上，根据草场的面积、质量和水源等多种因素，将草场划分为不同的区域，并根据季节变化灵活利用草场资源。以下是牧户访谈内容：

"受访人EDBDRH，55岁，X嘎查牧民。1988年X嘎查承包草场的时候承包到了400亩草场。加上其妻子承包的400亩，家庭草场面积为800亩。草场用网围栏分成了3块：一块为林地，春天禁止羊群进去，保护沙柳和树木的正常发芽，秋天收树叶，为秋冬季放牧区；还有一块为长满沙蒿的沙地，草牧场质量差，通常为春夏放牧区（禁牧前）；再一块为旱地，种玉米收草，为冬季放牧区。家庭承包草牧场载畜量为100头左右山羊或70头左右绵羊。超出这个数量就会产生羊群吃不饱、春季缺营养倒下的现象，就需要在自己收草的基础上买玉米粒和玉米草，春天时给羊群喂。"①

X嘎查牧户大多数为像上述牧户的情况，总结起来就是，放牧经营所有环节都以家庭为最基本单位进行。但是由于家庭承包草场面积小，草场被分割成多块。牧户在自家门口的小块草场上常年放牧，为了保证草牧场质量，尽量进行休牧、轮牧，同时还严格控制牲畜的数量。这样的方式结束了以往牧场大面积的轮牧方式。

---

① 引自笔者的访谈记录。受访人：EDBDRH，X嘎查牧民；受访日期：2022年7月21日。

四、禁牧政策实施以来 X 嘎查牧户畜群经营方式的选择

在草原畜牧业大系统中，人、草、畜三者相互依赖、相互作用，共同构建放牧经济行为。理论上牧草的生产能力决定草场承载牲畜的数量，而牲畜的数量决定畜产品的数量并最终决定人口（敖仁其，2009）。但事实上由于众多原因，在放牧劳动力、草牧场、牲畜三要素的不同搭配情况下，牧户可以根据自家具体条件理性地选择多种畜群经营方式。如图 3 所示，有畜群的情况下，有无草牧场、有无放牧劳动力这两种条件来观察牧户现有的畜群经营方式，可以发现有以下四种方式：①有草牧场和放牧劳动力是承包化时期最典型且最普遍的经营方式，即在自家承包的草牧场上自己放牧；②有草牧场但是缺乏放牧劳动力的时候就会出现请雇工（包括短工和长工）的方式；③没有草牧场，但有放牧劳动力，就可以选择租赁其他牧户草场走"敖特尔"或租赁"蔬菜大棚"进行圈养等方式；④没有草牧场（或有草牧场而为休牧期）且没有放牧劳动力的时候会出现委托放牧方式。

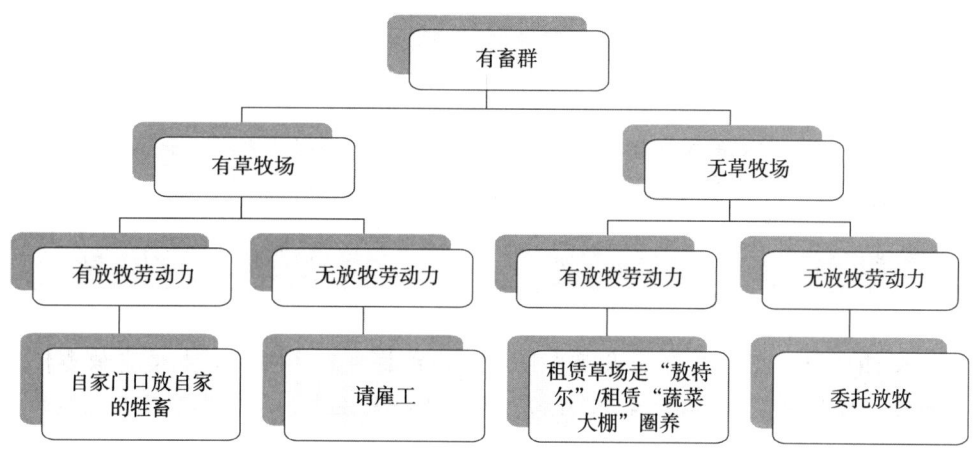

图 3　不同放牧资源条件下放牧方式的关系

牧户在所拥有的放牧资源基础上，出于成本计算，计算好放牧时间和各项费用后理性选择适合自家生计的畜群经营方式。本文将重点对委托放牧、租赁草场走"敖特尔"和请雇工三种方式进行详细的田野调查。通过入户参与观察和访谈，了解其具体运行机制、与历史上放牧制度的异同以及其背后的社会关系等。

（一）委托放牧方式

本文观察到，把自家畜群短时间内定期放到其他牧户草场上，同时也需要那户帮忙照料，以委托费用维持放牧的行为被牧户称为"让别人放自己的羊"，也有部分人称为放"苏鲁克"，但是这种放牧方式跟历史上出现过的旧"苏鲁克"制和"新苏鲁克"制有很大的区别，本文研究中为了避免出现名称上的混淆，将用"委托放牧"方式称此类型的放牧方式。"委托放牧"这个名称见于杜富林等（2016）的《内蒙古牧区牧户委托放牧行为及影响因素实证研

究》。他们认为，"委托放牧是一种牧户草地承包权不变，经营权或使用权不流转前提下实现草畜平衡的草地管理行为。包括三种形式：①委托方将其牲畜在短期内(通常为每年6~8月的3个月)委托给被委托方，以达到恢复和保护草地的目的。在这种情况下，委托方应当承担与草原有关的法律责任。②委托方将其家畜长期委托给被委托方。③委托方与被委托方签订有《草原有偿使用合同》或其他形式的契约关系。被委托方长期承担其牲畜和草地的经营管理职责。"由于不同地区的草地管理政策导致进行委托的时间或许不一样，但是从根本上来说，上述第一种形式与本文观察到的委托放牧行为大致相同。本文研究地点2003年开始实施禁牧政策后，基本不存在长期委托的情况。

1. 具体运行机制

本文研究在X嘎查范围内初步筛选出采用委托放牧方式的牧户，发现共有6户牧户，包括4户委托户和2户被委托户两种。通过入户访谈，了解到其运行的具体方法，访谈内容主要涉及牧户基本情况(放牧劳动力情况和承包的草牧场基本情况两方面)、委托放牧进行的时间和费用、进行委托放牧的原因等方面的问题。下面将以个案和表格统计的方式对委托户和被委托户双方的委托时间和委托费用进行展示(需要说明的是，因为年代久远，具体费用的运算多为估算值，委托开始的时间为大致日期。)

(1)委托户。

案例一

受访人BTBY。2008年开始采用委托放牧方式将自家牛群放到被委托户放牧。委托时间为每年7月1日禁牧结束后至11月初，为期4个月左右。委托费用从2010年前每头牛一天的费用是3~4元，到2010年后一天的费用是5元。一年内牛群的委托费用为10000元左右。[1]

案例二

受访人HQYLT。2017年开始采用委托放牧方式将自家牛群放到本嘎查被委托户家。委托时间为7月1日禁牧结束后至11月初，为期4个月左右。每头牛一天5元钱的费用，一年内牛群的委托费用为7000元左右。[2]

案例三

受访人AMRQKL。2021年采用委托放牧将自己的羊群(山羊和绵羊)放到被委托户家，委托时间为7~9月，为期2个多月(由于旱情严重提前结束了委托)。每只羊平均一天0.7元的费用，总花费8000元。[3]

案例四

受访人EDBDRH。2017年采用委托放牧将自己的山羊群放到本嘎查被委托户家进行放牧。委托时间为7月初到11月初，为期4个月。委托费用为每只羊一天0.6元的费用，一年总花费6000元。[4]

研究发现，委托户的委托时间和费用大致相同(见表4)。委托放牧方式大概从2008年

---

[1] 引自笔者的访谈记录。受访人：BTBY，X嘎查牧民；受访日期：2022年8月7日。
[2] 引自笔者的访谈记录。受访人：HQYLT，X嘎查牧民；受访日期：2022年7月12日。
[3] 引自笔者的访谈记录。受访人：AMRQKL，X嘎查牧民；受访日期：2022年8月4日。
[4] 引自笔者的访谈记录。受访人：EDBDRH，X嘎查牧民；受访日期：2022年7月21日。

开始被牧户使用。委托时间段始于7月初,大多时候可以具体到7月1日,是因为本文研究地点的每年禁牧期刚好是7月1日结束,草场上长出了新鲜的草,可以在草场上放牧。加上经过3个月的圈养,牲畜急需采食新鲜的草。此外,从具体费用明细还可以发现有逐年缓慢增长的趋势。例如,牛的委托费用从2010年前的3~4元涨到现在的5元。

表4 委托户进行委托的时间和费用

受访人	具体年份	时间段	费用(年)	费用明细(天)
BTBY	2008~2022	7月1日至11月末	10000元	牛——3~4元(2010年前);5元(2010年后) 羊——0.6~0.8元
HQYLT	2016~2022	7月1日至11月初	7000元	牛——5元
AMRQKL	2021	7月1日至10月初	8000元	羊——0.7元
EDBDRH	2017~2020	7月1日至11月初	6000元	羊——0.6元

(2)被委托户。

X嘎查范围内有两户接受委托放牧的牧户,他们担任委托放牧行为中的被委托户。由于委托进行的时间刚好是在剪绒毛和接羔子结束后的时间段,避开了一年中最繁忙的季节。所以被委托户主要提供的服务为照看好委托户的畜群,定时修理自家铁丝网围栏保护好畜群,避免损失;每天定时放水,晚上关到羊圈里(牛群不需要,可以在草场上过夜);有必要时提供药物治疗(需跟委托户商量);大暑时提供遮蔽处等。

案例一

受访人HSBGN。2016年开始每年接受嘎查内和嘎查外的委托方的委托,接管的畜群多为羊群和牛群,2022年新添了马群。受委托的时间为禁牧期结束后至秋季末为止,一般为7~11月。刚开始时,每年的收入只有6000元。到2021年收入达到13000元。①

案例二

受访人GGE。2010年开始接受嘎查内委托方的委托,接管的畜群为牛群。受委托的时间为7~11月末。由于草场质量相对差,费用定价比市场稍低。2013年前每头牛一天2元,2014年后每头牛一天4元。每年通过委托放牧方式获得的收入为从最初的4000元(2010~2013年)到现在的9000元(2014~2022年)。②

本文研究地点实施半年禁牧政策。所以委托放牧开始的时间为禁牧期结束后的7月初。结束的时间为秋末,即至牛羊无法从草场上采食新鲜草叶为止,牛群的委托结束时间比羊群的稍晚。

委托费用有其约定俗成的市场价格,大家在公认的价格范围内选择适合自家牲畜类型的草场进行委托。例如,被委托户案例二的草场更适合放牛群。杜富林等(2016)的研究中认为,"委托放牧行为的付费方式主要有两种:一种是委托方将委托放牧管理费以现金形式直接支付给被委托方,这是短期委托的主要交易方式;另一种是以牲畜和畜产品作为放

---

① 引自笔者的访谈记录。受访人:HSBGN,X嘎查牧民;受访日期:2022年8月6日。
② 引自笔者的访谈记录。受访人:GGE,X嘎查牧民;受访日期:2022年8月10日。

牧管理的报酬,具体为委托方将每年羔羊的40%和所有羊毛、羊绒都归为被委托方,但这只限于在被委托方草地上放牧管理。"本文研究的情况符合第一类的形式,即以现金方式支付委托费用,未曾看到第二类情况。笔者认为,第二类跟历史上的"新苏鲁克"制更为接近。被委托户的受托时间和费用统计(见表5)。

表5 被委托牧户的受托时间和费用

受访人	具体年份	时间段	费用(年)	费用明细(天)
HSBGN	2016~2020	7月1日至11月初	6000元	山羊——平均0.6元左右 母山羊0.6元,公山羊0.8元 山羊羔——0.4元 绵羊——1元 绵羊羔——0.5元 成年牛——6元 牛犊——5元 马——6元
	2021~2022	7月1日至11月初	13000元	
GGE	2010~2013	7月1日至11月末	4000元	牛——2元
	2014~2022	7月1日至11月末	9000元	牛——4元

2. 委托户与被委托户之间的社会关系

科尔曼(Coleman,1990)认为,如果一方缺乏完成某项任务的知识和能力而委托另一方协助完成该任务,那么双方之间则存在委托代理关系。按照科尔曼的理论,本文委托放牧方式中的双方,即委托户和被委托户最基本的关系为委托代理关系。在委托代理中,委托人和代理人都是经济人,行为目标都是为了实现自身效用最大化,委托人会想办法设计和代理人的某种契约,使得代理人自动选择保护委托人利益的最优努力水平(刘有贵、蒋年云,2006)。这种委托代理理论下,双方作为经济人,会以经济利益为首要条件。最明显的表现为,委托费用在双方可接受的范围内委托放牧才能正常进行。

本文调查发现,委托方和被委托方之间除去最基本的经济利益关系外还会涉及牧户之间的社会关系网络。委托代理关系背后的社会关系方面的问题,如双方"是不是亲戚或朋友""是不是熟人",答案都否定则被当作陌生人。访谈发现,委托放牧方式中涉及的双方多为亲戚、朋友和熟人关系,其余少部分为非本嘎查陌生人。例如,委托户案例四EDBDRH 与被委托户案例一HSBGN之间是亲戚关系,但是委托费用上没有展现出"亲情价",还是严格按照市场价进行费用计算;委托户案例一中,被委托户为其他旗的陌生人或其他嘎查陌生人,出于成本计算,选择了适合牛群的草牧场和自己能接受的费用;委托户案例二与被委托户属于同嘎查熟人,而被委托户的草场又适合放牛。

此外,委托过程中没有合同,只有口头允诺。但是委托户放到被委托户的牲畜数量不能减少,这点上与"苏鲁克"制里的"铁数"相同,如有损失需要被委托户补上。研究发现,X嘎查内的委托放牧中目前没有发生过纠纷。委托户与被委托户双方高度自觉地进行着委托放牧行为。

3. 与"苏鲁克"制的区别

内蒙古放牧管理制度历史上出现过旧"苏鲁克"制和"新苏鲁克"制，由于部分当地人称呼上还是把"委托放牧"方式用蒙古语称作放"苏鲁克"，前人研究中也有把"苏鲁克"制当作委托放牧方式研究，所以研究中需要厘清三者的异同。

首先，究其根本，委托放牧方式在草牧场所有权和牲畜所有权上与旧"苏鲁克"制与"新苏鲁克"制有质的不同。如图4展示各历史时期内蒙古草牧场所有权和牲畜所有权关系，这三种方式刚好对应图中的三个历史时期。

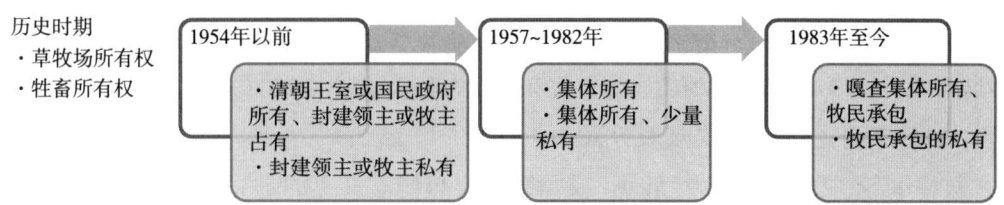

图4 各历史时期内蒙古草牧场所有权和牲畜所有权变迁关系

旧"苏鲁克"制与"新苏鲁克"制是民主改革结束之前的放牧方式，草牧场归封建王室或国民政府所有，且归封建领主和牧主占有，大量牲畜属于封建领主和牧主私有财产。旧"苏鲁克"制是指新中国成立前封建王公贵族、上层喇嘛等封建领主和牧主以劳役的形式，将畜群交属牧民放牧，牧工与牧主这种关系称"苏鲁克"制。牧工在自己家周围放王公贵族和牧主的畜群，或在牧主家吃住并在牧主家周围放牧主的畜群。结局是只够维持生计，并不能实现人身自由。表面互助，其实是一种剥削关系。"新苏鲁克"制是指新中国成立后至1957年前，根据内蒙古牧区经济特点，特别是畜牧业生产的特点所采取的一项阶级斗争比较缓和的民主改革。通过牧工牧主两利政策的实施，不仅限制了牧主的剥削，还增加了牧工的收入。这种制度下，牧工人身相对自由且能够获得相对不错的报酬，有了发展私有牲畜的机会。委托放牧是双承包制实施后，自由经济环境中出现的双向选择的理性交易。牧民获得了嘎查集体所有的草牧场承包权，牲畜属于牧民私有财产。牧户在有需要的时候可自由地选择被委托户。被委托户短时间付出自己的劳动和草牧场资源后可获得相应的委托费用。

其次，报酬待遇上的差距。旧"苏鲁克"制下，牧工的社会地位低下，附属于牧主。获得的报酬跟其劳动无法等价，且没有保障，报酬多为奶食品、肉食品，或者以几头活畜为主；"新苏鲁克"制下，中华人民共和国成立之后实施的一系列民主改革为牧工争取了相对不错的保障，社会地位变高，报酬变得比之前的旧"苏鲁克"更加合理，得到的报酬以畜产品、绒毛和活畜为主。相对规范的情况下能获得畜群的绒毛和60%的羔子；委托放牧方式下，委托方和被委托方两者社会地位平等，委托关系由双向选择确定。报酬为金钱，且市场上有大致默认的费用标准，根据草场肥沃程度和牲畜的数量价钱可稍微调整。

最后，畜群的委托时间不同。新旧"苏鲁克"制下，封建领主和牧主把畜群长时间委托给牧户，一般3~5年为一个周期，其间不会变更双方的关系。每年7~8月"苏鲁克"主人会给自己的畜群统计并打印记。其余时间可以对畜群不闻不问；委托放牧方式下，委托户只会在固定时间段里找被委托户代理放牧，即每年7月初到11月初，其余时间委托方将会接走自家畜群自行照料。

综上所述，委托放牧对于委托双方来说，可以在短期内以委托费用的方式解决草牧场和放牧劳动力缺乏的困境，是现代牧业人的理性选择。这种方式有利于合理调节并充分利用放牧资源，牧户在维持放牧生计的同时实现了经济效益，并且满足了生态种植过程中的休牧需求，实现了生态效益。

（二）租赁草场放牧方式

牧户在没有草牧场放牧资源，但是有充足的放牧劳动力情况下，也可以采取租赁草场的放牧方式，主要有走"敖特尔"放牧方式和租赁"蔬菜大棚"圈养方式。

1. 租赁草场走"敖特尔"放牧方式

"敖特尔"系蒙古语，意为"转场"或"移场"，传统意义上的走"敖特尔"是北方游牧民族在游牧制度和轮牧制度之下采取的放牧方式，即随着季节变化，把畜群赶到较远的地方借用他乡的草场放牧。这种方式能够使草原休养生息，有时也是出于遇到自然灾害时能够抗灾保畜、水草丰美时能够使牲畜抓膘保膘的目的。

随着草场承包制的实施，内蒙古地区已经没有了传统意义上的走"敖特尔"放牧方式。本文观察到的租赁草场走"敖特尔"是既有传统因素又有市场经济因素的放牧方式，呈现其独特的发展趋势。

传统意义上的走"敖特尔"具有季节性特征。通常是在春季、夏季和冬季中分季节进行。经历了北方漫长寒冷的冬季之后进入春季，牲畜膘情严重下降，抵御自然灾害的能力极其衰弱，牧民就会选择草木相对早点生长的地方走"敖特尔"，以便达到保膘保畜的目的；夏季走"敖特尔"会选择有阴凉处，且花草种类较多、牧草生长细嫩的地方，借以做到增加牲畜的肉膘；冬季走"敖特尔"主要有两种：一种是为了保护新产羊羔和待产畜群，并能保障它们有足够的食草，安全度过冬季；另一种是如遇上雪灾等灾害时，牧民通常也会选择走"敖特尔"的办法（吉乎林，2018）。

随着牧区放牧管理制度与政策的变迁，加之市场经济的推动，畜牧业生产方式和观念也在不断地发生变化。当前，内蒙古地区畜牧业生产方式进入了定居划区轮牧、定居圈养时代。游牧时代的走"敖特尔"所需的游牧草牧场被承包到户，每户之间的交界处拉起了铁丝网围栏。市场经济大环境中，牧民的私有财产意识有所增强，各家的草场有了更加明确的分界线，牧户只能在自家的草场内放牧，不可越界。大部分牧户一年四季在自家固定的草场上划区轮牧或圈养。传统意义上的随意走动的"敖特尔"已经不复存在。

在X嘎查范围内研究观察到，草畜双承包的历史条件下，牧户通过租赁费用或互助的形式实现转场需求的现象，牧户把此类放牧方式依然称作走"敖特尔"。通过细致的访谈和参与观察，了解到这种方式保留传统走"敖特尔"的一些特点的同时，增添了市场经济的理性因素。具体案例为以下4户：

案例一

受访人QMS，家庭放牧劳动力共2人，其丈夫66岁。家庭承包草牧场面积1200亩，家畜存栏头数400余只山羊，最多时达到500余只。1988年X嘎查完成第一轮草场承包后至今为止34年间每年都走"敖特尔"。1988~1997年转场到亲戚家，没有付租赁费。1988~2011年，以每年5000元的租赁费用到其他牧户的草场放牧。2012~2022年，租赁费用涨到每年1万元。其出租户除去前十年是亲戚，其他为陌生人。每年走"敖特尔"时间段为7月初至10月末或11月初（1997年前的开始日期不详）。①

案例二

受访人SWRQ，家庭放牧劳动力共2人，其妻子63岁。家庭承包草牧场面积2000余亩。2004年至今采用租赁草场走"敖特尔"方式放牧。2004~2009年每年租赁费用为3000元，出租户为陌生人。2010年由于与出租户是朋友关系，且帮助出租户耕地、接羊羔、放牧等，没有付租赁费用，属于"互助型"。2011~2014年每年3000元，出租户为陌生人。2015~2016年与出租户为熟人关系，且加上帮出租户拉铁丝网围栏，未付租赁费用，属于"互助型"。2017~2022年为亲戚关系，且帮忙出租户看家、放牧，未付租赁费用，属于"互助型"。每年的租赁期间为7~11月，其余时间回家放牧或圈养。②

案例三

受访人EDBDRH，家庭放牧劳动力共2人，其妻子54岁。家庭承包草牧场面积800亩。1989~2009年，间断性地总共9年采用走"敖特尔"方式放牧。1989~1991年，由于是亲戚关系，且帮出租户放牧，未付租赁费用，属于"互助型"。1992~1995年为投靠亲戚，未付租赁费。2000年的出租户为陌生人，年租赁费3000元。2007~2009年3年间，与出租户是亲戚关系且帮忙放牧，未付租赁费用，属于"互助型"。每年走"敖特尔"的时间为7~10月，其余时间在家。③

案例四

受访人WRS，家庭放牧劳动力共2人，其丈夫56岁。家庭承包草牧场面积1500余亩。2009~2019年11年采用走"敖特尔"方式放牧。2009年，年租赁费为6000元。2010年和2011年，10000元。2012~2014年，帮助出租户拉铁丝网围栏和挖井，年租赁费8000元。2015年和2016年，由于是全年租赁，所以年租赁费为10000元。2017~2019年，由于是亲戚关系，年租赁费比市场价低，为2000元。除去2015年和2016年为全年租赁，其余年份的租赁时间均为每年7~10月。④

研究发现租赁费的计算主要是由出租户的草牧场质量、基础设施条件（房屋能否住人、是否有羊圈遮蔽处、有无水电、网围栏牢固否等）和租户的畜群规模决定。此外，本研究也观察到，出租户与租户间存在"互助型"放牧模式。即出租户的基础设施不完善的时候，租户可以帮忙建造修理来抵押一部分费用；租户也可以帮助出租户放牧来抵押出租费。这种"互助型"不仅在亲戚关系的出租关系里出现，出租户跟租户为陌生人的时候也会出现。展现出走"敖特尔"背后的社会关系较复杂，社会成本的利用程度高。

---

① 引自笔者的访谈记录。受访人：QMS，X嘎查牧民，受访日期：2022年7月17日。
② 引自笔者的访谈记录。受访人：SWRQ，X嘎查牧民，受访日期：2022年7月19日。
③ 引自笔者的访谈记录。受访人：EDBDRH，X嘎查牧民，受访日期：2022年7月25日。
④ 引自笔者的访谈记录。受访人：WRS，X嘎查牧民，受访日期：2022年7月29日。

表 6 租赁草场走"敖特尔"的时间和费用

受访人(租户)	具体年份	时间段	费用(年)
QMS	1988~1997	不详至10月	0(投靠亲戚)
QMS	1998~2011	7月左右至10月	部分为5000元
QMS	2012~2022	7月1日至10月	10000元
SWRQ	2004~2009	7月1日至11月	3000元
SWRQ	2010	7月1日至11月	0(互助型)
SWRQ	2011~2014	7月1日至11月	3000元
SWRQ	2015~2016	7月1日至11月	0(互助型)
SWRQ	2017~2022	7月1日至11月	3000元+互助型
EDBDRH	1989~1991	7月左右至10月	0(互助型)
EDBDRH	1992~1995	7月左右至10月	0(投靠亲戚)
EDBDRH	2000	7月左右至10月	3000元
EDBDRH	2007~2009	7月1日至10月	0(互助型)
WRS	2009	7月1日至10月	6000元
WRS	2010~2011	7月1日至10月	10000元
WRS	2012~2014	7月1日至10月	8000元(互助型)
WRS	2015~2016	全年	10000元
WRS	2017~2019	7月1日至10月	2000元(投靠关系)

2. 租赁"蔬菜大棚"圈养方式

租赁"蔬菜大棚"圈养方式为本研究观察到的较为特殊的放牧方式，是在没有草牧场资源的情况下，租赁一个小面积的空间当作放牧空间进行圈养。

蔬菜大棚位于杭锦旗锡尼镇东南方向，沿着226省道往南走不到5千米处的陶赖高村。蔬菜大棚的租赁方式为每年3000元的费用，水电自理。每棚占地2亩，其中有大暖棚，露天小菜园和一处放农具的房子。暖棚的保暖铺盖可电动铺展和收卷，铺起来或收起来极为方便。租赁期间可以在大棚里耕地或圈养，没有强行种菜的规定。

到蔬菜大棚实地考察发现，不种菜、纯养羊的有几户牧民。本文访谈到了2户，具体情况如下：

案例一

SRDRJ为X嘎查人，承包的草牧场为库布其沙漠的边缘地带，沙地多，放牧条件极差。且无水电条件，生活条件差。年轻时搬到镇上经营一家手工艺品店为生。作为土生土长的牧民子弟，多年的城市生活让他不由得怀念放牧的生活，所以在偶然间发现杭锦旗蔬菜种植园有多处蔬菜棚空着，且有不少菜民在蔬菜棚里圈养绵羊和山羊。所以便试着租赁一处大棚，圈养了15只绵羊，开启了每天往返于自己的手工艺店和蔬菜大棚的生活。早上7点多到蔬菜大棚，把羊群关到小圈子里，放水放草，再把羊群放出来。晚上6点多店面结束营业后又去一趟大棚里，关羊—放水放草—放羊。访谈中 SRDRJ 说到，虽然这种方法不及传统的放在自家草场上的方式方便，需要每天定时喂水喂草，且一直圈养容易引发疾病。但是比起他所承包的草牧场的条件，蔬菜大棚离旗近，使用水电方便，认为此方法可行。

案例二

受访人 EHBYE，家庭放牧劳动力共 2 人，其妻子 56 岁。由于父辈承包的草牧场有限，兄弟之间没有再进行分割，成家后牧区的家业留给兄弟，一家人搬到旗里居住，靠打工维持生计。2018 年开始在蔬菜大棚经营奶羊养殖，存栏头数 20 余只。每年卖羊奶、卖羊羔和公羊的收入够家庭日常开支和孩子上学费用。

这种方式对于自家草场放牧条件差或无草牧场，居住在旗（镇）里，且有足够的放牧劳动力的家庭来说是个相当不错的选择。牧区劳动力不断地往城镇输入的趋势下，新一代城市牧民想要继续维持畜牧业生产方式，无疑是现代畜牧业面临的新挑战之一。此外，小块土地上的集约化生产也展现出农牧交错带舍饲畜牧业发展的现状。

（三）请雇工放牧方式

本文研究发现，各种原因导致的自家无法完成畜群日常照料或某一具体重活，换句话说，放牧三要素中缺乏放牧劳动力的时候会出现请雇工放牧方式。请雇工可分为请长工和短工。

1. 请"羊倌"放牧方式

请长工是指雇工一年四季在牧户家长期居住，参与放牧工作整个周期的放牧方式。这种方式常被用于畜群规模较大的牧户或移居到旗里的牧民。请长工也被当地人称为请"羊倌"。X 嘎查内请"羊倌"的牧户案例如下：

案例一：以额尔定图家庭牧场请"羊倌"为例

额尔定图家庭牧场成立于 2013 年，至今有了近 10 年的经营。前期主要以改良品种——杜泊羊养殖为主，近几年又新增了改良牛和本地牛的养殖，主要售卖风干牛羊肉，出售地遍布国内各省市。存栏绵羊规模最多时达到一千余只。由于户主 WEEDT（52 岁）和他的妻子（54 岁）两人无法完成如此庞大规模的羊群日常照料，从 2014 年开始，每年以 10 万元的费用请了一家夫妇为"羊倌"。WEEDT 家的草牧场面积 4200 亩，但是由于 2008 年开始对自家草场进行改造——生态种植，历经 15 年的努力成功把自家所有的草牧场上种植了柠条、杨柴、甘草等作物。秋天雇来大型收割机收割这些作物，通过细加工后喂给牛羊，牛羊肉味道就会更佳。每年需要等到 8 月度过柠条和杨柴的生长期后才能放牧，到次年 4 月又进入生态保护期。这就导致圈养的时间长达 4 个月，圈养期间需要一天早晚两顿喂草喂水，还要经历一年中最繁忙的接羊羔和剪绒毛季节，所以对他们来说，请长工是其最佳的解决办法。

这种方式是由于牧户的畜群规模庞大（最多的时候数量达到一千多头绵羊），自己无法照料，雇用劳动力可以弥补放牧环节中劳动力缺乏的情况。有学者认为这种方式是委托放牧的一种，委托一个人在自家草牧场进行放牧。但是，笔者认为，委托放牧方式是指把羊群全权委托给被委托户，被委托户需要在规定期间内付出劳动力、草牧场和羊圈等放牧资源，通过这三个要素去获得委托费用。而"羊倌"只付出了劳动力，并没有付出自己的草牧场等资源。

案例二：移居旗里居住的牧户请"羊倌"为例

受访人BYE，家庭承包草场2000多亩，羊群存栏头数300只左右。2014年移居到旗里居住后，以请"羊倌"的方式进行放牧。羊倌为一对夫妇，搬到牧户家居住。一年为10万元。这种请"羊倌"放牧方式中，由于"羊倌"一般是一对夫妇，所以举家搬到雇主家住比较方便，加上雇主家会为其准备工人房。"羊倌"只负责照料好畜群，包括到羊圈放水放草放饲料、整理羊圈、偶尔给羊群打疫苗、参加秋冬接羊羔等任务。没有强制规定每天待在雇主家，一年的工费10万元。牧户与"羊倌"之间没有签订纸质合同，只有口头允诺。但是未发生过纠纷。

近几年，内蒙古牧区出现了很多大型养殖场和家庭牧场。这种大型养殖行业利用集约化、现代化的工序实现更多的经济收入，有望成为内蒙古畜牧业的重要力量。"羊倌"作为养殖户重要的放牧劳动力，也将会担任更重要的角色。

2. 请短工放牧方式

请短工是指牧户短时间内雇请外人，以付工钱的方式，借助他人完成放牧环节中的某一项重活或难活。常见的有剪绒毛、接羊羔、宰羊备冬粮、请兽医等。

案例一

受访人WLH，家中放牧劳动力共2人，其丈夫66岁。家庭承包草牧场8000余亩，存栏头数为500余只羊和30余头牛。从2010年开始在每年繁忙的时期会请短工来完成重活。接羊羔是最辛苦的也是最花钱的，每年会持续一个月左右。此外，剪绒毛、拉铁丝网围栏、整理羊圈里的羊粪、宰羊时人手不够都会临时请短工。

访谈统计的具体费用计算方法和费用明细如下：

①按天算工钱。这类的有接羊羔、拉铁丝网修铁丝网、整理羊圈里的羊粪等活儿，一天200元的费用。②按羊群数量计算费用。这类的有，剪绒毛，每只羊16元~18元，宰羊每只25元。③把整个活儿承包给短工，完成后按事先商量好的费用付工钱。这类的有剪绒毛，每只羊200元的价格承包给工头后，包工方过来剪绒毛并带走绒毛；拉铁丝网，可以按一米2.5元的价格承包给包工方。

访谈得知受访人WLH一家一年内请短工的总花费为10000元。具体为：宰30只羊的费用900元，剪绒毛5000元，接羊羔费用4000元。

案例二

受访人QMG，家中经营奶牛养殖业。由于大牲畜的疾病较复杂且避免损失，每次牛群有异样都会从旗里请兽医。兽医的出诊费为200元一次。如果过公路收费站，那么费用另加。

请雇工放牧方式跟"新苏鲁克"制有很多相似之处，都是由于缺乏劳动力，雇用他人完成放牧生产的放牧方式。但是从根本上来说，"新苏鲁克"制下牧工的社会身份依然是低下的，揽放"苏鲁克"需要得到牧主的同意后才可以正常进行。请"羊倌"放牧方式中"羊倌"和雇主为完全平等的劳动人民，双方的结合需要在双方接受的费用范围内，即一种双向选择。

此外，放牧环节中的分工早期见于集体化"合群"时期。当时也是由于缺乏劳动力，大家共同完成放牧环节的某项重活。比如,每年剪绒毛的时候揽放集体群的牧户会把畜群赶到大队里,大队的所有牧户集结起来一起在短时间内完成,记工分算钱。现在牧区缺乏劳动力时,但是没有大集体时期的集体劳动去完成剪绒毛、接羊羔等活。牧户能想到的较快捷的办法便是请短工,用付工费的方式获得所需劳动力。

综上所述,为了更直观地呈现出牧户一年内在放牧环节中所需支付的费用,用表格形式计算出了各项费用明细及总费用。表7是根据本章所调查委托放牧、租赁草场放牧和请雇工放牧三种放牧方式在放牧环节中所需的费用基础上,再访问圈养期间所需要的饲草料费用得出的费用统计表。对于后禁牧时期的牧户来说,序号①中的放牧方式是最理想且最经济实惠的方式。但是其承包草牧场有无放牧条件和家庭有无充足劳动力等条件的限制会让牧户面临委托费用、租赁费用和雇工费用等支出。本文田野点禁牧休牧期为每年4月1日至7月1日,牧户需要进行为期3个月的圈养。圈养期间的饲草料费用支出是每户最基本费用支出,总费用需要在此基础上根据牧户其余放牧时间内选择的畜群经营方式来决定。

表7 各类放牧方式所需放牧条件及支出费用

序号	放牧环节 放牧完整周期内的畜群经营方式	放牧条件		支出类型及费用	
		草牧场有无放牧条件	家庭内有无可放牧劳动力	放牧所需支出类型	费用明细及总费用
①	禁牧期圈养+自家草场放牧	√	√	饲草料	1.7元×300只×90天=45900元
②	全年圈养	×	√	饲草料	1.7元×300只×365天=186150元
		×	×	饲草料+请"羊倌"费用	186150元+100000元=286150元
③	禁牧期圈养+委托放牧	×	√	饲草料+委托费用	45900元+21600元=67500元
④	禁牧期间圈养+租赁草场放牧	√	√	饲草料+租赁草场费用	45900元+10000元=55900元
⑤	禁牧期间圈养+请雇工	√	√	饲草料+请短工费用	45900元+10000元左右=55900元
		√	×	饲草料+请"羊倌"费用	45800元+100000元=145800元

在访谈过程中得知,牧户中普遍存在一种现象,即牧户一般不会将家庭内部的劳动付出计入生产成本。牧民如果年终盈利了就会说"都靠畜群的福泽",年终没有盈利就会认为自己的劳动不值钱,忽略其劳动力本身的价值。他们认为只有请雇工时候付的费用才是费

用,其实牧户年终的纯收入本应该是扣除其家庭放牧劳动力费用后剩余的部分。所以,表格中未计入牧民自己放牧过程中的劳动力费用。表中圈养期饲草料费用的计算方法为:一只山羊一天需要饲草料为2斤玉米草和0.5斤玉米粒。按市场价,一斤玉米草为0.5元,1斤玉米粒为1.4元。可以算出,一只山羊一天的饲草料费用为1.7元。为了直观地呈现各类放牧方式下的费用差距,按300只山羊的规模计算。禁牧期为期60天,租赁期和委托期为240天。

五、生计资本存量及变量对牧户畜群经营方式的影响

随着禁牧政策与草原生态保护补奖机制的深入实施,牧户在政府的主导下对草畜平衡空前重视,在其原有的放牧方式基础上对放牧方式进行合理化调整,究其背后的原因是复杂的。从生计资本理论角度看的话,在某一个历史节点上的生计资本存量是牧户进行生计策略调整的基础性考量。生计资本的存量直接影响着牧户放牧方式的选择,主要表现在牧户畜群经营方式的选择与创新上。长远来看,生计资本内部是时刻发生变化的,不是一成不变的。各生计资本的变量也深深地影响着单户牧户的放牧方式抉择。本章主要从牧户所拥有的人力资本、社会资本、自然资本、物质资本等生计资本存量及变量阐述牧户的生计资本对其畜群经营方式的影响。

(一)牧户生计资本的存量及变量

牧户经营畜牧业涉及的生计资本主要有四类:自然资本(所承包草牧场面积和草牧场质量)、人力资本(家庭可放牧劳动力数量及劳动力年龄)、物质资本(牲畜种类及存栏头数、羊圈条件)、社会资本(其社会关系在草牧场或劳动力上的支持、人与人之间的信任度)。由于本文研究中,牧户畜群经营方式的变迁中金融资本(年现金收入与储蓄、可获得的贷款等)的参与度较低,受访户中未出现因为其金融资本存量及变量导致直接变更其放牧方式的现象。所以本文研究中未涉及牧户金融资本的调查与分析。

1. 牧户自然资本的存量及变量

大卫·皮尔斯(David Pearce)在1991年的《自然资源与环境经济学》一书中正式提出了自然资本概念。同年,康世坦(Costanza)定义自然资本的概念为"产出自然资源流的存量,是自身或通过人类劳动而增加其价值的自然物和环境"。在内蒙古地区,自然资本指牧户拥有的用以生产农畜产品的自然资源。对于牧户而言,草地是其生存、发展的基础与根本。其中,天然草地是指牧户拥有的未经改良草地,而饲草料地指牧户拥有的栽培后草地(李聪等,2010)。天然草牧场是X嘎查牧民最基本的自然资源,草原畜牧业中牧户主要依靠天然草牧场进行放牧生产。由于X嘎查饲草料地的占地面积少,且多为旱地种植,收成微薄。大多数牧户种植的饲草玉米不足以满足牧户一年内的饲草料需求,更无法成为牧户的主要收入来源。禁牧期间牧户依然会大量购买饲草料,所以本文中没有把饲草料地当作牧户的自然资本存量去统计。本文主要统计的X嘎查牧户自然资本主要是指其承包的草牧场面积和质量(见表8)。

表8 受访牧户自然资本现状

受访人	草牧场面积(亩)	(承包时)草场质量	生态种植情况
SWRQ	2000	沙地多，草场质量较差	2004年开始种植柠条和杨柴 生态种植面积达到1300亩
EDBDRH	800	沙地多，草场质量较差	2000年左右种植杨树、柳树、沙柳 2018年种植柠条 生态种植面积达到400亩
QMS	1200	沙地多，草场质量较差	1988年承包草场当即种树 生态种植面积接近1000亩
WRS	1500余	沙地多，草场质量较差	2018年开始种植柠条 生态种植面积达到1000余亩
BTBY	1500余	沙地多，草场质量较差	2018年开始种植柠条 生态种植面积达到1000余亩
HQYLT	570	沙地多，草场质量较差	2018年开始种植柠条 生态种植面积达500亩
AMRQKL	2000余	沙地多，草场质量较差	2018年开始种植柠条 生态种植面积达到1400亩
GGE	3000余	沙地多，草场质量较差	1989年开始种植柠条 生态种植面积达到1000多亩
HSBGN	2000余	沙地多，有小面积肥沃的盐沼地（适合夏天放牧）	2018年开始种植柠条 生态种植面积达到1000余亩
WEEDT	4200	沙地多，草牧场质量较差	2008年开始种植柠条、杨柴等 生态种植面积几乎覆盖整个草场
BYE	1500	沙地多，草牧场质量较差	2010年开始种植柠条 生态种植面积达到1000亩左右
WLH	8000	沙地多，草牧场质量较差	2018年开始种植柠条 生态种植面积达到2000亩左右
SRDRJ	1200	库布其沙漠地带，放牧条件极差	—

内蒙古地区草牧场在以前长期被封建领主和牧主所占有，直到经过牧业集体化时期，又经过1980年牧区生产体制改为"牲畜户有户养，草场分拨到户使用"的双承包责任制。明确规定这一制度长期不变，牧民不仅有了发展牲畜的自主权，也有了管理、保护、使用和建设草原的主动权。但同时也使草原的天然草牧场被分割成小块，牧户放牧时首先需要考虑自家草牧场的牲畜承载能力。X嘎查总面积50万余亩，共210余户，887人。人均草牧场面积465亩，户均草牧场面积2000亩左右。面积最小的牧户草牧场只有500多亩，是

内蒙古草原人均草牧场面积较少的嘎查之一。①

此外，X 嘎查位于库布其沙漠和毛乌素沙漠的中间地带。北部为库布其沙漠地带，大部分为梁外地。以固定和半固定沙丘为主、流动沙丘较少，属于荒漠、半荒漠草原。地貌类型以平原、丘陵为主。土壤类型以棕钙土为主，质地为沙土或沙壤土。属典型的温带大陆性气候，春季干旱、风大、少雨；夏季温和短暂，降雨时段较为集中；秋季晴朗少云，阳光充足，昼夜温差大；冬季漫长、寒冷、少雪、多寒潮。受季风影响，降雨量在年内分配很不均匀，降水主要集中在汛期 6~9 月。植被主要有干旱草原植被、荒漠草原植被、草原化荒漠植被、沙生植被等多种植被（杭锦旗地方志编纂委员会，2018）。这种地形、土壤、植被、气候和降雨情况导致 X 嘎查草牧场放牧条件普遍较差，出现大多牧户承包时的草牧场"沙地多，放牧条件较差"的情况。这种条件使得牧户放牧时间和空间都有所受限，而且畜群规模需在草场承载能力范围内，不然牲畜就会出现吃不饱而站不起来的情况。用牧民的话来说就是"tiik"②。这对于牧民来说是硬道理。

本文观察到的自然资本变量主要是指单户牧户在其承包草牧场上进行生态种植改善过程中，由于保护种植物正常生长需要舍弃夏天在自家草场放牧的机会。具体体现为种植前几年可放牧草场面积会变小。种植物生长周期结束后，草场质量得到有效改善，牲畜承载能力与之前相比变高。也就是说，短期内表现为放牧草场面积变小。长期来说，草牧场质量会得到改善，能容纳更多的畜群。

近几年来，在国家各项政策与项目的号召下，越来越多的牧户自觉地参与生态种植活动。嘎查范围内种植的柠条总面积达到 12 万余亩，杨柴的总面积达到 3 万余亩。已有 136 户自愿参与到改善草牧场活动中。X 嘎查范围内的沙地面积从 2000 年的 15 万余亩缩小到现在的 2 万余亩。③ 依靠草牧场维生的基本道理让牧民更加懂得保护草牧场，他们也理性面对了改善草牧场质量的问题。但是生态种植过程中需要每年短暂的休牧才能保证种植物的正常生长。例如，采访得知，X 嘎查范围内牧户种的小柠条和大柠条等植物需要 3~5 年的保护才可保证其正常存活。如果柠条春天开花的时候被牲畜吃掉花蕊的话，会影响其后期生长，还有可能嫩枝被啃掉导致其坏死。这就需要牧户舍弃短期利益，在短期内为了保护这些植物正常生长需要划区休牧或改变其放牧方式，达到保护长期生态效益的目的，大多牧户的生态种植面积达到其承包的草牧场的一半以上。

草牧场作为牧民的自然资本，既是牧民发展畜牧业生产的重要基础，也是国家保护生态环境的天然屏障。牧区的可持续发展和牧民的持续放牧都离不开良好的草原生态环境。然而从目前 X 嘎查的生态状况来看，虽然初步遏制了生态环境加剧恶化的趋势，草牧场生态恶化局部得到改善。但总体来看，草原生态环境整体恶化的状况尚未根本扭转，春季旱情依然严峻，生态环境的恢复还存在诸多不确定因素，草原载畜能力依然有限，且牧民在种植过程中的保护成本较高，短期内的放牧空间和时间受到限制。不少牧户通过划区轮牧，或夏季禁牧，或租赁草牧场的放牧方式来解决这一困境。

---

① 根据访谈内容整理，X 嘎查书记 HQYLT 提供，提供日期：2022 年 7 月 16 日。
② tiik 是蒙古语，意为"站不起来"。
③ 数据来源于 X 嘎查书记的访谈内容，受访日期：2022 年 7 月 16 日。

2. 牧户人力资本的存量及变量

人力资本是人们为实现生计策略、达到生计目标所掌握的知识、技能以及具备的劳动能力(李聪等，2010)。人力资本的内在价值就是可以使人们更好地利用其余的生计资本，去追求不同的生计手段并取得积极的生计结果。因此人力资本是五种资本中较为基础的生计资本，其他资本价值的实现都离不开人力资本。人力资本主要取决于家庭劳动力的规模、技能水平以及健康状况等。对于牧户来说，可放牧劳动力是利用草牧场资源经营畜群，通过售卖畜产品来盈利的经济人。舒尔茨的人力资本理论被多数学者所认可，认为人力资本是促进经济增长和提高收入的重要因素之一。人力资本数量与质量对牧民生计起着十分重要的作用。在牧区畜牧业经营中，可放牧劳动力的数量和年龄会直接影响其畜牧业经营状况。本文据此采用劳动者数量和年龄的指标来衡量人力资本的存量。本文研究的受访牧户的可劳动力数量多为夫妻2人，且年龄多为50岁以上(见表9)。

表9 受访牧户人力资本现状

受访人(劳动力1)	年龄(岁)	可放牧劳动力数量(人)	劳动力2的年龄(岁)	开始租赁草场/(被)委托放牧/请雇工年份的年龄(岁)
SWRQ	67	2	63	49
EDBDRH	55	2	54	22
QMS	67	2	66	33
WRS	54	2	56	21
BTBY	52	1	—	38
HQYLT	49	2	43	42
AMRQKL	57	2	53	56
GGE	50	1	—	38
HSBGN	33	2	38	27
WEEDT	52	2+2个羊倌	54+(羊倌47和44)	44
BYE	53	2(均为羊倌)	62和57	46
SRDRJ	69	2	65	69
WLH	54	2	66	42
QMG	54	2	55	50

观察发现，X嘎查受访牧户人力资本中的劳动力数量相对稳定，多为夫妻二人共同在牧区家中居住并经营畜牧业。但是可放牧劳动力的年龄却是随着时间的流逝而不断老龄化。本文中受访户走"敖特尔"放牧方式始于1988年X嘎查草牧场承包的当年，走"敖特尔"年限最多的牧户已经走了34年。委托放牧方式大致始于2008年，最长的年限长达12年。可放牧劳动力渐渐衰老，表明其劳动能力也在衰退。人力资本变量导致的单个牧户放牧方式的变更尤为明显。例如，受访人EDBDRH，1989年开始走"敖特尔"走了11年之后，

2017年由于年迈开始采用委托方式进行放牧。

3. 牧户物质资本的存量及变量

牧户物质资本是指"旨在提高牧区牧户生产力,确保牧户完成畜牧业生产的生产资料及基础设施等"(李聪等,2010)。一般来说,包括可利用的基础设施,如棚圈、水利、道路、电网等进行生产经营的工具或设备,还包括安全的住所等维持牧民正常的生产经营活动所需要的基础设施以及生产生活用具。调查发现,X嘎查受访牧户都具备住所条件,且在集体化时期"合群"运动中利用集体劳动力为每户打的水井,解决了放牧用水问题。2002年嘎查范围内陆续通电后,用水问题更不足以影响牧户放牧,所以本文调查中未涉及牧户住所和水井条件的统计。此外,羊圈是放牧基础设施。只需圈养的条件下,羊圈将会代替天然草牧场成为狭小的放牧场所。牧户可以在小面积的羊圈进行圈养。除了受访人SRDRJ以外,其他牧户都具备基本的棚圈设施。

在畜牧业经营中,畜群是牧户最基本的生产资料,在草畜双承包制实施后,牲畜作价分到每个牧户,所以牲畜是牧户的物质资本。本文研究中主要调查牧户所拥有的牲畜种类及存栏头数(见表10)。畜群规模直接影响牧户生产能力,但是规模过大还会给牧民带来放牧压力,如何调节好畜群规模与草牧场承载能力成了牧民放牧时需衡量的问题。

表10 受访牧户物质资本现状

受访人姓名	有无棚圈设施	畜群种类及存栏头(只)数
SRDRJ	无	绵羊15
SWRQ	有	绵羊200左右,牛30左右
EDBDRH(QMG)	有	山羊和绵羊100左右,牛20余
QMS	有	山羊500左右
WRS	有	山羊400左右
BTBY	有	山羊200左右
HQYLT	有	山羊50余,牛20左右
AMRQKL	有	山羊+绵羊200左右
GGE	有	山羊+绵羊70左右
HSBGN	有	山羊+绵羊200左右
WEEDT	有	绵羊500左右
BYE	有	山羊300左右
WLH	有	绵羊加山羊500余,牛30余
BTBY	有	山羊100余,牛20余

随着近些年经济的迅猛发展和生活消费水平的不断提高,牧民需要生产更多的畜产品来满足市场环境中的消费需求。一般而言,牧民的生活条件会随着牧户物质资本存量的增加而好转,两者呈正相关。但是近些年随着禁牧政策与草畜平衡政策的实施,加上牧户在

草牧场大面积进行生态种植，牧民的放牧空间和时间受到了限制。牧民便无法一味地追求畜群规模，且还需对放牧环节中的各类费用精打细算。

近年来，虽然草牧场放牧条件比刚承包草牧场时改善了很多，牧户的草场应该能容纳更多的牲畜，但是牧民的牲畜数量并没有明显增加。相反，一些牧民近两年开始减少其牲畜规模，满足自家畜产品需求即可，不再只靠畜牧业维生。放牧劳动力开始涌入第二、第三产业中。放牧环节中的巨额费用与劳动力的投入无法得到应得的回报。从以上现象来看，牧户物质资本的变量会不可避免制约畜牧业的长远发展和规模化经营。

4. 牧户社会资本的存量及变量

罗伯特·D. 普特南（Robert·D. Putnam，1993）认为，"社会资本指的是社会组织的特征，如信任、规范，它们能够通过推动协调的行动来提高社会的效率。社会资本提高了物质资本和人力资本的收益"。普特南指的社会组织在微观层面上为个体的社会关系网络，"社会关系网络能提高集体行动之能力，增进个体行动之信任，增强个体抗风险之能力，进而提升人类之互惠水平"。

首先，社会关系网络是获得社会资本的重要来源。对于牧户来说，"社会资本是指为实现不同生计策略的社会资源，包括社会网络和各种组织"（Chambers 和 Conway，1992）。这种社会关系能在畜牧业环节中给牧户带来放牧资源，如亲戚、熟人等在其放牧过程中能提供草牧场、放牧劳动力。有时会直接体现在其比市场价低的费用上。此外，牧户也会建立一种"互助"型模式达到交易双方互惠的目的。"互助"模式主要在租赁草场走"敖特尔"方式里出现，租户租赁出租户的草场进行放牧期间，帮助出租户放牧或修理铁丝网围栏等方式来减免一部分的租赁费用，其结果是双方都从这种模式中受益。

其次，牧户在放牧环节中产生的交易双方的信任和规范也是牧户重要的社会资本。主要表现在牧户间进行委托放牧或租赁草场交易中，在没有签订合同、只有口头允诺的情况下，牧户间极少出现矛盾或纠纷。调查显示，请雇工方式中的雇工与雇主的关系均为陌生人，没有用到牧户的社会关系。委托放牧方式和租赁草场放牧方式中双方关系有亲戚和熟人关系，且社会资源被利用的情况较多。有时亲戚关系可以免租赁费或按低于市场价计算费用；有时陌生人之间也可以通过"互助"模式免租赁费或免掉一部分租赁费。调查的所有交易均没有签订合同，交易双方互相信任和默认的规范作用较大。

一般来说，牧民拥有的社会资本量与社会关系网络规模正相关，如果社会关系网络丰富，就能获得更多实用技术、有利信息以及教育培训等机会。社会关系网络的同质性能够显著影响牧户的个体行为，有效促进创业活动的开展以及经济水平的提升。但是2000年以来，牧户所能利用的社会资源逐渐减少的同时，亲戚间也越来越明细计算费用。2000年前走"敖特尔"一般都是投靠亲戚，其亲戚关系会给牧户带来免租赁费用的好处。2000年后走"敖特尔"的出租户多为陌生人，不再单纯依靠亲戚走"敖特尔"。例如，牧户QMS的例子中，1988~1997年利用其亲戚关系未付租赁费用在亲戚草场上走"敖特尔"，1998年至今的走"敖特尔"中没有再利用其亲戚关系，出租户均为陌生人；牧户EEDBDRH的例子中，1992~1995年在亲戚家走"敖特尔"时得到了免租赁费用的好处，2017~2022年在亲戚家进行委托放牧时，其委托费用是按照市场价格进行计算，其亲戚关系未能获得费用上的减免好处。

表 11 受访牧户社会资本使用情况

受访人	畜群经营方式	具体年份	双方的社会关系	社会资源利用情况
QMS	租赁草场走"敖特尔"	1988~1997	亲戚关系	免租赁费用
		1998~2011	陌生人	无
		2012~2022	陌生人	无
SWRQ	租赁草场走"敖特尔"	2004~2009	陌生人	无
		2010	熟人	免租赁费用 帮忙耕地、放牧、接羊羔
		2011~2014	陌生人	无
		2015~2016	熟人	免租赁费用 帮忙拉铁丝网
		2017~2022	亲戚关系	免租赁费用 帮忙看家、放牧、管理草牧场
EDBDRH	租赁草场走"敖特尔"	1989~1991	亲戚关系	免租赁费用 帮忙放羊
		1992~1995	亲戚关系	免租赁费用
		2000	陌生人	无
		2007~2009	亲戚关系	免租赁费用 帮忙放羊
	委托放牧方式	2017~2020	亲戚关系	无
WRS	租赁草场走"敖特尔"	2009	熟人	无
		2010~2011	陌生人	无
		2012~2014	陌生人	帮忙拉铁丝网、挖井
		2015~2016	熟人	无
		2017~2019	亲戚关系	租赁费用比市场价低
HSBGN	委托放牧方式	2016	陌生人	无
		2017~2020	亲戚	无
		2021~2022	陌生人	无
GGE	委托放牧方式	2010~2022	熟人	无
WEEDT	请"羊倌"放牧方式	2014~2022	陌生人	无
BYE	请"羊倌"放牧方式	2015~2022	陌生人	无
WLH	请短工放牧方式	2010~2022	陌生人	无
QMG	请短工放牧方式	2018~2022	陌生人	无

(二)牧户生计资本的存量及变量对牧户畜群经营方式的影响

本节在 X 嘎查受访牧户生计资本存量及变量统计的基础上,通过案例展示方法揭示牧户自述的变更畜群经营方式的主要原因，并运用生计资本理论对其分析得出影响牧户采用委托放牧、租赁草场、请雇工三类畜群经营方式的主要影响因素。

1. 委托放牧方式

以下为 X 嘎查 4 例委托户和 2 例被委托户的原因自述和相应的分析内容：

案例一

受访人 BTBY 是 X 嘎查委托户。1988 年 X 嘎查开始第一轮草场承包时受访人家庭承包到了 1500 余亩草场。但是其承包到的草场沙地多，放牧条件较差。2018 年开始种植柠条等生态种植物来改善草牧场质量，导致其可放牧草场面积变得更少，并且家中可放牧劳动力只有一人。他说牛群规模不大，请雇工不划算。自己主要放牧自家羊群（200 余只），将牛群以一年 10000 元委托放牧，除去委托费用还能从牛群上赚点。等到自己种的柠条长好了，草场上长的柠条够牛群吃了，就不再委托放牧。

上述牧户进行委托的最大原因为家中劳动力有限，自己的劳动力只够在家放羊。加之，草牧场面积有限只够羊群采食，质量不佳不适合放牛，且生态种植过程中需要保护种植物的生长。其自然资本和人力资本存量是进行委托放牧的主要影响因素。

案例二

受访人 HQYLT 是 X 嘎查委托户。其承包草牧场面积只有 570 亩，且沙地多，放牧条件不好。从 2016 年开始进行委托放牧至今。他说，"委托放牧后的好处就是能达到适当的休牧，能保证牲畜秋冬回家后有草吃。2018 年全部的草场上生态种植后，放牧空间更少了，但是柠条都长出来草场就变好了，到时候就不用再把牛群送到别人家养了"。

上述牧户进行委托放牧的主要原因为，其承包草牧场面积太小且质量不佳，其自然资本存量是进行委托放牧的主要影响因素。通过委托放牧方式可以达到适当的休牧，改善草牧场质量，并能给畜群准备好秋冬放牧的草料。

案例三

受访人 AMRQKL 是 X 嘎查委托户。其承包的草场 2000 余亩，沙地多，放牧条件太差。2018 年除房屋周边的 600 亩地，其余草场上都种了柠条。为了保护柠条的生长，一直采用柠条生长期内圈养的方式。由于圈养中所需劳动力和饲草料太多，2021 年采用委托放牧方式来解决这一问题。

上述牧户进行委托放牧的主要原因为生态种植面积大导致放牧面积缩小。其自然资本变量是进行委托放牧的主要影响因素。

案例四

受访人 EDBDRH 是 X 嘎查委托户。其承包草场面积 800 亩，沙地多，放牧条件差。进行委托放牧希望达到适当的休牧目的。他说，"年轻时走了十几年的'敖特尔'，现在老了，走不动了"。

上述牧户进行委托放牧的主要原因为草牧场面积太小且质量差，加上劳动力变老导致可放牧劳动能力变弱。其自然资本和人力资本的存量和变量是进行委托放牧的主要影响因素。

案例五

受访人 GGE 是 X 嘎查被委托户。其承包草场面积 3000 余亩，属于 X 嘎查草场较多的牧户。承包时其草场质量较差，沙地多。他说，"那时每到春天，家门口堆满沙子，从里面无法开门"。GGE 从1989年承包到草场的第一年后就开始在其草场上种柠条,现在其草场质量得到了质的改变,从前的红色沙丘都变成了适合放牛的草场。生态种植面积达到1000余亩。2010年开始接受委托户畜群时38岁,属于 X 嘎查年轻的放牧劳动力。由于未结婚,家中只有他一个专职的年轻放牧劳动力,所以他也非常愿意接受委托户的牛群。他说,"反正自家也就几十只羊,加点牛群我这个草场绰绰有余,还能赚点钱。再说了,委托也不费太多力气,每天过去数一数,看一眼就行"。

上述牧户接受委托户畜群的主要原因为承包的草牧场面积较大且质量较好,加上自己具备劳动能力。被委托的畜群的规模不大,每年接受的牛群不超过30头。所以,其自然资本和人力资本存量的优势是其进行被委托放牧的主要影响因素。

案例六

受访人 HSBGN 是 X 嘎查被委托户。其承包草场面积2000余亩,沙地多,但也有优质的盐沼地。2018年开始在其原有的铁丝网划分基础上,对其草场轮流进行生态种植,之前的沙地得到了有效的改善。生态种植面积达到1000余亩。盐沼地是夏季优良草地,所以其放牧不受生态种植的影响。家中可放牧劳动力数量共2人,受访人33岁,其妻子38岁。属于 X 嘎查年轻劳动力。

上述牧户进行被委托放牧的主要原因为其承包的草场面积较大,且质量好。加上家中可放牧劳动力2人尚年轻,劳动能力较充足。所以,其自然资本和人力资本的存量和变量是其被委托放牧的主要影响因素。

表12是根据上述牧户的原因自述统计出来的人力资本和自然资本存量和变量。从表中统计的可放牧劳动力开始委托时当年的年龄可知,委托户的劳动力年龄多为40岁以上。这与被委托户成为鲜明的对比。此外,被委托户的又一显著优势是草牧场面积较大且质量较好,而委托户大多处于生态种植过程中,草牧场面积较小。以上两方面成为了委托户与被委托户进行委托交易的前提条件。双方的优势和缺失部分刚好是为互补。

表12 影响牧户委托放牧方式的生计资本

牧户类型	基本信息		人力资本		自然资本			
	受访人	放牧年份	可放牧劳动力数量(人)	可放牧劳动力年龄(开始年份当年的年龄)(岁)	草牧场面积(亩)	草牧场质量	生态种植面积(亩)	生态种植开始年份
委托户	BTBY	2008~2022	1	38	1500余	沙地多 草场质量较差	1000余	2018
	HQYLT	2016~2022	2	42,37	570	沙地多 草场质量较差	500	2018
	AMRQKL	2021	2	56,52	2000余	沙地多 草场质量较差	1400	2018
	EDBDRH	2017~2020	2	50,49	800	沙地多 草场质量较差	400	2018

续表

牧户类型	基本信息		人力资本		自然资本			
	受访人	放牧年份	可放牧劳动力数量（人）	可放牧劳动力年龄（开始年份当年的年龄）（岁）	草牧场面积（亩）	草牧场质量	生态种植面积（亩）	生态种植开始年份
被委托户	GGE	2010~2022	1	38	3000余	沙地多草场质量较差	1000余	1989
	HSBGN	2016~2022	2	27，32	2000余	沙地多但有小面积肥沃的盐沼地	1000余	2018

2. 租赁草场放牧方式

以下为 X 嘎查租赁草场牧户的原因自述和相应的分析内容。

案例一

受访人 QMS 是 X 嘎查租赁草场走"敖特尔"的牧户。其承包草牧场面积为 1000 亩，沙地多，放牧条件差。1988 年草牧场承包当年开始在其承包的全部草场上种杨树、柳树、沙柳等，草场上长满了高高的树木，导致缺乏夏季可放牧草场。家庭可放牧劳动力共 2 人，开始走"敖特尔"时两人都是 30 多岁的年轻劳动力。1988~2022 年，一直采用走"敖特尔"方式放牧。走遍了嘎查内和附近嘎查地段。①

上述牧户一直采用走"敖特尔"放牧方式的原因为其承包草牧场较小，且生态种植面积覆盖全部的草牧场，导致放牧空间严重受限。开始走"敖特尔"时尚年轻。所以，其自然资本和人力资本存量及变量是导致其走"敖特尔"的主要影响因素。

案例二

受访人 SWRQ 是 X 嘎查租赁草场走"敖特尔"牧户。其承包草牧场面积为 2000 亩，沙地多，放牧条件较差。2004 年开始种植柠条，种植面积达到 1300 亩。种植柠条以外的草牧场只够放牛。所以，2 人到 2022 年，赶着 200 余只绵羊，一直来回奔波于嘎查内外租赁的草场与自家草场之间。②

上述牧户租赁草场走"敖特尔"的主要原因为种植面积较大，导致其草牧场上无法容纳畜群。其自然资本和物质资本的存量和变量是其走"敖特尔"的主要影响因素。

案例三

受访人 EDBDRH 是 X 嘎查租赁草场走"敖特尔"牧户。其承包的草牧场面积为 800 亩，沙地多，放牧条件较差。1989 年由于其承包的草牧场面积太小，且质量较差，截至 2009 年，断断续续走了 11 年的"敖特尔"。受访人和其妻子当时尚年轻，后来随着年龄的增长开始采用委托放牧等其他方式放牧。③

上述牧户租赁草场走"敖特尔"的主要原因为其草牧场面积太少且放牧条件差，加上当

---

① 引自笔者的访谈记录。受访人：QMS，受访日期：2022 年 7 月 17 日。
② 引自笔者的访谈记录。受访人：SWRQ，受访日期：2022 年 7 月 19 日。
③ 引自笔者的访谈记录。受访人：EDBDRH，受访日期：2022 年 7 月 25 日。

时受访人夫妻两人尚年轻，劳动能力较强。其自然资本和人力资本的存量是其走"敖特尔"的主要影响因素。

案例四

受访人 WRS 是 X 嘎查租赁草场走"敖特尔"牧户。其承包草牧场面积为 1500 亩，沙地多，放牧条件较差。其畜群规模最多时达 500 只左右，在其承包的草场上无法容纳。同时出于休牧的目的，2009~2019 年一直采用走"敖特尔"的放牧方式。2018 年开始生态种植后，其草牧场质量得到有效改善，又将羊群规模减少到 200 只左右，达到了自家草场的承载能力范围内，就不再走"敖特尔"了。①

上述牧户租赁草场走"敖特尔"的主要原因为，其羊群规模较大，其承包草牧场无法容纳。草牧场质量得到改善加上减少牲畜的数量后就回归到了自家草场自己放牧了。所以，其物质资本和自然资本的存量和变量是其走"敖特尔"的主要影响因素。

案例五

受访人 SRDRJ 是 X 嘎查牧户，但是由于其承包的草牧场为库布其沙漠边缘地带。草场边界处拉铁丝网围栏后会被流沙埋没，无法在固定范围内放牧。加上没有通电，所以生活条件较艰苦。受访人年轻时搬到旗里居住，开了一家民族工艺店。2022 年在跟家人商量后，尝试租赁杭锦旗蔬菜基地的蔬菜大棚，在蔬菜大棚圈养了 15 只绵羊。蔬菜大棚离镇近，早晚两次喂水喂草的活也相对简单，这对于他们来说是很方便的放牧方式。②

上述牧户租赁"蔬菜大棚"进行圈养，主要是因为其承包草牧场放牧条件差，且放牧劳动力能够承担"蔬菜大棚"里圈养放牧工作。其自然资本和人力资本的存量是其租赁"蔬菜大棚"圈养放牧的主要影响因素。

表 13 为根据上述牧户的原因自述统计出来的自然资本、人力资本和物质资本存量情况。从表中的数据可以发现，租赁草场的牧户多为草牧场面积较小且草牧场质量较差，开始走"敖特尔"当年的年龄均在 50 岁以下，较年轻。

表 13 影响牧户租赁草场放牧方式的生计资本

牧户类型	基本信息		自然资本				人力资本		物质资本
	受访人（租户）	放牧年份	草牧场面积(亩)	草牧场质量	生态种植面积(亩)	生态种植开始年份	可放牧劳动力数量（人）	可放牧劳动力年龄（开始年份当年的年龄）（岁）	畜群存栏头(只)数
租赁草场走"敖特尔"	QMS	1988~2022（无间断）共34年	1000	沙地多草场质量较差	1000	1988	2	33, 37	绵羊500只左右
	SWRQ	2004~2022（无间断）共17年	2000	沙地多草场质量较差	1300	2004	2	49, 44	绵羊200余只牛30头左右

① 引自笔者的访谈记录。受访人：WRS，受访日期：2022 年 7 月 29 日。
② 引自笔者的访谈记录。受访人：SRDRJ，受访日期：2022 年 7 月 14 日。

续表

牧户类型	基本信息		自然资本				人力资本		物质资本
	受访人（租户）	放牧年份	草牧场面积（亩）	草牧场质量	生态种植面积（亩）	生态种植开始年份	可放牧劳动力数量（人）	可放牧劳动力年龄（开始年份当年的年龄）（岁）	畜群存栏头（只）数
租赁草场走"敖特尔"	EDBDRH	1989~1995，2000，2007~2009共11年	800	沙地多草场质量较差	400	2018	2	22，21	山羊100只左右
	WRS	2009~2019（无间断）共11年	1500余	沙地多草场质量较差	1000余	2018	2	23，21	山羊400只左右
租赁"蔬菜大棚"圈养	SRDRJ	2022	1200（"蔬菜大棚"占地2亩地）	库布其沙漠地带放牧条件极差	—	—	2	69，67	绵羊15只

3. 请雇工放牧方式

以下为 X 嘎查采用请雇工放牧方式的牧户请雇工的原因自述和相应的分析内容。具体包括 2 户请"羊倌"的牧户和 2 户请短工的牧户。

案例一

受访人 WEEDT 是 X 嘎查请"羊倌"的牧户。从 2013 年开始经营额尔定图家庭牧场，以杜泊羊养殖为主。2008 年开始进行生态种植后，十分重视柠条、杨柴等植物的正常生长。一般每年 8 月才开始在自家草场上放牧，圈养时间长达 5 个月。绵羊存栏头数最多的时候达到 1000 多只。一年有四个月进行圈养如此庞大的羊群，对于受访人夫妻两人来说是个重活。所以，2014 年开始请"羊倌"放牧。①

上述牧户请"羊倌"放牧的主要原因为，其畜群规模大，放牧劳动力无法完成放牧环节中的所有重活。所以，其物质资本和人力资本的存量是其请"羊倌"放牧的主要影响因素。

案例二

受访人 BYE 是 X 嘎查请"羊倌"的牧户。2014 年由于个人原因移居到旗里后，2015~2021 年以请"羊倌"方式进行放牧。②

上述牧户请"羊倌"的主要原因为放牧劳动力的缺失。所以，其人力资本的变量是请"羊倌"放牧的主要影响因素。

---

① 引自笔者的访谈记录。受访人：WEEDT，受访日期：2022 年 7 月 20 日。
② 引自笔者的访谈记录。受访人：BYE，受访日期：2022 年 7 月 21 日。

案例三

受访人 WLH 是 X 嘎查放牧环节中经常请短工的牧户之一。受访人今年 54 岁，其丈夫 66 岁。山羊 500 余只，牛 30 余头。大概从 2010 年开始到现在，每年剪绒毛、宰羊、宰牛、接羊羔、修铁丝网围栏等相对繁忙的时节都会请短工。她说："家里就我们两个人，孩子们都在上班，没法及时过来帮我们干重活，请短工后，每天准备三顿饭就行。我俩干那些重活后浑身疼，容易累倒"。①

上述牧户放牧劳动力年迈且健康状况较差，且牲畜存栏头数较多，导致其家庭劳动力无法独立完成放牧环节中的某些重活，需要借助外界的劳动力。其物质资本和人力资本存量及变量是请短工放牧的主要影响因素。

案例四

受访人 QMG 是 X 嘎查放牧环节中常请兽医的牧户之一。2018 年开始经营奶牛业，经常会从旗里请兽医诊治牛群的疾病。治疗费用包括出诊费 200 元和开具的药物费用。她说，"自幼放羊多年，也参加过一些畜牧业相关培训，但是奶牛的治疗还是得叫兽医过来。最近几年牛的疾病越来越复杂了。如果损失一头等于是两三个本地牛的价"。②

上述牧户请兽医的主要原因为养殖特殊类型牲畜导致无法应对，缺乏相关领域专业治疗知识。其物质资本和人力资本的存量及变量是其请短工的主要影响因素。

表 14 为根据上述牧户的原因自述统计出来的人力资本、物质资本存量及变量情况。从表中的数据可以发现，请"羊倌"的牧户多为畜群规模较大，且放牧劳动力不够充足的牧户。

表 14　影响请雇工放牧方式的生计资本

牧户类型	基本信息		人力资本		物质资本
	受访人	具体年份	可放牧劳动力数量	可放牧劳动力年龄（开始年份当年的年龄）	畜群种类及存栏头数
请"羊倌"	WEEDT	2014~2022	2	44，46	绵羊 1000 余
	BYE	2015~2021	2	46，40	山羊 300 余
请短工	WLH	2010~2022	2	56，44	山羊 500 余 牛 30 余
	QMG	2018~2022	2	50，49	山羊和绵羊 100 余 牛 20 余

综上分析，X 嘎查牧户各类生计资本存量及变量是委托放牧、租赁草场、请雇工等放牧方式出现的重要影响因素。牧户自述的主要原因有其各自的特点，但也映射出牧户各类资本的缺乏或充足情况会导致以上三类放牧方式的出现。首先，牧户缺乏自然资本和人力资本时会选择委托放牧方式。其次，牧户缺乏自然资本，但物质资本稍多，且人力资本充足时会选择租赁草场放牧方式。最后，牧户缺乏人力资本，物质资本稍多时会选择请雇工放牧方式。

---

① 引自笔者的访谈记录。受访人：WLH，受访日期：2022 年 7 月 28 日。
② 引自笔者的访谈记录。受访人：QMG，受访日期：2022 年 7 月 27 日。

牧民畜群经营方式的变更不可避免出自其各类资本的统算和每一放牧方式背后的收益情况。但牧户不是一味追求经济利益的"小牧"，对自然资本的依赖使他们更加懂得生态保护的长远价值。X嘎查牧民在改善草牧场质量过程中舍弃短期放牧机会，多年来投入大量人力资本和金融资本走"敖特尔"或租赁草场放牧，只为改变其"沙地多"的草牧场。此外，人力资本的连续变量及社会资本变弱情况下，也有些牧户减少物质资本来适应当下的放牧环境。这对于畜牧业可持续发展和牧户规模化经营会产生影响。

结论

内蒙古地区放牧制度先后经历了封建领主与牧主占有时期的旧"苏鲁克"制与"新苏鲁克"制，集体公有制时期的牧业集体化"合群"，承包制时期的草畜双承包等变迁。相对应的牧户微观层面上的放牧方式经历了游牧向定居转型期和定居放牧强化期。每一时期放牧制度的异同归根结底离不开草牧场与牲畜的产权归属问题。中华人民共和国成立以来，内蒙古牧区普遍实行"自上而下"的草原管理模式。国家在每个历史时期制定宏观制度与政策来调节牧户微观层面上的放牧制度。至此，内蒙古牧民获得草牧场承包权和发展私有牲畜的机会，形成了牧民在其承包的草牧场上划区轮牧的放牧景观。

随着禁牧政策与草原生态保护补奖机制的深入实施，牧户在政府的主导下对草畜平衡空前重视。X嘎查牧民开始自觉地大面积种植生态植物，这使得其原有的放牧时间和空间发生变化。牧户不仅需要在禁牧休牧期间进行为期三个月的圈养，还需要保护生态植物夏季的正常生长。其结果是牧户不得不对放牧环节中产生的各类费用精打细算，对原有的畜群经营方式进行合理化调整。

按照"人、畜、草"三要素论，本文研究观察到：在有畜群的情况下，有无草牧场、有无放牧劳动力这两种条件来观察牧户现有的畜群经营方式会出现以下四种类型：①有草牧场和放牧劳动力是承包化时期最典型且最普遍的经营方式，即在自家承包的草牧场上自己放牧。②有草牧场但是缺乏放牧劳动力的时候就会出现请雇工（包括短工和长工）的方式。③在没有草牧场，但有放牧劳动力就可以选择租赁草场放牧方式。④没有草牧场且没有放牧劳动力时会出现委托放牧方式。牧户在所拥有的放牧资源基础上，出于成本计算，计算好放牧时间和各项费用后理性选择适合自家放牧条件的畜群经营方式是本文重点观察的研究视角。所以本文重点对委托放牧、租赁草场和请雇工三种方式进行详细的田野调查。在X嘎查范围内初步筛选出采用以上三种类型放牧方式的牧户，通过入户参与观察和访谈，了解其具体运行机制、与历史上的放牧制度的异同以及其背后的社会关系等。

生计资本理论视角下，在某一个历史节点上的生计资本存量是牧户进行生计策略调整的基础性衡量。生计资本的存量会直接影响牧户生计选择，畜牧业经营中主要表现在其畜群经营方式的变更与创新上。从长远来看，生计资本内部会发生连续性变化，各生计资本的变量也会深深地影响单户牧户的畜群经营方式的抉择。本文运用案例分析方法，展示并统计了受访牧户当下所拥有的人力资本、社会资本、自然资本、物质资本等生计资本存量及历史时间段内发生的变量。在此基础上，从牧户改变畜群经营方式的原因自述中探讨了牧户生计资本对其畜群经营方式的影响。得出的结论为：X嘎查受访牧户各类生计资本存量是其选择委托放牧、租赁草场放牧、请雇工放牧等放牧方式的重要影响因素。单个生计资本内部的变量也会对单户牧户畜群经营方式的选择产生影响。尽管牧户自述的变更经营方式的主要原因有其各自的特点，但总体上能够映射出牧户各类资本的缺乏或充足情况会导致以上三类放牧方式的出现。首先，牧户缺乏自然资本和人力资本时会选择委托放牧方式。其次，牧户缺乏自然资本，但物质资本较多，且人力资本充足时会选择租赁草场放牧方式。最后，牧户缺乏人力资本，物质资本较多时会选择请雇工放牧方式。

牧民畜群经营方式的变更不可避免出自其各类资本的统算和每一放牧方式背后的收益情况。政策与环境中的现代牧业人比以往任何时候都更懂得生态保护的长远价值。多年来 X 嘎查牧民在改善草牧场质量过程中努力寻求短期放牧机会与长远生态价值间的平衡点。同时，牧户生计资本存量及变量现状也从侧面反映出内蒙古畜牧业发展面临的现实问题，值得关注与反思。首先，禁牧与草畜平衡政策的实施无疑出于改善生态环境的全局意识，但是提高了牧民放牧环节中的费用支出也是不可否认的现实问题。牧户维持放牧生计的投入大于放牧收成时就可能会出现本文提到的牧户减少畜群规模来解决这一矛盾的现象。其结果是草牧场放牧资源无法得到充分的利用。提高牧户放牧收入并实现天然草牧场可持续发展将成为内蒙古畜牧业发展中至关重要的问题。其次，随着工业化、城镇化、现代化等的推进，牧区人口将不断转移到城市，多数牧民子弟受教育后在城市就职于二、三产业并成为市民。而牧区从事放牧的人力资本又是一个随时间不断衰弱的持续变量。牧户进行委托放牧和请雇工等方式维持放牧展现出牧区放牧劳动力数量和能力窘迫的现象。牧区已有放牧劳动力老龄化与放牧劳动力断层的现状如何解决？

畜牧业生产方式是内蒙古地区牧民在草原生态环境中探索出来的生计选择，也是支撑内蒙古地区经济发展的主要产业。实现畜牧业与市场经济、人口资源、生态保护相协调，不仅成为牧民亟待探索和解决的生计问题，也是关系国家乡村振兴进程的重要问题。

参考文献

一、专著

[1]敖仁其，额尔顿乌日图等. 牧区制度与政策研究——以草原畜牧业生产方式变迁为主线[M]. 呼和浩特：内蒙古教育出版社，2009.

[2]敖仁其. 制度变迁与游牧文明[M]. 呼和浩特：内蒙古人民出版社，2004.

[3]敖仁其，艾金吉雅. 内蒙古牧区合作经济组织研究（汉）[M]. 沈阳：辽宁民族出版社，2018.

[4]阿拉坦宝力格. 游牧生态与市场经济[M]. 呼和浩特：内蒙古大学出版社，2013.

[5]陈洁，原英，乔光华等. 我国传统牧区转变畜牧业发展方式问题研究[M]. 上海：上海远东出版社，2018.

[6]陈祥军. 草原生态与人文价值：中国牧区人类学研究三十年[M]. 北京：社会科学文献出版社，2015.

[7]陈祥军. 杨廷瑞"游牧论"文集[C]. 北京：社会科学文献出版社，2015.

[8]仇焕广,冯晓龙,苏柳方等.中国草牧业可持续发展:政策演变与实现路径[M].北京:经济科学出版社,2021.

[9]达林太,郑易生.牧区与市场——市场化中的牧民[M].北京:社会科学文献出版社,2021.

[10]达林太,郑易生.牧区与市场——牧民经济学[M].北京:社会科学文献出版社,2010.

[11]杜富林.新型经营主体与草原畜牧业现代化[M].北京:经济科学出版社,2021.

[12]杜发春,张世和.西部草原畜牧业经济转型研究[M].北京:知识产权出版社,2014.

[13]额尔敦扎布,萨日娜.蒙古族土地所有制特征研究[M].沈阳:辽宁民族出版社,2001.

[14]额尔敦扎布,萨日娜.游牧经济论[M].呼和浩特:内蒙古教育出版社,2006.

[15]海山.内蒙古牧区人地关系演变及调控问题研究[M].呼和浩特:内蒙古教育出版社,2013.

[16]陈文,暴庆五,额尔敦布和.草原畜牧业经济研究[M].呼和浩特:内蒙古大学出版社,1992.

[17]巴图,邰霖.中国草原畜牧业经济发展概论[M].北京:民族出版社,1993.

[18]韩念勇.草原的逻辑:第一、二、三、四辑[M].北京:北京科学技术出版社,2011.

[19][美]科斯·R,阿尔钦·A,诺斯·D等.财产权利与制度变迁:产权学派与新制度学派文集[M].刘守英等译.上海:上海人民出版社,1994.

[20][英]拉铁摩尔.中国的亚洲内陆边疆[M].唐晓峰译.南京:江苏人民出版社,2008.

[21]章祖同.草地资源研究[M].呼和浩特:内蒙古大学出版社,2004.

[22]刘书润.这里的草原静悄悄[M].北京:知识产权出版社,2012.

[23][美]梅多斯,兰德斯等.增长的极限[M].李涛,王智勇译.北京:机械工业出版社,2013.

[24]内蒙古农业大学经济管理学院.内蒙古农村牧区经济社会发展研究进程[C].北京:经济科学出版社,2012.

[25]尼玛道尔吉,刘通在.内蒙古农村牧区经济改革探索[M].呼和浩特:内蒙古人民出版社,1989.

[26]史俊宏.干旱风险冲击下牧户生计策略研究——基于内蒙古牧区的调查[M].北京:中国经济出版社,2015.

[27]色音.蒙古游牧社会的变迁[M].呼和浩特:内蒙古人民出版社,1998.

[28][日]松原正毅,萨仁格日乐.游牧世界[M].色音译.北京:民族出版社,2005.

[29]谭淑豪.牧区草地资源的可持续管理:制度、政策与市场[M].北京:社会科学文献出版社,2022.

[30]王晓毅.环境压力下的草原社区——内蒙古六个嘎查村的调查[M].北京:社会科学文献出版社,2009.

[31][德]魏伯乐,[瑞典]安德斯·维杰克曼.翻转极限:生态文明觉醒之路[M].程一恒译.上海:同济大学出版社,2018.

[32]乌日陶克套胡.蒙古族游牧经济及其变迁[M].北京:中央民族大学出版社,2006.

[33]乌尼尔.与草原共存——哈日干图草原的生态人类学的研究[M].北京:知识产权出版社,2014.

[34]刑莉等.内蒙古区域游牧文化的变迁[M].北京:中国社会科学出版社,2013.

[35]杨春.草原生态保护补助奖励政策效应研究[M].北京:中国农业出版社,2020.

[36]周大鸣,秦红增等.文化人类学概论[M].广州:中山大学出版,2009.

[37]张立中.中国草原畜牧业的发展模式研究[M].北京:中国农业出版社,2004.

[38]张昆.根在草原:东乌珠穆沁旗定居牧民的生计选择与草原情节[M].北京:社会科学文献出版社,2018.

[39][苏]Б. Я. 符拉基米尔佐夫.蒙古社会制度史[M].刘荣焌译.北京:中国社会科学出版社,1980.

[40][美]Burton Pasternak,[加]Janet W. Salaff. Cowboys and Cultivators: The Chinese of Inner Mongolia[M]. Sanfrancisco: Wesview Press, 1993.

[41][法] Charlotte Marchina. Nomadic Pastoralism among the Herders[M]. Amsterdam: Amsterdam University Press, 2021.

[42][英] David Sneath. Changing Inner Mongolia: Pastoral Mongolian Society and the Chinese State[M]. New York: Oxford University Press, 2000.

[43][英] Frank Ellis. Rural Livelihoods and Diversity in Development Countries[M]. New York: Oxford University Press, 2000.

[44][英] Ian Scoones. Pastoralism, Uncertainty and Development[M]. UK: Practical Action Publishing Ltd, 2023.

[45]乌日陶克套胡.内蒙古自治区牧区经济发展史研究[M].北京:人民出版社,2018.

[46]詹姆斯·科尔曼.社会理论的基础(上)[M].邓方译.北京:社会科学文献出版社,1990.

[47][日]相馬拓也.草原の掟:西部モンゴル遊牧社会における生存戦略のエスノグラフィ[M].京都:株式会社ナカニシヤ出版,2022.

[48][日]風戸真理·尾崎孝宏·高倉浩樹編.モンゴル牧畜社会をめぐるモノの生産·流通·消費[M].宮城県:東北大学東北アジア研究センター,2016.

[49]丁崇明,贾继良,吴云峰等.鄂尔多斯林业志[Z].呼和浩特:内蒙古人民出版社,2011.

[50]《杭锦旗志》编纂委员会.杭锦旗志[Z].呼和浩特:内蒙古人民出版社,1994.

[51]杭锦旗地方志编纂委员会.杭锦旗志(1991-2010)[Z].北京:人民日报出版社,2018.

[52]奇僧格.白额尔德尼.杭锦旗史志[Z].呼和浩特:内蒙古文化音像出版社,2020.

[53]伊克昭盟志编纂委员会.伊克昭盟志[Z].北京:现代出版社,1994.

二、期刊论文

[1]敖仁其.草牧场产权制度中存在的问题及其对策[J].北方经济,2006(4):8-10.

[2]宝玉山.内蒙古草原退化沙化的制度原因及对策建议[J].内蒙古师范大学学报(哲学社会科学版),2003(7):28-32.

[3]戴双喜,包英华.法律视域中的苏鲁克制度[J].内蒙古社会科学(汉文版),2007(6):18-23.

[4]杜富林,史双,杜娅茹.内蒙古牧区牧户委托放牧行为及影响因素实证研究[J].草业科学,2016(10):2136-2143.

[5]郭秀丽,李旺平,周立华等.生态政策驱动下的内蒙古自治区杭锦旗植被覆盖变化[J].草业科学,2018(8):1843-1851.

[6]何仁伟,刘邵权,陈国阶等.中国农户可持续生计研究进展及趋向[J].地理科学进展,2013(4):657-670.

[7]吉乎林.变迁中的延续——青海蒙古族"走敖特尔"习俗的变迁浅析[J].西部蒙古论坛,2018(2):59-62.

[8]康晓虹,史俊宏,张文娟,盖志毅.草原禁牧补助政策背景下牧户生计资本现状及其影响因素研究——基于内蒙古典型牧区的调查数据[J].干旱区资源与环境,2018(11):59-65.

[9]罗丽达.清代在察哈尔部设置宗室"苏鲁克"制的满文史料及关于"苏鲁克"制论述[J].满族研究,1991(3):17-21.

[10]李聪,李树茁,费尔德曼等.劳动力迁移对西部贫困山区农户生计资本的影响[J].人口与经济,2010(6):20-26.

[11]李斌等.农村发展中的生计途径研究与实践[J].农业经济,2004(4):10-16.

[12]李雪萍等.可持续生计:连片特困地区村庄生计资本与减贫——以四川省甘孜藏族自治州雅江县杰珠村为例[J].中共四川省委省级机关党校学报,2004(3):122-128.

[13]蒙吉军,艾木入拉,刘洋等.农牧户可持续生计资产与生计策略的关系研究——以鄂尔多斯市乌审旗为例[J].北京大学学报,2013(2):321-328.

[14]内列什·辛格,乔纳森·告尔曼.让生计可持续[J].国际社会科学杂志中文版,2000(4):123-129.

[15]敖仁其.草原产权制度变迁创新[J].内蒙古社会科学,2003(4):116-120.

[16]乌仁格日乐,根锁,鬼木俊次,宝希吉日.锡林郭勒盟草场围栏之效益分析[J].生态经济,2009:135-137.

[17]刘有贵,蒋年云.委托代理理论述评[J].学术界,2006(1):69-78.

[18]张秉铎.内蒙古地区原始牧业经济研究[J].中国农史,1984(2):66-74.

[19]秦红增,唐剑玲.瑶族农民的生计转型调查研究——以广西大化县七百弄布努瑶为例[J].广西民族学院学报(哲学社会科学版),2006(1):85-91.

[20]孙博,刘倩倩,王昌海,温亚利.农户生计研究综述[J].林业经济,2016(4):49-53.

[21]汤青.可持续生计的研究现状及未来重点趋向[J].地球科学进展,2015(7):823-833.

[22]杨艳霞,杨云霞.可持续生计视角下西部民族地区失地农民就业能力开发模式探析——以苗侗民族聚居地黔东南为例[J].农业经济,2016(2):28-30.

[23]张芳芳,赵雪雁.我国农户生计转型的生态效应研究综述[J].生态学报,2015(10):3157-3164.

[24]赵敏敏,周立华,陈勇等.禁牧政策对库布其沙漠农户土地利用行为的影响[J].中国沙漠,2017(4):802-810.

[25]赵敏敏,周立华,陈勇等.生态政策驱动下的内蒙古自治区杭锦旗土地利用及生态系统服务价值变化[J].中国沙漠,2016(3):843-850.

[26]骆长胜.新苏鲁克是实行各尽所能按劳分配的较好形式[J].内蒙古社会科学,1982(1):31-32.

[27][英]Chambers R,Conway G. Sustainable Rural Livelihoods:Practical Concepts for the 21st Century[R]. IDS Discussion Paper 296. Institute of Development Studies,1992.

[28][日]小長谷由紀.モンゴル牧畜システムの特徴と変容[J].E-journal GEO,2007:34-42.

[29][日]利光有紀.モンゴルにおける家畜預託の慣行[J].国立民族学博物館学術情報リポジトリ,1986:140-164.

三、学位论文

[1]崔玉玺.城市化进程中失地农民可持续生计研究——基于西安市长安区的调查[D].西北农林科技大学硕士学位论文,2013.

[2]哈斯图雅.苏鲁克制度的历史演变及其当代价值[D].内蒙古大学硕士学位论文,2015.

[3]刘希磊.少数民族生态移民经济发展与文化变迁研究——以贵州紫云苗族布依族自治县苗族生态移民为例[D].贵州财经大学硕士学位论文,2013.

[4]刘燕在.少数民族流动人口的生计方式与城市适应研究——以昆明市H村苗族的社会服务为例[D].云南大学硕士学位论文,2012.

[5]史双.内蒙古草原牧区草场管理模式的实证分析——以委托放牧为例[D].内蒙古工业大学硕士学位论文,2016.

[6]苏龙高娃.乌拉特中旗草原畜牧业的经营方式变迁研究[D].内蒙古师范大学硕士学位论文,2009.

[7]乌云塔娜.改革开放初期内蒙古自治区"新苏鲁克"责任制述论[D].天津大学硕士学位论文,2015.

[8]潘大志.苗族生计方式变迁研究——以贵州省黄平县太坑村为例[D].贵州民族大学硕士学位论文,2017.

[9]王蒙.生计脆弱:甘孜藏族自治州农牧民生计状况研究[D].华中师范大学硕士学位论文,2013.

[10]肖敏静.昆明市松华坝水源区农户可持续生计资本评价[D].西南林业大学硕士

学位论文，2012.

［11］张权. 近代内蒙古游牧经济中的苏鲁克研究［D］. 内蒙古大学硕士学位论文，2016.

［12］赵澎. 草原产权制度变迁与效应研究——以内蒙古锡林郭勒盟为例［D］. 中国农业科学院博士学位论文，2015.

［13］Bingzhen Du. Effects of Land-use Change on Grassland Ecosystem Services in Inner Mongolia and Their Implications for Livelihoods and Sustainable Management［D］. PhD thesis of Wageningen University，2019.

［14］Brogaard Sara. Recent Changes in Land Use and Productivity in Agro-pastoral Inner Mongolia，China［D］. Thesis of Lund University，2003.

［15］Min Liu. China's Grassland Policies and the Inner Mongolian Grassland System［D］. PhD Thesis of Wageningen University，2017.

蒙古族银匠产业高质量发展路径研究

阿斯娜 梅花

摘 要： 北方草原游牧民族对金银器的使用有着长久的历史。回顾历史遗迹的过程，我们可以看出蒙古族工匠利用金银材质的延展与可塑性，用聪明才智将其运用于各种生活用品之中，并将它逐渐升华至今。同时蒙古族银匠通过多年的坚持，保留自己原有的文化是件值得骄傲的事情。如今金银器在我们生活中无处不见，它既可以成为装饰品，也可以成为生活用品。蒙古族金银器物作为民族文化的重要组成部分，具有物质文化和非物质文化的双向特征。蒙古族银器的制作手工艺作为非物质文化遗产，需要将其保护与传承发展。而在当代文化多元的情况下，蒙古族金银器被现代产品所同化，民族文化有必要深入发掘自身发展机遇。

本文采用参与观察法、访谈法、文献资料法，对内蒙古自治区阿鲁科尔沁旗蒙古族银匠产业发展状况进行重点研究，在此基础上，拓展研究蒙古族银匠产业在现代化背景下面临的机遇和挑战，并提出发展银匠产业的对策建议。蒙古族银匠产业具有良好的传统和基础，结合时代需求，发扬"工匠精神"对传统手工艺一方面做到传承，另一方面与时俱进创新，必定会迎来蒙古族银匠产业的良好发展局面。

关键词： 非物质文化；工匠精神；蒙古族；银匠

一、绪论

（一）选题意义

中国北方草原地区是东西文化的交汇之地，必然有大量的出土文物反映出文化的多样性。在古代，只有贵族才能拥有金银之类的珍贵物品。它可以表达文化内部结构的性能和文化的外部形态，在草原文明多样性的综合分析研究中具有特别重要的地位。金银器是蒙古族人民在不同历史时期以手工劳动为主加工、生产各种金银器产品的具体实物，因此金银器是蒙古族人民在创造自身历史和文化价值中的必要条件之一。根据已知的文献资料分析来看，早在元朝之前蒙古族就以使用银器闻名。蒙古汗国时期，银器技艺比较发达，银器种类也较为丰富，而蒙古族的金银制品则是在元代达到顶峰，其形态特征充分地反映了蒙古族的银器特征以及其文化内涵和风俗习惯。

党的十九大报告指出，"文化自信是一个国家、一个民族发展中更基本、更深沉、更持久的力量。"①在全球经济一体化的今天,科学技术的迅猛发展把原本广阔的世界变成了一个整体,文化的融合和趋同日益显著。各国都注重自身的文化特征和建构自身的文化价值观,以维护自身的文化主体性。这是一个民族文化自信得以实现的重要条件之一,其动力在于文化自觉,而对其进行研究和阐释则是其凸显和构建的重要依据。我国是一个由56个民族组成的统一的多民族国家。中国文化是一个以多元文化为根基的社会。各民族文化在长期的密切交流中,相互学习、相互影响、相互借鉴,并在保持各自文化特征的同时,不断吸取、发展。

《保护非物质文化遗产公约》(以下简称《公约》)于2003年10月17日在联合国教科文组织第32届会议上获得通过。该《公约》对非物质文化遗产作出了明确的界定:非物质文化遗产是指各种以非物质文化形态存在的各族人民世代相承的、与人民群众的日常生活紧密联系的文化形式,是被群体、团体或个人视为其文化遗产的各种表演、表演形式、实践、知识和技能及其有关的工具、实物、工艺品或文化场所。

该《公约》在2006年1月,缔约国达到30个国家时三个月后生效。我国于2006年批准加入《公约》国,并于2011年2月25日通过《中华人民共和国非物质文化遗产法》的审议(蔡好荻,2018)。文化是人们在对世界的认识、对世界进行改造的过程中所产生的物质与精神的综合。人类学家爱德华·泰勒(1992)认为,文化,或文明,就其广泛的民族学意义来说是包括全部的知识、信仰、艺术、道德、法律、风俗以及作为社会成员的人所掌握和接受的任何其他的才能和习惯的复合体。由此可见人类是文化的创造者,文化是人类特有的现象。非物质文化是中华优秀传统文化的一个重要组成部分,它是中华文明绵延传承的生动见证,是连接情感、维系民族团结的重要基石。保护、传承和利用非物质文化遗产对传承历史文脉、坚定文化自信、促进文明交流、建设社会主义文化强国具有重要作用。②

传统银器中有很多分类,如日常生活用品、装饰用品、首饰等,如今金银器在我们生活中随处可见,用处也很多。除此之外,它也有很多实际的医疗或辟邪等用处。如今虽然经商的银器种类繁多,但是真正以传承银匠工艺的目的来制作金银器的人却越来越少,有些工艺技术面临着被遗忘的困境。尤其近几年来,随着社会的发展,蒙古族人民的生产、生活、思想等都发生很大的变化。从而导致新一代的非物质文化传承人短缺现象显现,这也表明传统的蒙古族工艺有被丢失的可能。民族传统手工艺是一个民族原本的文化、文化符号的传承,银器的制作工艺和它在使用过程中也体现了多民族文化交融和交往历史。挖掘民间艺人及其工艺的流传现状是很有必要的。在现今的蒙古族银器研究中,人们过于关注银器这一具体的物质实体,而鲜少关注到蒙古族银器的创造者——蒙古族银匠。然而如果没有银匠,蒙古族银器的存在和发展是不可能持续的。阿鲁科尔沁旗知名银匠曹德木加木苏作为自治区级的非物质文化遗产传承人,他的"蒙医五疗器"在结合传统的蒙医技术的基础上创造出来的新型医用工具给病人们带来了很多的好处。

---

① 习近平. 在中国共产党第十九次全国代表大会上的报告, 共产党员网络, http://www.12371.cn/2017/10/27/ARTI1509100656574313。

② 中共中央办公厅国务院办公厅印发《关于进一步加强非物质文化遗产保护工作的意见》[EB/OL]. [2021-8-12]. http://www.gov.cn/zhengce/2021-08/12/content_5630974.htm.

本文以阿鲁科尔沁旗的八位银匠为研究对象，通过参与观察法、访谈法、文献资料法、口述史材料分析法等民族学、人类学研究方法，对蒙古族银器的种类、特点，银匠业的现代发展以及非物质文化遗产的传承和价值进行了详细的论述，希望能够为蒙古族银器甚至对蒙古族文化研究做出应有的贡献，最为直接的是希望能够让更多的人了解阿鲁科尔沁旗的非物质文化遗产传承人曹德木加木苏的"蒙医五疗器械"以及阿鲁科尔沁旗其他银匠的传统手工技艺，为阿鲁科尔沁旗的银匠业发展起到积极的作用。

（二）文献综述

1. 国外研究现状

笔者查阅的国外相关少数民族文化遗产和工匠精神的研究有以下五点：①M. Rostovtseff（1929）认为，中国北方青铜器上的动物图案来自西伯利亚；②日本工艺理论家柳宗悦（2011）认为，培养工匠精神要重视营造良好的社会氛围；③柏拉图（1986）认为，工匠就应该集中精力做好本职工作，而工匠精神则是纯粹的、非唯利的；④美国学者亚力克·福奇（2014）认为，美国的工匠精神最具代表性的特点是创造性和创新性，而这也是使美国得以成为创新者的国度的原因；⑤美国学者理查德·桑内特（2010）主要强调工匠要不断进行自我约束和树立自己的标准，工匠要以追求品质为己任。

2. 国内研究现状

从目前关于蒙古族金银器研究的文献资料来看，重点集中在金银器的审美、文化、经济、历史背景等因素和制作工艺水平等研究上。但是对金银器的文化表达延展到银匠业的传承、当代的发展现状以及银匠技艺的研究却为数不多。

（1）关于非物质文化遗产领域。高丙中（2021）认为，非物质文化遗产是一门具有交叉性质的前沿学科，是通过对文化遗产保护发展出来的，是对传统文化的保护和对文化多元化的新的促进。彭兆荣（2021）认为，文化遗产、非物质文化遗产这样的"新事业"应该归属于中式博物学。因为我国的非物质文化遗产中包含着传统的中国精神、智慧和知识。杨慧子（2017）认为，我国是非物质文化遗产的大国，以丰富的非遗项目传承着独特的文化基因。同时，文化创意产业与非物质文化遗产密切相关，是我国文化软实力发展的重要方向。吴南（2022）认为，将非物质文化遗产的现代转化并不代表破旧立新的观念转换，而是客观全面地对传统手工艺的发生、发展、演变进行重新的认识，发现与现代社会产生关联融合的意义。黄捷（2020）认为，非物质文化遗产传承人保护是传承和延续非物质文化遗产的基础。刘欣彤（2021）认为，非物质文化是人类劳动实践的产物，传承至今的非物质文化遗产是人们智慧与劳动创造的体现。李世洋（2021）认为，非物质文化遗产是我国优秀传统文化的象征，也是国家文化实力的重要表现。余聿莹（2020）认为，非物质文化遗产传承人是延续非遗文化生命力的动力源泉，对凸显宝贵的人类智慧和精神血脉，彰显中华民族优秀传统文化有重要作用。杨烁（2020）认为，非物质文化遗产是人们在生存发展中积累的经验以及精神的传承，是人类历史璀璨的组成部分，也是人类智慧的结晶。秦田（2019）认为，非物质文化遗产是一个民族思维方式、价值情感、审美方式"活"的显现，是一个民族保持民族特色的文化底蕴。

（2）关于考古学和民俗学领域。张景明在《中国北方草原蒙古古代金银器》（2005）中主要探讨了北方民族金银器物的历史发展；在《匈奴金银器的造型艺术与文化象征》（2006）中叙述了匈奴金银器动物造型的文化象征以及体现出的文化交流状况，反映了文化交流、经济种类、民族性格、图腾崇拜等方面；在《北方游牧民族造型艺术》（2006）中结合历史文献中对北方民族的研究，论述了作为北方游牧民族造型艺术重要题材的虎纹造型的起源、发展和演变过程以及它所蕴含的深刻的文化意蕴；在文章《造型艺术的理论探讨——以北方游牧民族为例》（2010）中认为"北方游牧民族的造型艺术，从文化的角度来说，是一种以实物为媒介的艺术形式"；要深入地探讨这一问题，需要从考古学、艺术学、民族学、历史学、民俗学等多个方面来进行理论上的支持，从而构建起一套关于北方游牧民族造型艺术的理论体系；在《北方游牧民族造型艺术的风格与思想表述》（2010）中运用现代人类学理论对北方游牧民族造型艺术的风格与思想进行了分析，认为其价值理念具有全面性，没有单一的一面，而是在物质文化基础上形成的意识形态。徐英在《中国北方游牧民族造型艺术》（2006）中从艺术学的视角对中国古代北方游牧民族造型艺术的发展脉络进行了精细的梳理。阿木尔巴图（2007）以蒙古族民间文化和非物质文化为主，对蒙古族人民使用的金银器进行了解析。黄雪寅（2001）从匈奴人和鲜卑人的民族文化入手，对比分析了匈奴和鲜卑族金银器物上的兽形图案。杨婧（2014）认为，契丹族是我国历史上具有深远影响的游牧民族，它同时也保留着我国古代北方草原游牧文化和金银器文化的大量信息。厉宝华（2019）大致概括了金银器制作工艺发展的四个时期（起源于商周、兴盛于汉唐、完美于明清、20世纪80年代金银器制品走向国际市场），有力地推动了金银器制作工艺的发展和创新。

乌日吉木斯（2007）主要研究蒙古族银器的作用和特点以及其相关的习俗。巴达荣贵（2017）以正蓝旗为田野调查地点分析了当地蒙古族传统工艺品的制作与传承方式，并在此基础上用民族学理论来分析了传统手工艺品的文化展现、现状以及面临的问题。布和朝鲁（2011）主要研究了蒙古族器皿的种类、制作工艺以及使用习俗和作用。郭物（2003）将阿尔泰地区、丰提克地区、中国北方地带、蒙古和俄罗斯外贝加尔等地区游牧民族创作的动物造型艺术进行了梳理，探讨了它们的来源和作用。与其他考古学者的研究比较，较注重艺术视角的切入和对其中艺术发展规律的探寻。

乌恩岳斯图（2007）对长城中部地区早、中、晚期青铜文化和铁器文化的基本特征进行了较为详细的探讨。杨建华（2017）通过对青铜、金器等金属器物的传播和影响的考察，考察了传播者与接受者之间的相互作用，在此基础上展示了丝绸之路从前的草原金属之路。陈兆复（2001）以商周至秦汉时期的少数民族美术为主题，对北方草原青铜器的形制特点、北方青铜器的形成、北方青铜器的族群、与周围地区的关系进行了论述。张振鹏、李淑文（2020）以乌拉特中期的工匠为调查对象，探讨了蒙古族银器制作技艺的传承情况并对它的可持续发展性提出了建议。杜丽（2013）具体分析了元朝蒙古族银器文化的继承与创新，并且试着对元朝蒙古族崇尚银的社会和文化原因进行深入的探讨。呼斯乐（2019）以基本的民族学理论对蒙古族首饰的银匠、制作工具和工艺等文化进行了梳理性研究，之后从北方草原游牧民族身体装饰艺术中追溯了蒙古族首饰的样式及其文化的来源，最后讲述了蒙元至明清时期的蒙古族首饰的变化与发展。闫可（2016）以民族文化为基础，对蒙古族金银器的历史、制作方法、艺术特征、发展等方面进行了研究，并论述了蒙古族金银器设计的新思路和方法。赤新（2010）调查访问了阿鲁科尔沁旗三家具有蒙古族风格特色的店铺进行了采访。徐英（2010）以科尔沁地区的民间艺人为调查对象了解了当今蒙古族民俗文化、制作金银饰品的材料款式以及当今制作银器方面的问题等。

（3）关于艺术与艺术人类学的领域。对于"工匠精神"的研究而言：张保文（2018）认为，在中国传统文化中，工匠精神不仅仅是对自己的职业态度，更是一种"技以载道"的职业情怀以及"道技合一"的技艺境界。马斌（2018）认为，工匠精神是一种对工作的专注与热爱，一种对产品的雕刻与尊敬，一种对企业团队的向往与信仰。郑一群（2016）认为，"工匠精神"是每个国家活力的源泉，更是一个民族的生命力之源，高尚的"工匠精神"是任何时代都不可缺少的，它是一种生命态度，价值在于一丝不苟、精益求精以及对匠心、精品的坚持追求。陈浩（2006）认为，广义的工匠已经超出了"传统手工艺人"的范围，和现代化制造业融为一体了。并且认为以专注持久、精益求精的工匠精神对各个行业都是不可缺少的。应小萍、罗劲（2021）对社会心态视角下的创新与工匠精神之间的关系进行了研究，但发现民众对两者的理解存在着不足的地方，为此认为要以科学精神为根本出发点在创新与传承中保持稳定，去实现创新精神和工匠精神在人才、领域等各方面的创造性有机融合。胡剑斌（2019）对控拜银匠形成的历史与时间、技艺传承的方式和过程以及银饰与银匠之间的关系、银匠与区域社会的整合进行了研究。尹斐（2012）从教育人类学的视角来对苗族银饰锻造传承、苗族银饰技艺传承现状、传承方式进行了深入的研究。在此基础上提出了当今银饰传承面临的问题和该如何发展此文化的有效措施。骆晨茜（2019）以河套地区的木匠为调查对象、以他们的身份养成为中心描述了木匠们使用的工具以及传承技艺的过程和当今的木匠们的发展与变化。袁东升（2008）主要研究中国民族地区传统手工艺文化的变迁，以土家族地区的木匠为研究对象并对于他们的传统工艺文化变迁进行了分析。唐世灏（2015）利用了可拓学和语义学的相关理论知识对于银饰工艺的个性化定制提出了相应的概念模型，并保证了个性化设计的达成。杜鹃（2013）主要研究了蒙古族的生态文化是怎么样通过金银器皿的作用与外部装饰来实现的。王玲琳（2021）以《了不起的匠人》为研究对象，从短视频中的十几位传统手工艺人的身上看到了传统手艺传承人对于职业的高度认同所产生的"工匠精神"。

目前，我国学术界对"工匠精神"的定义尚无清晰的界定，多从个案分析、问卷调查、深度访谈、描述分析、扎根分析等方面来界定"工匠精神"。因此，面对社会的现代化建设，使得如今的文化领域形成一种多元化发展的情况，当今对于蒙古族金银器的研究中，该如何延续传承传统文化的精髓、如何看待"工匠精神"，如何发展非物质文化遗产并且巧妙地融入到现代化的同时也不失去民间的传统文化等问题摆在我们面前，这些问题也是当前此类研究未曾提到过的领域。

（三）研究方法

本文在阿鲁科尔沁旗银匠业有关文献梳理的基础上进行了田野考察，总共采访了八位阿鲁科尔沁旗的蒙古族银匠，运用民俗学和人类学等相关学科的理论和研究方法。其中分别运用访谈法、参与观察、文献资料收集法和口述史材料分析法。笔者首先利用当地图书馆、内蒙古大学图书馆、内蒙古自治区图书馆等途径查找纸质文献资料和电子资料。其次，笔者多次前往调查点，进行实地走访和参与观察等方式获取第一手资料。

1. 访谈法

现实行为和理论之间存在着很大的差异,所以通过访谈了解当地人的想法和观念是实际调查中不可缺少的工作。田野调查中为获取民族志资料一定要进行访谈。笔者于 2020 年 12 月对当地银匠们进行第一次访谈,并对当地的银匠现状有了大概的了解。2021 年 4 月笔者为进一步了解当地银匠们的手工技艺等方面的问题,前往阿鲁科尔沁旗进行了第二次访谈,访谈是以面对面的方式用蒙古语进行的。并获取 153 分钟的访谈内容、手写笔记和图片若干张。2021 年 10 月笔者为加深研究目的又一次到阿鲁科尔沁旗,对被调查者们进行了再次的了解。通过三次的访谈,除了获取第一手资料之外也了解了银匠们的经历、情感、态度等问题。

2. 参与观察

参与观察是指人类学者长时间地参与研究对象的日常活动与非日常活动以便了解调查对象的行为、思想、互动模式,通过参与得到相应的资料的方法。通过参与观察来提高访谈的效率,提高获取资料的质量,最后使民族志的解释得到充分的印证。在进行第三次访谈时笔者观察了两位银匠的银器制作过程,获取了 156 分钟的视频第一手资料,从而也以客观的身份观察到他们的生活,并可以分析这些内在的机制。

3. 文献资料法

搜集整理资料在前期准备工作中有着重要的作用,需要查找一些与研究主题相关的文献资料,例如,非物质文化遗产相关资料、金银器相关资料、蒙古族发展历史资料、考古资料等。笔者通过图书馆、中国知网、百度网、微信公众号等途径查找并了解相关的文化理论、民族学理论、考古学以及艺术学理论并掌握前人研究的主要内容和成果,以及在前人研究的基础上找出线索、发现问题。

4. 口述史材料分析法

口述史是指通过深入访谈当事人来建构历史,并通过当事人的口述把储存于当事人记忆力的各个时期的历史事件用口头的形式叙说出来,其中包括他人和自己的经历。在此次研究中,采访其达日巴拉师傅时得到大部分历史事件的资料,通过录音、书写记录的方式来整理成文字资料,如,以前的银匠们是如何制作银器的、使用的器具是什么等问题,以此得到第一手资料(见图 1)。

图 1　现代样式的银戒指和银手镯

二、蒙古族现代银匠技艺的传承与其面临的问题

蒙古族银匠的技艺形成和发展是以蒙古族整体审美为基础，其技艺的发展和进步与蒙古族和其他民族相互交往的历史有着密切的联系。银匠作为蒙古族银器的创造者，是银器技艺的传承和发展的重要动力。然而从现代银匠技艺的传承来看，其面临着社会和文化方面的问题。基于上述情况，下面就从银器的制作方法、工具、银器的特色等方面来论述其在传承方面面临的问题。

（一）银器的制作工艺

蒙古族银器制作的工艺十分发达，他们用不同的纹样形式展示了蒙古族的银器文化。制作银器的工艺多是继承前人的手工技艺，例如，采用錾刻、焊接、模压、掐丝、镶嵌、抛光等技术。在同一件器物上采用多种工艺是蒙古族银器技术的特色。

1. 制作方法与工具

本部分主要讨论其达日巴拉师傅和朝格吉乐师傅制作银器的步骤，同时介绍十种制作银器的工具。其中其达日巴拉师傅讲述了自己做银匠的经历和从老一辈银匠那里听到的一些知识。朝格吉乐师傅在做银戒指时讲述了一些工具的实际使用方法。笔者通过采访几位师傅对制作银饰的步骤有了相应的了解。

笔者：您可以简单讲解一下制作银器的步骤与工具吗？

其达日巴拉师傅：那些古老的手工制作方法没有亲身试过，但是我曾经看过，在同别的银匠们交流时听过。过去的器具没有现在的先进，以前银匠们把油灯打开，旁边放一尺长的铜制管子，把它用牙咬住然后把灯火从旁边吹出来。这样把加热或者要熔化的银子放在带把手的铁盘里，然后在里面烧牛的骨头，烧了以后骨头就碎成像砾石一样的小块儿颗粒。把它放在盘子里，放在它要发红或者要熔焊的东西上，然后用它旁边冒出来的火加热，那时用嘴吹需要很大的力气。后来有了一种用脚踢的"皮老虎"（见图11），旁边有一个氧气罐（见图15），放汽油之后用脚蹬出气。这之后有"吹气枪"，也就是焊枪（见图9）。这个比起用嘴吹气方便多了，不管是熔银还是焊接。在"吹气枪"时可以调节火的大小，这对焊接精致的东西比较方便。在熔银时大量地用火，有些银匠会用煤气和氧气混合的焊枪，也有直接用煤气罐来使用的煤气枪。①

笔者：相比以前，在制作银器的工具上有什么变化吗？您现在使用的工具都有什么呢？

其达日巴拉师傅：如今我在用这个"煤气枪"，近十年的时间里大多数都用"煤气枪"，已经不用氧气了。除此之外，还有一种易燃的压缩气体叫"丁烷"，用这种焊接枪不需要太大的力气，所以比较方便，可是它的火力不是很大，熔化不了东西，这主要用在焊接上。从焊接银的角度来说，有这些变化和进步。其他工具还有砧子和几种类型的铁锤（见图6），大锤、小锤、圆头锤和平头锤。铁锤使用时，要因制作的东西的粗细而决定。比如做手镯

---

① 引自笔者的访谈记录。受访者：其达日巴拉，地点：阿鲁科尔沁旗天山镇，2020年12月24日。

的话用的银比较多,所以要用大一些的锤子。做些精细的东西,比如做戒指、耳勺、耳钉等就要用小锤。有时候要做有镶嵌的戒指的话就要用为了打薄镶嵌"座"而使用圆头锤,这样的话打薄得快比较节省时间。还会使用锉刀(见图8),这个分为中齿、粗齿和细齿三种,也有大小三角、平角和圆面的。也是根据需求来选择大小尺度。还会用剪刀来剪银,剪刀一般有大剪刀、小剪刀、尖剪刀、弯剪刀(锋利的剪刀)等(见图10)。精致的东西要用精致的剪刀来剪,比如修剪镶嵌耳环时需要特别小而精致的剪刀。要切断大块的银就要用"砍刀"。此外,焊接时需用镊子,分为精致的镊子、较大的镊子等,还有一种有座位的镊子。这种镊子是制作精细东西时用的,这镊子用起来很方便。炼银时较大的盘子端起来,旁边放着牛骨头,把银放在它的上面从而让银熔化(因为这样的话烧焦的骨头继续燃烧而不冒烟会一直保持温度),不过如今骨头用得很少了。现在会用"石英板",拿这个放在板子上熔银或者焊接银都是可以的。现在熔银时都用石英小碗,这碗有二三四两的多种容量,我一般都会用二两的。因为碗小的话耗能少,炼银也快。在器具方面大概是这样的。银器制作完成后要用抛光机(见图14)打磨,这也分为大小,由大磨到细磨到光滑,从而提高银器的美观度。我后来也会将其在羊毛毡上磨光从而使其更亮丽有光泽。有些人还会因为怕银子磨损而用玛瑙刀(见图7)打磨。

在采访朝格吉乐师傅时笔者看了他在做"吉祥结银戒指"的过程(见图2)。他在制作"吉祥结银戒指"的过程中一边制作一边讲解:

如果想做一个吉祥结戒指的话先要把吉祥结样的银条放在银戒指旁边,用焊枪焊到吉祥结固定在戒指上为止。焊时要使用"焊粉",然后用焊枪火吹至焊粉熔化,焊粉一旦熔化、吉祥结就固定在戒指上了,固定下来以后将小银球也固定在戒指上面加以装饰(谈话时焊枪一直在喷火),制作完后将固定好的戒指用水浸凉,然后将戒指放入戒指棒中量尺寸,接着用玛瑙刀压成适合手指大小的戒指。结束之后,所做的戒指还是脏的,银子在制作过程中也会有生锈的地方,所以将此戒指放在有白矾的水中煮,煮一会儿就会干净,从而得到一个洁白的银戒指。

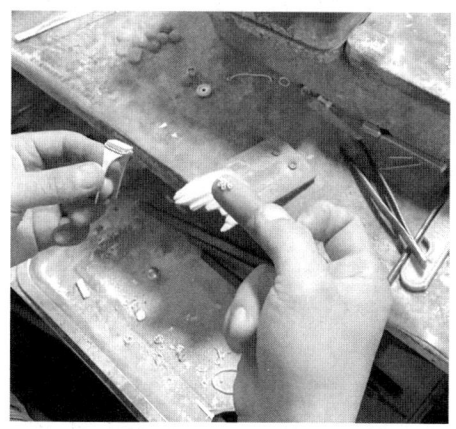

图2 制作戒指步骤1

图3 制作戒指步骤2

图4　制作戒指步骤3

图5　制作戒指步骤4

总体来说，几位师傅使用的工具主要有"皮老虎"、焊枪、锤子、剪刀、锉刀、压片机、抛光机及其他打磨工具。即使是制作较为精密的蒙医五疗器械的曹得木加木苏师傅也不例外。银匠们在制造作品时是追求完美的，他们在脚踏实地完善作品。经过不断实验、不断打磨，将每一个细节都做到最好，不论花费多久时间，都会让自己的作品变得更加完美。银匠们的手工技艺提升并不是一举成功的，而是需要经过日复一日单调重复中循序渐进的过程，在这个过程中需要匠人们专注执着，克服手艺学习和传承过程中的各种困难，沉淀自己、提升自己。在喧嚣的当下，他们的心中没有那么多的杂念，他们保持着内心的平静和坚韧，将全部的精力都用在了手工艺上，这份坚韧和专注让人敬佩。

图6　铁锤

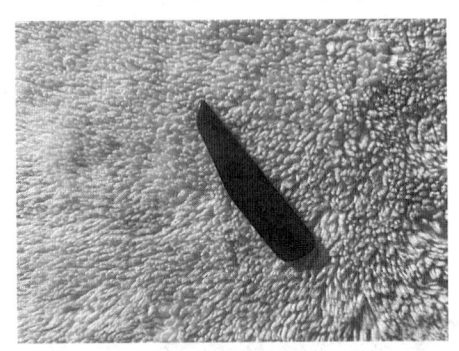
图7　玛瑙刀

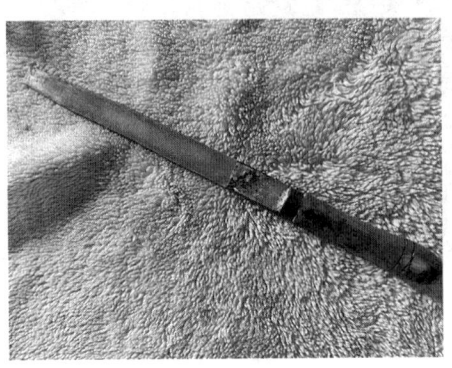
图8　锉刀

图9　焊枪

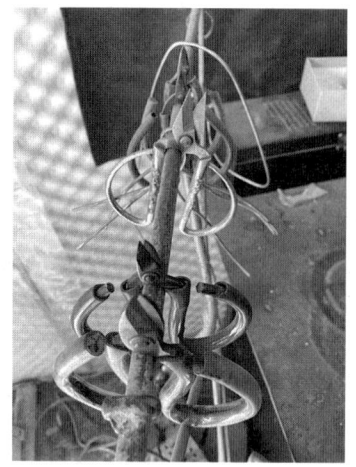

图 10　剪刀

图 11　皮老虎

图 12　压片机

图 13　压片机

图 14　抛光机

图 15　氧气罐

2. 银器的特色

蒙古族金银器以独特的造型、别致的纹样、丰富的内涵来代表蒙古族人们生活中的文化内涵、生态意识以及游牧文化智慧的象征。所以说蒙古族的金银器装饰品不仅是表面上的，而是代表了一个民族的文化内涵。作为民族特色的一种工艺将其发展传承是有必要的。

民间艺术是民间技艺的产物，以民间技艺生产民间造型器皿，其生产环境与条件是以手工艺的形式，言传身教，口耳相传的。民间工艺的突出特点是传承和群体化。在原始时代和民间生活中，"所有这些发明形成一道链条，它是一代一代无名发明者经验的逐步积累而锻造成的，是许多不同的发明相互结合的产物"（利普斯，1949）。然而传统手工技艺作为非物质文化在各个民族的生活生产方式中成为了工艺和精神智慧的结晶。它会以"传承者"来延续，必须依托他们才能发展下去。传统手工艺自古以来多是以父子相传、师徒相授的模式被延续下去的，这也为传统手工艺的发展建立了坚实的人才基础并保证了传统手工艺完整有序地传承。非物质文化作为一个民族不可复制的技艺和民族历史足迹的记忆，它的价值是不可估量的，也是在长期的生活实践中产生的，是在传承人的头脑中产生的。蒙古族民族传统手工艺是一项重要的文化资源。在人们的精神需要日益丰富和多元化的今天，我们必须大力发展文化产业。文化资源是文化产业的数据来源和基础。蒙古族的民间手工艺是蒙古民族优秀的文化资源，是发展民族文化的重要力量。

蒙古族传统银器代表着蒙古族人们的文化内涵，可以表现蒙古族的顽强精神、代表图腾崇拜与人们的美好愿望。蒙古族人民热爱辽阔的草原和一望无际的蓝天，奔腾的骏马和翱翔的雄鹰表达蒙古族人们的豪迈。这种情感体现在蒙古族金银器皿中简洁的设计、流畅的线条和生动的图案上。在生产生活中不同的场合有着不同的文化内涵。蒙古族人认为有了天神山神火神等自然神的帮助和自身的努力就可以有安定的生活。他们把这种信仰体现在传统的金银器上面，尤其是在祭祀活动中使用的金银器皿上表现了这种信仰，表达了蒙古族人对自然和上帝的尊重和崇拜，这种敬仰逐渐地转化为蒙古族人的精神信仰。蒙古族人信仰天地并长期融入大自然的游牧生活，潜移默化地影响了蒙古族人的生活，这也是蒙古族人情感的来源。金银制品的纹样表现出图腾崇拜、自然崇拜和祖先崇拜。它是由图腾文化逐渐沉淀和演变而来的，以吉祥图案带动各种神灵。《蒙古秘史》中记载蒙古历史上曾经有过以苍狼和白鹿为标志的图腾崇拜（赵智奎、陈红艳，1987）。蒙古族人民祈求上帝的庇佑，使他们远离灾难、痛苦、疾病等一切坏事，从而得到更好的人生。蒙古族金银制品反映了蒙古族人民虔诚的信仰和祈祷，在无形中具有一种特殊的神秘感，如"银边装饰的狼牙"戴在身上有辟邪转运的作用。通过对于金银器的了解，蒙古族传统的金银器不仅仅是一种装饰品，它也是我们生活中一种不可缺少的文化。蒙古族的银匠们通过象征的手法将银器制作成多种多样的款式，用银器表达了浓厚的民族情趣。这些文化表现的形式都与生活内容有关。

（二）银匠业面临的问题

长久以来，蒙古族银器被赋予日益丰富的内涵，积淀成了蒙古族的文化符号之一。银匠作为银器的创造者，在银器的发展中发挥着无法替代的作用。但是银匠业在如今的发展中面临的一些问题是不可避免的，以下将展开来讲述蒙古族银匠业在发展中面临的文化与社会方面的问题。

1. 在文化方面

非物质文化遗产作为民族文化的锤炼，是文明自我识别的重要标志，因此具有极大的研究价值和深刻的保护意义。传统文化既是一个民族悠久的历史和丰富的文化底蕴，也是一种凝聚历史和未来的珍贵精神遗产。但是随着当代社会现代化进程的不断加快，不管是有形的还是无形的，都受到前所未有的冲击。怎样才能更好地保护和继承民族文化遗产，这是一个需要全人类共同面临的问题。如果不妥善处置，不仅传统文化的血脉会在我们手中被人为割断，就是很多新文化的创新也会因此而面临危机。传统的银器加工是采用手工艺方法进行的，反映了银匠的精神世界和审美情趣。古朴而又充满人文情感的传统银器受到人们的关注和喜爱。但是，同时这种民族意识的附加物慢慢地被符号化且在渐渐失去它的民族特征，所以如何将其继承和发展创新仍然是个值得我们去思考的问题。

在笔者的采访中阿拉坦孙布尔师傅说①："现在的年轻人们不愿意在戒指的两边纹花样，喜欢光溜溜的面，认为那样是比较干净的，但是我认为这样两边没有纹花样的戒指并不是蒙古族传统戒指的样式。"这也在某种程度上表达了传统民族工艺特征将面临丢失的可能性。国家虽然高度重视少数民族传统文化的发展，也在不断地加大文化的建设力度。但也存在着一些传统文化工作不足的事情，例如，对民族介入传统文化的内涵挖掘不够深，品牌意识淡薄；传统的艺术和技术教学没有被系统地纳入教育体制中；传统文化资源虽然得到开发，但大多数停留在表面。因为传统技艺教学的匮乏，新一代年轻人对传统艺术缺乏认识，也无法在传统文化基础上创造出具有本土特色的新型文明。在这个问题上《文化白皮书》的反思相当深刻，他们认为："传统艺术来自民间，回到民间学艺，也是再自然不过的事。民间的传承生态要求的不仅是技艺的延续，还包括专业知识、敬业精神，甚至是生命和情感的世代交替以及师徒伦理的维系。"在传统技艺中，师傅与徒弟是一套完整的传承系统，在夜以继日的相处中，不仅要学习艺术和技术的传承还要学习各种民间知识和应用方法，懂得如何使用工具，了解材料和来源，掌握仪式、禁忌等。传统技艺要进行长期的传习养成，如果只是短期的培训计划，民间艺人从准备工具、材料到教材的示范制作，往往被简化或约化，按图索骥，所教所学不过是一件抽离传统脉络、徒具形式的文化样品而已，所以以这样的方法来传承文化就没有多大意义。还会受制于银器技艺传承中的师徒制在人才培养规模上的先天不足，在培训体系层面一直不能实现向院校教育层面上的发展，这也使银器制作技艺的传承始终无法逃离自己的小圈子。

2005年12月，国务院发布《关于加强文化遗产保护的通知》，确定每月的第二个星期六为国家"文化遗产日"，我国非物质文化的保护工作也至此得到开展。②党的十八大报告中指出"要建设优秀传统文化传承体系，弘扬中华优秀传统文化，繁荣发展少数民族文化事业"。党的十八届五中全会也明确提出，要"构建中华优秀传统文化传承体系，加强文化遗产保护，振兴传统工艺"，振兴传统工艺作为国家发展重点被写入"十三五"规划。③ 2017

---

① 引自笔者的访谈记录。受访者：阿拉坦孙布尔，地点：阿鲁科尔沁旗天山镇，时间：2021年10月13日。
② 中国入选联合国教科文组织非物质文化遗产名录（名册）项目。中国非物质文化遗产网：http://www.ihchina.cn/directory_list.html。
③ 中共中央关于制定国民经济和社会发展第十三个五年规划的建议。共产党网：http://news.12371.cn/2015/11/03/ART1446542549525771。

年3月，文化部等部门共同制定《中国传统工艺振兴计划》，并指出："中国各族人民在长期社会生活实践中共同创造的传统工艺蕴含着中华民族的文化价值观念、思想智慧和实践经验，是非物质文化的重要组成部分。振兴传统工艺，有助于传承与发展中华优秀传统文化，涵养文化生态，丰富文化资源，增强文化自信。"①为了使传统工艺文化得到更深层次的发展，笔者认为应该大力发展民族手工业，以推动民族文化发展。当下对少数民族传统文化发展要遵守传承和发扬，要积极对待传统文化并进行保护。要真正地发展少数民族的传统文化，最主要的就是政府要加大宣传，着力推进文化的传承工作，并在原来的基础上进行发展。蒙古族银器制作的技艺包含着民族的文化，银匠作为技艺的传承人是其中的重要人物，所以要保护和发展蒙古族银器制作的技艺就要尊重银匠、支持他们的工作。同时要适应现代化社会，需要把传统和现代化有效地融合起来，在制作中要保证具有传统手工艺的特点，在雕刻花纹等方面依旧采用手工制作方式。我们身为中华优秀传统文化的接班人，应该意识到，振兴民族手工业是我们国家发展的必然趋势，应该对其进行积极的传承和创新。

2. 在社会方面

我国许多传统手工艺具有民族特色，蒙古族的手工艺品也不例外。这一特点在文化产品形象塑造上具有天然优势，有利于增强消费者对传统文化的认同感。蒙古族传统银器在非物质文化遗产中具有一定的时代特征和文化内涵。民族手工艺作为一种文化传统，它是一种文化资源，在市场竞争中发挥着重要的作用。民族文化的独特优势在当今繁荣发展的时代背景中逐渐凸显，少数民族文化中所具有的民族特色，是历史传承的文化力量，是我国民族文化中的艺术遗产。民族文化建设是少数民族文化作品产业化的高效平台，在不断的摸索和创新中，我国已形成比较好的发展理念，而以科学的方式发展出具有民族特点的文化经济，可以促进整个民族的经济发展，促进整体的富裕。

但是随着社会的发展，越来越多的首饰用品在我们生活中出现，比起传统的手工银饰品，它们也有自己的独特之处。例如，现今出现多种钛金的首饰品，价钱不仅比银首饰便宜，而且款式也比较符合现在年轻人的审美观点。除了这些款式多种多样、价钱便宜适合年轻人的首饰之外，也有比较昂贵的珠宝、名牌的钻石首饰等，这些比银饰昂贵的首饰更受上班族的欢迎，这些首饰品在外观上可以比传统的银首饰看起来更加精致漂亮，又有自己的品牌。当各种各样的首饰品越来越多地展现在我们的眼前时，蒙古族的传统手工艺品不得不面临一些销售经营方面的困难。

根据笔者的采访来看，购买手工银器的人们还是以当地居住的蒙古族人为主，而这些当地人的消费动机是来源于蒙古族人以银为美的观念以及蒙古族的传统习俗文化。但也有省外的人通过网络或者是朋友的介绍来定制银器，曹德木加木苏师傅说②："在我这里购买过饰品的人之中也有外国人，曾经有韩国人来购买我的银首饰，也有省外的人们由于欣赏蒙古族银饰品购买，比如陕西、宁夏、甘肃等地方的人们都在我这里买过。"那亚恩太师傅

---

① 国务院办公厅关于转发文化部等部门中国传统工艺振兴计划的通知．国务院办公厅：http://www.gov.cn/zhengce/content/2017/03/24/content_5180388.htm．

② 引自笔者的访谈记录。受访者：曹德木加木苏，地点：阿鲁科尔沁旗天山镇，时间：2020年12月27日。

说①："我会把做好的银饰拿到那达慕或者旅游景点去卖，这样外地的游客们就可以认识到我的作品，因此会设计一些更具现代感的银饰来满足游客的审美要求。此外还会供应给一些旅游景点的珠宝商店，当然这样批发的话卖得比较多但赚钱也会相应地少一些，因为是批发价。"其达日巴拉师傅说②："如今从我这里购买银器的消费者大部分都是蒙古族人。其中，年轻人大多数喜欢做成精致的样子，如光面的环形戒指、光面的镯子，或有一三五个镶嵌的，这些样式其实与古老的款式基本上没有什么太大的变化。一般情况下，购买银首饰的较多。例如，子女结婚的时候使用银首饰作为嫁妆。"阿拉坦孙布尔师傅说③："从我这里购买的大多数都是我们当地的蒙古族人，不过最近也有些外地的人来购买，比如通辽、锡林郭勒盟等地的人们。"拉西吉格木德师傅说④："我一般零卖的较多，因为认识我的顾客很多，并且都很信任我。现在的顾客们以购买银耳环手镯项链为主，也会有少量的顾客定做马具等装饰用品。以顾客的身份来说的话当地男女老少都会买，要结婚的人也会定做新娘的头饰。女性一般都以购买银耳环、手镯、项链为主，男性一般以购买马鞍、马鞭、马具等为主。"综合以上五位银匠的说法来看，零卖给顾客的相对来说是很少的。他们都是批量地卖给一些商场的珠宝店，这里有阿鲁科尔沁旗天山街里的商家，还有呼和浩特、巴林右旗、翁牛特旗、巴林左旗、通辽、锡林郭勒等地方的商家们。虽然如今因为网络发达，微信上买的人也比较多，例如，甘肃、宁夏、河北、陕西、内蒙古各旗县的人们也会通过网络来购买，但是数量极少。由于蒙古族传统的银饰品具有民族的特性，所以在市场上是有相对的局限性。

笔者认为，值得深思的是，当今社会，由于传统文化和现代文明的矛盾，社会形式和生存空间的变化，造成了传统的生活方式、审美观念和教育观念的改变，致使部分年轻人缺乏对传统文化价值观的认识，使源于传统文化的手工艺品的生存地位处于危险之中，因为如今的年轻人使用的都是机器生产制造的，也有部分人不太认可手工制作的作品，甚至在一些人看来手工艺是粗糙的、落后的、老式的。如今传统手工艺也存在缺少继承人的状况，据采访了解其原因之一也是手工艺活的价格太低（制作一个戒指的手工费有时会低到只有40元）。所以只有使匠人们的手工艺价值提高起来并足以达到在市场中立足的条件，也就是说将匠人们的利润相对地提高一些，他们就会有更大的动力去坚持，才会有更多的人选择加入这个行业并将其发展得越来越广泛，所以传统的手工艺文化并不能脱离现代生活，并需要通过人们的供需平衡来实现传统文化的传承。这些需要传承人更多地了解当代人民的生活方式、审美习惯、爱好，并不断改进提高手工技艺。了解当代社会的需要和市场需要，这样传统技艺的传承才能得到进一步的发展，因此手工艺人要深入生活实践，在实践中感受人们的需求，结合现代人们的审美倾向，以推动传统手工业的可持续发展。也可以采取旅游带动的方式，整合当地蒙古族银匠的资源，制造出蒙古族银饰的特色，在旅游行业中发展了就可以在各地传播下来，以此提高蒙古族银器的发展范围，使不同地方的消费群体更加进一步地发现蒙古族传统的银器。也可以将其通过新媒体等进行宣传，面向更广泛的市场。如要走向全国各地那么也可以将银饰作品树立为一种品牌，将它与蒙古族

---

① 引自笔者的访谈记录。受访者：那亚恩太，地点：阿鲁科尔沁旗天山镇，时间：2021年4月17日。
② 引自笔者的访谈记录。受访者：其达日巴拉，地点：阿鲁科尔沁旗天山镇，时间：2020年12月27日。
③ 引自笔者的访谈记录。受访者：阿拉坦孙布尔，地点：阿鲁科尔沁旗天山镇，时间：2021年10月13日。
④ 引自笔者的访谈记录。受访者：拉西吉格木德，地点：阿鲁科尔沁旗罕苏木，时间：2020年12月28日。

文化结合起来，把重心放在象征意义的银饰品上来追求银饰的质量与其内在文化的匹配度，增加银器用品的文化附加值。上面提到的工作都需要银匠们的言传身教与大力支持，这也是向所学的徒弟们传授技艺的核心，从而让蒙古族银饰用品走向各地甚至国外，这样就可以让民族银器的用品更加多元化。当然这需要传统手工艺人利用民族特色文化并结合大众审美进行创新生产，从而促使传统手工艺品更好地融入大家的生活。

三、发扬"工匠精神"谋发展

精益求精是"工匠精神"的核心内涵。在中国古代，这是一种很受重视的文化现象，《诗经》中有这样一句话"如切如磋，如琢如磨"，就是在赞美当时的工匠在打磨玉器时的精益求精。也就是因为这种精益求精的精神才使得当代的许多工艺都长期处于世界领先的地位，回归现代也是如此。"精益求精"既是"工匠精神"的核心价值和内涵，也是培育"工匠精神"的基本素质。尤其是在工业化、智能化的今天，鼓励创新、敢于创新也越来越受到重视，这也是"工匠精神"在新时代所赋予的新含义。"工匠精神"的传承，推动创新不只是一句口号，而是每个人都要切实地践行，培养"工匠精神"发扬创造精神也是国家发展之道。

（一）蒙古族银匠的技艺创新

"工匠精神"既包含了传统的专注、精细化的品质，也包含了新时代不断突破、创新的内涵。精益求精是敢于创新和乐于创新的前提，日复一日地工作是创新的基础，追求完美是创新的驱动力。从以前低效率生产制度到如今的新型高效率制作模式都是建立在不断地改造和创新的基础上的。

1. 银器的现代发展

根据历史的轨迹，传统手工艺品一直是社会生活的必要组成部分，反映了人们对生活方式的选择和它所代表的价值观。但是在现代化进程中，传统手工艺会出现与社会生活脱离的状况，从而人们会对传统手工艺缺少认识，所以也会导致无法完成其应有的现代转化。同时，也会使非物质文化遗产的保护目标和方式发生偏差，从而影响其生存、发展与传承。所以，要让传统手工艺在现代社会中得以延续，就必须根据现代大众对生活的需要，挖掘出优秀的传统手工艺的当代价值，在精细化和耐久性的基础上保证实用性。这样不仅能突出传统工匠的人文情感，还能满足现代人们的需求。随着时代的变迁，传统手工技艺所面对的困难也逐渐加剧。在现代，为使传统技艺得到更好的传承，传统手工艺人需要以积极的态度和创新的作品来适应时代的发展，利用政策的优势，将传统手工艺引入大众的视线，通过网络平台，让更多的年轻人参与到传统手工艺的保护与发展中来。这不仅是对一门技艺的传承，也是对这些工匠一代又一代的奉献精神的尊重，更是对中华优秀传统文化的积淀与发扬。传统手工艺的生产性保护和手工艺产业的兴衰，都与非物质文化遗产的传承和保护息息相关。

如今我国也一直在强调要保护与发展少数民族非物质文化，因为少数民族的传统文化是我国文化中的宝贵财富并具有很大的价值。由于时代在发展，人口日益增长，人与人之间的兴趣、能力、才智、想法的差异，银匠们也逐渐专业专长化，在他们手上的技艺更加娴熟、精进，雕刻制作也越来越精美发达。由于工艺精美货真价实，蒙古族银匠们在当地的销售一般都是靠口碑，据笔者采访的银匠拉西吉格木德和曹德木加木苏说[1]他们是从早期的"流动银匠"到"坐家银匠"从小做到大，从家庭作坊模式到柜台销售模式。采访中阿拉坦孙布尔师傅说[2]："现在国家重视非物质文化遗产，尊重少数民族工艺。如今各地乡镇里每年都会来'展览会'卖民族工艺品，阿鲁科尔沁天山镇、坤都镇等地方也会经常举办'展览会'。"从中他也在感叹，如今的传统手工艺品大多数是以销售为主地给大商场提供货源。但他更希望的是，这些传统手工艺可以传承给下一代的年轻人们，传给更多喜爱这门艺术的人们并且被更多的人认识到它。所以自己一直在招徒弟，不过招收徒弟要收学费，他说刚开始招收徒弟时不怎么收费，但是这样的话有些年轻人会不珍惜、不认真学，所以他才开始收学费。因为他认为[3]："当今的一些传统手工艺人如果不把这些技术传承下去的话，蒙古族匠人们的手工艺将会丢失它原本的样子，但值得让人们开心的事情就是银器手工制品从古至今一直深受人们喜爱，即使是在当今极其发达的社会中这个传统不但没有随之消沉，而是更加地随着实用性、装饰性、观赏性及收藏性而越来越被人们所需要。这也为以后的银器手工艺的传承创造了无限的发展空间。"银匠们应该把这种多元化时代背景下的传承把握好并传授给后代，继续发扬这项传统的文化，努力让蒙古族传统文化用品成为每个人可以使用的日常生活用品。显然只有这样才能有效地传承和发展非物质文化遗产。文化在演变，社会环境不断发生变化，在这种非物质文化的传承者们缺少时，文化原本的样子只会倾向于人们的思维方式。因此，传统文化也可以随着时代的变化而发展重塑，同时非物质文化遗产也需要创新以新的形象服务时代。党的十八大以来，高度重视传统文化的发展工作，"文化寻根"的思潮在整个社会上迅速兴起。当今社会，随着传统文化日益受到重视，人们对民族文化和身边文化的敬仰达到了一种前所未有的高度。越来越多的人希望看到民族文化因素给身心带来的洗礼和震撼（姜逸洲，2017）。

  在未来的发展中，应充分重视银器技术的推广与宣传，在媒介融合的背景下，打破银器文化的时空界限，依托自身强大的文化因素，不断打造银器发展的"核心吸引力"。在这个过程中，我们也可以搭建一个立体的蒙古族传统的银器文化资源共享平台，包括专属网页、官方账号、视频网站等，从而实现传统银器文化的多渠道推广，让更多的人喜欢银文化并使用和收藏它，这对银器的整体繁荣具有积极意义。例如，如今比较流行"直播卖货"，传统的手工艺人们可以和淘宝、抖音、快手等平台进行合作，直播卖货时可以给观众大概地展示一下手工制作的过程。那么观众的购买欲望也会提高，人们买到之后也可以获得对手工艺品的直接感受，还能亲自体会到工匠们的智慧和文化氛围，那么传统的手工艺品就可以进一步地接近人们的生活。这样的话文化遗产就不会仅仅是一个虚言了，所以不管是匠人们主动创新的产品还是对于它的巧妙的经营模式，都是对传统手工艺的生产性保护。在重视传统文化核心和技艺传承的基础上，不断地让其走向人们的日常生活和市

---

[1] 引自笔者的访谈记录。受访者：曹德木加木苏、拉西吉格木德，地点：阿鲁科尔沁旗天山镇，时间：2020年12月27日。

[2][3] 引自笔者的访谈记录。受访者：阿拉坦孙布尔，地点：阿鲁科尔沁旗天山镇，时间：2021年10月14日。

场，这样就可以实现对它的保护与传承。

2. 工匠精神

"工匠"这个名词在中国最早出现于春秋战国时代，也就是在社会分工中，有了一个专业的手工艺团体，那时工匠就是以木匠为代表的。东汉时期，"匠人"一词的含义，几乎涵盖了所有的匠人（杨冬梅，2021）。中国古代的手工艺文化具有以下特征：①创造精神。精美的丝绸、精美的陶瓷……，无数的发明创造都是中国古代工匠们的智慧结晶和孜孜不倦的追求。②敬业精神。"庖丁解牛""运斤成风""百炼成钢"……这些俗语，既是中国古代工匠高超的技艺，又是对他们不断进取的敬业精神的一种褒奖。③投入。中国的传统对"敬"的概念非常重视。古代的工匠阶层，对自己所做的工作非常尊重，因而他们的"敬业"思想具有很强的内涵。新时期的中国工匠精神，由于扎根于中华文化深厚的文化土壤，具有鲜明的民族特色。中国传统工匠的德艺双修、物我合一的境界始终为中国新时期的工匠精神注入了永不枯竭的活力（杨冬梅，2021）。人们普遍认为，"工匠精神"包含了高超的技术和技能，严谨、细致、敬业、负责的工作态度，精心制作、精益求精的工作理念，专业的认同感和责任感。但是，这仅仅是对"工匠精神"的泛化理解，而对中国新时代"工匠精神"的特殊性的研究则相对匮乏。其实，新时期的工匠精神，除了具有普遍的工匠精神之外，还有着自己的独特性。既是对中国传统工匠精神的传承与发扬，也是对外国工匠精神的一种借鉴。这既是国家现代化、国家力量建设的要求，也是新时期劳动精神的一种新形态。这一制度与劳动模范、劳动精神相结合，形成了一套完整的制度，并在一定程度上激发了全体职工实现中华民族伟大复兴的梦想。

"工匠精神"源自时任总理李克强于 2016 年 3 月 5 日所作《政府工作报告》：要大力发展个性化定制和柔性生产，培养"工匠精神"。"工匠精神"这个词语在制造业中迅速走红。"工匠精神"是中国民族精神的传承，是中华儿女骨子里的一种精神基因。因为中国数千年来的传统工艺，都是由手工制作而成。"玉不琢，不成器""如切如磋，如琢如磨""粉妆玉琢""砥砺琢磨""精雕细琢"。"琢磨"是工匠精神的底色，而"创新"是工匠精神的核心。想通了，就可以进步，可以创新。因此，工匠精神在空间层面上体现了"精益求精"的"专注"思想，并在时间尺度上阐明了"熟练"是"前进"的基础。[①] 据调查，上述的银匠们之所以成为银匠都是因为自己的兴趣爱好，并经坚持不懈的努力而形成的。他们表示机器永远代替不了手工，因为手工制作的每件都是专门给顾客定制的，在这里包含着匠人的智慧。从多年的经验来看，他们慢慢地形成一种对民族手工艺文化奉献的精神。其实，工匠精神本来就是我国优秀历史文化的一部分，古代传统工匠如果没有严格遵循精益求精、工艺、细节，那么这些传统的银器用品怎么会惊艳世界、走向辉煌并一直留在人们的心中呢？虽然其发展的动力也来自市场的需求，但更重要的是来自银匠们对自己所做事情的真挚热爱，并愿意将其口传心授地传承下去。具有传统手工艺的银匠们用心传承制作银饰，用一双巧手锻造无数精品。据了解，目前阿鲁科尔沁旗的乡镇将近有 100 个银匠。他们都是在一个不大的工作室里炼银、打坯、打样、錾刻、清洗、抛光，将一件件精美银器做成成品。要做好银饰品，不仅要投入大量的时间，还要有恒心，使银饰品变成做工精美、图案美观的

---

① 秉承工匠精神成就不朽经典七度银匠世家的工匠精神，2016 年 12 月 22 日。百度网：http://www.zbwg.cc/shop/descover/page/1749.html。

精品。能够保持心灵的宁静和孤独,是工匠做好精美银饰的必要条件。他们以精湛的技艺、勤劳的双手,深受中外客商好评。他们坚守技艺、专注执着、敬业奉献的精神足以让传统的银器手工艺文化坚持发展下去。在采访中有位银匠①表示:"如今不以赚钱为目标,而是想把蒙古族制作银器的手工艺传承给下一代的年轻人,只有这样我们的手工技艺才能传承下去。即使手工银器渐渐地现代化,但是依旧不可忽略传统的制作规模,即传统模式的制作要更加有情怀、有特点而赢得人们的关注。所以并不需担心现代化淡化传统规模。"工匠精神并不仅限于制造,而是要透过对其内涵的提炼,在各行各业中不断汲取与发展。在执着追求卓越的银匠精神激励下,沉淀和过滤大众浮躁的氛围,脚踏实地地使每个人都能专注于自己的事业、现实追求,展现出自己的价值,从而促进在社会中的健康发展。这也是蒙古族银匠们的普遍想法,他们所有的这种精神灌注着使命感,也渗透着社会责任——"工匠精神"。

(二)银匠技艺传承的价值

银器是蒙古族人们喜爱的传统器具,也是蒙古族历史和文化的载体。银匠作为其创造者,在蒙古族银器的发展中发挥着重要的作用。所以发展蒙古族银匠的传统技艺对民族文化有着实际的价值。

1. 发展技艺的价值

每个民族的文化艺术的文化内涵各不相同,具有再生产和再创造价值。特定的地域环境、生活条件、宗教信仰、兴趣爱好和审美情趣,这些构成一个民族的文化艺术。它具有稳定性、继承性、独特性等特点,是一种具有民族特色的文化基因。对一个国家的文化基因有清晰的认识与分析,尊重这种客观存在是一个必要的认知过程。

从少数民族文化研究来看,我国古代北方草原民族多从事游牧生活。蒙古族银器的特色反映了我国北方草原民族的审美观念,并用独特的造型艺术传达了北方游牧民族审美文化及其内涵。丰富的文化内涵是传统手工艺向高端方向发展的最大动力。丰富的文化内涵和文化特征是高端产品的必要特征。文化的发展需要时间的积累,中国传统工艺有很长的历史,在历史长河中留下的传统手工艺都是我国高端发展留下的基础。这是中国特有的文化形态,也是中国不同时期、不同环境下不同民族生产和生活状态中所作出的努力,是中华民族生存生产体系的核心价值。

蒙古族银匠的传统手工艺在我国也有长久的历史,经过长期发展形成了丰富的手工艺门类和精湛的手工技艺。这里有很多优秀的工匠,他们可以利用稀有的自然材料,制作出精美的首饰和生活必需品,他们将自己的作品制作得非常精美、非常实用,这也是传统手工业发展的一个重要原因。传统手艺的特性说明"活"文化的技术,体现"活"文化的动力,并贯穿中国的传统文化。因此,作为当代经济生产、社会实践、文化建设活动中的一种积极生产力,传统手工艺活态的文化记忆和丰富的文化内涵,是贯彻落实国家号召,进行创造性转化和创新性发展的指导方针,对国家和人民过去、现在和未来的发展都具有重大的现实意义。相反,探索振兴传统文化技术的高端发展也是对传统文化的升华和提炼,对中

---

① 引自笔者的访谈记录。受访者:阿拉坦孙布尔,地点:阿鲁科尔沁旗天山镇,时间:2021年10月。

华代表传统文化的传承、保护、创新与发展作出了重要贡献。发展技艺、注重工艺质量，是传统手工艺人发扬"工匠精神"的最佳体现。在他们看来，专心专志、精益求精的敬业精神是提升制作品质的根本。银匠要以自己的职业为荣，认识到只有用心、精雕细琢，才能制作出高水准的手工艺品，只有制作出高质量的产品，才能赢得业界的尊敬，让人生的价值得以体现。对传统手工艺的标准化、程序化、典型化等要素的继承和严格的执行，既是确保工艺的品质的一个重要前提，也是其最根本的文化特性。这就决定了传统手工艺品生产应该被引入当代工业体系中，不是在于规模和产量上，而是要突出产品的质量与品质，并在手工艺品中充分体现这些基本的工艺要素和文化特征，强调并充分发挥文化和传统手工艺的完善。通过这种方式，可以有效地改善工艺质量，创造出经得起时间和大众考验和评价的优质产品，从而更好地满足当代人对经济和文化的不断增长的需要。

2. 银器的文化价值

中国作为具有悠久历史的文明国家，在漫长悠久的手工业发展的历史上手工艺人用他们勤劳的智慧满足了人们基本的生活需求，更是创造出了五彩斑斓的物质文明。优良的传统手工艺是中华优秀传统文化历史的缩影，它是人们丰富物质和精神需要、民族归属感的精神纽带，更是能提高我国文化软实力和建设文化强国的文化基石。蒙古族银饰在表达美观的同时也表达着蒙古族的传统文化，少数民族手工技艺作为非物质文化遗产，它的保护与文化传承意味着银匠需要对传统技艺、样式以及文化生态进行挖掘。

蒙古族的手工业最初起源于游牧经济条件下家庭内的劳动分工，因市场经济发展较晚，长期处于自给自足的家庭手工业阶段（蔡志纯等，1993）。蒙古人塔塔儿部地方盛产银子，"那里到处是白银，居民的一切器皿用具都是银制作的"。蒙古贵族中使用金银器很普遍，有金裹龙头胡床，有以黄金盘龙为饰鞍带，蒙古白铁匠能制作妇女的头饰、衣饰、手镯、戒指、金杯、银盆、兵器上嵌金银花纹，特别是鞍具上的包金装饰。蒙古族工匠的绝技是用图案模板镂刻好金银薄片，将薄片放到铁火上用小锤砸几下，使金银制品嵌入铁器上，再经淬火，然后用炭拭擦制品，显得异常精美。1988年9月2日在内蒙古自治区锡林郭勒盟镶黄旗乌兰沟发现的一座元朝早期蒙古贵族墓的随葬品中有金马鞍饰、金杯、金手镯等多种金器。其中金马鞍饰，在我国是首次发现，证实了《蒙鞑备录》上的记载，早期蒙古贵族使用金马鞍饰。出土的金马鞍饰的前桥是云纹花彩，中间是一栩栩如生的梅花鹿，金马鞍左右翅部为对称的几何图形，做工精细，造型美观，图案生动，具有鲜明的民族风格，是一件罕见的艺术珍品，充分反映了古代蒙古金银匠的精湛绝技（蔡志纯等，1993）。这种工艺在蒙古族中一直被流传下来，元代上都设立官营金银器盒局，集中蒙古族与其他民族工匠，专门制作金银器，明代阿拉坦汗赠送给明朝皇帝的就有金马鞍饰，清代时各王府也雇有金银首饰匠。金银器主要为贵族享用，而铜器则是在平民中，常见的有铜火锅、铜壶、铜碗、铜饰件等，其造型的特点是古朴淳厚，实用美观，富有民族特色，现在还大量生产（蔡志纯等，1993）。清代以来，各民族频繁交往，产生新的社会分工，原来分散各地的蒙古手工业者逐步集中到城镇，汉族与其他民族工匠也学习蒙古手工艺，他们的制作方式、取材、制造款式都保持和发扬蒙古族的风格，产品也主要供应蒙古族人民（蔡志纯等，1993）。

众所周知，"穿金戴银"是指人们通过金银器皿来表达自己的心愿和对生命的向往。但是，黄金显然比银贵很多，所以一般人都会选择银饰，因为它既不是很贵重，却能给人一种独特的美感，让人赏心悦目。这就是古人喜欢银饰的原因。把传统手工艺品银饰戴在身上不仅仅代表家庭财富，更体现一种民族的认同感和精神寄托。而且银的质地软、制作的器物有良好的延展性能，制作的器物造型精巧优美，装饰富丽多彩。它除了可以当装饰品之外，还有一些独特的功效，如安五脏、定心神、止惊悸、除邪气，这是其他贵金属所不具备的。笔者在采访银匠其达日巴拉的时候他说[①]："蒙古族很重视和广泛使用银器，银器比黄金重要，银器还有抗伤的作用，对人体不产生过敏反应。从过去的陈词滥调来看，银可以分辨毒素，一旦沾上毒素颜色真的就会变，比方说只要有人戴着银子得了感冒，银的颜色就会发生变化，这并不意味着银是某种神物。而是人体汗液中含有很多硫性物质，对于酸性汗液（身体不舒服的人发出的酸性汗液较多）多的人来说佩戴的银饰比一般人更容易变色。根据一个传说来讲，人们在左手的无名指上戴着银戒指去宴会，蒙古族人习惯在无名指上洒酒，当你将酒洒进无名指时就会滴到戒指上。那要看这酒是有害还是无害，就要看银色会不会发生变化，如果银的颜色变了酒就是有毒的，如果颜色不变这个酒就没毒。"除这个以外，银器还有其他许多作用，例如，银碗具，是古代商人出门必用之物，既是地位的象征，又是人身和财产的保障。由于其具有防腐、保鲜的功效，许多少数民族为了保持食品的鲜味，将其盛于银盆中。例如，蒙古族的草原牧民，以银碗盛马奶酒为最高礼仪，银碗不但代表着高贵、纯洁、尊贵，更具有防腐保鲜的功能，因为马奶放在一般的碗中，过不了数日便会腐烂，但装在银碗中的马奶，可以长久地保持其鲜美醇香的味道。银也有消炎作用，自古以来女人就喜欢穿耳洞，如果她们在穿洞的耳朵上戴上一对银耳环，伤口会很快愈合。还具有祛湿作用，即祛风湿、祛湿热。例如，中医中的针灸俗称银针，其实就是通过银针祛湿。银器除了有以上这些特殊的作用以外，对于蒙古族人来说它也有特别的含义。例如，蒙古族人们崇尚色彩，对色彩有着独特的感情，每一种颜色都表达着一个象征意义。白色在蒙古族色彩中有着深厚的内涵和意义。白色蒙古包、白云、白色羊群、洁净的哈达等都涉及蒙古族草原上白色的魅力。因此白色象征纯洁、平安、崇高。蒙古族人对黄金永恒的喜爱源自北方游牧民族对金银的喜爱和向往，金银象征着权力地位，享用金银珠宝象征崇高和小康生活。因此，金银在蒙古人的认知中被视为权力和金钱的象征。这在蒙古民族的文化意识中延续下来，他们把金银视为高贵的象征并用于日常生活。

联合国教科文组织驻北京代表青岛泰之博士认为："一个民族的文化遗产是该民族现存文化的记忆。"人类发展新文化的途径主要有两个：一是向异文化学习，从别人的文化中汲取营养，滋养自身；二是从自己的先辈那里汲取优秀的文化资源，从而发展自身。可以说，传统文化是人类社会中的一种珍贵资源，这能使我们的生活更加充实，它能丰富我们的人生，巩固我们的人生积累，也能增加我们的智慧，激发我们对人生的热情。因此，遗产的价值很难用单纯的经济眼光加以衡量。"文化遗产"，即指人类社会所承袭下来的前人所创造的所有优秀文化。文化遗产又可分为两大类，即物质和非物质文化（顾军、苑利，2005）。非物质文化遗产是指各种社会行为，如表演艺术、讲述艺术、生产生活体验、手工艺等，这些都被视为其文化财产的一部分。传统的银器制作技艺在民间传承，是民间生活的一种体现，也是一种很强的民俗文化。

---

① 引自笔者的访谈记录。受访者：其达日巴拉，地点：阿鲁科尔沁旗天山镇，时间：2020 年 12 月 24 日。

3. 发展银匠业的对策建议

在当今物质生活日益丰富的时代，人们经常追求新奇的产品，而传统手工艺却往往被忽视。然而，这些手工艺不仅代表了人类文明的传承和发展，还蕴含着丰富的历史和文化价值。我们应该利用"工匠的力量"来让银匠业更具生命力。建议采取以下五项措施：

（1）在发展银匠业中，首先需要重视培养银匠业的传承人。如今许多手工艺正面临失传的危险，因为传承人越来越少，因此需要重点培养传承人。目前有很多蒙古族银匠都已年过60岁，面对老银匠们年岁已高的现状，要积极培养一批技术高超、懂经营、有创新思维的年轻人来传承蒙古族银匠业。这需要投入大量的时间和精力，需要耐心和毅力。为此，我们可以通过学校、博物馆等途径来推广手工艺品，并培养银匠业传承人，使他们掌握这些技能并将其传承下去。

（2）提升匠人们的手工艺品质。手工艺品的品质直接影响着它的价值和生命力，因此需要不断改进和提高手工艺品的品质，增强它们的生命力。银匠们要不断学习和尝试新的工艺技巧和材料，使手工艺品更具创新性和时尚感。同时，也要注重手工艺品的细节，让每一个手工艺品都能呈现出独特的价值。

（3）通过互联网推广，提升民族手工艺品的知名度。随着互联网的发展，可以利用各种平台来推广手工艺品，在推广的过程中要注重文化宣传、使大众了解银匠业相关的文化。让更多人了解和喜欢它们。在互联网推广手工艺品时，需要有创意和创新性，并借助社交媒体来推广。同时，也要注重品牌营销，打造品牌形象，使手工艺品更具个性和吸引力。

（4）注重手工艺品的文化价值。手工艺品不仅仅是一件物品，它还蕴含着丰富的文化价值，因此，在推广手工艺品的过程中，需要注重它们的文化价值，并让其更好地展现出来。可以通过传统文化的展览、文化活动和文化传承等方式强调手工艺品的文化价值。同时要注重保护手工艺品的知识产权和版权，尊重手工艺品背后的文化和历史背景。

（5）注重用户体验。手工艺品的生命力也取决于用户体验。因此要注重用户体验，让用户能够更好地感受到手工艺品的魅力和价值。可以通过线上线下的展示和销售方式提供更好的用户体验，让用户能够亲身感受到传统手工艺品的质感、工艺和独特性。

综上所述，"工匠的力量"是让传统手工艺更具生命力的关键。通过寻找传承人、提升手工艺的品质，通过互联网推广、注重文化价值，注重用户体验和鼓励创新，我们可以为传统手工艺品注入新的生命力，让它们更好地传承和发展。在物质生活日益富裕的今天，我们应该珍惜和发扬传统，使手工艺在未来的生活中继续发挥重要作用。

结论

中华民族在漫长的发展过程中积累的各种传统手工艺不仅反映了不同历史事迹积极融入和适应自然文化环境的过程，也反映了当时当地人民的创作观念，也极大地体现了中国人民的智慧。在多元文化交流与撞击中，人们希望文化多样性的世界能存在下去。少数民族非物质文化遗产作为国家、区域软实力的重要组成，是历史价值、民族价值、文化价值、经济价值的多元载体，是区域文化生态的重要元素。蒙古族非物质文化遗产以其区域性、民族性及历史性生态，成为少数民族非物质文化遗产的缩影。本文在非物质文化遗产的视角下对阿鲁科尔沁旗蒙古族银匠业的现状进行了研究。在这里，曹德木加木苏制作的"蒙医五疗器械"受到了国内外人们的认可，并于2012年被列入内蒙古自治区非物质文化遗产名录中。包括曹德木加木苏银匠，其他银匠也都有自己的特点，他们都希望将他们的手工艺传给下一代。从这里可以看出银匠在职业的过程中形成内在的职业道德，从而激发他们的职业价值——"工匠精神"。

从蒙古族习俗、价值观、生活方式等方面探讨蒙古族崇尚银的文化成因，认识具有蒙古族特色的民族习俗、生活方式，是蒙古族崇尚银器的精神支柱。蒙古族人们喜爱银器，佩戴银器不但具有装饰的美感，而且还有辟邪解毒的作用，这也是他们崇尚银器的原因。由此可见，蒙古族之所以崇尚银，不只是某一原因单独作用的结果。

蒙古族银匠的手工艺是属于蒙古族社会的一项重要文化。在了解蒙古族银器手工技艺的文化意义之后就要考虑其作为现代社会中的一项传统文化应该如何发展的问题，这正是大家需要解决的重要问题。文化并不是静止的，它一直在变化。在当今快速发展的社会中，传统文化正处于急剧变化之中，由于不能适应现代化的步伐而面临着脱嵌的危机。许多传统文化都处于非传统或非现代的发展进程中。所以，传统文化需要在多元文化情境中寻求发展之路。蒙古族银匠业面临着该如何更好地在现代社会中发挥自己的作用并传承的难题。

非物质文化遗产活态传承的特点是非物质文化遗产的制作、保存技术主要掌握在少数的手工艺人手中。其中，蒙古族银器的技艺传承也不例外。在传承民族优秀文化的过程中，最有效的办法是将这些文化如实地记载下来，这种记录就是以文本文件为规范，通过文字，对非物质文化遗产的表现形式、社会实践、制作技艺等进行提炼、总结和固化。只有在传承人、政府部门、社会团体、企业、消费者等各方共同努力的过程中达成共识，非物质文化遗产工作才能够得到有序推进。

参考文献

一、专著

[1][美]M. Rostovtseff. The Animal Style in South Russia and China[M]. Princeton，1929.

[2][日]柳宗悦. 工艺之道[M]. 徐艺乙译. 桂林：广西师范大学出版社，2011.

[3][古希腊]柏拉图. 理想国[M]. 郭斌，张竹明译. 北京：商务印书馆，1986.

[4][美]亚力克·福奇"工匠精神"——缔造伟大传奇的重要力量[M]. 陈劲译. 杭州：杭州人民出版社，2014.

[5][美]理查德·桑内特. 新资本主义的文化[M]. 李继宏译. 上海：上海译文出版社，2010.

[6][英]爱德华·泰勒. 原始文化[M]. 连树声译. 上海：上海文艺出版社，1992.

[7]张景明. 中国北方草原蒙古古代金银器[M]. 北京：文物出版社，2005.

[8]徐英. 中国北方游牧民族造型艺术[M]. 呼和浩特：内蒙古大学出版社，2006.

[9]阿木尔巴图. 蒙古族工艺美术[M]. 呼和浩特：内蒙古大学出版社，2007.

[10]郭物. 马背上的信仰——欧亚草原动物风格艺术[M]. 北京：文物出版社，2003.

[11]乌恩岳斯图. 北方草原考古学文化比较研究：青铜时代至早期匈奴时期[M]. 北京：科学出版社，2007.

[12]杨建华，邵会秋，潘玲. 欧亚草原东部的金属之路：丝绸之路与匈奴联盟的孕育过程[M]. 上海：上海古籍出版社，2017.

[13]陈兆复. 中国少数民族美术史[M]. 北京：中央民族大学出版社，2001.

[14]张保文. 工匠精神[M]. 北京：石油工业出版社，2018.

[15]马斌. 工匠精神：价值型员工的十项素质修炼[M]. 北京：中国纺织出版社，2018.

[16]郑一群. 工匠精神：卓越员工的十项修炼[M]. 北京：新华出版社，2016.

[17]陈浩. 工匠精神[M]. 北京：中华工商联合出版社. 2006.

[18]赵智奎，陈红艳. 蒙古族哲学思想史论集[M]. 北京：民族出版社，1987.

[19]蔡志纯，洪用斌，王龙耿. 蒙古族文化[M]. 北京：中国社会科学出版社，1993.

[20]顾军，苑利. 文化遗产报告[M]. 北京：社会科学文献出版社，2005.

[21]利普斯. 事物起源[M]. 兰州：敦煌文艺出版社，2000.

二、学位论文

[1]蔡好狄. 非物质文化遗产保护标准体系研究——以景德镇传统手工制瓷技艺为例[D]. 南昌大学博士学位论文，2018.

[2]杨慧子. 非物质文化遗产与文化创意产品设计[D]. 中国艺术研究院博士学位论文，2017.

[3]黄捷. 非物质文化遗产传承人保护法律制度研究[D]. 广西民族大学博士学位论文，2020.

[4]刘欣彤. 非物质文化遗产鹤庆银器锻制技艺的传承发展研究——以新华银器为例[D]. 云南财经大学硕士学位论文，2021.

[5]李世洋. 非遗题材纪录片对工匠精神的建构研究[D]. 山东师范大学硕士学位论文，2021.

[6]余津莹. 我国国家级非物质文化遗产代表性项目传承人空间分布研究[D]. 湖南师范大学硕士学位论文，2020.

[7]杨烁. 非物质文化遗产国际保护制度研究[D]. 黑龙江大学硕士学位论文，2020.

[8]秦田. 非物质文化遗产传承人社会认同研究[D]. 江南大学硕士学位论文，2019.

[9]杨婧. 游牧文化视野下契丹族金银器研究[D]. 湖南工业大学硕士学位论文，2014.

[10]乌日吉木斯. 蒙古族银器的特点及习俗探析[D]. 内蒙古师范大学硕士学位论文，2007.

[11]巴达荣贵. 正蓝旗蒙古族传统手工艺品制作与传承方式调查研究[D]. 内蒙古大学硕士学位论文，2017.

[12]布和朝鲁. 蒙古族银制器皿探析[D]. 内蒙古大学硕士学位论文，2011.

[13]杜丽.元朝蒙古族银器技艺及崇尚银的原因研究[D].内蒙古大学硕士学位论文,2013.

[14]呼斯乐.蒙古族首饰研究[D].山东大学博士学位论文,2019.

[15]闫可.蒙古族金银器的创新设计研究[D].内蒙古师范大学硕士学位论文,2016.

[16]胡剑斌.控拜银匠的文化传承与社会整合[D].西南大学硕士学位论文,2019.

[17]尹斐.苗族银饰锻造技艺传承的教育人类学研究——以湘西凤凰山江镇为个案[D].中央民族大学硕士学位论文,2012.

[18]骆晨茜.手艺的生命:手艺人的身份构建——以内蒙古河套地区木匠为考察对象[D].山东大学硕士学位论文,2019.

[19]袁东升.当代土家族地区木匠及其文化变迁研究——以鄂西南来凤县百福司镇、漫水乡木匠为例[D].中南民族大学硕士学位论文,2008.

[20]唐世灏.银饰工艺产品个性化定制技术研究及应用实现[D].贵州大学硕士学位论文,2015.

[21]杜鹃.蒙古族金银器发展与现状研究[D].北京服装学院硕士学位论文,2013.

[22]王玲琳.系列微纪录片《了不起的匠人》中传统手工艺的活态传承研究[D].兰州大学硕士学位论文,2021.

[23]张景明.北方游牧民族虎纹装饰与文化内涵[A].葛志毅.中国古代社会与思想文化研究论集第三辑,2008:294-303.

三、期刊

[1]高丙中.非遗学的建设与新文科的探索[J].中国非物质文化遗产网,2021(4).

[2]彭兆荣.物、非物、博物:属性、类属、归属——中国非物质文化遗产博物学学科定位[J].中国非物质文化遗产网,2021(4). https://www.doc88.com/p-98839014033983.html.

[3]吴南.本源生活:对中国传统手工艺现代转化的再认识[J].中国非物质文化遗产网,2022(6). https://www.doc88.com/p-23647591800162.html.

[4]张景明.匈奴金银器的造型艺术与文化象征[J].民族艺术,2006(2):77-84.

[5]张景明.造型艺术的理论探讨——以北方游牧民族为例[J].大连大学学报,2010(3):77-81.

[6]张景明.北方游牧民族造型艺术的风格与思想表述[J].内蒙古社会科学(汉文版),2010(3):43-48.

[7]黄雪寅.匈奴和鲜卑族金银器的动物纹比较[J].内蒙古文物考古,2002(2):55-65.

[8]厉宝华.金银器制作工艺的传承与发展[J].文物天地,2019(9):117-123.

[9]张振鹏,李淑文.蒙古族传统引起制作技艺调查及其传统发展研究——基于乌拉特中期的田野考察[J].自然辩证法研究,2020,36(5):111-117.

[10]赤新.赤峰市阿鲁科尔沁旗天山镇蒙古族首饰作坊考察报告[J].吉林艺术学院学报,2010(2):29-33.

[11]徐英.科尔沁蒙古族金银饰品制作的田野调查[J].内蒙古大学艺术学院学报,

2010(1): 12-15.

[12]应小萍,罗劲. 社会心态视角下创新精神、工匠精神及其相互关系研究[J]. 哈尔滨工业大学学报(社会科学版),2021,23(5): 76-84.

[13]姜逸洲. 略论晚清时期外销银器的"奢华"之美[J]. 创作与评论,2017(20): 100-103.

民俗文化产业高质量发展意义研究

乌日力格　梅花

摘　要：随着非遗文化的保护政策及文化产业化的进程，传统文化的传承、发展、开发利用问题成为社会热潮问题之一。在国家大力倡导保护与传承民族文化的背景下，新巴尔虎右旗巴尔虎民俗文化产业园应运而生。巴尔虎民俗文化产业园以巴尔虎文化为依托，是巴尔虎文化再生产的新型场域，囊括巴尔虎饮食、起居、手工艺等传统民族文化的品牌。

本文运用田野调查和文献资料方法，以巴尔虎民俗文化产业园为研究案例，通过文化再生产理论分析其民族文化再生产的过程，深入探讨建设主体如何进行文化再生产以及参与主体在文化再生产中的动因和方式，继而对参与者之间如何合作与博弈进行了进一步的分析和阐述。

研究发现，巴尔虎民俗文化产业园成功实现了文化产业化的转型，在保护和传承传统文化的同时，通过多种方式推广民族文化产业，为当地经济发展提供了新的动力。研究结果对推动我国传统文化产业化转型、促进民族文化再生产和增强文化自信具有现实意义。

关键词：文化再生产；传统文化；开发利用；巴尔虎

一、绪论

（一）研究背景及意义

1. 研究背景

党的二十大明确提出："推进文化自信自强，铸就社会主义文化新辉煌。"我国作为一个历史悠久的文明古国，文化底蕴十分厚重。随着国家社会经济的飞速发展，文化消费呈现越来越旺盛的趋势。在这个文化消费不断升级的时代，盘活社会文化建设和发展已成为人们日益强烈的内心需求。在当代社会生活中，传统文化是不可或缺的重要组成部分。传统文化的传承和弘扬是文化建设工作中的重要支撑。近年来，在传统文化的产业化得到广泛接受和喜爱，逐渐成为社会热潮话题之一。

传统文化蕴含着浓厚的文化内涵，丰富了广大民众的精神生活。但21世纪的今天，传统民俗文化在全球化、现代化、城市化的发展趋势中面临严峻的考验，"大传统"的形象成为人们追随的标准。近年来，在政府政策、文化竞争、广大群众自我意识的影响下，大部分灭绝或中断的传统文化，在一定程度上恢复发展和重建。随着市场经济的介入，文化逐渐被视为一种经济资本，导致文化在传承过程中产生商品化的再生产现象。在当前的文化建设中，虽然恢复重建和文化再生产的研究已有一定的进展，但对于文化再生产动态过程的研究和表述仍然较为匮乏。因此，本文通过传统民俗文化再生产的过程来展示文化再生产过程中的传统文化现状。在文化再生产过程中，我们需要寻找和挖掘传统文化的根源，探索传统文化与现代文化的有机结合，这是一个极其重要的问题。对于历史文化的保护、传承和发展而言，这具有非常重要的意义。

随着国家对保护民俗文化的大力倡导的背景下，2018年新巴尔虎右旗巴尔虎民俗文化产业园应运而生。该产业园以巴尔虎文化为依托，成为巴尔虎民俗文化再生产的新型场所。该园区涵盖巴尔虎饮食、居民生活、手工艺等传统民族文化，形成了独具特色的品牌。笔者通过研究巴尔虎民俗文化产业园的发展模式和实践经验，深入探讨如何在保护和传承传统文化的前提下，充分利用文化资源，推动地方经济发展，同时也希望笔者的研究成果可以为其他具有类似情况的地方提供借鉴和参考。

2. 研究意义

文化产业园的建设对文化发展具有不可忽视的职能。地方特色带有优越性，为我国文化繁荣发展注入活力和光彩。具有当地文化特色的民俗商品能带来不一样的审美体验的同时，有利于启发民族认同感。在全球化进程中，人们的文化认同感逐渐降低，对传统文化的态度更加冷淡。因此，新巴尔虎右旗建立"巴尔虎民俗文化产业园"，传播宣传优良传统文化。

以民族学视角为出发点，用文化再生产理论来分析传统文化的发展需求，讨论商品化、产业化对传统文化的影响。该研究对少数民族文化发展提供了个案资料，具有学术参考意义。

巴尔虎传统文化是中华优秀传统文化中必不可少的优良传统文化之一，该研究对于发扬中华优秀传统文化，对于地方政府相关部门在今后文化发展方面的施政具有实践启发。

（二）文献综述及相关概念界定

1. 文献综述

本研究主要包括传统文化再生产、传统文化保护与利用、巴尔虎传统文化方面。下面就这三个议题对前人研究进行综述。

（1）传统文化再生产研究综述。文化再生产理论是由法国社会学家布迪厄提出的一种社会学的理论，它主要用于研究文化的传承和延续的过程。早期主要在人类学、社会学、民族学、民俗学等领域展开研究。随着时间的推移，文化再生产理论逐渐走向了成熟并广泛应用于全球范围内的学术研究中。

在中国的应用和研究中，文化再生产理论最早被引入到教育社会学的领域进行研究。教育社会学家运用文化再生产理论，对教育中文化传承和延续的过程进行了深入分析与讨论。后来，这一理论的运用逐渐扩展到旅游开发领域。文化旅游开发是中国的重要发展领域，如何在旅游开发过程中实现文化的传承和延续成为学者们关注的焦点。因此，引入再生产理论来分析旅游开发中的文化问题，具有较为重要的意义。近年来，随着中国旅游市场不断扩大，对文化旅游开发的需求也不断增加，文化再生产理论在文化旅游开发领域应用的研究越来越丰富。学者们开始将文化资源视为文化资本，并通过文化再生产实现文化和社会的发展。同时，学者们还开始研究政府、市场、外部文化对文化再生产过程中的影响，并提出了文化再生产过程中经济场、政治场和文化场之间的交换与角力。

除此之外，在文化再生产领域还涉及文化认同与记忆等问题。学者们通过运用文化再生产理论研究文化认同与记忆的过程，强调文化再生产的动态过程对于社会的稳定和延续的重要作用。

在理论研究方面，布迪厄（1977）在《文化再生产与社会再生产》一书中阐述了文化再生产理论的基本概念和理论框架，指出文化和社会结构之间的相互作用关系，并探讨了文化再生产如何影响不同阶层人群在社会上的地位。布迪厄（1986）在《资本的形式》一书中进一步探讨了文化资本的观念，认为这是不同阶层人群在社会上取得不同地位的一个重要因素，并提出不同阶层人群在社会上的地位与他们所掌握的文化资本的方式和程度密切相关。布迪厄和帕松（1990）在《教育、社会与文化中的再生产》一书中，他们进一步阐述文化再生产理论对教育和社会分层的启示，认为不同阶层人群之间的教育和文化资本差异是维持社会阶层结构的一个重要因素。宫留记（2009）阐述了布迪厄的文化资本分为身体化、客观化以及制度化三种状态，同时解释了这三种形态的基本特征，指出今天决定行动者命运的是文化资本而不是经济资本。

在实践研究方面，宗晓莲（2002）在《布迪厄文化再生产理论对文化变迁研究的意义——以旅游开发背景下的民族文化变迁研究为例》一文中认为，旅游开发对民族文化带来的冲击已经引起广泛关注，保护民族文化的呼声也日益高涨。为了真正保护民族文化，需要明确文化变迁的现象和实质，而文化再生产理论可以为此提供启发和指导。刘星明（2008）在《民族文化在旅游开发中的变迁与重构——以西双版纳傣族园为例》一文中，主要讨论了在傣族文化旅游开发中，政府、市场和外来文化等因素对傣族文化的影响、如何通过宏观控制和发挥本民族在保护和发展中的主动作用来实现傣族文化的良性变迁和保护以及民族旅游业的可持续发展。张建世（2015）的《凉山彝族传统漆器手工艺的文化再生产》研究表明，彝族漆器成为非遗后逐渐演变成为了一种民族文化符号，这也促进了漆器的生产和消费，并带来了漆器产业化发展的机遇。从侧面反映了彝族漆器传统工艺通过文化再生产的方式自我激活和发展。郭津佑（2020）在《"石保爷"到"九天母石"》一文中，从经济和政治两个角度出发，通过对仡佬族生态文化再生产过程的研究和分析，探讨了其再生产的逻辑和目的，并对保护和开发生态文化进行了讨论。他认为，应用文化再生产理论可以提高对文化变迁的理论认知，同时也对理解地方文化再生产的目的和逻辑有着重要的意义。

总之，在中国的应用和研究中，文化再生产理论已经成为了研究文化传承和延续的重要理论之一。对于如何在旅游开发过程中实现文化的传承和延续，引入文化再生产理论具有一定的指导意义。

(2) 传统文化保护与利用研究综述。国内学者对文化资源定义存在差异。一般来说，文化资源包括物质文化遗产（如人工改造的自然景观）、文化设施和智能化的人力资源（王东林，2001），具有精神和物质双重属性，代表了人类劳动和思维的成果（刘婷，2011）。

传统文化资源包括衣食住行、风俗仪式、各种节日等，体现了不同民族的生活方式、习惯、处事方式和民族精神，与现代文化资源形成对比(王志标，2012)。

传统文化具有丰富的价值理念。因此，学界普遍认为对传统文化进行保护与利用研究具有非常重要的意义。纪岩(1996)在《浅谈在民族院校对大学生进行少数民族传统文化教育》一文中认为，少数民族传统文化有着各民族自己的特色，各个少数民族的传统文化具有独特的特色，正是这些特色使得各民族得以持续繁荣。在这些文化中，它们各自的优良传统起到了非常重要的作用，这些精神和传统对于大学生树立正确的世界观、人生观、价值观非常重要。徐雁(2012)在《多元文化视野下少数民族传统文化资源与高校德育教育研究》(2012)一文中认为，将少数民族德育资源充分发掘和应用于国内高校教育中，不仅可以拓展高校的德育资源，还可以有效地加强学校的德育管理能力，更好地应对现实教育中的实际问题。

传统文化保护与利用的范围和领域方面的研究也非常广泛。何国显、周耀明、文晴等(2004)在《南宁市少数民族传统文化保护与开发利用研究》一文中，以南宁市传统文化开发利用案例为例，详细探讨了传统文化的保护模式与运作方法。谭国志(2010)在《富裕壮乡的文化开发行为实证研究》一文中，以壮族的文化为田野，详细讨论了传统文化开发利用的动因、开发利用领域、参与主体以及目前存在的问题。赵永文(2013)在《少数民族传统文化德育价值研究》一文中认为，通过挖掘少数民族的传统文化中的德育方面的资源，可以为德育教育提供更丰富的内容和方式，从而提高其有效性。

在传统文化保护与利用的原则及方法路径的研究上，学者们一致认为，想要合理地运用传统文化资源，需要遵循一定的原则。崔榕(2015)在《新时期少数民族传统文化的开发利用与传承研究——以贵州省为例》一文中指出，想要实现民族传统文化的有效利用，必须加强该地区的公共文化服务体系建设，建立民族文化的开发利用机制，激励传承主体并加强传统文化传承制度建设。焦娅敏、艾传国、李扬帆等(2017)在《"天人合一"视角下的优秀传统文化资源合理开发与利用》一文中认为，传统文化资源的开发不仅是建筑物的建造，更重要的是在这些地方举办社会和文化活动，让人们能够通过这些活动切身体验传统文化的活力和魅力，并将传统文化与日常生活有机地结合起来。张芸(2017)在《传统文化资源的创新性开发利用》一文中认为，对于传统文化资源，我们不仅要简单地保留和传承，更应该在其基础上进行创新性的开发和利用，从而把传统文化资源转化为文化产业中的创新动力和竞争优势。这样一来，我们就能够发挥国家传统文化资源的优势，推动文化产业的发展，并在国际文化市场上获得更好的竞争地位。阿琳娜(2018)的《安徽省传统文化旅游资源的评价与利用》，以安徽省为案例，在对安徽省的传统文化旅游资源进行合理的分析和评估后，总结出对这些资源进行利用时的原则、方式和模式。

(3)巴尔虎传统文化研究综述。巴尔虎传统文化方面的蒙古文书籍比较多。哈斯图雅等(2013)的《巴尔虎民俗》(2012)和讷黑图(2013)的《巴尔虎传统文化》，从巴尔虎历史由来开始将巴尔虎民俗文化分为生产生活方式、饮食、服饰、住所、婚礼习俗、信仰风俗、娱乐习惯、家庭社会关系等方面并进行详细的陈述。

巴尔虎文化研究主要集中在民歌、服饰、木雕、羊骨、生态伦理的叙述。文化变迁、旅游业发展等方面，张宝成(2010)在《磨合与交融：呼伦贝尔巴尔虎蒙古人的民族认同与国家认同研究》一文中指出，巴尔虎蒙古人同时认同自己的民族和国家的身份，但是在两者之间，他们更强烈地认同国家认同。季文慧（2013）在《旅游经济中的民俗文化与自然环境关系探析——以巴尔虎民俗园和七仙湖旅游村为例》一文中认为，旅游业是一个不断发展的行业，而民俗文化是旅游业不可或缺的元素。如果旅游业缺乏民俗文化的因素，就会失去继续发展的动力。赵金辉、香梅（2016）在《巴尔虎蒙古族传统婚俗文化的传承与展望》一文中指出民俗是一项重要的旅游资源，能够让游客体验民俗文化，参与民俗活动。陈静（2018）的《陈巴尔虎旗民族文化旅游发展研究》认为，顾瑶、伊全胜（2021）在《乡村振兴背景下巴尔虎蒙古特色历史文化与旅游融合发展研究》以陈巴尔虎旗为田野点，认为推进巴尔虎蒙古特色历史文化与旅游的融合发展需要借助各方面的力量。包括国家相关政策的规划引导、基层党组织的有效领导、人民群众的配合支持等多重因素。

综上所述，巴尔虎传统文化叙述方面的研究非常多。但是关于新巴尔虎右旗文化开发利用的研究却很少。因为新巴尔虎右旗属于呼伦贝尔市牧业四旗之一，大多数学者都将研究的视角放在传统文化上，忽视了传统文化在市场化中的改变。因此，本文尝试从文化再生产的角度出发，探讨巴尔虎传统文化的保护与开发利用之路，希望能够为民族文化发展提供参考。

2. 相关概念界定

（1）文化再生产。法国社会学家布迪厄首先提出"文化再生产"的概念，并指出运用该理论去分析资本主义的文化制度是如何在人们的观念里制造出维护现存社会制度的意识，达到保持现有社会结构和权利关系的目的，从而实现文化的再生产。"再生产"这个术语首先出现在马克思的经典著作《资本论》中。其中，"资本""场域""生存心理"是文化再生产的核心概念。布迪厄在其文化再生产论中，把"资本"的范围扩大，从经济学的领域扩展到社会文化领域，表明社会及文化资本能够经过时间的积累，具有再生产的潜力，并能够对其进行社会控制的若干特点。在布迪厄看来，"资本"是一种由经济、文化、社会三个方面构成的概念。

尽管文化资本不能实现具体量化的操作，但是在社会生活中，文化资本与经济资本、社会资本也是同样重要的。赵斌（2010）认为，"再生产"是一种社会文化的动态发展过程，表现的是一种"关系"，反映了冲突又矛盾的个人与制度的关系网络，而不是一个一帆风顺的平稳发展过程，他强调文化再生产中的各主体之间的相互作用。王林（2013）认为，在文化再生产中，既要继承又要创新，所以在展示文化变化过程时，还应该关注对其进行的重组和重建。并指出，它并不是一个固定的文化系统，它是在时间和空间中，所有力量共同作用的产物。总体而言，文化再生产是一个文化的动态发展过程。它不仅能够保持一个长期的社会均衡状态，而且还能促进社会的发展和前进。

（2）文化产业园。文化产业园区就是在一个空间有限的地理区域内，由一些文化企业和创意个体组成，呈现生产和消费的集中。文化产业园的兴起是以大力发展文化产业为基础的。文化产业园是在系列与文化关联的产业规模集聚的特定地理区域内，文化企业以及相关支持体系集聚，形成生产、消费各种文化产品和服务的文化产业链的多功能园区（王伟年、张平宇，2006）。

(三)研究方法

1. 文献研究法

本文在研究过程中主要借鉴和参考了文化再生产方面的经典著作与文献,新巴尔虎右旗地方志、传统文化等方面的书籍,搜查中国知网等国内权威网站,获取了相关资料。对文献资料进行整理与总结,在借鉴优秀研究成果的基础上,进一步了解田野地区的相关历史与文化,做出详细的田野访谈大纲。文献研究法为本研究提供了有力的理论支持。

2. 参与观察法

参与观察法是指研究者通过自己亲身参与研究对象所在的社会群体、组织或文化活动中,以身体力行、亲身体验的方式来获得对研究对象的深入理解和知识。研究者以一种"内部人"的身份对研究对象进行观察、交流和记录,以期能够获得更多真实、准确的数据和信息。它是民族学田野调查研究中常用的一种方法。主要应用于社会现象、文化问题、人类行为等进行深入研究。参与观察方法可以为研究者提供丰富的第一手资料,能够获取生动、具体、形象的信息,并有利于深入了解研究的背景、内涵、存在的问题,为后续的理论分析和判断提供直接的证据支持。

笔者于2022年6月7~9日参加巴尔虎文化产业园的非物质文化遗产日活动。2022年9月5~25日在巴尔虎民俗文化产业园进行了20天的调查,近距离地了解了巴尔虎文化,包括文化产业的发展现状、文化传承的形式和方式、当地民俗风情以及与之相关的经济和社会发展情况等方面。这些信息不仅可以帮助笔者更全面地把握田野点相关信息,还可以为后续的研究提供重要的素材和参考。

3. 访谈法

在巴尔虎民俗文化产业园调研过程中,所访谈的对象主要是相关单位负责人、文化传承人、当地牧民三类。笔者于2022年9月和2023年6月,两次走访当地10位各行各业的文化传承人和30位牧民并进行深入交流和访谈,收集了第一手资料。与相关单位负责人访谈,了解政府是如何参与巴尔虎文化开发利用的,他们有何政策或扶持以及对巴尔虎文化产业园的现如今发展的看法等;与当地的文化传承人访谈,了解传统文化内容及风俗习惯以及在民族文化再生产过程中他们的参与力度;与当地牧民访谈,了解当地牧民如何看待文化产业园。

二、巴尔虎民俗文化产业园建设与历程

巴尔虎民俗文化产业园的建设源于当地政府的旅游开发策略和文化产业的扶持政策。随着旅游业的兴起和当地对传统文化的日渐重视,巴尔虎民俗文化产业园的建设成为了必然的选择。历经多年的努力和投资,巴尔虎民俗文化产业园已经有了较为完善的设施以及文化展览、展示、展销的活动。该产业园建设历程中,当地政府积极推动项目发展、组织力量策划规划、招商引资等工作,同步建设一批与巴尔虎传统文化相关的设施和项目。而民间团体和文化机构积极介入,为巴尔虎民俗文化产业园的建设和运作作出了杰出的贡

献。所有这些努力让园区成为了一个具有广泛影响力和较高知名度的巴尔虎文化空间，为巴尔虎民族的文化传承和发展开辟了新的道路。

（一）巴尔虎民俗文化产业园建设背景及动因

巴尔虎民俗文化产业园坐落在风景秀丽的呼伦贝尔大草原，交通便利、自然资源丰富、拥有独特的文化资源背景。该园区则利用这些深厚的文化资源背景，开展各种文化产业的运作。除了当地文化软实力和旅游竞争力之外，文化产业的带动还为巴尔虎民俗文化产业园的建设带来了持续的动力。

1. 文化资源背景

巴尔虎民俗文化产业园位于呼伦贝尔市新巴尔虎右旗阿拉坦额莫勒镇西部，这个地区因其丰富的民族文化资源而闻名于世。呼伦贝尔大草原号称民族博物馆，是众多古代文明的重要发源地，也是北方许多游牧民族的主要发祥地。东胡、匈奴、鲜卑、突厥、室韦、回纥、女真、契丹、蒙古等民族曾在此繁衍生息，被史学界誉为"中国北方游牧民族摇篮"，在世界史上占据着较高的地位。新巴尔虎右旗成立于1948年，总面积为25200平方千米，人口35090人（据2021年统计）[①]，是以牧业为主的边境旗县，也是我国著名的旅游重点开发地区。新巴尔虎右旗由蒙古、汉、回、满、达斡尔、鄂伦春、鄂温克等14个民族构成，其中蒙古民族人口占84.2%，是巴尔虎部落集中生产生活的地方。巴尔虎是蒙古族中历史悠久的古老部落之一，具有悠久的历史、特有的生活方式和独特的民族文化。巴尔虎牧民生活在广袤无际的草原上，保存着自己独有的生活方式与民俗文化。

内蒙古自治区共有19个民族乡，呼伦贝尔境内就占了14个，因此这个地区的民族多样性非常丰富。各个民族在这里形成各具特色的民俗文化，这些民俗文化活动以及相关的服饰、建筑、器具等都是独具特色且非常具有观赏性和研究价值的。

巴尔虎民俗文化产业园的建设，旨在挖掘、保护和传承这些民族文化资源，并将其转化为旅游资源，吸引更多的游客到这个地区进行旅游。同时，这个文化园也将提供一个平台，让各个民族之间相互交流、学习和传承彼此的文化，促进了民族团结和文化交流。

2. 文化产业的带动

文化产业是指通过生产、加工、创意和营销等方式生产、创造和提供文化产品和服务的行业。它涵盖了文化创意产业、文化旅游业、文化教育业、文化传媒业等多个领域。文化产业作为一种全新的产业形态，既涵盖文化领域内的价值和魅力，也具备经济价值和市场价值。文化产业是经济和文化的一种特殊综合体，其首先是文化形态，是文化本身的一种生产和销售过程，通过向人们提供精神文化产品，满足人们的文化需要而获得经济效益，是现代经济形态中一种重要的类型。

近年来，"文化+旅游"是旅游业发展的一种新思路。旅游业介入传统文化的发展是基于传统文化的地域性特征，代表了一种地方特色，承载着独特的文化内涵，从而引起游客的购买兴趣。新巴尔虎右旗紧紧抓住呼伦贝尔市深入推进"五大行动计划"的历史机遇，充分认识到培育文旅产业是决定牧区经济社会转型发展、绿色发展、高质量发展的新路径，

---

① 新巴尔虎右旗概况，新巴尔虎右旗人民政府门户网站，http://www.xbehyq.gov.cn/。

在聚焦强化公共文化服务阵地建设的同时，突出"文化+""旅游+"的思维，延伸产业链、催生新业态、推动一二三产业融合发展。

新巴尔虎右旗激活各类文化旅游资源，推进文旅文创产业深度融合。推动重要史迹及代表性建筑资源的保护利用，注重运用智慧数字技术手段"讲好新右旗故事"，用各种艺术形式串联精品和当地历史文化、民风民俗资源，让文物"活起来"。大力支持创意产业发展，增加旅游业发展的文化含量、科技含量，培育休闲、露营、探险等户外自主品牌，不断提高旅游产业的附加值。在此背景下，巴尔虎民俗文化产业园应运而生。

(二) 巴尔虎民俗文化产业园建设历程

巴尔虎民俗文化产业园又名为迎亲草原文化产业园，是由扶贫工程打造开发的民族文化产业项目。起初叫"蒙古大营"，在生态移民政策下建立的，各苏木嘎查的贫困户居住的地方(见图1)。

图1 蒙古大营

资料来源：笔者转自百度网，2021年3月25日。

据在"蒙古大营"担任管理员一职的SDB老人(女，1940年出生)说：

2005年我们住进了蒙古大营，刚开始是30个蒙古包，一个八个哈那的大蒙古包，那个是我们的活动室。底座是水泥做的，有砖头地板，蒙古包是崭新的四个哈那的蒙古包。里头什么都有，电视、床、碗柜、桌子、被子、炉子……都有，就把碗筷拿来住就行了。第二年，2006年又新建了20个蒙古包，一共50个蒙古包。我们都是来自各苏木嘎查的牧民，进城也闲不住呀。然后大家一起合伙做肉食、奶食、炸果子，手工艺、毡子都做。都按传统的方式去做，跟市面上的价格差不多，不多要，一碗面20元、一斤包子60元。因为在旗里，来回人也多呢。挺挣钱的，挣钱了大家一起分。2013年，我们就搬进了楼房，在政府、党的关怀下真的享福呢。①

---

① 引自笔者微信访谈记录。受访人：SDB，时间：2022年5月8日。

据"蒙古大营"原来的住户 WYQMG 老人所说:

我们从蒙古大营搬进牧民楼(民乐小区)之后就让其他贫困、有疾病人员住进去了。有巴尔虎人,也有不是巴尔虎人,那些人(不是巴尔虎人)不会自己搭建蒙古包。我们那会儿住的蒙古包是跟我们在牧区时住的蒙古包一样的木头哈那的蒙古包,所以需要经常修建蒙古包,然后我们有时就过去帮他们重新搭建蒙古包。在蒙古大营住了 9 年多,特别喜欢住在那里,没事儿就喜欢往那儿跑。他们也住了有 3~4 年吧,有的搬出去了,有的蒙古包也都快坏了,然后政府都撤走了,就开始建立现在的文化产业园。①

根据相关文件及访谈发现,该地段在 2005 年之前是一片荒地,2005 年开始建立蒙古大营,让各苏木低保户入住,从 30 个蒙古包扩建到 50 个蒙古包。2013 年让这些低保户搬进楼房后,2013~2017 年让其他贫困或残疾人员居住。这 50 个蒙古包都是传统的木制蒙古包。所以历经常年的风雪,加上不经常维护的原因导致很多蒙古包都塌下来。因此,2017 年把这些蒙古包全部清理,2018 年开始建起巴尔虎民俗文化产业园。新巴尔虎右旗文化体育新闻出版广电局于 2018 年 7 月立项迎亲草原民俗文化产业园项目,采用了公开招标方式进行采购。最终内蒙古腾格里乌然设计有限公司中标,中标金额为 6929136 元。② 2018 年搭建 16 米直径蒙古包 1 座、12 米直径蒙古包 4 座,而这些蒙古包都是铁制的,结实耐用。2019 年新增 4 座 8 米直径蒙古包,木栈道 1000 米,厨房及配套辅助用房 400 平方米,具有园区绿化、亮化、水、电管网等工程,建设面积 66187.41 平方米,园区广场占地面积 5000 平方米,总投资 1255.00 万元。③

图 2 是笔者参考田野点影像作品,在实地调研基础上绘制的巴尔虎民俗文化产业园现状平面图。巴尔虎民俗文化产业园是在"蒙古大营"的旧位置上建起的,但是"蒙古大营"的 50 个蒙古包是朝南的方向,而巴尔虎民俗文化产业园的蒙古包是朝东的。大门是在东边。如图 2 所示,从门口进去,左手边是水泥路,右手边是木栈道。沿着水泥路,两侧都是当地摄影爱好者创作的当地名景佳作。中间的空场地是草坪区,绿草如茵,十分美丽。而巴尔虎文化产业园的北部是该产业园的主体部分,由 13 个蒙古包组成。第一排的 5 座蒙古包全部在木台上搭建,正中央是 16 米直径蒙古包,两侧是 12 米直径蒙古包,再往两边是 8 米直径蒙古包。第一排是培训讲座、展示展览、展销时所需的蒙古包。第二排的蒙古包两个之间由长方形木头衔接而成,这几个蒙古包内摆放 8~15 人使用的餐饮桌,衔接处建有卫生间。

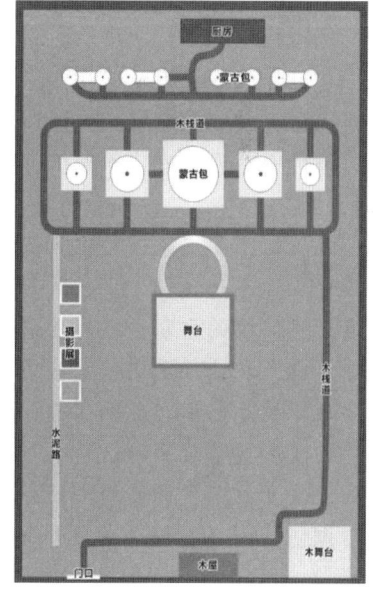

图 2 巴尔虎文化产业园平面图
(笔者绘制,2022 年 9 月 17 日)

---

① 引自笔者微信访谈记录。受访人:WYQMG,时间:2022 年 5 月 8 日。
② 转自天眼查,http://www.bidizhaobiao.com/info-41480874.html?companyId=27。
③ 转自新巴尔虎右旗人民政府官网,http://www.xbehyq.gov.cn/OpennessContent/show/111934.html。

巴尔虎文化产业园占据优势地位的自然风光和人文风情，是集观光、度假、游客参与、文化熏陶等于一体的精品旅游景点，成为远近闻名的传统文化和生态旅游场所。

三、巴尔虎民俗文化产业园的文化保护与传承

巴尔虎文化产业园的建设不仅仅是为了开展文化产业运作，更是为了传承和保护巴尔虎民族独特的传统文化。该园区在运营中，遵循"传承为先、创新发展"的理念，建设以传统文化为主体，配合自然和人为的传承模式。建立民俗文化传承队伍，由老一辈的巴尔虎老人、传统文化传承人和专业人士担任传承导师，将传统技艺和传统知识以授学结合、见习结合的方式进行传承。另外，该园区内开展了一系列文化活动，以吸引更多的人群参与到文化传承中来。在传承和保护传统文化的同时，该园区还加强巴尔虎民族文化遗产的保护，推动其列入文化遗产名录。

(一) 巴尔虎文化产业园的传统文化保护

文化遗产是人类在历史上创造并以活态形式传承至今的动态过程或现象。文化遗产具有重要的历史、艺术、文化、科学和社会价值，足以代表某一地域的文化并为该地所认可（苑利、顾军，2019）。20世纪后期以来，由于经济全球化和社会生活现代化大潮的强烈冲击，各民族在历史长河中所创造的丰富多样的非物质文化遗产正遭遇着日益严重的危机，保护和抢救这些遗产已成为当今世界各国政府和人民必须面对的一项重大课题。我国采用收集保存、建立非物质文化遗产保护名录体系、认定和保护代表性传承人、建设生态保护区、宣传展示五种方式来保护非物质文化遗产。笔者在与当地文化馆馆长LH的访谈中了解到：

政府把巴尔虎民俗文化产业园里的4个蒙古包承包给文化馆。从南数第二个蒙古包到第五个蒙古包是我们文化馆所负责的蒙古包。第二个蒙古包是展示展览蒙古包，在这里主要展示我们旗的画家、摄影爱好者、玛瑙石。第三个是培训辅导蒙古包，这也是我们最大的蒙古包，在这里主要做一些讲座、培训课程等。第四个是非遗展示展览蒙古包，在这里主要展示展览非遗文化作品和产品。第五个蒙古包是饮食展览蒙古包，主要有传统的奶食、肉食展览。后面的这两个非遗文化蒙古包不仅对我们的非遗传承人开放，还会对贫困牧民无偿开放。我们最中央的大蒙古包前面也有个圆形舞台，夏天会有文艺演出。[1]

据访谈得知，巴尔虎民俗文化产业园里的4个蒙古包由文化馆负责承包，分别是展示展览、培训辅导、非遗展示展览和饮食展览蒙古包。其中，展示展览蒙古包主要展示旗内的画家、摄影爱好者和玛瑙石作品；培训辅导蒙古包是最大的一个，主要开展讲座和培训课程；非遗展示展览蒙古包则主要展示非遗文化作品和产品；饮食展览蒙古包主要展示传统的奶食和肉食。而大蒙古包前面的圆形舞台也会举办文艺演出。这些蒙古包和活动的组合，为巴尔虎传统文化的再生产提供了有利的平台和场所。巴尔虎民俗文化产业园的传统文化保护形式主要集中在非遗文化展示展览和非遗文化文艺汇演两个

---

[1] 引自笔者电话访谈记录。受访人：LH，巴尔虎右旗文化馆馆长，时间：2022年9月8日。

方面。

1. 非遗文化展示展览

巴尔虎文化遗产资源丰富，种类繁多。为了让更多的人了解和喜爱巴尔虎文化，巴尔虎文化产业园通过展示展览、文化体验等方式，让更多人感受到传统文化的魅力。巴尔虎民俗文化产业园中的非遗文化展示展览主要集中在传统服饰、传统手工艺、传统奶食品三个方面。该园区的传统文化展示展览几乎都在夏季举行。因为这里还没有供暖，所以冬季由于天气的原因一般是不开放的(除了有特殊活动以外)。在该园区展示展览的人大部分是文化传承人或对自身文化有一定了解的牧民。目前，在这展示展览的人数没有固定数字，大概30人。因为没有强制要求，所以人们也会按自己的时间过来。来这展示展览的商户每人有一个一米左右的长形桌子，上面会摆放自己的作品或商品。

(1) 传统巴尔虎服饰。传统巴尔虎服饰是巴尔虎传统文化的代表之一，它富有浓郁的民族风格和历史传承价值。巴尔虎民俗文化产业园将传统服饰作为一种宝贵的文化遗产，大力推进巴尔虎文化传承工作。

巴尔虎服饰由帽饰、衣服、裤子、靴子、腰带及配饰几个部分构成。巴尔虎衣服由于角色类别、性别、用途、款式、色彩、面料方面的差异，可将其分为几大类，其中具有代表性并在文化产业园中展示展览最多的是巴尔虎蒙古袍、阿巴盖德勒、阿巴盖袄吉、旗绸德勒、答忽。

巴尔虎蒙古袍属于最为普遍的生活装，为大襟、立领、宽松无肩的传统长袍。巴尔虎蒙古袍在镶边工艺上慢慢地由最早的一道边发展成两道、三道镶边。而镶边的数量和扣袢的数量相一致，袍服若有一道镶边，领口、大襟腰侧就会有一道扣袢。现代巴尔虎人大多数喜欢镶三道边的巴尔虎袍子。

阿巴盖德勒，是巴尔虎服饰中很独特的一款女士袍服，它具有特殊意义，衣着阿巴盖德勒代表由少女转变为妇人。袍服全身由两种面料缝制而成，肩部微微隆起，前襟片的右衽边缘有花边，胳膊在肘线以下前后片面料不同，袖口是马蹄袖，腰部前片有褶皱。"阿巴盖德勒由13个部分组成，即领子、内襟、前襟、后背、前腰节装饰带、前摆、前内摆、两个灯笼式袖箍、两个马蹄袖口、两个下接袖。在领子、前襟、上下袖缝合线上都有漂亮的镶边。"(激力木格，2011)

阿巴盖袄吉，是巴尔虎较典型的一款对襟长坎肩，一般是套穿在阿巴盖德勒外面，也被称为袄吉。目前，袄吉的穿戴比阿巴盖德勒更为普遍，妇人们直接穿在巴尔虎袍子外面。它有七个部分：左前襟、右前襟、整个背部、腰带左右各一、两片下摆。左右前襟有五道扣袢连接，在领口、对襟、袖窿、腰线、左右腰带的边缘有三道镶边，与前襟相连接的下摆在腰线处会打褶皱，这样凸显腰身。袄吉也有一些细节值得细细品味，例如，前后襟相接的地方会有手工刺绣进行加固，下摆开叉处与腰线连接的地方，也会有手工刺绣进行加固，不仅美观且不会轻易开线。再者，在袄吉的造型上充分体现镶边工艺，具有独特的造型艺术之美。

旗绸德勒，是巴尔虎人于春秋季节穿的夹层长袍，长袍上有一道道等距离宽的线，纯手工制作，通常选用纯色面料。

答忽，是指在长袍外面穿的衣服，款式宽松，面料采用山羊皮，保暖性好。

巴尔虎服饰作为传统文化的重要组成部分，其由多个部分构成，如帽饰、衣服、裤子、靴子、腰带及配饰。其中，巴尔虎蒙古袍、阿巴盖德勒、阿巴盖袄吉、旗绸德勒、答忽等几大类袍服在文化产业园中展示展览，展现出浓郁的民族风格和历史传承价值。每种袍服都注重细节设计，如，阿巴盖袄吉细节处体现手工刺绣等，这些细节起到锦上添花的作用，使巴尔虎服饰更加具有美感和文化价值。

（2）毡子手工艺。在游牧生产生活中，毡制品几乎涵盖生活的方方面面，包括日常所见的蒙古包围毡子、包门用的毡帘、婴儿摇篮垫子、床毡子、座椅刺绣毡子、碗套、针线包、赛马毡鞍子、毡靴、毡帽和毡子制作的玩具摆件以及牧业生产所用的接羔袋、马鞍垫子等。常见的毡制品一般以羊毛为主要原料，根据毡化原理不同，制毡工艺可以分为针毡与湿毡两种。简单地讲，针毡就是用戳针通过反复戳刺来毡化羊毛，湿毡则是将碱性液体，一般用肥皂水，加入羊毛中让毛鳞片胀开，并加以振动，使羊毛纤维互相缠绕，最终毡化在一起的制作方法。针毡工艺常用于制作小型工艺品或者立体造型，湿毡工艺常用于制作大型整体性的毡制品，比如蒙古包的围毡。笔者在田野调查中，访谈了新巴尔虎右旗毡子手工艺传承人。

访谈一（TY，女，1967年出生）

我是从2019年开始去巴尔虎民俗文化产业园做展示展览，一有什么活动，就带着产品过去。因为我们现在主打的是毡子手工艺，所以不做大型的，例如，蒙古包的围毡之类的毡制品。我们现在主要做的传统毡制品主要有地毡（ʃirdəg）、门毡、碗套，在牧区的牧民们冬天还让做毡子的水缸套、毡靴等小型的日常用品。我们这有一个习俗，就是老人到60岁、70岁、80岁整龄或61岁以上本命年时，亲戚朋友都会来贺岁，就会送毡子坐垫，收到的垫子越多越好。所以每年过年时要这种垫子的人特别多，这种毡绣（ʃirməl）垫子正是我们传统的文化。毡子绣法是传统毡子手工艺。①

访谈二（WYQM，女，1949年出生）

我从不到30岁就开始做毡绣，平时自己会做坐垫、毡垫、羊羔袋等传统毡制品去卖，也有人会定做，有的人还会自己给毡子、驼线等原材料定做。毡垫图案都是我自己画的，差不多两天才能画完一个毡垫。一个毡垫差不多几百元，中等的400~500元，大的1000元。我现在做的这个是娶亲时让新娘坐下的毡垫。以前在蒙古包中结婚时，在碗柜前面铺一个毡垫，让新娘坐下。有段时间这个婚俗被遗忘了，近期定做这种毡垫、蒙古包所用的毡制品的人逐渐增加。我们年轻人有这般热爱自己文化的意识，我也感到开心与自豪。②

毡子手工艺是一种非常具有传统文化特色的产品。地毡、门毡、碗套、水缸套、毡靴等小型日常用品，感受到民族艺术的魅力和传统文化的气息。而像毡绣，更是体现一种民族传统习俗和文化特色。

在文化再生产理论中，传统文化的再生产和传承是通过社会实践的持续进行和传统文化的再现来实现的。传统文化的再生产是一种符号权力关系，通过符号的使用和传承来实现。在这里，毡子手工艺就是一个非常重要的符号。此外，习俗的再生产也是文化再生产的一个重要部分。例如，老人们到60岁、70岁、80岁整龄或61岁以上本命年时，送毡绣垫子的习俗和娶亲时使用的毡垫就展现了巴尔虎传统文化，将文化的知识和经验从一代传递到另一代。这种传承和保护传统文化的努力才能使民族文化不断再生产并从中得到流传和发展。

---

① 引自笔者访谈记录。受访人：TY，地点：新巴尔虎右旗图雅毡子手工艺店，时间：2022年9月5日。
② 引自笔者访谈记录。受访人：WYQM，地点：新巴尔虎右旗民俗文化产业园，时间：2022年9月5日。

(3) 银饰手工艺。巴尔虎银饰主要制作内容包括巴尔虎头饰(哈布其格、图海、孛勒)、巴尔虎银刀、巴尔虎银碗、巴尔虎银马鞍、巴尔虎发饰等。

巴尔虎传统银饰品以多、大、重为美,从头到腰处处点缀,华丽而庄重。制作工艺包括铸炼、捶打、编结、雕镂、錾刻、浮雕、掐丝、鎏金、挫金、挫银等。巴尔虎头饰制作以浮雕、掐丝工艺为主,雕出八宝、狮子、山水、苏云布等花纹。传统巴尔虎银马鞍以錾刻、浮雕、挫金、挫银、鎏金等工艺刻出古老的纹样、云纹、卷草、八宝、动物、植物等图案。巴尔虎传统手镯以掐丝、錾刻工艺雕刻出水纹、回纹、云纹、八宝、唐草、山纹。据巴尔虎银饰传承人 DGRJB 所说:

近几年我经常去巴尔虎民俗文化产业园做展示展览。我现在主要做的银碗、银刀、头饰、项链、手镯等,银子的东西差不多都做。来我这做银饰的人大部分是我们巴尔虎人,要银碗、银刀的人最多,这是牧民常用的东西。从 2020 年开始,我每年做一个银茶壶。头饰、镯子、项链等装饰品就不用说了,这些都是日常必需品了。但我一直想做个哈布其格(传统巴尔虎头饰),一直没空呢,用的银子很多,玛瑙、各种有价值的石头啥的用得也多,做一个出来要 10 万~20 万元的投资。当图纸草稿画出来后,资金短缺一直没能做呢。①

银碗、银刀、头饰、项链、手镯等银饰都是重要的巴尔虎民族生活用品和文化象征。巴尔虎头饰哈布其格也是其中的重要代表之一。在文化再生产理论中,文化再生产需要依托于创意和创新。草稿图纸描绘就是对传统文化再生产的一个尝试和探索。尤其是哈布其格头饰,作为巴尔虎民族传统文化的代表之一,制作难度和投资都比较大,但是却具有非常大的文化价值。

(4) 搓绳技艺。绳子,蒙古语称"德格苏"。在草原上,以动物毛为原料用双手搓出的绳子,是游牧民族生活的必需品。千百年来蒙古族以游牧为生,以迁徙为活动范畴。在游牧和迁徙活动中,蒙古族的绳艺用于衣食住行各个领域,在畜牧业生产和日常生活中发挥了重要作用。

蒙古族传统绳艺是用牲畜的毛、鬃、绒等制成,因材料的不同用处也不相同。草原上得天独厚的自然资源,为蒙古族绳艺提供了充足的原料。除了编织草绳外,还有皮绳、驼毛绳、马鬃绳、牛毛绳等,种类达到上百种,形式千奇百怪。牧民在生产劳动和生活中,如骑马、放牧、拉水和迁徙中都离不开绳索,绳索是生活中必不可少的日用品。在田野调查中,新巴尔虎右旗牧民用牲畜的毛、鬃、绒等材料自制的压绳、马肚带、马笼头、鞭子、牵马绳、马绊子、蹬绳、套绳等各种绳索余种。在巴尔虎民俗文化产业园做展示展览的 WYQMG 说:

我现在做的就是传统的搓绳,从小学了这个,从 20 多岁做到现在。做的挤羊奶时用的拴羊绳(xoeni xɔlwɔ)、拴赛马的绳子(dʒeʟ)、拴牛犊的绳子(dʒəl)、牵牲畜的脖子绳、拴牛角的绳子(əwərtaI)、蒙古包围绳、压绳……这些。在巴尔虎民俗文化产业园中,举办过两次搓绳大赛,这两次我都去参加了,还有从锡盟地区来参加的人。②

---

① 引自笔者访谈记录。受访人:DGRJB,地点:新巴尔虎右旗创业中心,时间:2022 年 9 月 7 日。
② 引自笔者访谈记录。受访人:WYQMG,地点:WYQMG 家,时间:2022 年 9 月 7 日。

搓绳是用于各种畜牧动物，羊、马、牛等不同部位控制和管理所需的绳索，同时也是蒙古族生活文化中不可或缺的日用品。这些搓绳具有很强的实用性和文化意义。

从文化再生产理论的角度出发，搓绳制作的实践是对蒙古族民间手工艺传统的再生产。作为民间生产和生活方式的象征，搓绳具有承载蒙古族社会历史、经济和文化的功能。巴尔虎民俗文化产业园通过搓绳展览、比赛的方式让更多人了解和认识传统巴尔虎文化，甚至与文化相互借鉴和交流。这也是文化再生产的重要方面之一，即通过文化创新和交流，进一步推动文化的传承和发展。

(5) 传统奶制品。奶制品是用牛奶加工出来的各种各样的饮食，因此牛奶是制作奶制品的最重要的原材料。牛奶可分为初乳、生乳、熟乳、发酵乳等。巴尔虎传统奶食品分别有奶皮子、奶油（楚其给）、白油、黄油、酸奶、酸奶渣、奶干、奶酪干、艾日格、查嘎、乳清、奶酒、马奶等很多种。巴尔虎传统奶制品自治区级传承人 NEJ 说：

其实我们巴尔虎奶食品与其他地区的奶食品制作都差不多，其中最特殊、有特色的是牛肚储存法。牛肚储存法是我们几辈祖传的方法。我以前没有开始做奶食品产业时，每年 6 月把奶皮子放牛肚里储藏，老鼠啥的不弄坏的话，到 10 月都不会变质，还保持原来的新鲜味道。现在放冰箱里冷藏或冷冻之后，拿出来是白白的、看着挺新鲜的，但味道就没有那么新鲜了，可以说一点味道都没有了。我们奶食品是越酸越好吃，但其他人，尤其年轻人不喜欢酸，喜欢吃甜的。为了迎合市场需求，我也会做加糖的奶食品，加上我们奶制品本身的酸味，加糖后会变酸甜，也挺好吃的。其他的没有新加的东西，都是我们传统的奶食品。巴尔虎文化产业园展示展览的奶食品比较少，都比较注重利润，但也有自愿参加展示展览的。我是从 2020 年去那儿做展览的，从那以后有活动就过去。巴尔虎文化产业园里有一个蒙古包是专门做传统奶食品展示展览的每个展位摆一张桌子，然后上面摆上产品。我在巴尔虎民俗文化产业园里展示展览的有牛肚储藏的奶皮子、白油、新奶皮子、奶干（夏季红奶干、秋季白奶干）这几种。我们呼伦贝尔地区寒冷，不适合养奶牛，所以奶源比较缺乏，我现在都是从海拉尔进货新鲜奶。我们巴尔虎人离不开巴尔虎奶食品，我和我老头子一辈子在牧区生活，一年四季离不开奶食品。有段时间，我们传统奶食品因各种因素导致被遗忘。现在做奶食品的年轻人逐渐变多。人们也了解奶食品对人体的很多好处，买传统奶食品的人变多了，奶食品产业也竞争激烈了。①

巴尔虎奶食品采用传统的制作方式，其中最特殊的是牛肚储存法。这是几辈祖传下来的方法，不仅可以有效保持奶制品的新鲜度和口感，而且更能够体现巴尔虎先民的智慧和技艺。通过传承这种方法并增加一些新的成分，进一步深化了文化的内涵和价值。同时，巴尔虎民俗文化产业园展示展览的奶食品也具有很强的文化内涵。展示展览的过程不仅能够让更多人了解到巴尔虎的奶食品文化，也可以展示出这种文化的独特价值和创新意义。通过展示和传承，巴尔虎奶食品这一传统文化不断地进行再生产和创新。

2. 非遗文化文艺汇演

巴尔虎文化产业园最大的蒙古包正前面是一个圆形的木地板，这个是舞台。围着蒙古包底座台和地上都配有灯光，夜间开灯时非常壮观。在春夏季时，政府或旗文化馆在这举办文艺晚会。参加晚会的演员有专业的乌兰牧骑演员，也有非专业的当地牧民。演出节目

---

① 引自笔者访谈记录。受访人：NEJ，地点：新巴尔虎右旗新巴尔虎奶食店，时间：2023 年 2 月 5 日。

中能凸显巴尔虎传统文化的有哲仁嘿舞蹈和巴尔虎婚礼表演。

（1）哲仁嘿舞蹈。"哲仁嘿"，跳黄羊圈之意，是巴尔虎蒙古族传统的带有游戏性质的民间集体舞蹈。巴尔虎蒙古族十分爱戴黄羊，并视之为吉祥之物。哲仁嘿舞蹈即受黄羊结圈的启示而创作产生。现流传于呼伦贝尔市新巴尔虎左旗和新巴尔虎右旗。巴尔虎蒙古族在盛大的集会上都会跳起哲仁嘿，其内容主要反映人与人之间的团结友爱和巴尔虎人们世世代代对美好生活的向往，展现出巴尔虎蒙古族人开朗、诚实、耿直的性格和自娱时的欢乐情绪。哲仁嘿舞蹈音乐曲调悠扬辽阔、节奏徐缓自如，歌词内容简洁、明快，舞蹈风格粗犷、质朴、豪放。舞者在自由的音乐中脚步无固定，不受音乐节奏的限制，舞蹈和游戏紧密结合，具有娱乐性强和载歌载舞的特点。

（2）巴尔虎婚礼表演。巴尔虎传统婚俗作为巴尔虎蒙古族人重要的非物质文化遗产，"以其独特的民族特色和浓郁的生活气息展示了古老民族多姿多彩的传统文化，是蒙古族世代传承、历史悠久的文化遗产，承载着蒙古族独特的民族性格、思维方式、审美观念、价值判断等精神内涵"（阿荣高娃，2010）。

2012年，新巴尔虎右旗牧民DJD老人与其他热爱民族文化老人们协助下，编排了"传统巴尔虎婚礼"这部作品。传统巴尔虎婚礼的过程包括求亲订亲、确定婚期、婚庆准备、送亲仪式、迎亲仪式。而作品中由于时间限制，主要展示了20世纪70~80年代的巴尔虎送亲与迎亲仪式片段。据DJD访谈中所说：

我总共排了两个版本的巴尔虎婚礼。一个是在牧区演绎的，能立刻在最大限度上还原巴尔虎传统婚礼，这个是有送亲和迎亲两个片段。另一个是舞台化的十来分钟的短剧。①

老人家叙述传统巴尔虎婚礼舞台短剧的过程：

全体演员从左到右转三圈入场，找好自己的位置。在此分为男方和女方，男方在右、女方在左。岳父给女婿一把弓箭，让新郎跪下，放在前襟说：吉祥如意、富贵平安！圣祖成吉思汗制定的，以我们巴尔虎习俗，给予我亲爱的儿子一把宝剑，"用于战争，降妖捉怪。用于仪式，招财进宝。用于狩猎，精明武器。用于出行，防御兵器。竭尽全力，载誉而归"。新郎鞠躬并接下弓箭。岳母在木碗中倒满牛奶给两位新人并说："在高处搭建毡房，在辽阔草原上放牧，安定富足，福禄祯祥。"并亲吻两位新人的额头，两位新人接过牛奶喝完，用哈达把碗包住揣怀里。两位新人喝牛奶期间，一旁的年轻人俏皮地从碗底下推敲，两位新人抓牢木碗，努力不洒牛奶，喝完揣进怀里。

然后从两边出来两人端着托盘idə：（摆盘食物）互相交换。之后送亲团队出发送女儿，新娘的爸爸则不送亲，哭着留下。在家留下的少许人里出来一个人拿着托盘idə：（摆盘食物）挥动，意义为留下口福。

到这是女方婚礼的片段。

之后两方再起来从左到右转圈，再找好自己的位置。进入男方婚礼片段。

先进行新娘分发仪式，新郎的哥哥把马汗垫拿出来铺地上，让新娘站在上面。与新娘属相相宜的人给新娘分发辫三股，发尾戴银发饰，戴帽子、戴头饰、穿妇女袍和袄吉、在拇指上套一小块儿羊尾，交给新郎。两位新人进来后祭拜灶火。

---

① 引自笔者访谈记录。受访人：DJD，地点：DJD老人家，时间：2023年2月5日。

两方司仪出来念颂词。内容为歌颂父母养育之恩，祝福两位新人幸福美满。当婚礼结束送亲团回去时，新娘的母亲让女孩面向灶火坐下，用斧头压住女孩的衣襟，亲吻女儿，母女含泪告别。待所有客人离开后，婆婆来拿儿媳衣襟上的斧头，让儿媳起来，男方为女方送行。整场短剧结束。①

在传统巴尔虎婚礼的基础上，通过舞台化的短剧形式，将传统文化更加生动地展现出来，有效地传承和弘扬了巴尔虎族的民俗文化。巴尔虎婚礼仪式包含了许多传统元素，例如，岳父赠送弓箭、岳母倒奶、新娘分发仪式等。这些传统仪式不仅传承了巴尔虎民族的历史文化，还体现了民俗文化的底蕴和特色。巴尔虎婚礼短剧是对传统文化的再生产。通过对传统巴尔虎婚礼的再现，不仅对传统文化赋予了新的含义，还很好地将其传承下去，让更多的人了解和接受巴尔虎民俗文化。

(二)巴尔虎文化产业园的文化传承方式

传承是一条有机的生命链，它是文化得以存在、延续和发展的必要机制，也是一个民族历史和情感的连接纽带。通过传承，文化和技艺可以代代相传。目前，巴尔虎传统文化的传承方式多样化存在，大致可以分为传承的自然状态和传承的人为干扰。

1. 传承的自然状态

传承的自然状态不需要外在的强力推动，而是通过人们日常生活和生产中潜移默化地将民族民间文化自然地传承和延续，由此形成世代相传的现象。人们通过口口相传和身体感知的方式自然而然地接受文化，成为文化传播者和继承者，而社会中的群众在无意识的情况下进行着民族民间文化的传播和继承。

在传承的自然状态中，人们通过与他人的交流和体验，逐渐理解并习得本民族的文化和技能，这种传承方式并不需要系统化的教育或文化机构的传授。具体来说，师傅传徒弟、母传女、父传子等传统方式是非常重要的途径。此外，民族节日和民俗活动也是自然传承的重要组成部分。民族节日和民俗活动是重要的文化活动，涉及语言、音乐、舞蹈、戏剧、服饰、装饰、饮食等各个方面。在这些传统活动中，人们通过参与其中，自然而然地接受和习得民族文化。在田野过程中发现，除了那些文化传承人与文化能人以外的普通牧民也精通民族服装制作、奶食品制作。他们觉得这是他们生活的一部分，是父母传给他们的最基本的生产生活方式。

2. 传承的人为干扰

传承的人为干扰与传承的自然状态不同，传承的人为干扰依赖于某些外部力量，如国家、组织或个人，采取有意识的、系统化的手段和方法，以确保传统文化的传承和发展。例如，通过编写书籍、博物馆或特色文化旅游区建立、名录等级模式、传统文化纳入校园等方式来有效传承传统文化，而名录等级模式是巴尔虎文化产业园中最普遍使用的一种文化传承方式。据新巴尔虎右旗文化馆馆长介绍：

我们文化馆非遗保护中心经常走访各类传承人或文化能人，开展非物质文化遗产下乡调研工作，做非遗文化申报、立项工作。2016年组建非物质文化遗产保护领导小组，

---

① 引自笔者访谈记录。受访人：DJD，地点：DJD老人家，时间：2023年2月5日。

截至目前，我旗已确定自治区级非遗项目9项、传承人4人；市级非遗项目16项、传承人9人；县级非遗项目33项、传承人55人。申报非物质文化遗产名录得先申报项目，再申报传承人，这个项目对传承人也是有影响的。文化传承人要做好自己的本职工作，要发扬传承传统文化，会定期地检查做了什么作品或活动，如果办不到传承人也是可以撤销的。[①]

非物质文化遗产保护名录是一种传承的人为干扰，通过政府部门的制定，对民族民间文化进行分级保护，建立静态和活态相结合的文化保护机制。在名录等级模式下，列入非物质文化遗产保护名录的人和物都将得到法律保障，并获得政府部门的资助和强制保护。通过申报非物质文化遗产保护名录，实现了对集体记忆和民间历史的保护，不断推动民族民间文化的传承和发展。

名录等级模式包括非物质文化遗产名录项目和非物质文化遗产项目代表性传承人两个方面，采用国家级、省级、市级和县级四个等级保护，确保非物质文化遗产的传承具有针对性和系统性。"静态保护"以收集、整理相关的文本资料为主，将非物质文化遗产名录项目进行物质性保护，防止文化遗产流失。而"活态保护"则是对非物质文化遗产项目代表性传承人进行强制保护，政府给予津贴和鼓励其开展传习活动。并据此为文化传承人营造和建立一个有利的文化环境，使其所持有的文化在合适的环境里传承，推动非物质文化的创新和保护。

名录等级模式的实施标志着我国对民族民间文化保护的进一步深化和科学化，为民族文化的传承和发展提供了重要保障。同时，该模式也要求传承人做好本职工作，发扬传统文化，定期检查传承活动的具体情况。因此，在名录等级模式下，政府、文化传承人和社会各界需要加强沟通和协作，共同推进民族民间文化传承和发展，形成具有中国特色的非物质文化遗产保护新机制，在时代的变迁中坚守和传承民族文化精髓，推动文化事业的繁荣和发展。

四、巴尔虎文化再生产的动因及利用方式

巴尔虎民俗文化产业园是以巴尔虎传统文化而得名，因此开发建设以民俗文化资源为依托的"巴尔虎民俗文化产业园"势必将巴尔虎传统文化挖掘出来及再现，并将民族文化商品化，从而吸引更多的游客。文化与经济的结合，让参与巴尔虎文化再生产的主体有了文化因素与经济因素导致的两种动因。在巴尔虎民俗文化产业园的规划建设、开发实施、民族文化挖掘、展示经营等一系列过程中，巴尔虎传统文化经历了与现代文化相结合、多元文化的融合以及旅游商品化。

（一）巴尔虎文化再生产的动因

巴尔虎地区的文化再生产过程是由经济和文化因素双重驱动的。在这一过程中，参与巴尔虎文化再生产的主体包括政府、企业、文化组织和个人等，他们各自的目的不同，用

---

① 引自笔者电话访谈记录。受访人：LH，时间：2022年9月8日。

不同的方式来达到自己的目的。在经济层面上，政府、企业等主体参与文化再生产的目的主要是实现经济利益和文化发展。在文化层面上，文化组织和个人等主体参与文化再生产的目的主要是实现文化保护、传承和发展。经济和文化两个方面的因素相互交融、相辅相成，共同促进巴尔虎地区文化产业发展和文化自我认知的提升。

1. 经济因素

巴尔虎民俗文化产业园在经济层面的目标之一是追求利润最大化，但这并不是唯一的目的。园区的定位是以"民族文化"为核心，因此文化因素的重要性不亚于经济效益的重要性。为了实现经济效益，园区必须吸引游客，拉动经济。在此过程中，园区的文化资源和非遗传承人的知识和技能都扮演了重要角色，因为它们是游客感受到本地文化的关键元素。同时，园区也注重社会责任和公益性质，让非遗传承人和牧民参与园区的运营和经济活动。其中提供的蒙古包，可以无偿给当地非遗传承人和牧民使用。这可以帮助这些人解决经济问题，减轻他们的经济负担，提高他们的生活水平。对此笔者分别与当地文化馆工作人员、传承人、去做展览的贫困牧民等进行了访谈。

访谈一（文化馆工作人员 HGJL，男）

做我们这些文化产品的大部分都是巴尔虎蒙古老额吉，以前都是牧民，现在因各种原因进城生活的一些人。不管是做民族服装、毡子手工艺、绳艺还是银饰的，都会做出来买卖，从而也能赚点小钱。目前，在我们文化产业园中展示展览的大部分都是以中年人和老年人为主的，年轻人比较缺乏。年轻人的积极性带动较少的原因就是我们的营销不是很乐观的问题。可能觉得做这些赚不了什么大钱。因为我们的开发时间比较短，经济利润不是很高，这方面相信后期会有提升的。①

访谈二（牧民 SHQQG，女）

我以前是牧民，我们那个年龄的女孩子从小就会缝缝补补，然后我跟我的养母学的裁缝。2005 年我来蒙古大营居住，然后 2008 年学了刺绣，在（旗）就业局的帮助下，开起了"新巴尔虎右旗弘吉刺丽人民族手工艺制作坊"。那时我们就只管刺绣，材料什么的都由就业局提供，他们会给我们销售，也会给我们找订单，订单很多，几百几百的要。我们就绣完给他们，价格 40~200 元。那会儿刺绣小商品刚开始实行，我们应该是旗里第一波刺绣团体。我当时加入毡子刺绣行业也是为了补贴家用。那会儿刚来旗里，我汉语也不太好，找其他工作也不方便的。这种小刺绣在家就可以做，时间上也比较自由。到现在，我也会利用空闲时间做一些手工艺去卖。②

从上面两个访谈可以看出，巴尔虎民俗文化产业园的建设目的不是为了经济利益，但开发过程中有关部门也意识到想要调动年轻人的积极性，必须要有经济利益的牵引。巴尔虎民俗文化产业园也专门腾出一个蒙古包提供给那些贫困的牧民，也有不少牧民为了补贴家用加入民族小商品的制作。

2. 文化因素

巴尔虎民俗文化产业园开发实际上就是将巴尔虎传统文化再生产，将文化资源转化为文化符号，形成符号资本吸引游客，传承民族文化。在这个过程中，巴尔虎的文化精英参

---

① 引自笔者访谈记录。受访人：HGJL。地点：新巴尔虎右旗文化馆。时间：2022 年 9 月 5 日。
② 引自笔者访谈记录。受访人：SHQQG。地点：SHQQG 家。时间：2023 年 9 月 7 日。

与其中是必然的,他们对自身的民族都有一种民族自豪感,对巴尔虎民俗文化产业园的文化再生产扮演着文化理性人的角色,他们不求名利,只为了民族文化而努力。以下是笔者对这类文化理性人访谈:

访谈一(巴尔虎奶食品传承人 NEJ)

我刚开始从事这个行业时,我的初衷是要做一个真正的、地地道道的巴尔虎传统奶食品。以前做巴尔虎奶食品的人很多,大部分都是外来的奶食品,但卖的时候就说巴尔虎奶食品。那会儿我的孩子也小,离不开人,后来上高中以后就有时间从事这个行业了。我是2011年开始从事巴尔虎奶食品行业,办了营业执照后在家(牧区)制作。2011年那么稀里糊涂地过去了,2012年进入了市场,刚开始做买卖。然后去圣山那达慕上去卖奶食品,然后去了之后都没能从袋子里拿出来就带回来了,因为没做过买卖的牧民不好意思、脸红。没怎么接触过市面的一个牧民,第一次做买卖是真的挺紧张的。2013年批发价给萨仁奶食店,2014年我开了店。刚开始也不了解什么是传承人,咱们旗(新巴尔虎右旗)的文化馆打电话说想做什么什么采访。因为我热爱自己的文化,所以我十分开心地接受了他们的采访。然后他们过来照相、摄像。要求不使用任何机器、电子产品、冰箱之类的,就要用最天然的方式来制作奶食品。他们拿个文件来拍摄,我给他们当演员。[①]

访谈得出,这位牧民的初衷和信念是想制作真正的、地地道道的巴尔虎传统奶食品,她对自己的文化充满热爱并且希望能够进行传承。其在制作奶食品的过程中,不断尝试与市场接轨,并最终通过批发、开店等方式将其产品推向市场。在文化再生产理论的角度来看,这位牧民的行为体现着文化因素对于产业发展的重要性。她通过自身的文化认同和文化资本的积累,将巴尔虎传统奶食品进行了再生产,并借助市场机制实现了传承与发展。她选择采用最天然的方式来制作奶食品,体现了对于传统文化的尊重与坚守。同时,她的行为也对于当地文化的传承和发展起到了积极作用。在这个过程中,地方负责相关单位的角色也显得十分重要。他们通过与这位牧民的沟通和交流,了解了巴尔虎传统奶食品制作的方法和秘诀,并对其进行了拍摄和记录,推动了巴尔虎传统文化的传承和发展。他们对传统文化的了解和尊重,也为巴尔虎民俗文化产业的发展和振兴提供了相应的理论支持和文化资源。

访谈二(毡子手工艺传承人 TY)

我是2016年学的传统手工艺,2016年10月17日我们西旗请道日娜老师讲授传统手工艺培训,我参加完7天培训后感到很有趣,觉得这是我这一辈子去热爱的文化。我是2021年成为传承人的,成为传承人最重要的是要了解自己的文化、学会运用并传承,我是以擅长传统毡子手工艺成为的传承人。2019年3月我去东苏参加培训时,在观看博物馆,看到11米长的毡子上用毡绣法和针毡的两种方式制作该地区特色岩石的画。看到那个我特别地感动,心想回到故乡,我也要做一个能反映我们巴尔虎历史文化的特色毡子作品。然后我回来后,用两个月时间去拜访我们旗里的德高望重的老人,了解依希根布赫传说,讷黑图和巴泽尔德毕两位老人给制定了主题与内容、图画等。然后我用传统的毡子绣法和针毡法做了9米长、1.6米宽的毡子作品。上面是七个圆形里用针毡法绣了依希根布赫的画,毡

---

① 引自笔者访谈记录。受访人:NEJ,地点:新巴尔虎右旗新巴尔虎奶食店,时间:2023年2月5日。

子绣法来绣图门乌力吉图案。因为我们蒙古包的底座、羊圈都是圆形的，所以我把依希根布赫的画绣在圆圈里。这个是我到目前为止，最喜爱、最自豪的一个作品，因为它包含的意义非凡。我的这个作品也多次被电视节目、媒体等报道，别人的肯定和欣赏给我带来了信心。①

在上述访谈中，文化传承人对本地文化的了解和学习，创作出反映当地历史文化和传统艺术的作品。这种以历史文化、传统文化为素材的创作有助于推动文化再生产，弘扬地方文化，增强文化认同感。

访谈三(搓绳手艺人WYQMG)

我从20多岁开始搓绳，我免费给别人搓，或者别人给钱让我搓，反正一直没断过。现在70多岁了，我还申请了绳艺传承人，但我不识字，所以我们老师(教毡子手工艺的老师)说给申请。虽然年纪高了，但我自己力气够的话，还是想把家乡的传统文化延续下去，给我们后代也做个榜样。②

从上述访谈可以看出，这些文化精英将自身的文化展示出来被大众接受、认可，她们内心是自豪的、骄傲的，她们的目的便达到了。这种对自身文化认同、热爱及原生情感带动了民族文化的传承。

访谈四(巴尔虎婚礼传承人DJD)

时代在改变，社会在进步。我们的生活也越来越富裕、美好。随着科技进步，好多东西都特别便捷，人们接受新事物也比较快。但也不能忘了本，忘了传统文化。传统文化是我们的"灵魂"，这个"灵魂"不能丢。我现在是70多岁的老太太了，我一个人的能力也是微不足道的，但也自己能力范围内努力做自己能做的呢。现在的年轻人结婚都在大饭店办婚礼，传统的礼仪习俗都省去了，更像是大聚餐。年轻人不知道传统婚礼啥样的，也有年轻人过来问我呢，我就讲给他们听听吧。我们巴尔虎传统婚礼是什么样的？奶奶结婚时啥样的？后来我想的一个个去说，我得说到什么时候呀？然后我就把我们巴尔虎传统婚礼习俗的整个婚礼流程写了下来，排了一个十几分钟的音乐剧。虽然时间比较短，但该有的重要流程都包含了。严格来说，在服装、道具、音乐等方面也没能完全地展现最原始的模样。但我觉得"还原""求真"并不是把最原始状态一模一样地搬上来，我们要展演的是这一风俗中精华所在，展现的就是我们巴尔虎人民的智慧。在我们好几次演出时，表演送亲的人把女儿留在婆家片段时，演员和观众都不由自主地流泪了，这就是艺术的魅力。而这个艺术来源于传统的习俗。③

从这段访谈中可以看出，在那些致力于文化再生产的人的观念中，文化再生产是实现文化传承的关键手段。这些人认为文化的传承不仅仅是简单地保留和传递文化的物质形式，更需要通过保持文化的活性、传递文化的精神，使文化在传承的过程中焕发出更加美好和有生命力的状态。他们的责任就是有效地促进这种文化的传承，并让它良性、可持续地延续下去。

---

① 引自笔者访谈记录。受访人：TY，地点：新巴尔虎右旗图雅毡子手工艺店，时间：2022年9月5日。
② 引自笔者访谈记录。受访人：WYQMG，地点：WYQMG家，时间：2022年9月6日。
③ 引自笔者访谈记录。受访人：DJD，地点：DJD老人家，时间：2023年2月5日。

（二）巴尔虎文化再生产方式

文化再生产方式是指社会中各种文化形式在新一代人群中进行再生产和传承的方式。其中，传统与现代的结合和多元文化的融合是在现代社会中最为常见的文化生产方式之一。传统与现代的结合体现了人们对传统文化的尊重和珍视，同时也对现代社会的发展和变化做出了积极的适应和贡献。而多元文化的融合则是不同民族和地区的文化和思想受到互联网、现代媒体、培训机构的影响，逐渐趋于一体化，不同文化之间的融合交流成为了当今社会文化再生产的重要特点之一。此外，民族特色商品的出售也是文化再生产方式的一种表现形式，这种商品不仅包含着多元文化融合的元素，同时也更加便于人们文化传承和接受，促进了民族文化的传承和发扬。

1. 传统与现代的结合

虽然"传统"体现了文化的固态形式，但文化并不是一成不变的，而是在发展中继承和生成新的传统。现代化作为一种文明形态，不仅是对传统文化的保持和继承，还是对传统文化和文明结构的超越和更新。传统文化需要现代化，现代化离不开传统文化，这是一个双向同步进行的过程。

巴尔虎民俗文化产业园的民俗文化在产业化过程中，他们通过对巴尔虎传统文化理解的基础上不断发掘和获取资源，表现出对现今文化价值、多元文化的吸纳和消化。为了迎合市场的需求，吸引游客，刺激消费，传统文化或多或少地加入现代性元素符合大众消费。

访谈一(DJD)

我在编排传统婚礼短剧之后，好多年轻人结婚时都问我传统婚礼流程、婚礼习俗等等。上次有个南方人找我说，有两对明星夏天想来我们这边办传统婚礼，让我做婚礼的导演，我给他们找衣服、道具做舞台准备。说好一天2000元的费用，我觉得这样还挺不错的。可能做成一个，以后会有更多的人过来做。①

访谈二(SRTY)

平时我们年轻人结婚时也会找SR(巴尔虎服饰传承人)老师借传统袍子、头饰去穿。一天就好几百元。现在年轻人举办婚礼都喜欢隆重、风光，具有浓厚传统文化气息的。我们巴尔虎传统头饰自己做一个还特别贵，结婚就戴一次，自己花钱做婚后生活中也用不上，所以好多人都租。②

从访谈中可以看出，传统文化和现代文化在文化再生产过程中是紧密结合在一起的。传统文化的元素和价值观念被融入到现代社会和现代婚礼中，同时新的市场需求和文化体验也巩固了传统文化的地位和影响。明星夫妇选择参加传统婚礼，就是一种典型的文化再生产的例子。他们将个人的婚姻生活与传统文化相结合，带动了传统文化在当下的传承和再生产，进一步扩大了传统文化的受众。文化传承人负责给他们提供传统服饰和道具等，通过这些物品和演出等举动，将传统文化元素传达给更多人，促进文化的继承和发展。年轻人租用传统服饰和头饰等也是一种让传统文化更好地融入现代生活的方式。这为年轻人在不断变化的时代背景中，保留了一份传统文化的情感和记忆。同时，文化传承人通过为

---

① 引自笔者访谈记录。受访人：DJD，地点：DJD老人家，时间：2023年2月5日。
② 引自笔者访谈记录。受访人：SRTY，地点：SRTY家，时间：2023年2月7日。

年轻人提供这种服务，也为自己的文化传承工作打开了新的市场。

访谈三(TY)

我平时会用微信朋友圈、发抖音来卖我做的产品。从2019年开始到现在(2022年7月)，我直播毡子手工艺培训26次，授课人数达到1000多人。有一部分培训是跟文化馆合作的，自己办的比较多一点。与文化馆合作培训时是无偿的，自己开直播每人收100元。①

从访谈中可以看出，传统文化和现代文化的结合是通过多种渠道和方式实现的。首先，个人利用互联网进行线上销售和推广。通过微信朋友圈、抖音等平台，传统手工艺产品被推向更广阔的市场，实现了传统文化的再生产。同时，这种方式也使得传统文化更能够适应现代社会的需求和趋势，例如，在营销方面更注重视觉效果和流行元素。其次，个人利用互联网进行线上培训。对于想要学习传统手工艺但无法到实体店去参观学习的人群，通过网络直播等形式进行传授，有效拓展传统文化的受众，提升了文化传承的效率和范围。最后，政府单位与个人的合作，通过开展培训等活动来传承和推广传统文化。在巴尔虎民俗文化产业园中，传承人与文化馆合作的培训是无偿的。这种合作模式可以在政府的帮助下，加强传统文化的传承和推广，并且容易吸引更多人参与其中。

访谈四(DGRJB)

我做的银饰都是纯手工制作，因为是以传统文化、巴尔虎银饰传承人为人设，所以在制作方面都是以最传统的样子去制作的。我以前打银的时候也是纯手工打的，但现在用打银机，纯手工打银的话，花费时间比较长。用打银机之后，做银碗什么的，方便许多。②

访谈五(TY)

我以前刚做蒙古袍时用的是手动缝纫机，之后换了脚动缝纫机，现在用的是全电动缝纫机。这对我的大量生产、批发无疑是有帮助的。熨斗也是电熨斗。我刚开始做缝纫那会儿，用的是在明火中加热的那种小的铁三角形的熨斗。现在随着时代进步，所有的东西都在变，我们所用的工具也在现代化。还有值得一提的是，以前做毡子全程都是纯手工制作。现在用手铺好毛发并沾湿后，上面盖个纱，然后用纱罐机一摁，毡子形成得也快，做出来的毡子放在任何手工艺上都能用。特别节约时间，比如说以前需要一天做的作品，用纱罐机，我用半天就能做好。③

从以上访谈可以看出，传统文化和现代工具的配合给人们带来很多的便利和效率提升。传承人通过使用打银机、缝纫机等现代工具，取代传统手工制作，以更高效的方式完成制作工作，提高了生产效率和生产产量，节约了时间和人力成本，并且还能够制作更加细致、精美的作品，能够满足更多人的需求，提升了作品的质量和竞争力。传统文化的再生产过程中以新兴文化作为辅助，可以为传统文化发展提供更好的道路，从而扩大了传统文化的影响力。

巴尔虎民俗文化产业园还保留着建筑外形的传统性，内部生活设施的现代化，既能使旅客享受现代文明，又能够感到方便、舒适，带着舒畅的心情去感受、领略传统文化，形成传统文化与现代化的良性互动。

---

①③ 引自笔者访谈记录。受访人：TY，地点：新巴尔虎右旗图雅毡子手工艺店，时间：2022年9月5日。
② 引自笔者电话访谈记录。受访人：DGRJB，时间：2023年3月22日。

2. 多元文化的融合

多元文化的融合是一种文化再生产方式之一，不同文化之间会相互影响、相互融合，形成新的文化形态。多元文化的融合可以促进文化的更新和发展。在文化融合的过程中，不同的文化可以通过相互交流和借鉴，发掘文化资源，创造出新的文化空间和文化产品，不断满足人类对丰富多彩的文化生活的需求。这种多元文化融合也体现在巴尔虎传统文化的再生产过程中，而毡子手工艺是它的一种代表案例。

访谈一（TY）

我从2016年开始学传统手工艺，2016年10月17日旗里请道日娜老师讲授传统手工艺培训，我在参加7天培训后感到很有趣。为了把传统手工艺做好，提高自己的技艺，2019年3月去锡林郭勒盟苏尼特左旗职业高中参加一个月的培训，那会儿是蒙古国道里格尔玛老师来授课的，通过两次培训，提高了我的专业水平。然后4月去锡林郭勒盟阿巴嘎旗参加传统毡子手工艺培训。4月20日回来后，在家召集大家开了培训班。我第一次开培训班时，就有4~5个人参加。2020年8月旗文化馆让我去农业大学学习，当年10月在呼伦贝尔学院参加10天的培训。在这几次培训中我不仅学到很多专业的刺绣方法，也在我的作品中运用其他地区的刺绣方法，例如，通辽的绣花法、锡盟包边刺绣法（ir darx arg）。2020年开始，因为疫情原因，我用直播方式来培训。直播培训时，有内蒙古、青海、新疆的，还有俄罗斯乌兰乌德、布里亚特的。因是直播培训，人们在家学特别方便。①

从上面的访谈可以得出，这位传统手工艺传承人是通过参加各种培训和交流活动，结合自己的实际情况不断提高自己的专业水平和技艺能力，同时也将其他地区的刺绣方法融入到自己的作品中。这种过程就是文化再生产过程中多元文化融合的一种生动体现。传承人再通过各种培训、交流和教学等方式将自己的技艺和知识传授给更多的人，这也是文化的传承和再生产的重要环节之一。

在这个过程中，政府和文化馆等单位也扮演着重要的角色。例如，文化馆安排传承人去其他地区学习和参加培训，为提高传统手工艺技艺和推动文化再生产提供了有力支持。而传承人自己也通过开设培训班和直播培训，将自己的知识和技艺传递给更多人，这也是文化再生产的具体实践过程。

访谈二（WYQMG）

2020年，在巴尔虎民俗文化产业园举办了搓绳、毡艺大赛。从锡盟来了几位选手。他们的搓绳还跟我们的不太一样，他们搓五颜六色的绳子。我们做沙力木（ʃalam）、牛犊脖套时颜色单一，而他们会各种各样地去做。以前我们巴尔虎老一辈说花绳（ərɛ:n dəs）是不吉祥的。但现在我们也学他们那样，做五颜六色绳子的人也很多。别人定做，我就做给他们。人家不自己在意，觉得好看，我也觉得无妨。②

从上述访谈可以看出，在文化再生产过程中多元文化融合是通过文化精英和群众之间的互动与交流实现的。在巴尔虎民俗文化产业园举办的搓绳、毡艺大赛中，来自锡盟的选手展示了不同于巴尔虎传统的搓绳技艺和不同风格的搓绳作品（见图3）。这让当地传承人和群众见识到了不同地区的文化风貌和技艺特点，从而促进了文化交流和多元文化的融

---

① 引自笔者访谈记录。受访人：TY，地点：新巴尔虎右旗图雅毡子手工艺店，时间：2022年9月5日。
② 引自笔者访谈记录。受访人：WYQMG，地点：WYQMG家，时间：2022年9月6日。

合。文化精英通过参加类似比赛或交流活动，接触到其他地区的文化，了解其他地区文化的风貌和技艺特点，从而获取更广泛的文化视野，并将这些新鲜的文化元素融入到自己的创作中，推动文化传承和再生产。群众可以通过参加文化活动、欣赏文化作品等方式，了解其他地区的文化特色，在欣赏和学习过程中接受和吸收其他地区文化的元素，从而推动文化的多元化和融合。而相关负责单位，通过举办文化艺术活动、撮合文化交流等方式，促进不同地区文化互动和交流，积极推动多元文化融合和文化再生产。因此，文化再生产过程中多元文化融合是相互借鉴、交流互动的过程。文化不是一成不变的，在各地区的文化交流中，多方文化相互交融。在此过程中，个人喜好也推动了多元文化的交流过程。

图 3 民俗文化产业园搓绳比赛

（由搓绳手艺人 WYQMG 提供，2023 年 2 月 5 日。）

3. 民族文化旅游商品化

随着旅游业的不断发展，越来越多的人开始关注旅游目的地的文化底蕴和民族特色。在这种情况下，文化再生产过程中民族特色旅游商品化逐渐成为了重要的发展方向。通过开发具有民族特色的旅游商品，可以满足游客对文化体验的需求，同时也有助于传承和弘扬传统文化。新巴尔虎右旗是呼伦贝尔重点旅游地区，每年的夏季游客最多。在夏季游客繁多的时候，巴尔虎民俗文化产业园也会举办展示展览活动，展示展览作品也可以售卖。其中包括日用品、工艺品、艺术品三个种类。

访谈一(TY)

虽然我们做的是传统毡子手工艺，但我们的作品需要迎合大众需求，不断地推出新颖的作品。比如用毡子不只做传统的蒙古包用品，而将毡子艺术加入人们日常生活需求中：各式装修挂画、包包、鼠标垫、手机套、笔套、书签、餐垫、收纳盒、耳环、戒指、胸针、车挂、小摆件等小型工艺上。我们制作的东西大部分是携带方便、精致、小型、具有文化意义的作品。因为这样的东西比较吸引游客。现在的外地人也会特别注重文化含义，有的人比我们还懂呢。①

从上述案例可以看出，民族文化商品是通过将传统工艺与现代生活需求相结合，打造精致小型的毡子制品，在满足大众消费需求的过程中实现的。传承人和群众在这个过程中扮演了关键的角色。传承人通过所掌握的技艺和文化特色，不断创新并推出新型商品，从而做到文化与旅游的结合。而群众则是这个过程中的消费者和推广者，通过消费、欣赏和传播，让民族特色商品得以更广泛地传播和推广。

访谈二（ALTGRL）

我的文件包销售量特别好。一般都是100件以上的定做，可当作婚礼回礼。游客们倾向于购买文件包、卡包、钥匙包。这几年做这种小包最多（见图4）。每年销量可达到300~500个。②

图4　文件包

从图4可以看出，游客是消费和推广的助力，而游客的需求也在推动文化商品化。旅游购物中的商品除在一般商品有一定使用价值与价值相统一的基础上，还必须通过更多和更复杂的劳动，即在已具有一般形态的商品之上，还要凝聚和耗用更多的人类智慧与劳动，从而形成旅游商品的特殊造型、色调、功效、美感与实用价值之后，才能成为受旅游者喜欢并愿意购买的旅游商品，否则，只有一般商品的价值，而无这种新增的价值，就很难进入旅游业。

五、巴尔虎文化再生产机制、意义及发展对策

巴尔虎传统文化的再生产和振兴是需要国家和地方相关政策的扶持的，政策的推动和执行与市场和民众的认同息息相关。文化再生产带来的文化振兴可以促进乡村振兴，还可以推动民族经济的发展。

---

① 引自笔者访谈记录。受访人：TY，地点：新巴尔虎右旗图雅毡子手工艺店，时间：2022年9月5日。
② 引自笔者访谈记录。受访人：ALTGRL，地点：ALTGRL家，时间：2022年9月15日。

（一）巴尔虎文化再生产机制

在巴尔虎传统文化再生产中，国家和当地政府的扶持是再生产机制中不可或缺的一环。政府的投入可以为巴尔虎传统文化保护和传承提供经济和政治上的支持。在传统文化保护方面，新巴尔虎右旗大力推进巴尔虎文化传承工作，并将巴尔虎文化产业园作为推动文化产业发展的重要载体，让更多人了解和喜爱巴尔虎文化。此外，市场和大众媒体也是文化再生产机制中重要的一部分，通过市场和大众媒体的筛选和宣传，巴尔虎文化可以更好地与外部世界进行交流和传播。其中，文化精英和当地民众的认同也很重要。通过巴尔虎文化精英们对传统文化的传承与创新，可以更好地让当地民众去接受和认同巴尔虎文化，从而保护和推广巴尔虎文化。

1. 国家与当地政府的扶持

在文化再生产中，国家扮演着至关重要的角色，发挥着主导作用。国家与政府参与文化再生产的方式主要包括政策制定、资金投入和资源整合。

首先，国家与当地政府出台了诸多政策文件，引导企业和个人投入到文化再生产的领域中，以支持巴尔虎民俗文化产业园的发展。巴尔虎民俗文化产业园是国家文化产业扶持政策及文化和旅游共同发展背景下应运而生的。政府的政策制定和规划为巴尔虎文化再生产提供了统一的走向和思路，引导文化再生产走向更加有利的方向。

其次，政府通过资金投入，推动了文化再生产的发展。政府投入大量的财政资金用于基础设施建设、文化再生产相关项目的开发和运营。政府的资金支持是巴尔虎文化产业园能够取得厚实进展的重要保障。

最后，政府通过资源整合，实现文化再生产所需要的场域和资本。政府通过整合本地的文化资源，打造文化旅游景点，吸引更多的游客前来参观游览。政府为巴尔虎文化产业园提供创作场所和设施，帮助其实现文化再生产的目标。巴尔虎民俗文化产业园在政府的资金和政策支持下，得到了较好的发展。该园区以民俗传统文化为核心，通过创意设计和文化资本运作，打造了一个完整的文化产业场域。在这个场域中，民众通过对民俗文化的认识和传承，积极参与到文化的再生产中，并在其中发现了商业机会。同时，相关负责单位也通过该园区获得了一定的经济效益。

因此，国家政策对于巴尔虎文化的传承发展是至关重要的。国家引导形成一个大的文化主场域，与之相伴形成的是政策资本。政策资本在巴尔虎文化产业园的营销方面起到了重要作用，可以帮助巴尔虎文化产业园在政府平台上展示形象、展示产品和服务，帮助其扩大影响力，提升知名度，吸引更多的投资和参与，也有助于巴尔虎文化产业园在市场环境中赢得更多资源和发展机会，提升其核心竞争力。

巴尔虎民俗文化产业园的文化再生产场域是在国家场域中生成的一个子场域，因而在国家主场域的权力支配中处于一个被支配的地位。可以说，巴尔虎民俗文化产业园中的文化再生产离不开国家政策的影响。

2. 市场与大众媒体的宣传

市场和媒体在文化再生产中扮演着至关重要的角色。他们能够通过自身的力量产生文化资本，推动文化再生产的发展。

在现代社会，大众传媒已成为人们生活中不可或缺的一部分。广播、新闻、报纸、互联网等媒介，以其强大的传播功能，扮演着宣传、传播和教育的重要角色，成为政府、企业、社会组织、个人等在传播信息、宣传政策、推广产品等方面的重要平台。巴尔虎民俗文化产业园作为一处独具巴尔虎传统文化特色的地方，吸引了大众传媒的关注。通过大众传媒的力量，巴尔虎传统文化再生产过程中可以得到更广泛的传播，巴尔虎民俗文化品牌也可以得到更好的打造。在这个过程中，大众传媒发挥着至关重要的作用。在每次的宣传、培训、展示、展演、展销等活动中都会有媒体记者报道他们的作品及销售现状。据毡子手工艺传承人TY说：

我们每次去做展示展览时，都有电视台的记者采访我们或做现场直播之类的。随着微信、抖音等平台的普及，我们销售是越来越好了。毡子手工艺的售卖之前不是特别好，从去年（2021年）开始逐渐变好，小孩的毡靴卖得最好，1~3岁孩子穿的靴子，去年过年之前卖了很多，这种靴子回头客也多。今年（2022年）春天赤峰市旅游点批量定做了隔热垫、帽子、包包、小孩靴子等。如果哪个东西销量好，我就会多做一点现货备上。[1]

上述案例得出，毡子手工艺的售卖逐渐变好，体现了市场对于传统文化的认可和需求。毡子手工艺作为一种具有地方特色的手工艺，通过市场的认可得到进一步发展和推广。一旦市场对产品形成了认可，那么该产品就可以成为文化资本，这种文化资本的积累可以进一步推动文化再生产的发展。文化生产者也会不断适应市场需求，通过了解消费者的喜好和需求，为其提供具有差异性和个性化的文化产品，增加了销售量和知名度。

电视台、微信、抖音等平台的普及，使媒体更加便捷、快速地将文化资讯传递给公众。通过电视台与现场直播，可以让更多的人了解和认识传统文化产品，从而提高消费需求和市场认可度。抖音等短视频平台则更便于推广文化产品，通过短视频的形式生动地展示毡子手工艺的制作过程和产品形态，吸引更多年轻人尝试购买和欣赏。媒体的推广也可以使文化资本得到增值，从而推进文化再生产的进程。

首先，大众传媒是展示地方文化的重要平台之一。通过大众传媒的力量，巴尔虎民俗文化可以得到更好的宣传和推广，让更多的人了解巴尔虎文化的魅力。广播、电视、报纸、杂志、互联网等媒介通过借助不同的传播形式和方式，可以将巴尔虎民俗文化生动形象地展示给公众。同时，他们可以从不同角度、侧面进行深入描绘，使巴尔虎民俗文化产业园真实、客观地呈现在公众面前。其次，作为文化生产的重要媒介，大众媒体也需要一定的文化资源作为自己的文化生产资本。巴尔虎民俗文化产业园作为一个汇聚了丰富的巴尔虎传统文化的场所，为大众提供了丰富、独特的文化资源。借助这些资源，大众媒体通过开展巴尔虎文化主题的采访报道、文艺作品等活动，为推广、传承和弘扬巴尔虎传统文化做出了贡献。最后，大众传媒的宣传也助力了地方政府的地方旅游推广。通过宣传，巴尔虎民俗文化产业园成为了地方文化旅游的网红打卡地，同时为巴尔虎民俗文化产业园的发展和传统文化的再生产贡献了力量。

总之，市场和媒体在巴尔虎民俗文化产业园的传播和推广方面发挥着重要的作用。他们通过自身强大的传播能力和社会影响力，为巴尔虎民俗文化的再生产作出了重要贡献，并同时推动了地方旅游业的发展。

---

[1] 引自笔者访谈记录。受访人：TY，地点：新巴尔虎右旗图雅毡子手工艺店，时间：2022年9月5日。

3. 文化精英与当地民众的认同

在传统文化再生产的过程中，民众是最为重要的参与者之一，他们不仅是直接的传承者，同时也是文化资本的创造者和传递者。

在民众场域中，文化传承人是拥有着特殊技艺或意识的文化精英群体。他们对于传统文化再生产和可持续性发展发挥着极其重要的作用。首先，文化精英拥有着高超的手工技艺，能够制作出具有原汁原味的传统工艺品。这些手工艺品承载着传统文化的内涵与精华，而制作工艺的流传及完善需要一个培养和传承的过程。文化传承人作为文化传承中的先导和推动者，通过自身的实践和创新，不仅在传承和发展传统文化方面作出了巨大的贡献，同时也对于文化的再生产产生了切实的影响。其次，文化精英更加敏感于市场和消费者需求，有着意识化的市场意识。在传统文化再生产过程中，如何将传统文化落地成为现代生活的一部分，成为了一大挑战。这些人群能够灵活地将传统文化与市场需求相结合，创造出具有时代感的传统文化商品。他们在传统文化再生产过程中能够起到关键的作用，引导传统文化走向现代，并加强民间的传统文化认知。不仅如此，这些人群也在推动民族文化认同上发挥了积极的作用。他们能够通过自身的经验和感悟，激发民众对于传统文化的自觉意识，促进更多的民众参与到传统文化的保护和传承中来。同时，他们的传承实践也成为了民族文化自信和文化自觉意识的例证，推动传统文化在现代社会中的认同和发展。

在民族文化的再生产过程中，民众起着非常重要的作用。他们无论是从家庭、社区，还是国家层面都能通过不同的方式参与到文化传承和再生产中来。首先，当地民众通过参与各种活动来传承民族文化。例如，在文化产业园的各种表演以及展示展览中，当地牧民会自愿参加传统的民俗表演，如服装表演、婚礼习俗、搓绳等文化活动中。这些活动都能够让民族文化通过民众的参与而得到传承和发展。其次，当地民众通过传播民族文化来推动文化的发展。传播方式多种多样，例如，通过互联网传播、讲述故事传播、日常生活用语交流等。而这些传播方式都能使文化再生产得到更加广泛的发展。最后，民众的认同和意识对于文化再生产同样重要，他们在传承、认同、创造等方面发挥着积极作用。

综上所述，上述社会互动关系反映了巴尔虎文化再生产过程中的各种力量之间的交错与碰撞。政府在其中起着引导和扶持的作用，市场和媒体是文化资本运营的主要力量，民族文化精英起着文化传承和代表性的作用，而民众则是传统文化再生产的主要传承者和参与者，同时也是文化产品的消费者。在巴尔虎民俗文化产业园这个文化生产场域中，这些行动者之间的互动和竞争，不仅反映了各自的利益和意识形态的差异，更使这个场域中的文化资本不断得到积累、转换和再生产，促进了文化产业的发展和传统文化的保护传承。同时，这种社会互动与竞争的关系也反映出文化再生产的复杂性和多样性，迫使行动者们在实践过程中不断探索和创新，以应对市场的需求和变化，从而形成更具创新性和竞争力的文化产品。这种社会互动不仅推动了巴尔虎文化产业的发展和繁荣，也使传统文化得到保护和传承，为民族文化多样性和文化产业的可持续发展作出了贡献。

（二）巴尔虎文化再生产的当代意义

随着时代的迅速发展，提升各项的综合能力是发展的必然要求。巴尔虎文化再生产是当代社会中一项具有重要意义的工作。首先，通过对巴尔虎文化的再生产和保护，可以促进当地人民的文化认同和自我认知，增强民族自豪感和文化自信心。其次，巴尔虎文化再生产可以促进当地乡村地区的经济发展，提高当地居民的生活水平和文化素养。最后，文化再生产过程中巴尔虎文化可以成为当地经济发展的一张名片，促进当地旅游业的发展，推动文化产业的壮大，提升当地民众的就业率和人民幸福感。

1. 文化再生产对文化自信的意义

首先，文化再生产是一个文化的再发展、再创新和再传承的过程，通过挖掘和发扬传统文化元素，重新认识和发掘本土文化的潜力和价值。传统文化是一个国家文化的精髓，是历史和文化传承的重要标志。通过文化再生产，文化群体可以重新认识和发扬其传统文化元素，重新体现和挖掘其文化价值和潜力。这样不仅能够增强社会或国家对自己文化传承的信心和自豪感，也能够帮助世界更好地了解和认识该国家或群体的文化特色和历史。

其次，文化再生产可以反映出本土文化与其他文化的差异性和独特性，培养群体对本土文化的认同感。每个民族都有其独特的文化传统和特点，这种文化特色是历史发展的积淀。通过传承和发扬传统文化元素，可以更好地反映出本土文化与其他文化的差异性和独特性，增加国家或群体对本土文化的认同感和自豪感。这样可以增强社群或国家的凝聚力和文化认同，使社群或国家更加稳固。

最后，通过文化再生产，可以更好地传承和发扬传统文化元素，使其历久弥新，体现文化的信仰和自信，更好地让世界了解和认识该社群或国家的文化传承和发展。

综上所述，文化再生产具有推动文化传承的重要价值和功能。通过文化再生产，可以发挥潜力，增加对其历史和文化传承的自信，反映出本土文化与其他文化的差异性和独特性，培养社会群体对本土文化的认同感，并帮助提高本土文化的自信。

2. 文化再生产对乡村振兴的意义

随着乡村振兴战略的实施，民族地区对于传统文化的再生产和发扬有了更高的重视和更大的需求。传统文化作为一种鲜明的文化资源，不仅可以为民族地区的文化产业发展和乡村经济振兴提供支持，同时也可以在巩固民族文化自信心和推动少数民族地区乡村人才振兴方面发挥着重要作用。

传统文化中蕴含着丰富的历史、民俗和民间艺术等方面的内容，这些都可以作为开发文化产业的资源。巴尔虎民俗文化产业园以纯朴、原生态、独具特色的风光和人文景观，吸引了大量游客前来参观和旅游，这些游客会对当地的文化、风俗、传说等方面产生浓厚的兴趣，并愿意购买具有民族特色的纪念品和手工艺品，这些都是民族地区文化产业的重要组成部分。因此，传统文化再生产是实现乡村振兴的有效途径之一。

首先，文化再生产为经济发展提供了重要支撑。在巴尔虎民俗文化产业园运用传统文化再生产的经验中，民族优秀历史文化资源得到了很好的利用。巴尔虎对传统文化资源进行了人性化、智造化的利用与表达，挖掘出独具特色的"民族地区文化瑰宝"，并通过创新性的手法实现了文化旅游产业的突破。观光旅游产业日益壮大，为当地经济发展提供了重要支撑。

其次，文化再生产推动市场的深度发掘和升级。巴尔虎民俗文化产业园通过"互联网+"的模式宣传巴尔虎民族文化，并同时吸引了更多的消费市场。新型互联网经济的发展，激发出了对文化传承和创造力的新要求，同时也给我们带来了崭新的发展机遇。企业与个人从不同层面进行了开发与运营，促进了人们更加深入地了解少数民族地区的文化，让更多人对少数民族文化产生热情和兴趣，推动文化成为全新的市场支柱产业。所以，传统文化再生产有助于促进传统民族地区和现代文化的融合，带动第三产业的发展，推动市场的深度发掘和升级。

最后，文化再生产也为民族地区的乡村人才振兴注入了新的活力。通过文化再生产，可以挖掘和培育民族地区的专业人才，打造一批对文化充满热情、乐于传播文化的人才，帮助乡村地区汇聚人才资源，提升人才素质，为乡村振兴提供智力和人力支持。同时，传统文化再生产也有助于发掘乡村人才的，培育民族地区特色产业，拓展产业就业空间，从而增强乡村地区的产业活力和经济发展。

综上所述，传统文化再生产是实现少数民族地区乡村振兴的重要途径。有效利用民族优秀历史文化资源发展文化产业、打造特色观光旅游品牌，通过"互联网+"的模式宣传民族文化，带动第三产业发展、促进文化和现代社会的融合，并注入了新的活力，成为文明进步的新亮点。此外，它也可以培养和造就更多的乡村人才投入到乡村振兴的工作中，推动少数民族地区乡村经济的发展，创造更好的发展环境和社会效益。

3. 文化再生产对民族地区经济发展的意义

文化再生产对民族地区经济发展的意义非常重要和深远。

首先，文化再生产提升少数民族地区的文化软实力。少数民族地区的文化资源庞大而独具个性，可以为地区经济打造独特的文化品牌。通过精心挖掘和再生产，可以充分发掘优秀的传统文化资源，丰富少数民族地区的文化内涵，提升地区文化的传播力、影响力和吸引力，形成独特的文化符号和品牌形象，从而提升地区的文化声誉和品牌价值。

其次，文化再生产对于少数民族地区旅游产业的发展具有重要意义。传统文化再生产能够提升地区文化的知名度和美誉度，从而吸引更多的游客前来旅游。通过深度挖掘优秀的传统文化资源，加入现代设计元素，打造文化旅游特色产品，形成持续的文化旅游营销模式，从而推动旅游消费市场的扩大，并满足旅游中不同层次和不同需求的旅游消费者的需求，同时还能为当地人民带来丰厚的经济收益。

最后，文化再生产对于地区文化产业的发展和壮大也具有巨大的推动作用。通过深度挖掘和再生产优秀的传统文化资源，形成独特而具有差异化的文化产品满足人们对于文化消费和文化体验的需求，从而推动地区文化产业的蓬勃发展。此外，文化产业的发展还能够吸纳更多的人才、提供更多的就业机会、创造更多的经济利益，从而推动地区经济健康发展。

(三) 乡村振兴战略下发展民俗文化产业的对策建议

民族文化产业作为一种特色经济形态，具有独特的市场竞争力和经济价值。通过发展民族文化产业，可以吸引更多的游客和投资者来到乡村，带动乡村旅游、文化创意、手工艺品制作等相关产业的发展，为乡村经济注入新的活力和动力。

乡村是传统文化的重要承载地，而民族文化是乡村的独特魅力和核心资源。通过发展民族文化产业，可以促进乡村居民对民族文化的保护和传承，激发他们对传统文化的自豪感和认同感，增强文化自信，防止文化遗失和文化断层，推动乡村文化的繁荣发展。每个乡村都有独特的民族文化特色和历史底蕴，通过发展民族文化产业，可以将这些特色和底蕴转化为乡村品牌和形象，提高乡村的知名度和吸引力。这有助于吸引更多的游客和投资者前来乡村，推动乡村旅游和乡村产业的发展。通过笔者对田野点的案例分析和相关资料的解读，认为乡村振兴战略下发展民族文化产业，可以采取以下三个对策建议：

（1）政府支持与保护。乡村振兴战略在保护和传承民族文化方面，需要制定相关政策和提供扶持。政策支持和保护是发展民族文化产业的重要手段。

政府可以通过税收优惠政策来支持民族文化产业的发展。对从事民族文化产业的企业和个人，可以给予税收减免或税收优惠政策，从而降低其经营成本，提高投资回报率。此外，政府还可以设立专项基金，用于扶持和支持民族文化产业的发展，提供财政补贴和资助。另外，加强文化产权保护也是发展民族文化产业的重要方面。政府可以加大对版权保护和市场监管的力度，打击盗版和侵权行为，维护民族文化产业的合法权益。可以加强执法力度，建立专门的行政执法机构，加大对侵权行为的打击力度。同时，政府还可以加强知识产权的培训和宣传，提高社会对文化产权保护的认识和重视程度。此外，政府可以通过乡村振兴计划的支持，加大对民族文化遗产的保护力度。可以设立专门的基金，用于保护和修复乡村地区的文化遗产，提供资金支持和技术指导。可以加强对乡村居民的培训和教育，提高他们对民族文化的传承意识和能力。可以鼓励乡村居民参与到文化传承和创作中，使乡村成为传统文化的重要承载地。

（2）提升创意与创新能力。民族文化产业的创意和创新是实现其持续发展和竞争力提升的关键。首先，要了解和研究民族文化的历史、传统和特色，挖掘和保护民族文化遗产，为创意和创新提供丰富的素材和灵感。通过文化节庆、表演、展览等方式，传承和弘扬民族文化精神，激发个人和企业的创意和创新活力。其次，将传统的民族文化元素与现代的艺术、设计、科技等相结合，创造出独特的、具有现代感的民族文化作品。

人才培养和技术支持是推动民族文化产业创新发展的重要保障。可以通过培训、研讨会等方式，提升从业人员的专业素养和创新能力，鼓励他们不断进行创意和创新。同时，可以引进和推广相关的技术和工艺，提升产品和服务的质量和效益。政府可以建立相关的培训和技术支持机制，促进民族文化产业人才和技术的培养与应用。

企业可以成立专门的创意和创新团队，通过多学科、跨领域的合作，培养和聚集创意人才，不断推出具有创新性的民族文化产品和服务。加强市场调研和消费者需求分析。企业要注重市场调研和对消费者需求的了解，通过了解市场趋势和消费者的喜好，精准定位产品和服务，提供符合市场需求的创意和创新作品。

企业可以设立创新基金，提供经费支持和奖励机制，鼓励员工提出创新性的项目和方案。同时，企业也要加强知识产权保护，保护自己的创意和创新成果。民族文化产业要积极寻求与其他行业的合作，通过与科技、设计、旅游等领域合作，进行跨界合作与创新，推动民族文化产业的创新发展。

（3）品牌建设和宣传推广。品牌建设是市场拓展和推广的重要环节。在乡村振兴战略中，可以通过打造民族文化产业品牌，提高产品和服务的知名度和美誉度。品牌建设需要注重形象设计、标识等要素，以及品牌故事和文化传承的宣传。同时，可以通过多种渠道和媒体进行宣传推广，如互联网、社交媒体、展览会等，吸引更多的目标消费者和游客。

为了推动民族文化产业的市场拓展，需要建设有效的销售渠道。可以探索线上线下相结合的销售模式，通过电商平台、社交媒体等线上渠道进行销售，同时在乡村地区建设销售网点、文化展示中心等线下渠道，提供便利的购买和体验环境。此外，可以与旅游景区、文化活动等合作，将民族文化产品融入旅游和文化体验中，拓展销售渠道。

综上所述，乡村振兴战略下的民族文化产业发展需要政府的支持和保护，同时也需要企业、社会组织和个人的积极参与。政府需要制定相关政策和提供资金支持，以鼓励企业、社会组织和个人参与到民族文化产业的发展中。同时，各方应积极合作，加强合作交流，共同推动乡村振兴战略下民族文化产业的繁荣与发展。

结论

本文着眼于传统文化的传承与开发利用问题。以文化再生产为理论视角，以呼伦贝尔市新巴尔虎右旗巴尔虎民俗文化产业园为田野点，通过文献研究、田野调查、深度访谈等方法，探讨巴尔虎传统文化再生产路径，试图解答传统文化是如何再生产的？文化再生产的动因是什么？文化再生产过程中政府、市场、民众是如何参与的？通过田野调查与相关的文献梳理，在巴尔虎民俗文化产业园这个文化场域中，各行动者通过其所占有的资本存量进行博弈。国家与当地政府的相关政策调整引导着巴尔虎文化再生产的发展方向，市场与大众媒体的筛选影响着巴尔虎文化再生产的发展形式，而当地文化精英与民众等文化持有者在巴尔虎传统文化再生产中发挥着不可忽视的作用。这些影响因素构成了巴尔虎文化场域的客观结构网络。而这些因素也拥有相应的文化资本，这三种样态的文化资本在文化再生产过程中相互作用，构成了巴尔虎文化再生产的现实路径。

研究发现，传统文化的再生产是当前文化产业发展的重要策略之一，也是中华文化的传承和弘扬的必由之路。在巴尔虎民俗文化产业园的成功案例中可以看出其再生产的路径与结构机制。首先，传统文化的再生产需要政府的支持和引导。国家和地方政府给予了经济资助和政策扶持，营造了良好的文化发展氛围和环境。其次，文化再生产需要文化企业的参与和积极推动。文化企业投入了大量的资金和人力资源，通过特色产品的开发和推广，使传统文化焕发出新的生机与活力。最后，文化再生产需要传承人的参与和传承。传承人从自身文化背景、经验和行业需要出发，不断创新传统文化的表达方式和形式，让传统文化更好地与现代社会和人群联系互动。传统巴尔虎文化的再生产不仅涉及文化自信和民族凝聚力的问题，还具有重要乡村振兴和民族地区经济发展的意义。因为传统文化是乡村社会的生命力，传承和保护传统文化将有效地促进乡村社会的全面发展和繁荣。同时，传统文化也是独特的文化资源，具有较高的经济价值。通过对巴尔虎传统文化的再生产，可以开发出具有市场竞争力的文化产品，进而推动文化产业的发展，带动当地经济的繁荣。

综上所述，巴尔虎传统文化再生产的背后，不仅展现出传统文化的强大生命力和潜在价值，还体现出文化再生产对经济发展的积极作用。因此，要进一步加强对传统文化的保护传承，为文化再生产提供更加广泛的空间和机会。在传统文化再生产的过程中，笔者认为，首先，要解决文化开发参与者的参与初衷，避免盲目地追求经济效益，完全为了迎合市场需求而篡改文化核心内容，当然也不能一味追求民族文化的"原汁原味"，应当结合市场需求与实际情况，保存传统民俗文化的核心内涵，对其进行保护性开发。其次，在保护传统民族文化本质内涵的前提下，政府、大众媒体、文化精英、文化持有者在文化再生产过程中发挥自身的任务准则，以实现文化发展和经济发展双重使命。最后，在文化再生产过程中，也要遵循民族文化保护传承条例，加强法制化。如果巴尔虎民俗文化产业园在今后的发展中保持长期的活力，在文化再生产过程中要高度重视民族认同感，并且时刻遵守历史发展的规律和促进社会发展、民族团结的基本原则。那么这些原则将为巴尔虎民俗文化产业园确保现在和未来的成功打下坚实的基础。

参考文献

一、专著

[1][法]布迪厄. 文化资本和社会炼金术[M]. 包亚明译. 上海：上海人民出版社，1997.

[2]林耀华. 民族学通论[M]. 北京：中央民族大学出版社，1997.

[3]乌丙安. 中国民俗学[M]. 北京：中国民间文艺出版社，1986.

[4]黄淑聘等. 文化人类学理论方法研究[M]. 广州：广东高等教育出版社，2004.

[5]薛晓源等. 全球化与文化资本[M]. 北京：社会科学文献出版社，2005.

[6]曹诗图. 旅游文化与审美[M]. 武汉：武汉大学出版社，2006.

[7]尹绍亭. 文化生态与物质文化[M]. 昆明：云南大学出版社，2007.

[8]宫留记. 布迪厄的社会实践理论[M]. 开封：河南大学出版社，2009.

[9]廖杨. 文化再生产——人类学视野中的民族民俗·历史文化与旅游发展研究[M]. 南宁：广西人民出版社，2009.

[10]苑利，顾军. 非物质文化遗产学[M]. 北京：高等教育出版社，2019.

二、学位论文

[1]吕屏. 传统民艺的文化再生产[D]. 中央民族大学博士学位论文，2009.

[2]张宝成. 磨合与交融：呼伦贝尔巴尔虎蒙古人的民族认同与国家认同研究[D]. 中央民族大学博士学位论文，2010.

[3]沈炜. 旅游场域中民族文化资本及其再生产研究[D]. 中南民族大学硕士学位论文，2011.

[4]王潇. 传统手工艺的再生产研究[D]. 西安美术学院博士学位论文，2016.

[5]黄菡. 民族文化开发利用中的文化再生产研究[D]. 中南民族大学博士学位论文，2016.

[6]汪泽民. 传统民俗文化的再生产[D]. 南昌航空大学硕士学位论文，2016.

[7]王庆贺. 后申遗时代民族文化的节日化建构及其实践理性[D]. 中南民族大学硕士学位论文，2018.

[8]易坚. 从传统生活到现代表演：神农溪纤夫文化品牌建设研究[D]. 湖北民族大学硕士学位论文，2021.

[9]阿琳娜.安徽省传统文化旅游资源的评价与利用[D].安徽师范大学博士学位论文,2018.

[10]周茹.京族独弦琴文化的再生产研究[D].云南民族大学硕士学位论文,2022.

[11]赵永文.少数民族传统文化德育价值研究[D].武汉理工大学硕士学位论文,2013.

[12]郭津佑.从"石保爷"到"九天母石"[D].华中农业大学硕士学位论文,2020.

[13]澈力木格.近现代巴尔虎服饰研究[D].内蒙古大学硕士学位论文,2011.

三、期刊

[1]顾瑶,伊全胜.乡村振兴背景下巴尔虎蒙古特色历史文化与旅游融合发展研究[J].黑龙江民族丛刊,2021(5):62-66.

[2]王玲.灾害叙事中的集体认同与文化批判——以汶川地震为例[J].中外企业家,2015(13):217-218.

[3]石群.反思旅游场域的文化再生产[J].旅游论坛,2014,7(5):21-25.

[4]姚小云.旅游演艺场域中非物质文化遗产的文化再生产——以《张家界·魅力湘西》为例[J].怀化学院学报,2013,32(12):27-29.

[5]李进,李明术.文化再生产视角下的城市风貌特色建设——以湘西土家族文化为例[J].华中科技大学学报(社会科学版),2012,26(3):9-14.

[6]陈柳钦.文化自觉与文化产业发展[J].南京财经大学学报,2012(1):85-93.

[7]宋振春,李秋.城市文化资本与文化旅游发展研究[J].旅游科学,2011,25(4):1-9.

[8]吴启焰,王兆杰.布尔迪厄的文化资本理论在旅游规划中的应用[J].人文地理,2011,26(1):113-117.

[9]李银兵.从文化到资本:民族文化资本化的条件初探[J].前沿,2010(15):155-158.

[10]司马俊莲.现代化背景下少数民族文化权利保护对策探讨——以恩施州少数民族文化权利保护状况为例[J].湖北民族学院学报(哲学社会科学版),2008,26(6):29-34.

[11]吕俊彪.民族文化资本化的困境与出路[J].广西社会主义学院学报,2008(2):57-60.

[12]赵丽娜,王雅林.城市场域内的文化资本形态[J].哈尔滨工业大学学报(社会科学版),2007(5):39-42.

[13]迟静圆,孙厚琴.浅析旅游文化资本化[J].桂林旅游高等专科学校学报,2006(6):757-759.

[14]高丙中.对节日民俗复兴的文化自觉与社会再生产[J].江西社会科学,2006(2):7-11.

[15]贺学君.关于非物质文化遗产保护的理论思考[J].江西社会科学,2005(2):103-109.

[16]李全生.布迪厄的文化资本理论[J].东方论坛(青岛大学学报),2003(1):8-12.

[17]赵世林.论民族文化传承的本质[J].北京大学学报(哲学社会科学版),2002(3):10-16.

[18]宗晓莲.布迪厄文化再生产理论对文化变迁研究的意义——以旅游开发背景下的

民族文化变迁研究为例[J].广西民族学院学报(哲学社会科学版),2002(2):22-25.

[19]何显明.传统文化创造性转化的社会实践基础[J].哲学研究,1999(7):34-40.

[20]赵世林.民族文化的传承场[J].云南民族学院学报(哲学社会科学版),1994(1):63-69.

[21]刘星明.民族文化在旅游开发中的变迁与重构——以西双版纳傣族园为例[J].云南民族大学学报(哲学社会科学版),2008,119(4):62-64.

[22]张建世.凉山彝族传统漆器手工艺的文化再生产[J].西南民族大学学报(人文社会科学版),2015,36(7):2,35-44.

[23]阿荣高娃.科尔沁婚俗旅游开发研究[J].内蒙古民族大学学报(社会科学版),2010,36(5):32-35.

[24]纪岩.浅谈在民族院校对大学生进行少数民族传统文化教育[J].西北民族学院学报(哲学社会科学版.汉文),1996(3):40-43.

[25]徐雁.多元文化视野下少数民族传统文化资源与高校德育教育研究[J].湖北民族学院学报(哲学社会科学版),2012,30(3):142-145.

[26]何国显,周耀明,文晴.南宁市少数民族传统文化保护与开发利用研究[J].广西民族学院学报(哲学社会科学版),2004(S2):1-14.

[27]王伟年,张平宇.城市文化产业园区建设的区位因素分析[J].人文地理,2006(1):110-115.

[28]崔榕.新时期少数民族传统文化的开发利用与传承研究——以贵州省为例[J].中南民族大学学报(人文社会科学版),2015,35(5):59-63.

[29]焦娅敏,艾传国,李扬帆等."天人合一"视角下的优秀传统文化资源合理开发与利用[J].上海电力学院学报,2017,33(S1):29-32.

[30]张芸.传统文化资源的创新性开发利用[J].知音励志,2017,496(15):53-56.

附录

附图 1　巴尔虎民俗文化产业园非遗蒙古包
（由新巴尔虎右旗文化馆馆长提供，2021.03.27）

附图 2　巴尔虎民俗文化产业园接待蒙古包
（由新巴尔虎右旗文化馆馆长提供，2021.03.27）

附图 3　巴尔虎民俗文化产业园草坪区
（由笔者拍摄，2022.09.03）

附图 4　巴尔虎民俗文化产业园舞台
（由笔者拍摄，2022.09.03）

附图 5　巴尔虎民俗文化产业园夜景
（由笔者拍摄，2022.09.07）

附图 6　巴尔虎民俗文化产业园画展
（由笔者拍摄，2022.06.07）

民俗文化产业高质量发展意义研究 | 157

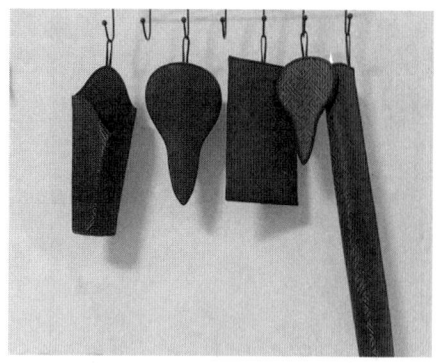

附图 7　厨具收纳袋套装

（由 ALTGRL 提供，2023.03.24）

附图 8　收纳盒、手提包、钱包

（由 ALTGRL 提供，2023.03.24）

附图 9　毡子手提包

（由 ALTGRL 提供，2023.03.24）

附图 10　装饰毡垫

（由笔者拍摄，2023.02.06）

附图 11　坐垫

（由笔者拍摄，2023.02.06）

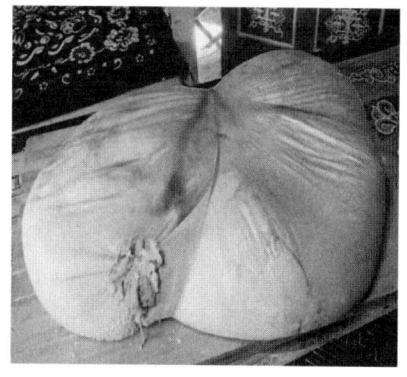

附图 12　牛肚储存法

（由 NRJ 提供，2023.02.05）

158 | 推进内蒙古自治区文化建设高质量发展的路径研究

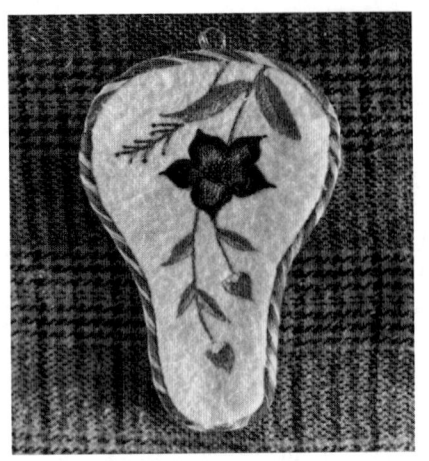

附图 13　绣花剪刀袋

（由笔者拍摄，2023.02.06）

附图 14　毡子刺绣

（由笔者拍摄，2023.02.06）

改善牧区奶业经营方式的路径研究

高日罕　梅花

摘　要：改革开放以来，内蒙古牧民奶业经营方式从改革之初的自给自足经营方式发展到现在的进入市场以及大规模经营模式，经历了诸多转变。本文以巴林右旗巴彦塔拉苏木的宝木图嘎查为例，在该嘎查做的田野调查基础上，结合民族学的文化变迁理论和文化功能理论，并运用纵向对比研究法，探讨改革开放以来宝木图嘎查牧民奶业经营方式的变化。该嘎查于2004年以前是自给自足的方式经营奶业，2004年第一次尝试规模化奶业经营方式，2016年以来结合市场消费需求、当地的生态环境和传统奶制品制作方法，进一步优化奶业经营方式，并且推动牧区经济以及发展地方特色的乳制品。在这一过程中，宝木图嘎查牧民的经济、生活、思想观念发生了不少变化。因此笔者从1980年内蒙古实行"集体把牲畜分到各户经营"的畜牧业政策到2021年下半年为时间点，将宝木图嘎查奶业经营方式分三个部分加以论述，同时还分析经营方式发生变化的原因及其经营方式发生变化对牧区经济、牧民思想观念带来的影响。

本文由绪论、主要内容、结论三个部分组成。阐述了选题背景、选题意义、国内文献综述、论文创新之处、研究方法、研究理论等。论述了调查区的自然生态环境、人文社会概况。论述了改革开放以来宝木图嘎查奶业发展的演变过程。详细分析宝木图嘎查奶业发展的原因及对牧民社会环境和生活方式产生的影响。提出了国家实行的政策、市场经济、奶业自身优势等因素促进了宝木图嘎查牧民奶业经营方式的变迁，并随着奶业经营的变迁蒙古族传统乳制品文化及牧民思想观念发生变化的观点。

关键词：牧区；奶业；经营方式；变迁

一、绪论

（一）选题背景

改革开放以来，内蒙古地区农牧民的经济、社会、文化、尤其是生存的社会环境及意识观念发生了巨大变化，从而引起国内诸多人类学家的关注。在诸多变化之中，畜牧业主要内容之一的牧区奶业经营方式的变迁是不可忽视的问题。1983年内蒙古自治区实行的"牧群双包制"之后牧民以自给自足的方式经营奶业的同时尝试多种新的经营方式以增加经济收入。这些新的经营方式如何影响牧区经济、牧民生活、牧民意识观念是我们深刻思考的问题。国家畜牧业的政策、市场经济、奶业自身优势等诸多因素有助于促进牧区奶业经营方式的变迁。因此本文基于对赤峰市巴林右旗巴彦塔拉苏木宝木图嘎查进行的田野调查，研究改革开放以来牧区奶业经营方式的变迁。本文以宝木图嘎查为主要典型案例的理由有以下四点：

（1）宝木图嘎查是内蒙古赤峰市巴林右旗的巴彦塔拉苏木辖区嘎查，由蒙古族与汉族共同聚住，牧业为主的嘎查，位于303国道的北侧，距离旗政府所在地大板镇12千米，正因为交通便利，本嘎查的牧民有着抢先一步接触新事物的条件。

（2）2003年时，巴林右旗其他嘎查牧民还以自给自足的方式经营奶业，而宝木图嘎查用招商引资，试图与伊利公司合作建立奶源基地及销售鲜奶率先尝试规模化奶业经营方式。因此对笔者研究的牧区奶业经营方式变迁的研究，本嘎查的事例起着典型的作用。

（3）2016年后宝木图嘎查牧民通过个体户、家庭牧场、合作社等模式进一步优化奶业经营方式，从而大力推进奶业振兴，促进奶牛产业的健康发展，目前全旗基本形成了以巴彦塔拉苏木为中心的奶牛产业带，形成了独具特色的奶业发展模式。

（4）从巴林右旗乳制品的市场来看，宝木图嘎查的乳制品建立了自己的市场地位，而察哈尔地区的乳制品在巴林地区的影响日益衰减，远不如以前。

总体来说，宝木图嘎查的奶业"自给自足的经营—规模化经营—个体户模式、家庭牧场模式、合作社模式—苏木为中心的奶牛产业带"经营特征对于研究牧区基层奶业经营方式的变化具有一定的学术研究价值。

（二）选题意义

1. 理论意义

目前国内有许多关于奶业发展的研究，但很少结合与以某一个具体的地区为对象，深入探讨牧民奶业经营方式的变迁，因此本文在个案研究的基础上从民族学的角度并运用参与式田野调查方法，通过描述个案的具体情况以及探究其背后自然和社会原因分析，为有关牧区奶业经营方式研究增添可靠的第一手资料的同时，旨在为相关理论提供力所能及的启示。

2. 现实意义

本文基于宝木图嘎查奶业经营方式进行实地调查，对改革开放以来牧区奶业经营方式的变化、变化的原因以及经营方式的影响等进行探讨，从而揭示半农半牧区奶业发展的规律。进一步了解在社会变革、经济发展中作为民族文化的象征之一的乳制品如何适应现代化进程实现经济价值，为了解内蒙古牧区经济发展情况和政府在牧区制定相关政策提供有一定参考价值的分析内容。

（三）国内外文献综述

1. 国外相关研究

早在13世纪中期，意大利旅行家、商人马可·波罗在《马可·波罗行纪》（沙海昂，2014）中介绍了当时蒙古族人以鲜奶当祭祀品的习俗，并赞美营养丰富的乳制品在远征的军队粮食中发挥了重大作用。道森(1983)在《出使蒙古记》中详细介绍了13世纪蒙古族人民的乳制品制作步骤及相关的风俗习惯。纳·额尔登朝格图、纳·额尔登孟克(2016)的《蒙古族游牧式畜牧业研究》是一本关于蒙古国游牧经济的著作。该书详细阐述了蒙古国蒙古族奶制品的传统制作方法和保存方法。在他们看来蒙古族制作奶制品、制作肉食和加工牲畜皮毛、皮革、排泄物等畜产品的活动有科学依据，是放牧的一项重要内容。随着经济发展、科技技术的提高，国外研究者们在如何加大奶牛的奶量和质量的问题方面进行研究。德因赛科·保罗等(2021)从牛奶市场的角度分析了延长牛奶保质期的欧姆加热、微波、射频、微滤、高压、高压均值、脉冲电场、紫外线、辐照、超声波、二氧化碳、冷等离子体等新技术的优点、缺点、卫生安全、质量及应用情况。Doszhan Baibokonov(2021)以哈斯科斯坦的马奶为研究背景探讨了发展传统乳制品行业的核心力量，一是国家提供支持，二是传统乳制品行业自身的创造力和独创性，同时还强调了合作和提高品牌知名度的重要性。

2. 国内相关研究

(1)奶业发展研究。我国奶业发展研究兴起于20世纪80年代，由于我国奶业处于发展阶段，很多学者们从国内奶业发展现状、发展中遇到的问题、相应解决措施，从国外奶业发展经验、发展启示等方面进行研究。

1)奶业发展现状相关研究。王铁灵(2002)认为，新中国成立之前内蒙古、新疆以及北京、天津、上海等地区有少数的奶牛养殖户。新中国成立之后随着居民生活水平的提高，中国各地区的奶牛养殖地和牛奶产量逐渐增加。方有生(2002)在《中国奶业的现状及发展趋势》一文中，总结了改革开放政策对中国奶业发展的三个积极作用：一是改变国内消费者对奶制品的消费观念；二是丰富了中国奶制品的种类；三是带动了中国奶业龙头企业的发展。昝林森(2005)从奶业生产现状出发，将我国奶业生产区域划分为三个部分：①内蒙古、新疆的牧区；②河北、山东、山西等地区的农区；③北京、上海等一线城市的郊区。生产方式以乳制品企业—奶牛基地—农牧民户经营模式为主。陆海霞(2009)分析了我国奶类消费现状并得出以下两个结论：①随着我国居民乳制品消费量的增加，对乳制品的品质有更高的要求，从而丰富了乳制品的种类；②指出农村居民乳制品消费量低于城镇居民的消费量。这个现象与农村发展有紧密关系。陈连芳(2011)对我国乳制品的出口现状进行了分析，认为2008年婴儿奶粉事件之前我国液体奶和以乳粉为主的乳制品出口量稳定地增长，但是婴儿奶粉事件发生后影响了乳制品的出口量。陈志敏等(2022)认为，1999~2005年是我国奶业快速增长阶段，2006~2014年是波动阶段，2016年在生态环境、国际贸易的影响下奶牛头数持续下降。但是近几年广大农村地区的教育水平、玉米产量、畜牧技术机构、农民消费水平的提高、奶牛优势区促进我国奶业生产布局集聚，环境规制对我国奶业生产布局集聚的影响减少。

2)奶业发展中存在的问题相关研究。董筱丹等(2002)提出，由于我国经济快速发展和人口数量的日益增多，城市郊区奶牛养殖场用地范围的缩小，而且奶牛粪便无法利用导致发生污染环境问题，如果在农区养殖的话，可以用粪便代替化肥来使用，这样不仅减少化肥使用量，而且能够达到保护环境的效果。还指出发展传统牧区生产方式是牧区奶业发展的关键要素。李春雨(2006)在土默特左旗奶牛养殖户做详细的田野调查之后，提出了奶业合作社中存在以下四个问题：①在奶农和企业的交易中，奶农只能提供鲜奶，但鲜奶是初级产品，没有任何附加值，因此收入不高，并且经常承担牛奶销售市场的风险；②奶牛小区的管理不严格；③奶农的经营水平低；④合作社的规模小。张艳明(2012)以呼和浩特为典型研究案例，提出我国奶牛养殖业中存在以下四个问题：①优质的鲜奶产量低于市场需求量；②奶牛饲养技术水平低；③优良品种的奶牛头数较少；④提高产奶量的饲料短缺。周晓东(2010)提出"公司+奶站+农户"模式中存在以下三个问题：①农户养牛的基础设备不全，管理方式不足，引进的奶牛品种低，因此影响了奶牛的发育；②奶站违规经营，影响了奶农的收入；③企业对奶农提供的防疫、资金等方面的服务不到位。冷进松(2015)认为，我国原奶生产安全要求、生产技术低于国际标准水平，并且乳制品销售的市场以城市为主。李梦茜等(2018)认为，我国乳制品质量存在以下三个问题：①乳制品企业新开发的产品较少；②乳制品企业看重眼前的利益，不顾广大消费者的利益乱添加不利于健康的配料；③乳制品运输和冷藏技术低。刘回春(2017)提出，国内奶制品安全质量慢慢提高，但是从2008年三聚氰胺事件之后广大奶制品消费者对国产奶制品失去信任，这就导致了进口奶制品销售量的增加、国产乳制品的销量减少。

3）奶业发展对策建议相关研究。杨从科等(2006)分析我国奶业发展中存在的问题和成因，提出了以下六个对策：①养殖优良品质的奶牛提高产奶量；②提高奶农养殖技术和管理技术；③扩展乳制品销售市场；④加大优良饲料种植的面积；⑤奶制品企业与奶农合作共赢为发展目标；⑥政府持续扶持奶业发展。钱贵霞、马鲜平(2006)在《先发达地区奶业发展的探索与思考》一文中对比研究了我国欠发展地区奶业发展的环境、乳制品的生产方式、奶牛养殖场和乳制品企业的经验能力，同时对奶业发展提出了以下建议：①保持改善奶业发展的环境；②乳制品企业需要提高经营能力；③各省发展地方特色的奶业。郭建军(2008)对内蒙古、黑龙江的奶牛养殖户和奶业企业进行实地调查的基础上，分析了奶业发展中的问题并提出了四个解决对策：①加快落实国家有关扶持奶业发展的政策，进而保障奶业企业、奶农的切实利益；②对达不到乳制品生产能力、质量要求的企业实施关闭；③加强饲料市场的管理；④政府完善扶持政策。陈晗飞(2011)认为，政府部门需要进一步加强对奶源基地的管理，企业需要进一步优化奶业经营方式。杨柳春(2012)认为，西部地区的资源丰富但是落后的经济发展却限制了奶业发展，因此需要政府加大资金的支持，提高科学技术水平，注重人才培训，龙头企业发挥效率，带动农民增收。牟海日、甄云兰(2015)分析了国际奶制品市场后为国内奶业发展提出了以下两个建议：①通过增加国外优质奶制品的进口，提高我国人民的生活水平；②只要国内企业把奶制品的质量、效率、成本都提升了，中国奶业就会逐渐地健康发展，因此他们认为阻止国内乳制品发展的不是国外乳制品进口量而是自身的问题。赵静(2015)肯定了国家政策对奶牛养殖业起到的积极效果，之后提出了规模奶牛养殖中存在的问题，例如，经济效益不乐观，原奶销售价格不稳定，养殖技术水平低，并提出三个建议：①国家持续完善扶持奶牛养殖的政策；②加大补贴力度；③提高科学技术水平。道日娜、罗燕芳(2016)通过分析28个省份的奶业面板数据得出我国奶业发展从依赖资源模式向依赖资金和政策模式演化的结果，首先建议区域政府完善运输建设，其次是帮助奶农优化奶牛品种，最后是扩大养殖场并和鲜奶加工厂分离的建议。宋亮(2019)分析了我国奶牛的养殖、乳制品加工和乳制品消费等方面的成就，并为奶业的持续发展提出了建议：①政府需要开展我国奶牛养殖、乳制品加工方面的宣传；②企业持续提高质量安全、开发新产品方面的能力同时给消费者提供高质量的服务；③媒体从安全性和品牌等方面帮国内乳制品宣传。刘长全、韩磊(2021)提出，2020年是中国乳制品消费需求增长最快的一年，为了加速奶业健康发展，应该强化乳制品销售市场的稳定和风险防控机制建设，持续强化产业链利益联结机制建设，在规范化、标准化的基础上促进家庭牧场发展，在保证乳制品质量安全之后稳定推进奶农发展加工及其他奶业新业态、新模式，快速促进农业供给侧结构性更改和促进优质奶牛饲料饲草种植。李昊元(2021)分析我国奶业市场的经营后，为我国奶业市场振兴提出了以下三个策略：①乳制品企业加强责任意识；②有关部门严格监督乳制品质量方面的问题；③政府通过宏观市场调整帮助乳制品企业健康发展。葛旭芳(2017)肯定了中国四大奶牛养殖区的优点，提出了发展中存在的问题及相应的解决策略。

4)国外奶业发展对中国奶业发展启示的相关研究。张超等(2020)深度解析了美国奶业发展的特点，提出了对中国奶业发展的三个对策借鉴：①奶农通过组织奶业合作社、奶业协会提高产业链中的利益；②政府加大扶持政策从而保障奶业行业的利益；③奶业主管部门通过媒体宣传、支持科研机构等措施，扩大乳制品消费市场。宋鹏志和李翠霞(2021)从政策的角度入手，探析澳大利亚奶业发展的特点，认为澳大利亚奶业政策的变化是推动本国奶业发展的重要因素，随之提出中国借鉴澳大利亚的经验完善我国有关奶业方面的三个政策建议：①选择适当的管制方式，为奶业发展提供宽松的环境；②各省规定因地制宜的奶业发展政策；③乳制品行业面对的风险建立降低风险的政策。王兴文等(2021)分析了日本奶业发展的特点，并对我国奶业发展提出了以下四个启示：①调整奶业发展速度，给小规模养殖场充足的发展时间；②探索绿色奶业发展模式；③完善奶业的管理制度，提供良好的制度体系环境；④加强饮奶知识的宣传。相关的研究还有王兴文等(2021)的《加拿大奶业发展经验分析》。

(2)内蒙古传统乳制品的相关研究。蒙古族在长期饲养五畜的过程中，逐渐学会了将鲜牛奶制作成奶制品的技能。因此乳制品在牧民生活中占绝对优势。随着生活质量的提高，人们已经从解决温饱问题上升到追求营养摄入，对牲畜的奶、肉、油等营养物质的需求日益增加，因此今日国内有很多学者从畜牧业经济、牧区生活变迁以及传统乳制品的种类、发展中面临的困境、解决措施等方面进行研究，产出了许多有价值的研究成果。

1)内蒙古牧区畜牧业经济研究。包玉山、额尔敦扎布(2011)在《内蒙古牧区发展研究》一书中从多方面研究牧区发展政策的经验同时提出发展奶业生产的必要性和产业化的建议。包玉山(2003)在《内蒙古草原畜牧业的历史与未来》一书中分析了内蒙古畜牧业的矛盾、特征、历史现状和畜牧业面临的困境以及相应解决措施。乌日陶克套胡(2006)在《蒙古族的游牧经济及其变迁》一书中详细地描述了蒙古族畜牧业的历史变化。阿拉坦宝力格(2013)在《游牧生态与市场经济》一书中基于在内蒙古的陈巴尔虎旗、东乌珠穆沁旗、阿巴嘎旗、镶黄旗、正蓝旗、巴林右旗、扎鲁特旗、鄂托克旗等牧业区做的田野调查上分析了畜群结构的变化、草原承包与牧民社会关系的变化、牧区家庭经营方式的情况，重点分析了牧区的开发利用和环境问题。萨胡热(2014)在分析了鄂温克族生产生活方式、政治生活方式、社会交往、价值观的变迁并探讨了变迁的原因，在此基础上提出变迁过程中面临的三个问题：①随着人口的增长草场之间的矛盾加深了；②牧民家庭生活贫困差距大；③新型的消费进一步加大了贫困化。赛音(2018)通过对比研究巴林右旗三种不同类型的村落，分析了三个村落的农牧民经济、生活、意识观念等的变化，指出当前农牧业经济的发展中遇到的主要问题，建议有效整合资源，发展地方特色的文化旅游，以产业带动加大农牧民的收入的问题。朝宝（2017）以1946~2015年为时间点，全面剖析了巴林右旗五种牲畜的数量结构时序变化、空间分布特征之后提出，巴林右旗五畜数量发生较大的变化，五畜结构失去平衡的主要原因在于当地牧民为了适应当今实行的政策和为了提高经济收入而采取的有意识调整两个因素导致的，因此因地制宜调整五畜结构对当地的畜牧业健康发展至关重要。小红（2007）从文化变迁的角度出发，以内蒙古克什克腾旗达里嘎查为个案研究，描述了该嘎查形成与定居化过程，新中国成立以来的达里嘎查的牧业体制改革，畜牧业经济的社会环境和生态环境变迁，并且对嘎查牧民的经济生活（牧民收入和支出）、社会分化和现状、草牧场和水资源的利用进行了分析，认为国家为了发展少数民族地区而制定的政策导致内蒙古牧区社会的变迁。赵晓明和阎东彬（2008）认为，内蒙古畜牧业发展应该遵循人口、资源及生态环境同步协调发展的规律并建议做好畜牧业基地的经营，以龙头企业带动畜牧业发展。韩柱（2012）提出，草原保护的措施未能到位、实行禁牧政策之后给予牧民的补偿少导致偷牧现象频繁发生、牧区防火抗灾能力低且粗放型经济模式未能改变、牧民生活水平低等因素导致了牧区经济持续发展，并提出相关的发展措施。李顺（2020）提出，随着现代化进程牧区的生产方式、传统文化等方面发生了变化但是生态环境破坏，因此必须要重视经济和生态同步发展的措施。红歌佐拉（2007）根据实地调查并结合当地牧民口述史及文献资料描述了内蒙古锡林郭勒盟正镶白旗的后英图嘎查牧民的20世纪初到21世纪初牧民的生产生活变化。从而得出结论：游牧生产方式的变迁是从游牧到小范围内放牧再到定居放牧又到产业化发展的演变过程。牛宇（2020）对罗布桑却丹的《蒙古风俗鉴》中的农牧业经营方式、商业经营方式进行了深入分析并提出了给现代畜牧业、农牧业经营及商业经营带来的启示及意义。

2）传统乳制品相关研究。从文献资料看介绍传统乳制品的书籍以蒙古族畜牧业、地方志、饮食文化为主。楚·朝伊吉布、哈那玛盖（2014）在《肃北蒙古族的历史与传统文化》一书中论述了肃北蒙古族的历史渊源、传统民俗和目前的生活状况。作者认为肃北蒙古人的饮食与其他地区蒙古族的饮食大致没有区别，但由于这里的蒙古族在青藏高原居住生活了很长时间，或者与相邻的其他民族交往比较密切，吸收其他民族的饮食习惯，形成和发展了自己的饮食特色。那宝音和希格（2014）在《巴林民俗志》第五章里对巴林传统乳制品的种类、制作技艺、制作时间、礼仪习俗、养生作用和相关的习俗等方面做出了详细的介绍。相关的书籍有徐世明（1995）的《昭乌达风情》，散普拉敖日布（1997）的《蒙古族饮食文化》，G朝格图（2008）的《阿拉善蒙古族的传统饮食》，巴拉登、达兰台（2009）的《察哈尔蒙古族风俗》，布仁套格套等（2013）的《营养俱全的奶食品》，巴图（2013）的《乌拉特文化》等。

马奶是蒙古族奶制品中的一个重要部分，近年来随着马奶在临床上应用的扩大，对马奶的研究有所增加，其中对马奶研究成果最大的研究者是内蒙古农业大学教授芒来。芒来等（2013）的《马奶》是一部涵盖社会自然学科的全面介绍马奶的著作，该书由四章组成。第一章详细介绍了马奶的历史起源、马的饲养、挤奶的规律、马奶的储存、马奶发酵的过程、挤奶用具等。第二章论述了关于马奶酒的内涵，所含的营养成分、化学成分，马奶酒的治疗以及马奶酒治疗过程中的注意事项等方面。第三章从马奶宴的组织、民俗礼仪、马奶宴的礼仪、马奶酒的比赛等方面进行了介绍。第四章介绍了现代化的酸马奶发酵机械和酸马奶的工业化、商品化。

3）传统乳制品发展的相关研究。乌尼等（1996）通过实地调查了解锡林郭勒和呼伦贝尔地区牧民的自营奶业概况，把内蒙古地区的传统乳制品分为鲜奶、乌如木、稀奶油、酸奶、奶豆腐、奶干、黄油、奶酒、马奶酒等，同时也详细地介绍了以上乳制品的制造工艺及生产现状。乌雪岩（2014）探讨了内蒙古地区蒙古族多种传统乳制品的生产历史和制作工艺，并对奶茶、奶皮子、稀奶油和奶油、黄油、酸奶子、奶干、奶豆腐、酸乳庸、牛奶酒和马奶酒等传统乳制品的贮存和食用方法及其成分进行了详细的介绍。相关的论文还有赵红霞和李应彪（2007）的《内蒙古民族乳制品的概述》、朱春红等（2008）的《蒙古族传统乳制品研究》。冯宏伟（2005）对内蒙古地区乳制品消费进行数据分析，发现内蒙古乳制品消费量持续增长的趋势但是牧民的乳制品消费量高于城镇居民和农民的消费量，并且总的消费水平低于国内其他城市，认为内蒙古地区的经济发展和饮食习惯限制了乳制品消费量，并提出了相关促进的建议。王锋正等（2007）探析了内蒙古奶制品发展的现状、优势及面临的困难，认为注重自主创新、人才建设、加大政府扶持才能实现可持续发展。斯钦孟和、宝鲁（2013）对呼和浩特市和包头近郊饲养奶牛户进行个案分析，提出从资金、经营方式、基础设备方面给奶农提供支持，同时注意生态环境问题等建议。苏雅（2013）认为，内蒙古奶业发展中面临奶农合作组织较低、奶牛养殖地少、奶农收入低和社会保障水平低等问题并提出了相应的措施建议。雅梅（2016）等对内蒙古八个牧区进行实地调研的基础上分析了传统乳制品的品种、品味、生产加工现状等，指出传统乳制品发展中存在的问题，如传统乳制品的种类和品味有地方性的差别、加工水平低、工艺技术传承方式单一、安全质量水平低、品牌认知度低、大多数传统乳制品没有汉语名称等，因此建议政府相关部门制定传统乳制品食品安全标准和行业标准，通过引导和支持企业、科研院所和高校开展传统乳制品方面的研发以提高整个行业的规范度、科技水平以及市场竞争力。娜和雅、胡日查（2007）认为，巴林右旗有营养丰富适合饲养奶牛的牧草、传统乳制品制作工艺精湛、草原文化积淀深厚等优势的同时存在着传统工艺传承逐渐地消失、传统乳制品生产制作效率低下且无统一的规范、传统乳制品受奶源的制约影响严重，传统乳制品没有汉语名称等问题，并提出完善扶持政策、加大开发新产品、扩展营销途径、创立地方特色品牌等建议。娜和雅（2018）对巴林右旗传统乳制品加工业现状进行梳理，之后提出巴林右旗传统乳制品加工企业发展中存在的问题，如营销方式单一、生产规模小、缺乏品牌意识、宣传力度不够、市场体系未能完善、缺少传统乳制品加工技术人员、开发的新产品少等，并从产品、价格、促销等方面提出相应的对策建议。宝拉尔（2020）在《新宝拉格镇传统乳制品生产状况及问题研究》一文中以锡林郭勒盟镶黄旗新宝力格镇为个案，深入分析了传统乳制品的生产现状、特征、规模、消费者的评价，提出新宝力格镇乳制品发展中存在传统制作工艺传承途径单一、当地政府扶持不足、食品安全水平低、原奶不足、文化宣传程度低等问题，并针对存在的问题提出了完善扶持政策、加大信贷扶持、扩展民族工艺传承途径、树立地方品牌意识、结合当地旅游节加强乳制品的宣传推广等相应的对策建议。方玉泉（2021）等认为，内蒙古奶业在地势、政策、品质方面有优势，但是存在奶牛扶持政策不到位、乳制品安全遇到挑战、饲料成本提高等问题。蔡婷等（2021）对内蒙古奶业振兴提出以下六个建议：①加强原奶和加工一体化；②提高奶业产业链的合作模式；③加强地方特色的品牌建设；④保持绿色低碳的奶业发展之路；⑤政府部门完善监督体系同时维护好乳制品市场；⑥改良奶牛品种。

总结以上研究成果主要有四点：①从经济学、政治政策等宏观的角度研究奶业发展中存在的问题及相关的解决措施的成果较多；②从民俗学的角度叙述乳制品的种类、制作工艺以及乳制品制作方式的研究较多；③以某一个地区奶业发展为具体案例分析的研究有，但是整理改革开放以来的奶业经营方式的研究较少；④从民族学的角度，运用参与方式来分析研究的较少。

(四) 论文的创新之处

本文有以下两个创新之处：①研究内容新颖。以往的研究以奶业发展现状、发展中存在的问题以及相关的解决措施为主。本文中笔者基于丰富的田野调查，以奶业经营方式为研究背景，纵向对比研究改革开放以来牧民传统乳制品的制作方式及销售方式的变化，同时还分析了奶业经营方式的变迁给牧区经济、牧民生活及牧民意识观念带来的影响。②材料创新。从目前已知道的相关资料来看，还没有研究改革开放以来牧民乳制品的制作方式和销售方法的变化的资料。所以，笔者实地调查得到的第一手材料为改革开放以来内蒙古牧区地区传统乳制品发展模式研究提供参考。

(五) 研究方法

笔者在本文研究中运用了民族学的文献研究法、参与观察法、非结构式访谈法。撰写之前收集和查阅了有关蒙古族乳制品和牧区经济以及巴林右旗相关的著作、地方志和期刊等文献资料之后，笔者在宝木图嘎查开展了实地调研工作。第一次调研时间是2020年11月1日~12月5日，在研究中笔者以"局外人"的身份跟随巴彦塔拉苏木工作人员额尔敦达来先生参观了宝木图嘎查，同时在巴林右旗档案局里收集到了文字资料，对调查区有初步的了解。第二次调研时间是2021年5月5日~6月20日，此次与宝木图嘎查书记孟和巴音及3位牧民进行结构性访谈后得到了第一手材料。第三次调研时间是2021年10月5~28日，此次在嘎查书记孟和巴音的帮助下用调查问卷、访谈交流和观察的方式更深入地了解了当地牧民传统乳制品的生产与销售的概况。此外还访谈了宝木图嘎查阿润巴图老人和6位队长后全方位地了解了宝木图嘎查奶业经营发展概况。

(六) 相关理论阐述

文化变迁是民族学研究的重要内容之一。任何一个民族都在发展变化，体现民族特征的文化特点也随着变化。文化变迁，指的是民族社会内部的发展或者与不同民族之间的接触，因而引起一个民族的改变。文化变迁与社会变迁密切相关。社会变迁指社会制度的结构或功能发生的改变(黄淑娉、龚佩华，2004)。随着改革开放政策的实施，蒙古族乳制品文化发生了变化，主要体现在以下三个方面：①乳制品的制作方法具有现代化，从过去的传统手工加工到现代的机械加工；②乳制品的种类增多。从过去的奶豆腐、奶皮、爵口、奶渣子、黄油等传统乳制品，到现在的以传统乳制品为原料的饮食和饮料增多；③乳制品的市场化，传统乳制品从牧民日常生活当中的饮食进入市场之后变成商品供应广大消费者。

文化功能论学派认为，文化对人类社会发挥着重要的作用。乳制品作为蒙古族文化的一部分，对蒙古族人民的生活发挥着至关重要的作用，主要体现在以下四个方面：①乳制品具有解决充饥的作用；②鲜牛奶、黄油、乳清、阿如勒等乳制品与其他食品灵活调配后具有减轻脏器热毒，增强体质，并且有助于消化的药物作用；③乳制品是蒙族人民祭火、祭敖包、结婚礼仪等重要节日中不可缺少的食物；④乳制品从作为自给自足的饮食转变为商品交换为牧民带来了经济效益。

二、田野点的概况

自然地理环境状况、气候、降水状况影响当地牧民的放牧生活方式。文化主要是在与自然相适应的过程中形成的，地理位置、风向、降水、气温、山川、湖泊等自然因素相适应而形成的规范的生活生产方式和人文情怀也独具特色，地理位置是人类文化创造的根本因素。

（一）宝木图嘎查的自然条件概况

宝木图嘎查是内蒙古自治区赤峰市巴林右旗巴彦塔拉苏木所辖嘎查，具体坐标位置在东经118.51°，北纬43.39°（巴林右旗志编委员会，2006）。东与塔班板嘎查接壤，南与古日古勒台嘎查相邻，西与大板镇麻斯塔拉嘎查和查干沐沦苏木相连，北与哈日根塔拉嘎查和幸福之路苏木毗邻。宝木图嘎查土地面积19.97万亩，其中耕地4.8万亩，水浇地2.8万亩，草牧场11.4万亩，林地1.3万亩。距巴林右旗政府所在地大板镇12千米。

巴彦塔拉苏木下辖还有照胡都格嘎查、达兰花嘎查、哈日根塔拉嘎查、塔班板嘎查、古日古勒台嘎查、吉布图嘎查、巴兰诺尔嘎查、太布台嘎查、老道板嘎查、乌兰海嘎查等11个嘎查村47个独贵龙（村民小组）。巴彦塔拉苏木行政区域面积832平方千米。全苏木总面积124.5亩，其中耕地15万亩，天然草场88万亩，林地12.9万亩。

据笔者的田野调查，截至2021年10月1日，巴彦塔拉苏木共有3272户，总人口10247人。居住着蒙古、汉、回、满等民族。其中蒙古族人口7440人，占人口总数的72.89%，他们是一个以畜牧业为主、多业并举的苏木。2019年10月以前，苏木人民政府驻宝木图嘎查。苏木交通便利，区位优势得天独厚。省级国道、303国道等公路在辖区形成三横四纵网状公路格局；集通、赤大白、巴新等铁路干线在这里呈"米"字型交汇。巴彦塔拉苏木有悠久的历史文化，早在七千多年以前就有人类繁衍生息，苏木内的古日古勒台遗址是新石器时代遗址之一。

宝木图嘎查的大部分地形地貌为草原，与低山峦互相交错，地势东北高西南低，由东北向西南慢慢倾斜，东西长50千米，南北宽30千米。最高点是哈日根台山，海拔1470.3米，最低点位于巴彦塔拉河下游查干敖包组附近，平均海拔500米（巴林右旗志编委员会，2006）。

宝木图嘎查"因坐落在中纬度地区，属于温带大陆性季风气候。有明显的四季天气，春季大多数天有风沙，年蒸发量较大，多干旱，夏季平均气温27°，降水比较集中，秋季短促凉爽，冬季平均气温零下12°，降雪较少"（巴林右旗志编委员会，2006）。降水量少、蒸发量大、大风天气导致常年有以干旱为主的自然灾害发生。

宝木图嘎查"境内的两条河流是古日古勒台河、巴彦塔拉河，其中古日古勒台河由东北部的幸福之路苏木内的草原水库流入，流经伊和高勒嘎查、麦力苏嘎查、图门嘎查，从伊逊毛都流出宝木图嘎查境内，流域面积大概 200 平方千米。巴彦塔拉河由阿巴达仁台山流入宝木图嘎查境内，境内河道长 90 千米，流域面积 180 平方千米"（巴林右旗志编委员会，2006）。近几年来干旱少雨导致水资源变得比往年少。

宝木图嘎查境内的土壤主要是栗钙土，因受地带性因素的影响分为暗栗钙土和栗钙土两种。这两种土壤在巴林右旗内水平地带的分界线为：由西而东大板镇巴彦塔拉苏木、幸福之路苏木直至沙日塔拉牧场。此线以北为暗栗钙土，以南为栗钙土。这一地带的隐成性土壤也有暗色草甸土和灰色草甸土之分，它们也受一定地带性因素的影响（巴林右旗志编委员会，2006）。

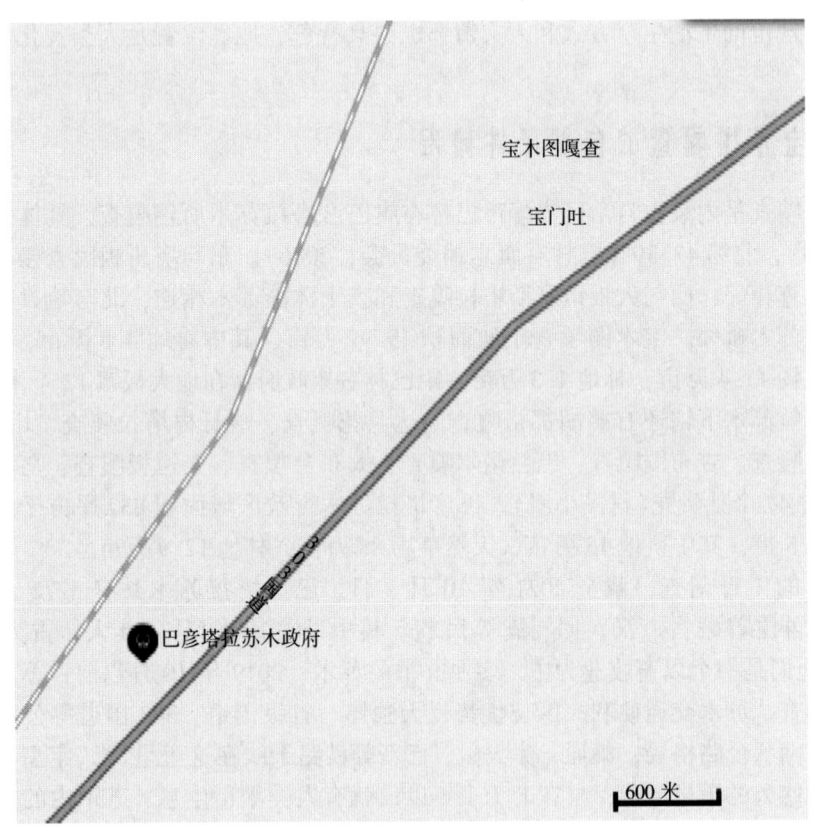

图 1　宝木图嘎查位置

资料来源：【巴林右旗宝木图嘎查地图】地址，电话，路线，周边设施_360 地图（so.com）。

（二）宝木图嘎查的社会文化环境

1. 宝木图嘎查的村名由来

宝木图（Baomtu）是蒙古语，蒙古语中指的是数字名词，表示十万的意思。关于名称的由来，当地有这样一个传说。在很久以前宝木图嘎查前面有一个朝南建起的庙，该庙建起后未为牧民们谋利反而导致人畜疾病蔓延。经人指点，牧民们重新朝北建起后当地牧民们的牲畜兴旺，超过了十万的数量。据说从此以后这个地方有"宝木图"的称号。

2. 宝木图嘎查人口基本概况

宝木图嘎查辖6个小组，户籍人口599户，共有1172人，其中蒙古族人口900人，占全部户籍人口总数的76%，汉族人口233人，满族人口39人。常住人口286户862人，是一个由蒙古、汉、满三个民族组成的纯牧区嘎查（见表1）。

表1 2021年宝木图嘎查人口结构

民族	常住人口	蒙古族	汉族	满族
户口数（户）	286	197	83	6
人口数（人）	862	612	211	39

资料来源：根据嘎查统计数，制定了本表格。

3. 宝木图嘎查生产方式

宝木图嘎查的游牧生活具有悠久的历史传统，从清朝到中华民国期间，只经营畜牧业，从中华民国时期开始出现定居放牧，但仍以游牧为主。1978~1986年在改革开放的新形势下，落实了"以林牧为主，多种经营"的生产建设方针，实行了一系列联产承包责任制，逐渐形成了定居生活，在兴办畜牧业的同时也办了农业。

据笔者调查，宝木图嘎查畜种以牛、绵羊、马为主，其中牛、羊的数量最多。2021年末全嘎查大小畜存栏26430头（只），其中牛存栏数2300头、马存栏数110匹、驴110头、绵羊24290只。依托养殖专业合作社建立奶牛养殖基地2处、肉羊养殖基地4处，培育奶牛养殖大户30户、肉羊养殖大户100户，从宝木图嘎查牲畜结构来看，牛和羊的户均养殖数目多。每年实现鲜奶生产100吨以上，肉羊出栏10000只以上。

在农业生产方面，宝木图嘎查的农作物主要有谷子、小麦、玉米、荞麦、大豆、马铃薯等，经济作物有麻类、甜菜、蔬菜、瓜类青贮。平均每户有200亩的种地，种植以青贮饲料、甜菜和甜玉米为主。改革开放以来，加强农田水利建设，新打机电井6眼，新增水浇地2400亩，农牧业生产总值14.78万元，这些为牧民发展畜牧业提供了优质的自然资源。共同从事畜牧业和农业后，人民生活得到改善，收入增加，嘎查经济发展日益加快。

宝木图嘎查于2014年被识别为贫困嘎查。2021年，完成所有贫困户脱贫，并实现了贫困嘎查出列，2022年建档立卡贫困户36户77人。[①] 嘎查党支部是十星级先进党支部，共有党员49名，先后被评为市、旗、苏木级先进党支部，嘎查被评为市级民族团结进步创建示范单位，正在创建自治区级民族团结进步示范单位。农牧民人均可支配收入15000元。

---

① 本数据由宝木图嘎查书记提供。

三、宝木图嘎查牧民奶业经营方式的变化

党的十一届三中全会之后，内蒙古在牧区连续实行"草畜双承包责任制""双权一制等政策"逐渐地把作为生产资料的牲畜和草原的所有权归给了牧民。1980年宝木图嘎查的牧民们在"集体把牲畜分到各户经营"的畜牧业政策实行之后开始每家以自给自足的方式经营奶业以解决生活之需。

从2003年开始巴彦塔拉苏木与伊利公司合作在交通便利和饲草资源丰富的宝木图嘎查建立"宝木图牧业园区"之后，本嘎查的30户牧民开始养殖奶牛、销售鲜奶，首次尝试规模化奶业经营方式。2016年与伊利公司解约后奶牛养殖户采取了个体户、家庭牧场、合作社等经营模式进一步优化奶业经营方式。

总的来说，宝木图嘎查牧民的奶业经营方式经历了自给自足的经营—规模化经营—个体户模式、家庭牧场模式、合作社模式。因此本文从1980年内蒙古实行"集体把牲畜分到各户经营"的畜牧业政策到2021年下半年为时间点，将宝木图嘎查奶业经营方式分三个部分加以论述，分别呈现三个时期的宝木图嘎查奶业经营方式的变迁的过程。本文研究对象是宝木图嘎查的20户养殖奶牛户、1个西门塔尔养殖户、2个奶牛养殖基地和古日古勒台嘎查的11户奶牛养殖户。这些养殖户都在加工奶食品在市场上销售。

（一）1980~2004年的宝木图嘎查奶业经营方式的情况

1. 1980~2004年的畜牧业情况

巴林右旗贯彻"林牧为主，多种经营"的生产计划，详细实施牧户家庭联产承包责任制，在畜牧业管理上推行"两定一奖"生产责任制，即在牲畜由集体统一经营的前提下，实行定行定畜群，定产仔成活，超额奖励。同时对过去收归集体的自留畜也全部退给农牧民。1980年8月巴林右旗政府下发《关于农牧业各种生产责任制若干政策问题的规定（试行）》，全旗普遍实行牧业大包干责任制，也称"新苏鲁克"责任制（巴林右旗畜牧局，2002）。在这种政策之下宝木图嘎查的生产体制改革开始进行。实行生产承包制之后牧民主要生产依旧是畜牧业，通过饲养牲畜、出售皮毛、出售产品来维持生活，但是没有明确细致地把草场经营权分配到每户。牧民以嘎查为单位共同经营，在本嘎查管辖的草场上集体放牧。嘎查设立了打草的草场、耕地等专门场所，并用铁丝网或修筑石墙保护，到秋天的时候分给每户。据老牧民说，当年的宝木图嘎查有140户共690口人。每人分配到一头牛和三只山羊或绵羊，这样算来宝木图嘎查共有690头牛2760只小畜。由于马匹少，以抽票的方式将马分配给了一些牧户。

牧民们从集体生产到个体生产后更加努力工作，专注于如何更好地发展畜牧业，勤劳致富。正因牧民们勤劳朴实，踏实肯干，吃苦耐劳，才使他们的牛羊数目持续增加。从表2看，1983年巴林右旗大小畜总头数首次超百万，达到1001292头（只），到2000年，巴林右旗共有1287364头（只）大小牲畜。其中大畜总头数从1982年的214316头（只），下降到2000年的162942头（只），但是牛的总头数在大畜总头数中占的比重从1982年68.2%，增

长到2000年的76%。作为畜牧业发展的基础，能繁殖的母畜比重与畜牧业的发展紧密相连。据1982年旗畜牧业部门对6种畜种、593个畜群、208894头（只）牲畜调查，能繁殖母畜在畜群中的比重仅为47.1%，而成年阉畜的比重高达22.2%（巴林右旗畜牧局，2002）。巴彦塔拉苏木大小畜总头数达到91595头（只），其中大畜22172头（只），小畜69423头（只），能繁殖母畜比重为48%，头数达到44725头（只）。[①]

表2　1982~2000年巴林右旗大畜小畜头数　　　　单位：头（只）

年份 \ 项目	大小畜总头数	大畜		小畜	
		大畜合计	牛	小畜合计	山羊
1982	966023	214316	146093	751707	377125
1983	1001292	219694	154133	781598	373847
1984	919190	202090	143557	717100	322532
1985	920598	201956	140941	718642	317673
1986	922214	212216	150098	709998	334423
1987	952736	216565	153160	736171	368186
1988	1058673	217826	159100	840847	442875
1989	1132782	211612	157475	921170	489475
1990	1055662	159237	117301	896425	506286
1991	1191752	159998	117556	1031754	592853
1992	1244420	173661	129941	1070759	650882
1993	1244674	182425	135125	1062249	671262
1994	1308067	186779	136952	1121288	727352
1995	1450387	196693	144607	1253694	831502
1996	1469552	205581	148962	1263971	829535
1997	1505406	202171	144630	1303235	870410
1998	1392924	174708	132088	1218216	845384
1999	1265911	151049	114858	114862	799817
2000	1287364	162942	126520	1124422	798333

资料来源：巴林右旗畜牧局：《巴林右旗畜牧业志》，赤峰：巴林右旗畜牧局（内部资料）2002年3月第90页。

访谈一

当时我们家八口人分到8头牛和32只绵羊。因为我们家人数多，人均分到的牛少，我们自己很少吃奶食品，我记得小时候来尊贵的客人，额吉才会拿出一块奶豆腐招待客人，我们还称为"杀只羊招待客人"，可见那时一块奶豆腐有多么珍贵。大多数家庭夏、秋季时

[①] 巴林右旗档案局，"巴彦塔拉苏木经济普查表"，巴彦塔拉苏木人民政府，1980年6月。

挤奶后先给孩子们喝原奶,再把剩余的奶做成奶豆腐和黄油。冬春季时挤羊奶加热后等待发酵后喝,我们把这种奶叫作"塔日格",集体放牧时基本吃不到奶食品。我们二队共有3万亩草场,因为当时牛羊总数少,放牧区域的负担也轻,加上那时环境好,牛羊可以吃的草丛、木丛长势好,几乎可以吃到每年过年时,所以虽然草场产草量不多,也能解决牲畜的饲草。那时牧区没有大面积种植玉米,牧民对种植也不熟练,更别提压制青贮了,所以玉米的产量很低,牧民也没有多余的费用去购买玉米给牛羊吃,但本地牛羊适应性强,也耐粗饲,所以一天一次或早晚各喂一次草料就可以,冬春季时用玉米补饲瘦弱的小畜、怀孕母畜和仔畜。①

访谈二

1980年我俩刚结婚时跟公公婆婆和夫妹一起生活,我们5口人分到5头牛、20只羊和1匹马。那时我在婆婆的指导下学会了挤牛奶,夏季母牛吃到新鲜草后奶量开始增加,在生活中也能吃到奶食品。因此早晚两次挤奶,等原奶发酵后做奶豆腐、酸奶酪,用奶油拌着玉米碴子、玉米面吃。②

从访谈可以看出,宝木图嘎查的牧民们在"集体把牲畜分到各户经营"的畜牧业政策实行之后开始每家每户制作奶食品以解决生活之需。受季节的影响,每年6~9月为生产量最多,秋末到来年的初夏生产量少。蒙古族游牧文化中把五畜的原奶视为至高无上的象征,世世代代的牧民们认为,原奶是母爱的源泉,所以只有母亲才有奶,奶是用母爱创造的营养,认为世界上没有任何营养可以代替母乳(参布拉敖日布,1999)。除了将幼畜在每天适当的时间归母挤奶,其他的时间分别喂养幼畜和母畜,如果认为母、幼畜隔离放牧是为了挤奶,那么挤奶可以理解为牧民为了得到奶食品,为了吃饱自己的肚子,为了生存,但这并不代表蒙古族传统牧业的全部内容和主要的道理,只是表面上的部分内容而已。

2. 宝木图牧民挤奶的时间

蒙古族在漫长的游牧生活中以牛、山羊、绵羊、马、骆驼为肉食来源的同时把它们的奶制作成奶食品。虽然散养牛羊时牧民们一年四季都挤奶,但冬春季主要是为了配茶和调制马奶酒早上挤少量的奶。夏秋季节每天早晚两次挤奶,还有一方面是为了避免幼畜喝太多的奶,导致消化不良,进而出现腹泻、发热等情况的出现。挤奶期间牧民还特别注意犊牛和母牛的肥膘,不能一味地挤奶导致它们营养不良。到秋天的时候奶量开始减少,牧民也减少挤奶的次数及奶量,比如早上或晚上挤奶。

宝木图嘎查牧民在利用各种牲畜的奶时,首先注意使母畜的生活行为正常。牲畜挤奶的传统时间,从总体上看可分为奶期和非奶期两个时期,牧民在水草丰美地方生活时,牲畜的乳房积累了足够的奶水后开始牲畜的奶期。非奶期是指在奶期前后对牲畜的乳汁进行有限取用。在挤奶期间从五种牲畜中取用奶,使草木的口感逐渐达到与初秋季节基本适应。这一时期是牲畜可以取用奶最好的时期,各种牲畜的发育、生长都有很大的进展,喝了水,几乎都可以转化为奶。在牲畜出生后,还没有开始挤奶的时候,母畜用自己的乳汁完全满足了仔畜的需要,在多产的情况下,多产的奶是可以挤奶利用的。牧民重视牲畜用乳汁喂饱幼崽的过程,这与他们认识到初乳的质量有关。

---

① 引自笔者的访谈记录。受访者:ARBT,宝木图嘎查的牧民。宝木图嘎查,2021年10月3日。
② 引自笔者的访谈记录。受访者:AGAN,宝木图嘎查的牧民。宝木图嘎查,2021年10月3日。

3. 宝木图嘎查牧民挤奶的方法

牧民对每个牲畜使用挤奶的方法不同，会根据它们的身体结构恰到好处地挤奶，坐在牛的左边挤奶，坐在羊的后面挤奶。挤奶前奶工要洗干净手，也要仔细清理奶桶，挤奶的人对牲畜很温柔，如按摩、爱抚牲畜乳房，还伴着轻松的声音等，这样不但使被挤奶的牲畜处于平静状态便于挤奶，而且使奶的产量很好。

挤奶对蒙古族来说有特别深刻的含义。牛犊最努力、最有兴趣地吸吮母亲的乳房，一方面吃到奶，另一方面表达思念之情，而它的母亲也通过分泌乳汁来释放爱子之心。牛犊吃着妈妈的奶，妈妈的身体就会放松和舒服了，奶会通畅流下来。这时，牧民用绳子套住牛犊的脖子，拴在妈妈的身边，开始挤奶。在乳汁分泌的母畜与幼畜之间实行短暂的分离，母畜与幼畜之间的相互关爱之情就会更加强烈，几分钟后，母子再见面时就会比以前更亲密了，母乳也更多了，所以分开的母畜和幼畜在很长一段时间里亲密无间，能持续几个月哺乳着幼畜。

4. 宝木图嘎查牧民挤奶的习俗

奶农最重要的技能就是爱护母畜和幼畜，因为母畜的奶是用爱来滋养的，所以不爱牲畜的人怎么也不会成为好奶农，挤奶的技术也好不到哪里去。奶农觉得自己挤的牲畜"有这么好的奶，这么柔软的乳房，多么可爱的母牛"，高兴的母牛也会对主人温柔，奶自然会分泌出来。爱牛爱畜的好奶农，有时不给牛犊喂奶也可以挤奶，首先洗手接着在手指上沾上黄油后轻轻抚摸着牛的乳房，轻轻地说"呜呜"，掐着乳房，等乳房软绵绵时很快就会下奶了。不爱牲畜的人当不了奶农，更难当好奶农。因为母牛的奶只有在母爱的力量中流出来，所以，蒙古族传统乳制品的"原奶"是跟母爱并论的。

5. 宝木图嘎查传统乳制品制作方法及种类

每到春末初夏，牛羊下仔畜的时候宝木图嘎查的妇女们开始忙碌于制作奶食品，她们用刚生下犊子的牛羊的奶（初乳、黄乳）再加上适当的鲜奶在小火上煮着喝，有时加入少量炒米。宝木图嘎查牧民，即使在奶期过后，在秋、冬季节，也会有少数膘肥体壮、幼畜生长发育良好的牲畜，为了给老人喂奶，每天早晚都要少量挤奶。刚挤的鲜奶放置到早晨煮给孩子们喝，听老人们常说，如果喝了三岁纯棕色牛的鲜奶能缓解胃胀，减轻脏器热毒，增强体质，并且有助于消化。以前没有冰箱冰柜等冷藏条件，只能放入瓦缸中，在温度较低、干净舒适的房间中发酵。发酵后的牛奶可以拌炒米、炒米碴子、炒玉米面吃，好吃又耐饿，单喝酸奶更能解渴。夏天家里来尊贵的客人，或者改善伙食的时候做"牛犊面""阿木素"。"牛犊面"是把面片过水后在温火加热的奶嚼口中炒熟而做成的。"阿木素"是熬大米粥时，另加入奶嚼口、黄油、红枣、葡萄干等，温火慢煮即可。另外奶嚼口拌"哈拉该"等野生蔬菜也是味道很鲜美。还可制成奶豆腐。牧民们常用乳清水来发面或者酿酒以备过年等节日用来招待客人。瘦弱的牛羊容易长虱子，用煮沸放凉后的乳清水清洗它们，能避免牛羊继续受虱子的危害。孩子生病时，把阿如勒放到羊肉粥里喂孩子，能起到止咳化痰的作用，还能调节孩子消化。做成的黄油富含热量，营养丰富，每年第一次的黄油存放起来，用来祭火、招待客人或者冬天拿出来吃，奶茶泡炒玉米碴子或炒米吃，或者烙饼。秋天的牛羊，奶量下降，但奶质醇厚，把奶倒入铁锅，温火慢煮沸，慢慢将水分沸尽后自然降至室温，沿锅边把掀起来一半奶皮，折叠放在另一边，就可以做好一锅奶皮。

访谈三

20世纪90年代初，我身体不好，两个姑娘也年幼，就不能挤牛奶，只能挤羊奶来熬奶茶、做奶豆腐和酸羊奶等。用羊奶熬的奶茶非常好喝，做的奶豆腐也特别劲道，像橡皮糖一样。但这种奶豆腐夏天不吃，把它切成细长条，晾干了冬天才拿出来吃。后来两个姑娘长大了，才开始挤牛奶做奶制品的。①

访谈四

因为我爷爷跟爸爸喜欢喝酸羊奶(塔日格)，我和妈妈早晨挤牛奶，而晚上用来挤羊奶。制作酸羊奶的过程非常细致，需要准备好"起子"(呼荣格)，做好的优质的酸羊奶中放入阿如勒、额者给等，等吸收好了，放阴凉地晾干，就是起子已经做好了，等做酸羊奶时拿出来放到鲜奶中泡软了就可以用了。在起子上加入挤好的鲜羊奶，然后用勺子多次扬洒后盖紧盖子，用准备好的羊皮盖好，放温度较高的地方几个小时后就做好了酸羊奶了。我奶奶喜欢在鲜羊奶上加入查嘎后放至发酵后拌炒米吃，而妈妈则喜欢在羊肉面中放一点。这样的奶叫"呼古日马嘎"，现在挤羊奶的人越来越少了，也吃不到"呼古日玛嘎"了。②

综上所述，宝木图嘎查的牧民利用的奶类以牛奶和羊奶为主，靠手工制作工艺加工初乳、嚼口、酸奶、奶豆腐、乳清、塔日格、呼古日玛嘎、额吉格、阿乳勒、哎日格、黄油、奶皮、奶渣子、奶酪等的乳制品(见表3)。全嘎查妇女夏天都抓紧时间去挤牛奶、羊奶、按家人的喜好做各种奶制品存放起来，或者与其他食物灵活调配，冬天、春天时拿出来给家人食用(见图2)。在巴林地区，几乎没有男士去做这些，所有人潜意识里都觉得这是女人该做的，而妇女们也责无旁贷地去承担这些。

表3　宝木图嘎查牧民奶类及乳制品种类

牛奶做的乳制品	初乳、酸奶、奶豆腐、乳清、额吉格、阿乳勒、哎日格、黄油、奶皮子、奶渣子、嚼口
羊奶做的乳制品	塔日格、呼古日玛格、奶酪

资料来源：笔者根据宝木图嘎查牧民的陈述，制作本表格。

图2　制作奶豆腐的模具和装稀奶油的陶器

---

① 引自笔者的访谈记录。受访者：ZANDAN，宝木图嘎查牧民。宝木图嘎查，2021年10月3日。
② 引自笔者的访谈记录。受访者：ALATA，宝木图嘎查牧民。宝木图嘎查，2021年10月3日。

(二)2004~2016年宝木图嘎查奶业经营方式的情况

2004年巴彦塔拉苏木根据巴林右旗委、旗政府的"生态立旗、工业强旗、小城镇建设、开放带动"等关于发展农村牧区指导思想,抓住伊利乳业集团在赤峰市发展的机遇,在交通便利和饲草资源丰富的宝木图嘎查建设了以养殖奶牛为主的宝木图牧业园区。当时根据以下九个原则建立了宝木图牧业园区:

(1)在开发建设上,推行全面规划、分步实施的原则,对宝木图嘎查有限的土地资源进行充分、合理的开发利用。

(2)科学规划,合理布局,充分发挥牧业园区的潜力,提高资源配置效益。

(3)以生态建设为基础,以近郊优势、交通优势和饲草料充足优势为支撑,推动农牧业产业化的发展,把先进的经营理念、管理模式、销售方法、生产方式、服务体系、科学技术等措施引进牧业园区的奶牛养殖业,把牧区有限的物力和财力集中起来形成聚集效应,发进优势畜产品区域化布局,专业化生产,使主导产品形成规模优势。全力发展农牧民经营的经济,努力打造高水准的现代化牧业园区,努力打造工业、农业、运输业、加工业、商业同步发展的宝木图牧业园区。

(4)在基础设施建设上,采取统一标准、统一模式、科学合理的原则。

(5)在养殖建设上,统一畜种,规范养殖,通过优质畜种引进、棚圈建设、提高饲草料利用率等方式,改善畜牧业生产条件,实现规模化养殖、科学化饲养、专业化经营。充分发挥小区示范带动作用,辐射带动其他嘎查产业化经营示范户,转变生产经营方式,滚动发展,促进农牧民增加收入,使之建成巴彦塔拉牧区小康村。

(6)在巩固现有饲草料基地建设标准上,采取水、林、路、配套建设原则。

(7)在增加农牧业生产科学技术时,全面推行科技兴农兴牧战略,依靠有限的资源,以市场为发展导向,提高个体和单位面积收益率。

(8)在牧业园区实施中,充分考虑人力、物力、财力因素,采取先重点后一般、先骨干后分支、分步建设、效益第一的原则。

(9)在投资上,采取国家投资、招商引资、群众自筹、资金来源多元化滚动再利用相结合的原则[①]。

我们从这些原则可以看出,巴彦塔拉苏木政府在保护生态环境的前提之下,建立了以市场为导向的、以科技发展为主要目标的规模化的宝木图牧业园区。

1. 宝木图牧业园区建设的步骤和规模

农村公路促进农村经济的发展,所以农村公路的基础建设对促进本地区经济政策的制定、发展资源开发利用、促进产业结构调整等具有重要作用。巴林右旗境内的303国道经过宝木图嘎查南部,303国道是起点为吉林集安,终点为内蒙古锡林浩特的国道。因此2004年初巴彦塔拉苏木政府多次实地勘察后征用了位于303国道南侧的土地,开始建设总面积为1000亩的牧业园区。"户均可利用面积15亩,计750亩,基础设施用地250亩。新建高标准棚圈50处,6000平方米。新建高标准青贮池60立方米,新建欧式房屋50套,

---

① 巴彦塔拉苏木人民政府:《巴彦塔拉苏木牧业园区开发建设2004年项目实施方案》(2004年4月2日)。

购置饲草料加工机械1套。同时在小区建畜牧兽医服务站一处80平方米,建饲料调制服务站一处120平方米"[①]。

2004年4~5月包括宝木图嘎查的30个牧户,以及从达兰花嘎查、古日古乐台嘎查、查干沐沦苏木、翁牛特旗等地方移民来的具备自筹能力和发展条件的共40户牧户搬迁到了小区,饲养的奶牛共有260头左右,平均每户5头奶牛。2010年时新增20户养殖户,奶牛总头数达到了500头。

2. 宝木图牧业园区乳制品的生产与销售情况

宝木图嘎查牧民饲养的本地牛虽然体格小但体质坚实,四肢发育良好,毛以黄、红、黑等色为主,繁殖能力每年一犊。适应各种饲养环境,耐粗饲,抗病力强,适于劳役,年产奶量5000千克左右,一头母牛产奶期平均日产奶10千克左右。据所知中国产奶量高的奶牛品种是国外引进的荷斯坦牛及与国内黄牛杂交的中国荷斯坦奶牛,平均日产奶量为88千克,当然产奶量高的奶牛需要大量的饲料和高水平的饲养技术。由于宝木图奶牛可利用的资金有限加上奶农饲养技术未完善等局限性,牧户养殖的奶牛是与本地红牛杂交改良的黑白花。据说比荷斯坦奶牛养殖成本较低。宝木图嘎查养殖的黑白花牛的母牛体重650~750千克,年均产奶量为4500~6000千克。但是初次养殖奶牛的牧民需要掌握技术和耐心,才能保持基本收入。

访谈五

养殖奶牛是起早贪黑非常辛苦的活,那时候我们每天凌晨3:00左右起床,喂牛后把牛赶走到奶站后统一用挤奶器挤奶,接着伊利公司的人收购牛奶,到16:00时又开始喂牛挤奶,每天早晚两次喂牛挤奶。一头奶牛一天吃20斤的精饲料和青贮玉米,吃多吃少都影响奶量,吃多的话禁食几天灌服药或者石蜡油、植物油以便排出胃中积滞的饲料。这样导致连续4~5天停止挤奶,少吃的话奶量少。每天必须要清理粪便,不然的话奶牛容易细菌感染就损失大了。我们家的5头奶牛一天的产奶量200千克左右,平均每头牛20~40千克左右。伊利公司一斤1.2元的价格收购鲜奶,一个月基本挣1200元左右。[②]

访谈六

我们在奶牛小区开始养牛时仅有三头牛,对于如何养殖奶牛什么都不懂,以为足够给饲料产奶量就上升。记得当时我买了三本养殖奶牛的书,边看边学习,慢慢掌握了养殖奶牛的一些技术。奶牛比我们蒙古牛抵抗力特别低,夏天时容易中暑,因此每到夏季提供比平常多倍的盐水,还要每天清洗饮水工具。饲料中还加维生素A和维生素D,有助于奶牛的消化吸收。随着奶牛头数多了起来,收入也增多了。[③]

由于当时没有养殖奶牛经验,宝木图牧业园区的牧民们刚开始时平均每户买了三头牛,随着经验的丰富每户的奶牛头数也增多了。到2010年伊利公司的收购价格变为每斤1.2~1.4元了,养殖户也逐渐多了起来。圈养的奶牛比散养的牛活儿多,需要按时做完活,稍微出一点差错就会遇到各种麻烦,牧民们一家子人为了不耽误时间轮流吃饭。有时

---

① 巴彦塔拉苏木人民政府:《关于巴彦塔拉苏木牧业园区开发建设2004年项目实施方案》(2004年4月2日),巴彦塔拉苏木人民政府提供,提供日期:2021年10月6日。
② 引自笔者的访谈记录。受访者:CHAOLU,宝木图嘎查牧民。宝木图嘎查,2021年10月4日。
③ 引自笔者的访谈记录。受访者:SIQIN,宝木图嘎查牧民。宝木图嘎查,2021年10月4日。

怕牛奶达不到收购标准，牧民就做成奶豆腐卖给一些个体户挣点钱。奶牛产奶有一定的规律，一般产奶从产犊后20~60天是产奶高峰期，有些高产奶量的奶牛可持续产奶量90天，这时每天产奶量为50~80斤左右，到120天后产奶量开始下降进入淡奶期，每天产奶量10~40斤左右，一头牛日均产奶量30斤左右（呼和木仁等，1999）。2004~2010年宝木图牧业园区250头奶牛一天的产奶量大概7500斤，按一斤1.2元的价格卖给伊利公司的话，宝木图牧业园区一天的收入8250元，一个月的收入2475000元，一年的收入2970000元左右，6年收入为17820000元左右。2010~2016年宝木图牧业园区500头奶牛的14000斤鲜奶以每斤1.4元卖的话一天收入19600元，月收入588000元左右，年收入7056000元左右，6年收入为42336000元。表4是宝木图牧业园区牧民一天的工作。

表4 宝木图牧业园区牧民一天的工作

工作内容	喂牛	到奶站	按摩奶头	挤奶	卖牛奶	回家	打扫牛舍卫生	让奶牛做运动
时间	4:00~5:30	5:40~6:00	6:00~6:10	6:10~6:30	6:30~7:00	7:00~7:30	8:00~9:30	10:00~12:00
工作内容	喂牛	到奶站	按摩奶头	挤奶	卖牛奶	回家	打扫牛舍卫生	休息
时间	12:30~14:00	14:10~14:30	14:30~14:40	14:40~15:00	15:00~15:30	15:30~16:00	16:30~18:00	18:00~4:00

资料来源：笔者根据宝木图奶牛养殖户的陈述，制作本表格。

（三）2016~2022年宝木图嘎查奶业经营方式的情况

"在奶业产业链中，牧民们承担着来自于原奶生产和销售两方面的风险，在'企业+奶站+牧民'模式中，这两面的风险依然存在。"（吴燕，2006）2016年5月伊利公司以原奶质量没达到收购的标准原因停止了与宝木图牧业园区的继续合作关系。是否继续养奶牛、如何养，成为养殖户必须面对的问题。在这种突如其来压力之下，有的牧民卖掉了奶牛，养殖了西门塔尔牛，20户牧民继续养殖了奶牛。这些养殖户在苏木政府的奶业振兴带领下采取了个体户、家庭牧场、合作社等经营模式进一步优化奶业经营方式。到目前为止，全旗基本形成了以巴彦塔拉苏木为中心的奶牛产业带，形成了独具特色的奶牛产业发展模式。

1. 个体户经营模式

访谈七

目前我养殖12头奶头，以前最多时养19头奶牛。销售鲜奶和奶豆腐每个月收入在2万元左右，奶豆腐的收入比鲜奶的收入高一些，没有详细地算过。我很多亲戚朋友们在大板（镇）上班，他们的同事朋友们从我这儿买奶豆腐鲜奶，还有就是批发价卖给大板街里的几个奶食品销售店，其中包括我侄女开的奶食品店。卖给个人的话收入多一点但是一家家送有点麻烦，批发价卖的话收入少一些。自己家种植的青贮解决大部分的饲料，不过每个月还买 5000~6000 元的精料、每年买 3~4 万元的捆草。①

访谈八

2002 年苏木提出了养一头牛给 3000 元补贴的政策，然后我去山西买了三头牛开始养殖了，随后奶牛小区也建立了，觉得这奶牛小区发展得挺好就来这儿给伊利卖牛奶了。之前我家是养绵羊的，现在养 30 头奶牛、40 头西门塔尔奶牛，收入比肉牛多，就是有点麻烦，必须要细心，去年我们销售奶豆腐和鲜奶，今年家里忙，不做奶豆腐了，只卖鲜奶，每天挤完两次奶后奶食品店的人来拿，担心供不应求自己基本不吃奶食品，一斤鲜奶 1.8 元，一斤奶豆腐 26 元。现在我家奶牛的纯利润 15~20 万元、西门塔尔牛的纯利润 10 万元左右。②

访谈九

我们家卖掉奶牛之后开始养西门塔尔牛，2017 年左右我进了一位通辽蒙古族姐姐建立的微信群，群里有 500 个女性朋友，大家分享自己做的奶食品，也互相交流制作方法，从这时我学会做酸奶糖、嚼口糖、奶渣子糖、奶渣子月饼、牛奶雪糕之类的东西（见图 3）。做出来后味道不错就有卖出的想法了，利用微信朋友圈发图片和信息进行宣传，刚开始时没几个人买，慢慢地顾客多了，大板的顾客自己送过去，异地顾客的话发快递。③

图 3　做奶糖的模具、包装袋、奶渣子月饼

资料来源：牧民 WUYUN 提供的照片。

2. 家庭牧场经营模式

访谈十

奶站停止收购牛奶之后我有过放弃养殖奶牛的念头，跟斯琴详细分析后，申请我们苏木的"养殖户奶食品加工项目"，之后选择了奶食品加工的路子。奶食品必须把安全放在第一位，才能获得消费者的满意。所以我们饲养的奶牛饲料里从未添加加剂，制作的奶食品也是手工制作不添加任何其他原料。刚开始时在销售方面遇到很多困难，我跟妻子每天骑着摩托车挨家挨户地推销自己的奶食品，慢慢得到大家认可后，有了一定的市场销售额并

---

① 引自笔者的访谈记录。受访者：QIQIGE，宝木图嘎查牧民。宝木图嘎查，2021 年 10 月 6 日。
② 引自笔者的访谈记录。受访者：XUGUOMIN，宝木图嘎查牧民。宝木图嘎查，2021 年 5 月 6 日。
③ 引自笔者的访谈记录。受访者：WUYUN，宝木图嘎查牧民。宝木图嘎查，2021 年 5 月 10 日。

且逐渐提高了。在苏木党委引导下，2018年10月5日注册了巴林右旗幸福牧场。花了将近50万元新建了700平方米棚圈、70平方米挤奶厅、100平方米的新住房，新购置挤奶器一台，硬化院子370平方米，改装了自来水、安装了下水道，所有的地基都是一米深，宽40厘米的混凝土浇灌。到2021年10月为止共有50头奶牛，日产鲜奶2000多斤，每天为巴林右旗的十多个乳制品销售店准时送货。并且为白塔子苏木的一家奶食品店、宝日乌斯苏木的一家奶食品店、乌丹镇的三家奶食品店、呼和浩特的2家奶食品店、东胜的1家奶食品店提供奶食。2019年我们家获得内蒙古自治区食品生产加工小作坊登记证，今年还申请商标打算建立养殖区和加工区分离的加工厂。随着收入的增加，我们在大板购买了楼房，购买了小汽车。做什么事都会遇到困难，但是坚持住的话会成功的。①

3. 合作社经营模式

BLR是巴彦塔拉苏木古日古勒台嘎查的牧民。2018年1月5日成立了巴林右旗"故乡牧业专业合作社"，从此开启了奶牛养殖之路（见图4）。

图4 故乡合作社办公区域

资料来源：牧民BLR提供的照片。

访谈十一

2013年我从内蒙古农业大学毕业后在陕西大运汽车股份有限公司北京国际贸易部工作，负责蒙古国的市场经销，五年后为了成家辞职回老家了。我以前学到的专业知识在老家也找不到合适的工作，所以有一段时间没工作。那时伊利集团停止收购宝木图牧业园区的鲜奶，很多牧民出售不了鲜奶，牧民一边饲养牛羊，一边挤牛奶、做奶制品出售，时间特别紧，出现供不应求的情况，所以我开始负责把自己家的鲜奶送到大板镇的奶食品直销店，干了两个月后收入还不错，我就跟现在合作社的伙伴们说想建立合作社的计划，他们很理解我的想法，也全力配合。之后我跟大学毕业不久的弟弟一起在牧业园区租房后建立"故乡合作社"。刚开始建立这个合作社时，宝木图牧场的5户牧民加入了这个合作社。BLR每天两次收购这5户牧民的鲜奶后用一部分鲜奶做成奶豆腐，再到大板镇里的奶食品店销售奶豆腐和鲜奶。但是又出现问题了。过去，巴林右旗的奶食店从正蓝旗、克什克腾

---

① 引自笔者的访谈记录。受访者：BADARA，宝木图嘎查牧民。宝木图嘎查，2021年10月10日。

等地进货，运输成本高导致进货价格增加。在这种情况下，个体户在销售奶制品时会遇到困难，例如，牧民把卖剩下的奶豆腐低价出售。这种情况会导致大板镇的奶制品市场价格不稳定，降低牧民的积极性，影响收入。因此，BLR 和一些奶食店协商，确定供货关系，有了固定的市场，开始销售合作社的奶食品，奶食品销售价格稳定，可以增加牧民收入。①

(1) 故乡合作社的生产与销售模式(见图5)。故乡合作社在把入股户的奶源集中的基础上加工奶制品，但是由于从事加工奶制品的人员是 BLR 父母、哥哥等血缘关系的家庭成员，因此人力不足导致奶糖、黄油、奶渣子等需要精心加工的食品销售量低，鲜奶、奶豆腐等产品以批发模式向大板镇和呼和浩特市的奶食品店、赤峰市月饼店、蛋糕店销售的同时向上海、广州、厦门等外省市的消费者提供零售。

图5　故乡合作社的生产与销售模式

(2) 故乡合作社的收入。到 2020 年 5 月 BLR 花 80 多万元建设占地 2200 平方米、建筑面积 600 平方米的乳制品加工厂，实现了生产区和加工厂分离。2020 年 6 月合作社获得内蒙古自治区食品生产加工小作坊登记证。现在合作社存栏奶牛 135 头，日产奶量 2000 斤，制作的奶食品有传统手工奶豆腐、嚼口、黄油、奶糖、奶皮子等。合作社的年净利润在 30~40 万元左右，每户平均纯利润 3~4 万元。

(3) 故乡合作社开发的新产品。2020 年 12 月 BLR 与合作社开发了新产品，取名为营养早餐(见图6)，奶酪冷冻再装上精致的包装，吃时只需要放在微波炉里加热即可，在没加任何防腐剂的条件下 7 天之内味道不变。BLR 带着新产品参加国内的展销会后受到消费者的认可。如果把营养早餐上市的话需要添加防腐剂，但是 BLR 担心添加防腐剂后发生食品安全问题，从而影响顾客的健康。

图6　故乡合作社研发的新产品

资料来源：牧民 BLR 提供的照片。

---

① 引自笔者的访谈记录。受访者：BLR，宝木图嘎查牧民。宝木图嘎查，2021 年 10 月 10 日。

从以上调查来看，首先，2016年伊利公司停止收购宝木图牧业园区的鲜奶之后牧民选择了以家庭成员从事的个体户、家庭牧场、合作社三种生产模式。销售方面牧民首先采用了以成本较低的批发模式向大板镇和乳制品零售商供应货源；其次，借助电话、微信等互联网工具直接联系消费者提供零售商品。从销售的范围来看，除了在大板镇的奶食店及个人，还往林东、赤峰、呼和浩特、鄂尔多斯、上海、广州、厦门等地发货。从实地调查看出宝木图嘎查牧民乳制品的每年净收入在3~5万元的有6户、5~8万元的有3户、10~15万元的有3户。由于每户养殖的奶牛头数不一样，收入也有一定的差别。

四、改善经营方式发展宝木图嘎查牧民奶业

从本文的叙述得知，改革开放以后宝木图嘎查牧民奶业经营方式发生了变化。随着牧民奶业经营方式的改变，牧区经济、牧民生活也发生了根本性的变化。因此我们看到这些变化的同时应该研究是什么原因导致了宝木图嘎查奶业经营的变化？这些变化又给牧区带来了什么影响？下文将从国家政策、市场经济、奶业自身三个方面来分析宝木图嘎查牧民奶业经营发生改变的原因，在此基础上，探讨对牧区经济、牧民生活、牧民思想观念所带来的影响。

（一）宝木图嘎查牧民奶业经营方式变迁的原因

1. 政策因素

当地政府把发展经济作为首要目标，在增加地区财政收入的同时努力增加牧民收入。在这种情况下采取了许多发展畜牧业的措施。1984年巴林右旗政府推行"从集体把牲畜分到各户经营"的政策之后，宝木图嘎查牧民开始以自足自给的方式生产乳制品。到了2004年巴彦塔拉苏木根据当地的交通便利、运输成本低等有利的条件，在宝木图嘎查建立了牧业园区为牧民提供养殖奶牛的场地，从此当地牧民开始将鲜奶销往全国各地。2016年以来当地政府积极响应国家奶业振兴的政策，通过当地农业银行、农村信用社为奶牛养殖户提供低息贷款方便他们改善养殖基础条件，并以个体经营户、家庭牧场、合作社等多种经营模式帮助牧民推动奶业发展。据笔者调查发现，2021年巴彦塔拉苏木投入资金400万元建设了占地260平方米的奶食品加工厂，2022年正式投入使用，投入生产后，日加工鲜奶4吨，乳制品销售额达到5000元以上，投产后将解决部分农牧民就业、实现发展嘎查集体经济，加快奶牛产业发展，提升奶业发展水平，推进奶业振兴和乡村振兴的双赢。

2. 市场经济因素

从实行生产责任制，畜群归个体户之后，市场开始进入牧民生产活动，畜产品通过市场进行交换。自20世纪90年代以来，畜产品的市场价格持续增长，这大大提升了牧民饲养牲畜的积极性，尤其是乳制品消费量的增加促进了牧民养奶牛的热潮。除了销售奶豆腐、嚼口、黄油等传统乳制品以外，为适应市场的需求，宝木图嘎查牧民通过微信群学习了以鲜奶、嚼口、黄油、奶豆腐、奶皮为原料的月饼、雪糕、糖的制作方式，同时为适应快节奏的生活，牧民们研发了营养早餐。此外，牧民还积极参加巴林右旗举办的民俗风情

展览会并推广自己的奶食品,例如,2019 年 5 月 29 日大板镇文化站主办"蒙古族民俗风情展览会",这次的展览会上全旗的民间艺人为观众献上自己的作品,其中宝木图嘎查牧民 WUYUN 等带着自己做的独特的奶食品参加了展览会并赢得观众的一致好评(见图 7)。朝鲁门等牧民利用抖音、快手直播、微信公众号等自媒体宣传奶食品。宝木图嘎查牧民的传统乳制品不仅在巴林右旗内销售,而且在呼和浩特、包头、鄂尔多斯、北京、上海、广州、厦门等地的销量也相当好。

图 7　牧民参加展览会

资料来源:牧民 WUYUN 提供的照片。

3. 乳制品自身优势的因素

随着社会的发展和时代的进步,人们的生活水平在不断提高,越来越注重健康饮食,传统乳制品以绿色健康、营养丰富等自身的优势逐渐受到广大消费者的欢迎。从表 5 中可以看到,蒙古族传统乳制品中富含有蛋白质、钙、磷、脂肪等人体所需要的营养成分。"其中包括人体中不可缺少的亚麻酸、亚油酸、优质脂肪酸,还有 Va、Vd、Vk 和胡萝卜素、磷脂、矿物等。"(朱春红等,2008)在此背景下,宝木图嘎查牧民的传统乳制品由自给自足的生产方式向商品化生产方式转变,并且促进了宝木图嘎查奶业的持续发展。据图 8 的数据:近年来宝木图嘎查乳制品产量不断提升,从 2016 年的 50 吨增至 2021 年上半年的 300 吨。

表 5　四种传统乳制品营养成分　　　　　　　　　　　　　　　单位:%

传统乳制品	蛋白质	脂肪	灰分	钙	磷
奶豆腐	66.09±4.16	14.02±4.44	3.61±0.88	0.32±0.04	0.69±0.06
酸奶	34.53±1.13	16.25±9.48	7.18±0.35	1.16±0.13	1.17±0.05
奶皮子	21.82±3.08	55.60±0.56	3.56±0.19	0.85±0.07	0.56±0.04
稀奶油	8.46±2.70	83.39±5.80	1.65±0.25	0.26±0.06	0.25±0.07

注:灰分是食品高温加工过程当中的残留物,主要成分为无机盐和氧化物,是评判食物营养的重要指标之一。
资料来源:素梅,嘎尔迪,张凤梅,双全,贺银凤. 内蒙古锡盟地区传统乳制品营养价值的分析与评价[J]. 内蒙古农牧学院学报,1997.

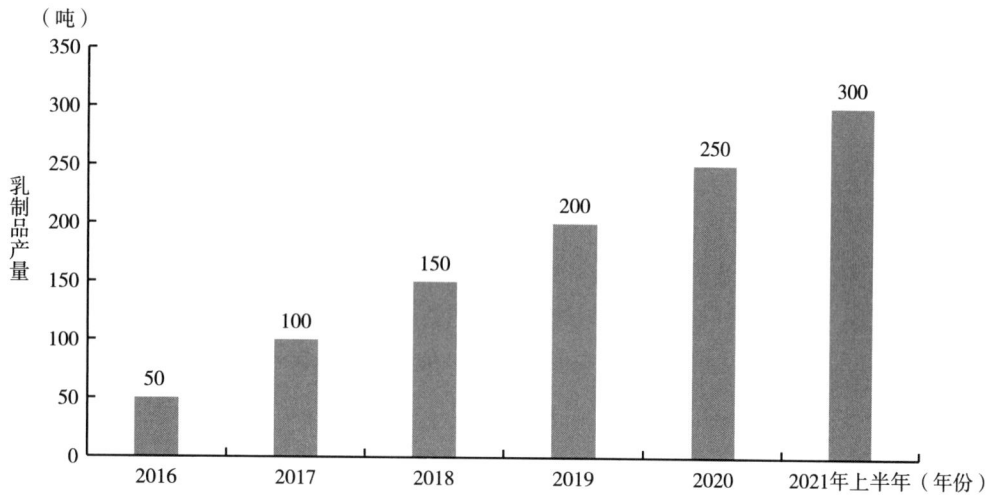

图8 2016~2021年上半年宝木图嘎查乳制品产量

资料来源：根据宝木图嘎查书记提供数据整理。

（二）宝木图嘎查奶业经营方式变化带来的影响

宝木图嘎查牧民奶业经营方式的转变极大影响了牧民的生产生活，也给当地的社会、经济及生态环境带来一定的影响。宝木图嘎查奶业经营方式的变迁对牧民的生产生活的影响主要体现在牧区经济、牧民生活、思想观念方面。

1. 推动牧区经济

（1）增加农牧民收入。从20世纪80年代初到21世纪初，牧民从简单的木草制棚圈和自由放牧方式到后来的从事奶业后用砖砌成的暖棚圈养及细致的喂养方式、实时监控，提高了收入，极大地方便了牧民的生活。实行双包制后，牧民从自己分得的草场上收草，并在耕地上种植玉米，现在的种植以奶牛和肉牛的食物玉米和青贮为主。宝木图嘎查有了以牧业生产为主、农业生产为辅的生产方式。随着社会的发展，牧民不断与外界接触，在意识、人际交往、衣食住行方面有了新的形象，不再像过去那样一切依靠五畜了，而畜牧业仍是牧民经济的主要来源，牧民在饲养自己的牲畜中获得收益。所以畜牧业生产决定了牧民的基本生活方式，牧民的一切行为都是牧民在畜牧业生产的周围进行。

2004年以前，宝木图嘎查牧民只经营传统畜牧业，所以畜牧业的收入是以卖活羊、牛、马的收入，羊绒、羊皮和其他收入为主。但随着宝木图牧业园区的开发，从事奶业之后牧民收入来源的渠道增加了。牧民为了提高自己的生活水平，选择对增加经济收入有利的经营方式（朝木日勒格，2008）。表6是宝木图嘎查20户奶牛养殖户的收入结构表。这些奶牛养殖户，养奶牛的同时养绵羊。养绵羊的主要目的是供应自己家的肉食需求并在牧民社交中当礼品的作用。从表6可以看出，从事奶业牧民的收入以出售母牛及牛犊的收入、鲜奶收入、乳制品收入、出售绵羊和马的收入构成。首先，我们很清楚地看到奶牛的收入在全部收入中的占比较高；其次是出售乳牛犊的收入；最后是销售鲜奶所得到的收入。奶牛头数直接影响着牧户的经济收入，奶牛的经济收入高于其他牲畜的经济收入。据牧民

BLR说停止产奶(淘汰)的一头奶牛的价格1.5万元左右,但这个取决于奶牛的膘肥,如是疾病奶牛的话6000~8000元左右,一头7~8月的犊牛1.3万元左右,一头出生不到3天的牛犊5000元左右。

表6 宝木图嘎查20户奶牛养殖户的收入结构　　　　单元:元

户主	奶牛头数	肉牛头数	绵羊只数	马匹数	鲜奶收入	其他乳制品收入	犊牛收入	母牛收入	其他牲畜收入
斯钦	30				45000	15000	12000	12000	
巴图	15		30		30000	10000	60000	61000	4000
嘎比亚	10	10	50		28000	6000	30000	20000	3600
诺日布	20		30		40000	12000	35000	20000	6200
达日罕	12		40		27000	10000	31000	10000	2000
嘎拉	22				40000	13000	10000	12000	2000
哈斯	19				36000	12000	12000	12000	
门德	15		30		31000	14000	13000	9000	3000
达来	17		28		28000	15000	10000	8000	2000
巴亚尔	23		30		38000	16000	12000	20000	5000
孙布尔	28	10			45000	20000	15000	40000	
浩斯	32		40		50000	35000	20000	20000	5000
乌力吉	19		30		27000	18000	11000	10000	4000
阿古拉	27		50		43000	18000	16000	20000	8000
银山	20		30		30000	17000	13000	10000	7000
呼钦	25		35		40000	20000	15000	2000	3000
徐国民	30	40			50000	10000	130000	11000	
朝鲁门	70				70000	200000	170000	60000	
苏和	15		110		36000	20000	50000	20000	10000
塔拉	41			20	40000	15000	130000	30000	5000

资料来源:2021年10月8日在宝木图嘎查对20户牧民进行访谈后整理的资料。

随着牧户收入的增加消费也增加,两者有密不可分的联系,一方面收入的多少直接影响着消费,另一方面消费也体现收入。消费从人类学角度看不仅是满足经济学意义上的特定需求的形式,更为重要的是它是一种社会关系或交往的语言体系(那顺巴依尔,2009)。从表7看出牧民的经济支出是由日常用品费用、油费、电费、人情礼金、草料费、防疫兽药、旅游、教育等费用组成。其中畜牧草料费用占支出比例最高,人情礼金费用占1/3。牧民日常生活用品的费用在800~1300元,教育费用在300~7000元。电费在900~1400

元。据牧民图雅说自从养殖奶牛有了固定的收入之后解决了婚礼、寿宴、升学宴等人情礼金等的费用支出。但从事养殖绵羊、本地牛的牧户只能春秋卖牲畜之后才有收入，在钱不够的时候从银行贷款或者向亲戚朋友们借钱才能支出这些社会交往中的费用。笔者采访的宝木图嘎查的20个奶牛养殖户没欠银行贷款，其中13户牧民在大板镇里买了楼房。

访谈十二

我的孩子在大板一中读高三，学习比较忙碌。2019年我们家花50万元在学校附近的威利斯公馆小区买了110平方米的电梯房，简单地装修了。这样孩子作息比较方便了，假期里也能安静地复习了，在乡下家里的话干的活比较多，几乎没有复习的时间。①

访谈十三

我去年从威利斯三期小区买了98平方米的新楼房。自己简单装修后，一年15000元的价格租给别人。自己没时间去住楼房，给别人租的话还能增加自己的收入。②

访谈十四

我们家三年前在大板镇里买了楼房后让我爸妈住了。父母年龄大了，在楼房住的话比平房方便。③

表7　宝木图嘎查20户生活支出　　　　　　　　　　　　　　　　　单元：元

户主	户口人数	电费	油费	饮食	服装	医疗	人情礼金	草料费用	日常用品	教育费	旅游费	防疫兽药
斯琴	3	1000	3000	3000	3000	500	10000	100000	1200	4000	1200	2000
巴图	4	1000	4000	4000	5000	600	13000	60000	1100	5000	1100	800
嘎比亚	4	1200	5000	3000	6000	600	12000	30000	1000	4000	900	700
诺日布	3	1300	6000	2000	4000	400	11000	80000	1200	5000	1000	900
达日罕	4	1100	5000	4000	5000	600	15000	30000	1400	3000	600	500
嘎拉	3	900	3000	3000	4000	500	13000	70000	1300	6000	1000	500
哈斯	5	1200	2000	5000	6000	700	17000	60000	1200	3000	1100	700
门德	3	1300	4000	3000	4000	500	13000	50000	1400	6000	1000	600
达来	3	1000	3000	3000	3000	400	12000	50000	900	5000	500	500
巴亚尔	6	1200	4000	5000	6000	600	13000	60000	800	6000	800	700
孙布尔	4	1000	3000	4000	3000	500	14000	30000	1000	7000	900	400
浩斯	3	1100	6000	3000	4000	300	15000	40000	1000	5000	500	500
乌力吉	2	1400	5000	2000	3000	400	10000	50000	1300	4000	700	500
阿古拉	4	1100	4000	3000	3000	400	8000	60000	1200	300	500	600
银山	3	1200	6000	3000	5000	300	9000	70000	1300	3000	600	500

---

① 引自笔者的访谈记录。受访者：TUYA，宝木图嘎查牧民。宝木图嘎查，2021年10月6日。
② 引自笔者的访谈记录。受访者：MENDE，宝木图嘎查牧民。宝木图嘎查，2021年10月6日。
③ 引自笔者的访谈记录。受访者：TALA，宝木图嘎查牧民。宝木图嘎查，2021年10月6日。

续表

户主	户口人数	电费	油费	饮食	服装	医疗	人情礼金	草料费用	日常用品	教育费	旅游费	防疫兽药
呼钦	3	1300	3000	2000	4000	400	13000	40000	1300	3000	500	500
徐国民	3	1200	2000	4000	4000	500	12000	50000	1200	4000	500	600
朝鲁门	3	1300	3000	4000	5000	600	13000	6000	1300	5000	600	600
苏和	3	1200	2000	3000	4000	500	12000	150000	1200	6000	500	1000
塔拉	3	1300	3000	3000	4000	300	10000	40000	1300	5000	700	500

资料来源：2021年10月8日在宝木图嘎查的20户牧民进行的访谈后整理的资料。

（2）辐射带动农户。巴彦塔拉苏木政府在党的十九大提出的实施乡村振兴战略政策之下，有效地利用有限的资源，因地制宜发展宝木图嘎查乳食品加工产业，增加农牧民收入。到2020年宝木图嘎查农牧民人均可支配收入达到16000元，同比增长16%。嘎查集体收入达到14.78万元。

在此背景下，巴彦塔拉苏木政府采取"奶牛养殖户带头+贫困户"的发展模式助力乡村振兴。2020年4月投资39万元在邻近的古日古勒台嘎查建立了总占地8亩、建筑占地面积300平方米的巴彦塔拉苏木的第一家嘎查级扶贫车间"古日古勒台嘎查奶食品加工厂"。这家"就业贫困车间"以帮助古日古勒台嘎查的因各种原因无法外出务工的建档立卡贫困户为目的，由宝木图嘎查养殖奶牛大户CHAOLUMEN具体执行负责这个奶食品加工扶贫车间。CHAOLUMEN2004年宝木图牧业园区建立时开始养殖奶牛的，目前他自己家有70头奶牛，这些贫困户共有130头奶牛。CHAOLUMEN奶牛养殖场以每个月3000元的工资雇用2个人，他爸妈、弟媳和妻子负责加工奶制品，他弟弟海日罕负责联系市场发货等工作，CHAOLUMEN建立奶食品加工厂后比一般户高0.2元的价格收购10户的原奶，加上自己家的原奶每天加工3500斤左右鲜奶及各种奶食品送到大板镇的60个奶食店。同时对林东镇的5家奶食品店、天山镇的4家奶食品店、呼和浩特的3家奶食品店、包头市的3家奶食品店订单式地销售奶食品。目前生产的奶制品有奶豆腐、奶皮子、黄油、奶糖、嚼口为主。

巴彦塔拉苏木采取的以养殖奶牛大户带领的发展模式不但解决了农牧户尤其是贫困户就近就业问题，同时转变劳动者就业观念，增强贫困牧民的信心，通过自身的努力，稳定脱贫致富。同时实现在产业链上带动牧民持续增收，还能每年为古日古勒台嘎查增加集体经济收入1.2万元。每个贫困户仅卖牛奶一项每年可直接增加收入5000元以上。

访谈十五

我们每天挤完奶，CHAOLUMEN准时来收购奶，这样我们节省了时间不用自己去销售奶，也不担心卖不出去的问题了。收入稳定且提高了。

随着宝木图嘎查牧民从事养殖奶牛，思想观念与畜牧业经营方式也发生了变化，生活有了全新的面貌。[①]

从结构功能主义理论角度来讲，宝木图嘎查奶业多类型发展能够为当地农牧业发展带来一定的正向效应。

---

① 引自笔者的访谈记录。受访者：HUARI，宝木图嘎查牧民。宝木图嘎查，2021年10月6日。

2. 对牧民思想观念的影响

（1）牧民价值观念的改变。由于畜牧业的周期长，畜群的价值不容易被人理解，所以蒙古人往往把畜群视为天然产品。清代牧民与游商做一只羊换一块砖茶，一头牛换一双靴子的不平等交易是牧民对畜牧业价值低估的表现。自从新中国成立以来，政府重视牧民的劳动，采取了发展畜牧业的一系列具体措施，改革开放初期在牧区实行的草畜双承包制，统一了草原的所有权和使用权后前所未有地调动了牧民建设草原的积极性，这就加快了畜牧业商品化，大大提高了牧民的劳动生产率和牧民的价值观念。宝木图嘎查牧民把畜产品当商品，增加收入是价值观转变的表现。

（2）牧民社会关系扩大。

访谈十六

我很多亲戚朋友们在大板（镇）上班，他们的同事朋友们从我这儿买奶豆腐、鲜奶，还有就是批发价卖给大板街里的几个奶食品销售店，其中包括我侄女开的奶食品店。①

从以上访谈中看出，牧民们在通过亲戚朋友介绍的方式销售奶制品的过程中不仅扩大了销售规模，还扩大了社交圈。亲自送奶食品在一定程度上节省了消费者的时间和金钱并与他们直接联系，因此奶食品的生产具有了相对的灵活性，收入也更加稳定了，不仅如此销售者还与消费者形成了良好的人际关系。

（3）牧民女性地位提高。

访谈十七

我接到客户的订单就开始做奶食品，做完就用快递发货，一个月大概能挣3000元。有时送完后跟姐妹们逛街买几件自己喜欢的衣服，下馆子回来后挺开心的。我老公做完外面的活就帮我做奶豆腐，还帮我包装奶糖，有时做完饭等着我，以前的那个做完外面的活就等我做饭的习惯几乎不见了。②

在巴林地区传统的观念中，作为一家之主的男性主要负责做外面的活，女性负责做家里的活，在他们看来家里面的活比外面的活轻松得多。甚至有的人认为男人干做饭、打扫房间、挤牛奶、做奶豆腐等家务可能降低他们的运气，所以他们即使有空也不做家务。从以上访谈来看，自从妇女开始销售奶制品有自己的收入后，发生了男性的家务活增多、女性的家务活减少的变化。这样如果男性用空闲时间帮妻子做家务活，女性就可以用更多的时间做奶制品，增加家庭收入。这种变化是女性显而易见的经济收入带来的结果。这不仅是女性劳动价值得到认可的表现，也是传统家庭劳动分工改变的体现。

（4）传统习俗的改变。以前牧民有禁止出售羊羔、牛犊等仔畜的习俗。对他们来说把仔畜与母畜过早分开是一种罪恶行为，买卖仔畜更甚。就是20世纪60年代闹饥荒时也不可能去杀仔畜充饥，无论疾病还是天灾人祸，都不能将自己心爱的仔畜卖掉。蒙古人尽量不会把自己成家立业时的牛羊、身材好的马、牛、骆驼和比赛中得奖的马、救过主人的爱马、贡献过力量的耕牛、骆驼等卖掉，甚至有时养到老死。卖牲畜时从尾巴或其他地方上剪掉一小块绒，觉得是在留下牲畜的福气，也当作留着记号。随着经济发展，利欲熏心的一部分牧民、中间商违背了自然规则，背弃了作为牧民基本的道德，去买卖、杀戮仔畜。

---

① 引自笔者的访谈记录。受访者：HUDUTE，宝木图嘎查牧民。宝木图嘎查，2021年10月6日。
② 引自笔者的访谈记录。受访者：HUARI，宝木图嘎查牧民。宝木图嘎查，2021年10月6日。

自从宝木图牧业园区建成后,牧民的草场面积开始减少。同时进入该牧场的牧民乱扔垃圾污染了环境,这是因为巴彦塔拉苏木对牧场管理不善,也是一些牧民过分贪图收益、爱护生态的传统习俗淡化的表现。

3. 奶业经营方式对传统乳制品文化的影响

任何一个民族都在发展变化,体现民族特征的文化特点也随着变化。随着宝木图嘎查牧民奶业经营方式的变迁传统乳制品文化也发生了变化。首先是乳制品相关的习俗发生了变化。过去宝木图嘎查的牧民禁忌销售乳制品,如今乳制品转变为商品增加牧民的经济收入。过去宝木图嘎查牧民认为3岁纯棕色牛的鲜奶能缓解胃胀,减轻脏器热毒,增强体质,并且有助于消化,因此他们喜欢甚至珍惜食用纯棕色牛的鲜奶。而如今奶业经营方式的变化这个习俗慢慢淡化了。其次是乳制品的种类发生了变化。过去宝木图嘎查牧民以牛奶、羊奶为原材料做各种乳食品,如今以牛奶为主的乳制品的种类增多但是以羊奶为原材料的乳制品如塔日格、呼古日玛格、奶酪逐渐减少了。最后是乳制品的市场化。据我们所知察哈尔奶食品以品种繁多、味道鲜美等优点受到消费者的青睐,在内蒙古范围内占据了大部分市场。过去,巴林右旗的奶食店从正蓝旗、克什克腾等地进货,宝木图嘎查的牧民和一些奶食店协商,确定供货关系,有了固定的销售市场。奶食品销售价格稳定可以增加牧民收入,对奶食店来说进货成本低,方便补货,还可以向消费者提供明确的原料来源,消费者也能吃到新鲜的奶食品了。宝木图嘎查牧民的传统乳制品不仅在巴林右旗内销售而且在呼和浩特、包头、鄂尔多斯、北京、上海、广州、厦门等地的销量也相当好。

在向现代化奋斗过程中,宝木图嘎查牧民从传统的、单一的、自给自足的、粗放型奶食品加工制作生产形式向高品位、多种类、产业化、商品化集约型生产形式转变。从而提升内蒙古巴林地区的奶食品的知名度和可信度。一个民族饮食文化的丰富促进民族文化的传承和发展,在现代化的建设过程中,传统的乳品文化成为蒙古族建设现代化乳品文化的基础。巴彦塔拉苏木把握巴林右旗人民政府将"格斯尔"冠名使用权授予宝木图传统乳制品的机遇,运用好"格斯尔"文化品牌,提高奶食品的知名度,努力提升质量,提高品位,扩大规模,把巴彦塔拉苏木打造成内蒙古"格斯尔奶食品文化之乡",为蒙古族传统乳制品产业增光添彩。

(三)改善经营方式发展宝木图嘎查奶业的对策建议

为了宝木图嘎查今后的奶业可持续发展,巴彦塔拉苏木政府发挥更多的作用,持续帮助奶农改善经营方式提高经营管理能力及管理技术,同时也注意牛粪、饲料渣等废弃资源的再利用,改善养殖场的环保卫生,从而进一步扩大牧民收入来源。

1. 打造绿色奶业发展之路

绿色低碳是宝木图嘎查奶业持续稳定发展的必然要求,因此在具体工作实践中有效地解决在养殖过程中产生的废弃物对环境造成的污染问题,如可以通过建沼气池处理牛粪,这样不仅可以产生出沼气作为燃料,而且可以施肥,降低成本,提高蔬菜、瓜果的内在品质,从而实现资源利用节约化、人与自然环境和谐共生的奶业发展之路。

2. 加大宣传力度,提升品牌知名度

在今后的发展中,应结合宝木图嘎查奶业产品的实际情况,采取多方面的宣传措施。

如，可以邀请当地网红通过直播的方式把奶制品的特性或是亮点带入大众视野，吸引潜在的客户下单购买。也可以发动牧民用微博、微信公众号、抖音、小红书等来传播品牌，发布奶制品制作过程，讲述食用奶制品的好处、奶食品的习俗等相关内容，这样在吸引客户的同时提高知名度。

3. 注重专业技术人员的培养

人才是支撑奶业发展的关键，因此在未来的发展中宝木图嘎查应重视专业技术培训，如组织奶业户参加多种培训，提高他们的业务水平，把培训中学到的知识运用于经营实践；定期邀请专业人员到现场指导奶农工作并普及先进的奶牛饲养管理技术，从而不断提高广大奶农的业务素质和技术水平。

结论

本文以巴林右旗巴彦塔拉苏木宝木图嘎查为例研究了改革开放以来牧民奶业经营方式的变化、经营方式变化的原因及其经营方式的变化对牧区经济、牧民意识观念、传统乳制品文化带来的影响。选宝木图嘎查为典型案例研究的理由是：宝木图嘎查的奶业经历了从自给自足的经营模式到规模化经营再到个体户模式、家庭牧场模式、合作社模式又到苏木为中心的奶牛产业带发展模式的过程，对于研究牧区基层奶业经营方式的变化具有一定的学术研究价值。

本文研究的奶业经营方式的变迁是指，从1980年到2021年下半年的变迁。将宝木图嘎查奶业经营方式分三个部分加以论述，分别呈现三个时期的宝木图嘎查奶业经营方式的变化过程和变化的因素及对牧区经济、牧民意识观念、传统乳制品文化等方面产生的影响。通过研究宝木图嘎查各个时期的牧民奶业经营方式的变迁，总结出以下四个结论：

第一，国家实行的政策、市场经济及奶业自身优势的因素促进了宝木图嘎查牧民奶业经营方式的变化。

第二，随着宝木图嘎查牧民奶业经营方式的变化，巴林地区传统乳制品文化的各个方面都发生了巨大的变化，首先是传统乳制品从自给自足的饮食转变为商品进入市场供应广大消费者。改革开放以后，宝木图嘎查牧民有了自己的牧场和牲畜之后，牧民利用牛奶和羊奶，靠手工制作工艺加工初乳、嚼口、酸奶、奶豆腐、乳清、塔日格、呼古日玛嘎、额吉格、阿乳勒、艾日格、黄油、奶皮、奶渣子、奶酪等乳制品，或者与其他食物灵活调配。2003年宝木图嘎查用招商引资，与伊利公司合作建立巴林右旗第一座奶源基地——宝木图牧业园区，率先尝试规模化奶业经营方式。之后牧民开启了饲养奶牛之路，鲜奶第一次以商品形式销售在市场。其次是奶业经营方式越来越有规模化。2016年宝木图嘎查养殖奶牛户与伊利公司解除合约之后，自己主动去寻找市场，了解奶业行情后采取了个体户、家庭牧场、合作社等模式经营奶业。

第三，乳制品的种类多样，满足市场需求。在人们注重绿色饮食的今天，乳制品以营养丰富、美味独特的优势日益受到消费者的青睐。在此背景下，宝木图嘎查牧民用传统手工制作方式和机械方式加工奶豆腐、奶皮、嚼口、奶渣子、黄油等传统乳制品，同时专门学习满足消费者需求的以传统乳制品为原料的饮食的制作方式，并以订单形式在市场销售以增加他们的经济收入。

第四，乳制品的功能逐渐增强。乳制品的作用不仅是纯洁与高贵的象征、解决充饥的食物，已经升级为一种商品交换，不但给宝木图嘎查牧民带来经济收益，而且辐射邻近嘎查村并推动了本嘎查集体经济的发展，带来经济效益。目前巴彦塔拉苏木有1587头奶牛，具有一座奶牛产业园区，两座基地（宝木图嘎查和古力古台嘎查）的产业发展格局。"全苏木共有113户奶食品加工户，鲜奶销售户13户，截至2021年奶食品种类30多个、鲜奶量达到1300万斤以上、民族奶制品销售额达到5000万元以上。"在注重健康饮食的今天，奶食品靠营养价值高、绿色无污染等自身优势在市场上给宝木图嘎查乳制品的销售带来了优势。同时作为蒙古族饮食文化的载体，推动了巴林地区的传统乳制品的发展，从而丰富了蒙古族传统奶食品种类，更是有利于发展中华文化的多样性，促进我国文化的大发展大繁荣。

参考文献

一、专著

[1][法]沙海昂. 马可·波罗行纪[M]. 冯承钧译. 上海：上海古籍出版社，2014.

[2][英]道森. 出使蒙古记[M]. 吕浦译. 北京：中国社会科学出版社，1983.

[3][元]忽思慧. 饮膳正要[M]. 方晓阳译. 上海：上海古籍出版社，2014.

[4]纳·阿尔登朝克图，纳·额尔登孟克. 蒙古族游牧式畜牧业研究[M]. 呼和浩特：内蒙古文化出版社，2016.

[5]包玉山，额尔敦扎布. 内蒙古牧区发展研究[M]. 呼和浩特：内蒙古大学出版社，2011.

[6]包玉山. 内蒙古草原畜牧业的历史与未来[M]. 呼和浩特：内蒙古出版社，2003.

[7]乌日陶克套胡. 蒙古族的游牧经济及其变迁[M]. 北京：中央民族大学出版社，2006.

[8]阿拉坦宝力格. 游牧生态与市场经济[M]. 呼和浩特：内蒙古大学出版社，2013.

[9]楚·朝伊吉布，哈那玛盖. 肃北蒙古族的历史与传统文化[M]. 呼和浩特：内蒙古出版社，2014.

[10]那宝音和希格. 巴林风俗志[M]. 呼和浩特：内蒙古出版社，2014.

[11]徐世明. 昭乌达风情[M]. 呼和浩特：内蒙古科技出版社，1995.

[12]散普拉敖日布. 蒙古族饮食文化[M]. 沈阳：辽宁民族出版社，1997.

[13]巴拉登，达兰台. 察哈尔蒙古族风俗[M]. 呼和浩特：内蒙古人民出版社，2009.

[14]布仁套格套，那格乃，仁钦道日吉，日巴丹. 营养俱全的奶食品[M]. 呼和浩特：内蒙古人民出版社，2011.

[15]芒来，布仁巴雅尔，杨永平. 马奶[M]. 呼和浩特：内蒙古人民出报社，2013.

[16]黄淑娉，龚佩华. 文化人类学理论方法研究[M]. 广州：广东高等教育出版社，2004.

［17］巴林右旗志编委员会.巴林右旗志(1987－2006)［M］.呼和浩特：内蒙古人民出版社，2006.

［18］布仁吴力吉.巴林右旗地方名志(蒙汉文本)［M］.赤峰：巴林右旗人民政府，1987.

［19］巴林右旗畜牧局.巴林右旗畜牧业志［M］.赤峰：巴林右旗畜牧业局内部资料，2002.

［20］参布拉敖日布.蒙古族与畜亩经济文化［M］.呼和浩特：内蒙古人民出版社，1999.

［21］呼和木仁，奥登，混都，金花，胡群.畜牧业增产技术荟萃［M］.呼和浩特：内蒙古人民出版社，1999.

［22］哈·丹碧扎拉桑.蒙古民俗学［M］.沈阳：辽宁出版社，1995.

［23］额斯日格仓，包赛吉拉夫，蒙古商贸及历史文化研究［M］.呼和浩特：内蒙古人民出版，1998.

［24］叁皮勒诺日布.蒙古畜牧文化［M］.呼和浩特：内蒙古人民出版社，1999.

［25］王加启.现代奶牛养殖学［M］.北京：中国农业科技技术出版社，2006.

［26］乌苏日格仓.游牧经济变迁与发展［M］.呼和浩特：内蒙古教育出版社，2013.

二、学位论文

［1］李春雨.奶业合作社建设问题研究［D］.内蒙古农业大学硕士学位论文，2006.

［2］张艳明.呼和浩特地区奶业发展现状［D］.内蒙古农业大学硕士学位论文，2012.

［3］马鲜萍.欠发达地区奶业发展的探索与思考［D］.西北农林科技大学硕士学位论文，2006.

［4］陈晗飞.中国奶源管理存在的问题及其对策研究［D］.内蒙古大学硕士学位论文，2011.

［5］赵静.我国奶牛规模化养殖政策经济效果评估及对策研究［D］.河北经贸大学硕士学位论文，2015.

［6］萨胡热.鄂温克族牧区牧民生活方式变迁研究［D］.东北师范大学硕士学位论文，2014.

［7］赛音.内蒙古半农半牧区社会经济研究［D］.陕西师范大学硕士学位论文，2018.

［8］朝宝.近70年巴林右旗五畜数量结构时空变化及其影响因素分析［D］.内蒙古师范大学硕士学位论文，2017.

［9］小红.国家发展政策影响下的内蒙古牧区社会变迁［D］.内蒙古大学硕士学位论文，2007.

［10］斯琴格日乐.内蒙古半农半牧区经济发展对策研究［D］.内蒙古师范大学硕士学位论文，2012.

［11］阿米都日拉.内蒙古牧区家庭结构与功能变迁研究［D］.内蒙古大学硕士学位论文，2012.

［12］牛宇.罗布桑却丹的多种经营思想及其现代意义［D］.内蒙古师范大学硕士学位论文，2020.

[13]娜和雅. 巴林右旗传统乳制品加工企业营销策略研究[D]. 内蒙古农业大学硕士学论文, 2018.

[14]宝拉尔. 新宝拉格镇传统乳制品生产状况及问题研究[D]. 内蒙古师范大学硕士学位论文, 2020.

[15]吴燕. 内蒙古牧区奶业发展研究[D]. 内蒙古大学硕士学位论文, 2006.

[16]朝木日勒格. 从人类学的视角分析牧区家庭经营方式现状[D]. 内蒙古大学硕士学位论文, 2008.

三、期刊

[1] D'Incecco P, Limbo S, Hogenboom J A, et al. Novel Technologies for Extending the Shelf life of Drinking Milk: Concepts, Research Trends and Current Applications[J]. LWT-Food Science & Technology, 2021: 148.

[2] Baibokonov D, Yang Y, Tang Y, et al. Understanding the Traditional Mares' Milk Industry's Transformation into A Creative Industry: Empirical Evidence from Kazakhstan[J]. Growth and Change, 2021.

[3] Sheng Y, Chancellor W, Jackson T, et al. Deregulation Reforms, Resource Reallocation and Aggregate Productivity Growth in the Australian Dairy Industry[J]. Australian Journal of Agricultural and Resource Economics, 2020, 64(2): 477-504.

[4]王铁灵. 中国奶业现状[J]. 中国牧业通讯, 2002(2): 40-42.

[5]方有生. 中国奶业的现状及发展趋势[J]. 中国乳业, 2002(3): 5-8.

[6]昝林森, 付小波, 李胜利. 中国奶业生产现状、问题及发展趋势与对策[J]. 中国农学通报, 2005(8): 19-22.

[7]陆海霞. 中国奶类消费现状及影响因素研究[J]. 中国乳业, 2009(3): 28-33.

[8]陈连芳. 中国乳制品出口现状分析与前景预测[J]. 中国乳业, 2011(10): 5-6.

[9]陈志敏, 江一帆. 我国奶业生产的时空演化及影响因素分析[J]. 中国食物与营养, 2022, 28(5): 5-10.

[10]董筱丹, 徐德徽, 崔惠玲. 中国奶业发展的污染问题与生态问题[J]. 世界农业, 2002(3): 7-9.

[11]周晓东. 中国奶业经济发展中的问题及应对措施[J]. 内蒙古统计, 2010(2): 16-17.

[12]冷进松. 我国乳制品行业发展现状[J]. 科学中国人, 2015(33): 78.

[13]李梦茜, 谢漫丽, 张仁义, 曹忠旺. 中国乳制品质量安全现状、问题及对策[J]. 大众科技, 2018, 20(4): 90-92.

[14]刘回春. 奶业发展新阶段恢复消费者信心是关键[J]. 中国质量万里行, 2017(7): 60-61.

[15]杨从科, 张贯生, 杨金深. 中国奶业产业化现状与发展对策[J]. 河北农业科学, 2006(3): 92-95.

[16]钱贵霞, 郭建军. 中国奶业发展的新问题和对策及未来趋势[J]. 农业展望, 2008(4): 17-21.

[17]杨柳春. 西部山区现代奶业发展的制约因素分析[J]. 中国畜牧业, 2012(6): 76-77.

[18]牟海日, 甄云兰. 中国奶业面临的挑战和机遇[J]. 中国乳业, 2015(6): 27-28.

[19]道日娜, 罗燕芳. 从资源到资本: 中国奶业区域格局演化成因分析[J]. 农业现代化研究, 2016, 37(2): 205-213.

[20]宋亮. 十年来中国奶业的变化和发展[J]. 中国乳业, 2019(3): 2-7.

[21]刘长全, 韩磊. 2020年中国奶业经济形势回顾及2021年展望[J]. 中国畜牧杂志, 2021, 57(3): 212-216.

[22]李昊原. 振兴中国奶业市场的发展策略[J]. 河南农业, 2021(11): 56-58.

[23]葛旭芳. 中国奶牛养殖的区域优势分析与对策[J]. 中国畜牧兽医文摘, 2017, 33(11): 36-37.

[24]张超, 姜雅慧, 邵大富, 董晓霞, 代鹏, 彭华. 美国奶业新特点、新趋势及对中国的启示[J]. 中国农学通报, 2020, 36(31): 130-139.

奈曼版画的象征人类学阐释

梁玉莲　杨常保

摘　要：版画是我国艺术绘画领域中的一个重要组成部分，以视觉方式传递信息。随着我国文化产业的蓬勃发展，版画艺术已逐渐演变成为一种中华优秀传统文化符号。同时，版画作为非物质文化遗产，具有民族文化的独特性和地域性。本文以奈曼版画为研究对象，从象征人类学角度出发，结合田野调查、文献法及图像分析法，深入探究奈曼版画的象征符号和意义。本文主要对奈曼版画进行综述，探讨奈曼版画的产生背景和发展历程；同时对奈曼版画的制作流程进行详细的考述和分类，对其艺术语言和文本特征进行深入分析；本文以象征人类学的理论方法为基础，从象征构成要素着手，对奈曼版画象征符号进行归纳分类，进一步对奈曼版画符号的象征意涵进行深层阐释，彰显出奈曼版画的价值。通过研究，奈曼版画作为当地民间艺术特色的技艺，承载着当地丰富深厚的文化内涵。通过独特的艺术形式体现当地历史背景和民族情感。在新时代的背景下，传承和弘扬中华优秀传统文化，增强文化自信，推动发展当地文化产业的发展，促进不同国家、民族之间的文化交流和融合。

关键词：奈曼版画；象征符号；象征意义

一、绪论

（一）研究背景

2011年2月中华人民共和国第十一届全国人民代表大会常务委员会第十九次会议制定《中华人民共和国非物质文化遗产法》，强调"为了继承和弘扬中华民族优秀传统文化，促进社会主义精神文明建设，加强对非物质文化遗产的保护、保存工作"[①]。2023年6月在出席文化传承发展座谈会上，习近平总书记指出："在新的起点上继续推动文化繁荣、建设文化强国、建设中华民族现代文明，是我们在新时代新的文化使命。要坚定文化自信、担当使命、奋发有为，共同努力创造属于我们这个时代的新文化，建设中华民族现代文明。"随着我国文化产业的蓬勃发展，版画艺术已逐渐演变成为一种中华优秀传统文化符号，研究版画符号与意义对于挖掘中华优秀传统文化是有必要的。版画是我国艺术绘画领域中的

---

① 中华人民共和国第十一届全国人民代表大会常务委员会. 中华人民共和国非物质文化遗产法[EB/OL]. 中国人大网，2011年5月10日. http：//www.npc.gov.cn/zgrdw/huiyi/lfzt/fwzwhycbhf/2011-05/10/content_1666069.htm.

一个重要组成部分，由于各地域文化背景的差异，版画的创作风格和所蕴含的文化内涵截然不同。同时，版画作为非物质文化遗产，本身具有民族文化的独特性和地域性。本文所研究的奈曼版画是科尔沁版画的一部分，它跟随着科尔沁版画的发展脚步，深深地扎根于文化沃土之中。2018年，奈曼版画入选内蒙古自治区级非物质文化遗产名录。[①] 同年奈曼旗被评为"全区版画民间艺术文化之乡"。[②]

随着社会的进步和经济的发展，物质生活日益丰富，人们对传统文化的认同感也越来越强，版画艺术又重新焕发出了活力。在文化自信精神的激发下，各地相关部门对于版画的推广与宣传做了很多努力。2013年，在奈曼旗委、旗政府对版画文化产业的大力扶持与鼓励下，奈曼版画创作培训基地筹备成立，正式投入使用。作为国家艺术基金传播交流推广资助项目，2017年奈曼版画先后在中国版画博物馆、呼和浩特美术馆、通辽市博物馆等多个博物馆展出，同时参与国内的展览和文博会等活动，展现了其卓越的艺术魅力。2015~2017年，奈曼版画曾代表内蒙古自治区前往法国、德国、意大利、蒙古国等多个国家开展了一系列的文化交流活动。如今，奈曼版画已成为草原文化的一面旗帜，彰显着其独特的艺术魅力和价值。

（二）研究目的及意义

1. 研究目的

本文以实地调研获取的第一手资料为立足点，首先通过采用田野调查法、文献法和图像分析法等，深入探讨了奈曼版画的产生背景、发展历程、工艺考述以及题材内容分类。其次从象征人类学的视角解读奈曼版画符号艺术表象下所隐藏的深层象征意涵，力求让异文化的"他者"全面了解当地风土人情，这一方面有助于树立当地群众的文化自觉，发扬优秀传统文化，同时也有助于各国家、民族之间文化交流与交融。

2. 研究意义

（1）理论意义。目前，学术界对于版画的研究，多侧重于艺术方面的基础理论性的探讨。从设计艺术、美术学和教育学等领域阐释其艺术特色，多为描写记载性的研究，主要停留于对版画表层结构上的剖析。对于版画的深层结构研究，还需要进一步挖掘。象征是人类文化的一种信息传递方式，它依据类比想象的思维方式和约定俗成的习惯，以某种客观存在或想象中的外在事物以及其他可感知到的东西，来反映特定社会人们的观念意识、心理状态、抽象概念及各种社会文化现象（瞿明安，2014）。因此，本文将运用象征人类学的理论方法来对奈曼版画的符号和意义进行深入分析，从而丰富象征人类学的实证研究。

（2）现实意义。奈曼版画作为当地文化载体，体现了当地历史背景和民族情感。笔者在田野调查的基础上，从象征人类学的视角对奈曼版画所蕴含的内容进行深入的研究，首先，有利于树立当地民众的文化自觉；其次，在新时代背景下，研究少数民族民间艺术和挖掘版画社会文化价值有利于地方特色文化产业的发展，也有利于各地文化交流融汇和促

[①②] 非物质文化遗产处. 内蒙古自治区级非物质文化遗产名录——第六批（2018年）[EB/OL]. 内蒙古自治区文化和旅游厅[2022-05-30]. https：//wlt.nmg.gov.cn/zfxxglzl/gklzfxxg/fdzdgknr/zdlyxx/zyml/202205/t20220530_2063709.html.

进文化传播,对于巩固民族团结和加强不同民族之间的交往交流交融具有重要的意义;最后,对于奈曼版画非物质文化遗产的保护和传承,提供了有益的借鉴和启示。

(三)研究综述

1. 象征人类学理论研究现状

(1)国外研究现状。象征人类学起源于20世纪60年代的西方人类学界,它是当今人类学研究领域前沿的理论流派之一。西方象征人类学的主要代表是英国的埃德蒙特·罗纳德·利奇、英国人类学家维克多·特纳、英国的玛丽·道格拉斯和美国的克利福德·格尔兹等。在其著作中,他们着重探讨了有关象征的含义、基本要素以及象征符号和象征意义的关系等问题。

埃德蒙特·罗纳德·利奇的象征人类学思想的重点是其对神话、巫术、宗教和仪式等方面的研究。首先他把符号与象征之间关系厘清,把符号视为是已知事物的相似,而把象征认为是一种对未知事物的象征,具有象征意义。在《圣经》书中,蛇被视为伊甸园中邪恶的象征,实际上蛇所处的动物学语境和邪恶并不相关,因此可以得出结论:两者之间存在着一种隐喻的关系。而维克多·特纳(1969)认为,"自然的表示性质相似或者在思想上或者事实上存在着联系的东西,但是符号和象征必须加以区别"。在他看来,符号就是类似于代表已知的东西,相比之下象征则是代表着未知事物。维克多·特纳(1969)在《仪式过程》中着重论述了仪式过程中的过渡阶段。同时,他在《象征之林——恩登布人仪式散论》(1967)中认为"象征是仪式场合具体构造的最基本单元,象征符号主要由仪式语境下的对象物体、行动、各种关系、事件、体态以及空间单位"。玛丽·道格拉斯在《洁净与危险》(1966)一书中写道,肮脏和洁净是一种象征体系。对社会秩序系而言,那些未被这个社会秩序所包容的事物或现象、错误的以及不道德的东西都被认为是肮脏的,哪里没有肮脏哪里就是有秩序(胡宗泽,1998)。克利福德·格尔兹在《文化的解释》(1974)一书中,把文化界定为代表价值观念的符号系统。"宗教是一种符号的表达,符号所承载的就是'意义',即正是文化的核心内容,它包括认识、情感和道德,从内部进行一般性思考。"同时在克利福德·格尔兹以地方性参与观察为基础的"民族志"描述中,"人类学的描写不应止步于制度性素材的堆砌,而应该构成一种'深描说',其宗旨是理解他者的'理解',站在一个'异文化'的位置上观察人类学家自身的'本文化'"(王铭铭,1999)。文化是一种历史上代代相传的符号意义模式,它将传承下来的观念融入到象征形式之中,从而形成了一种独特的表达方式。从文化上来看,人们是以其特有的形式参与社会生活。文化符号体系的应用促进着人类的沟通和延续,也促进着人类对于生活的理解。

(2)国内研究现状。国内对于象征人类学的研究起源于20世纪80年代初期。国内学者对于象征所下的定义,各自有着不同的表述。国内学者主要聚焦于象征人类学的核心概念和系统研究,包括象征的定义、特征和分类等方面。

在象征研究领域,刘锡诚是我国最早涉足的学者,他和王文宝的《中国象征文化辞典》是我国首部象征词典。在该著作中他提到"象征作为一种民间思维模式,其研究目的在于揭示隐藏在民俗事象背后的深层含义,并从多学科的角度对这些内涵进行了深入的阐释"。

从某种角度来说，象征被认为是人与生俱来的思维方式。因此，象征可谓是被广泛接受与认同的思维方式，这也意味着象征研究不仅可视为哲学研究中的一个分支，也是为思想科学研究提供了深刻的启示。翟明安（2007）在《论象征的基本特征》一文中指出，作为人类文化中信息传递的一种方式，象征具有群体性、主体性、多重性、时空性和传承性等基本特点，它通过类比联想的思维方式，将客观存在的或想象的外在事物及其他可感的事物反映在一定社会中人的观念意识、心理状态、抽象概念及各种社会文化现象中，从而形成一个复合体，由象征符号和象征意义两种要素构成。范玉梅（1994）在《试论中华象征文化》一书中对"象征""象征文化"等概念进行了明确的定义，并对"象征文化的渊源""中华象征文化的特征"进行了深入的分析。象征是以某种有形的具体事物来表现或暗示某种观念、哲理或情绪，由符号和意义两个要素构成。象征文化，则是一种含有象征的文化，是人类思维由具体到抽象，再由抽象到具体，即用具体事物表现某种特殊意义的这一发展阶段的产物。何星亮（2007）在《象征的类型》一文中认为，象征是指某种表达意义的媒介物（包括实物、行为、仪式、语言、数字、关系、结构等有形物和无形物）代表具有类似性质或观念上有关联的其他事物。换言之，象征就是用具体的媒介物表现某种特殊的意义。他通过对"象征"这一概念及其基本特征深入剖析，以此为基础，他从结构的角度进一步探究，将象征体系划分为两个层面：第一层面为表层的象征系统，第二层面为深层的象征系统。

以上是国内学者有关象征人类学方面的研究成果，以象征人类学为视角，总结出象征的基本特征，并从功能的角度将象征分为五大类；又从结构上看，把象征分为两个层次。国内学者对于象征人类学的研究仍然处于起步阶段，需要进一步深入研究。

2. 国内关于象征人类学的研究现状

从20世纪80年代开始，国内学者借助西方人类学的理论方法，从不同的角度对"象征"进行了大量的实证研究。自1990年代至今，在服饰、饮食、建筑、吉祥物、仪式、神话和刺绣等领域的研究取得了显著的进展。

（1）象征与服饰。邓启耀在《民族服饰：一种文化符号——中国西南少数民族服饰文化研究》（1991）《衣装秘语：中国民族服饰文化象征》（2005）两本书中认为服饰是一种蕴含着神话传说、血缘承诺、社会规范及民间信仰等丰富内涵的文化符号，其作用不仅仅局限于遮风挡雨、御寒遮羞。杨鹍国在《苗族服饰——符号与象征》（1997）《符号与象征：中国少数民族服饰文化》（2000）两本书中指出，民族服饰被视为不同民族文化的象征符号之一，对其制作工艺、装饰技巧和所处环境等方面的对比、概括和综合归类。对不同民族服饰所蕴含的价值取向和文化意蕴的解读，构成了其独特的文化价值体系。彭阳以《符号与象征：剑河县苗族红绣、锡绣之图案研究》（2016）为题目将剑河苗族锡绣、红绣图案作为研究对象，探讨了锡绣、红绣的基本要素——色彩和纹样，以及它们作为一种象征符号的重要性。他对剑河苗族锡绣、红绣图案色彩体系和纹样构图进行深入研究，探究其象征意义，并揭示其所蕴含的深层的文化内涵。从民族传统审美意识、宗教信仰及历史发展等方面探讨了这一独特的艺术形式产生和形成过程中所蕴含的丰富而深厚的文化积淀。

（2）象征与饮食。翟明安在《隐藏民族灵魂的符号——中国饮食象征文化论》（2001）一书中对饮食象征文化作了深刻、全面的论述，该书已成为饮食文化领域一部理论深度较高的著作；他还从别出心裁的角度出发，提出一系列观点和见解，对深入理解饮食文化提供新思路和新方法。该书从饮食象征文化的角度出发，在建构饮食象征理论框架的基础上，对饮食象征文化进行划分，详细描述饮食象征文化的内涵和其中包含的深刻含义。在他看来，饮食象征文化就是指用具体的物质材料或者行为方式表现出来的人对事物一种特殊的态度与情感体验，而这一认知态度与情感被称为"隐喻"。陈玥等（2014）在《昭通饮食文化所具有的象征意义》一文中探讨了昭通在饮食研究、饮食活动与饮食规则中呈现出的饮食文化象征意义，揭示出一个民族独特的生存状态、社会需求、文化素养和道德。陈蕾（2016）在《无为板鸭文化研究》一文中，对板鸭文化的形成和发展进行了地理环境和历史方面的描述，并深入分析了无为板鸭文化的象征意义以及其传承所面临的困境。

（3）象征与仪式。翟明安（2005）在《中国祭祀文化象征》一书中指出，在宗教生活中，象征扮演着至关重要的角色，它不仅是神灵的象征，更是连接人类与超自然之间的桥梁，通过宗教象征，人们表达了对神的虔诚信仰和一些具体思想。赛哈娜（2020）在《内蒙古东部敖包祭祀的象征人类学研究——基于翁牛特旗村落的田野调查》一文中详细介绍了翁牛特敖包祭祀史，记录了敖包祭祀仪式全部过程。敖包祭祀这一民间习俗活动背后隐藏着深厚的民族心理与宗教信仰背景。她指出内蒙古传统敖包祭祀仪式中佛教文化元素有着深刻的历史意义，也展示了地方特有的文化底蕴。这一切表明，敖包祭祀反映了其特有的民族特点与宗教信仰特征。敖包祭祀中蕴含的象征符号及其象征意义来源于象征人类学中最基本的要素，它们一起构成敖包祭祀中最本质的内容。其中巫术文化中象征性内涵所反映的是人神关系问题。随着时间的推移，这些变化反映出人类社会发展进程的不同阶段，以及人们对于生活世界认识过程中所表现出来的差异性。梁正海（2007）在《傩文化的象征人类学阐释——黔东北思南傩仪度关研究》中追溯傩仪文化历史，深入分析黔东北思南傩仪度关结构。傩仪度关所表达的当地人二元结构和三元结构，核心结构为二元结构，而其他结构则是在二元结构的基础上衍生出来的，其中蕴含着多种多样的象征意义。一个体现了历史与社会现实差异的象征包含着深刻的隐喻。

（4）象征与神话。白庚胜在《东巴神话象征论》（1998）《东巴神话研究》（2002）两本书中，以整体视角探究纳西族东巴神话象征的意义，并将其理论探讨的方法运用于该领域。在此基础上，结合纳西族东巴文化的特征，对其进行了较为深入的阐释与解读。在东巴文中，对符号象征词的分析呈现出了前所未有的创新性，彰显出其在语言表达中的独特魅力。阿不力米提·优努斯以《维吾尔象征词及其文化含义》（2003）为题目，认为"维吾尔象征词对思想与情感的含蓄的表达，可以把抽象的思想意念和心理状态具象地表现出来，从而拓展了艺术形象的感染力与表现力"。由此认为维吾尔语言词汇中最主要的部分就是维吾尔象征词，维吾尔象征词对维吾尔语言词汇的构成起着关键作用。

（5）象征与刺绣。瞿天凤在《石林彝族撒尼人刺绣象征文化研究》（2011）一文中，以彝族撒尼人刺绣品作为象征符号系统，对其色彩和图案进行了深入研究。撒尼人的不同绣品颜色所代表的象征、心理文化象征、哲学思想象征不一样的象征意义。撒尼人绣品的图案纹样结构代表撒尼人不同的符号，如自然神灵崇拜符号、文字生活符号、生活类符号等。撒尼人的刺绣品所呈现的色彩和图案，是一种具有象征意义的载体，其中隐含着象征符号所表达的文化信息。鲍可心在《翁牛特蒙古族刺绣的象征人类学阐释》（2019）一文中以翁牛特蒙古族刺绣作为研究对象，运用象征人类学的相关理论，深入探讨了翁牛特蒙古族刺绣产生的历史背景及独特的刺绣工艺，旨在让人们全面了解翁牛特蒙古族刺绣图案的来源，并解读刺绣图案作为一种文化现象所携带的翁牛特蒙古族思想观念。

3. 内蒙古版画相关研究

在中国版画繁荣发展过程中，内蒙古版画始终没有缺席，并在草原艺术家们的摸索中走向成熟。改革开放以后，思想解放为内蒙古版画家提供了更为开阔的艺术视野，时至今日，很多版画家的创作已不再仅仅是为参加展览，艺术格局的多元性为其提供了更大的选择余地。内蒙古的版画以科尔沁版画、扎鲁特版画和奈曼版画为主。奈曼版画在科尔沁版画中占有举足轻重的地位，因此对科尔沁版画的研究多少都会涉及对奈曼版画的研究。通过梳理现有相关文献，可以分为以下四个方面：

（1）史学相关研究视角。乌日切夫、艺如乐图、田潇雯在《回溯与展望：内蒙古民族版画的历史语境与当代方向》（2020）一文中回溯了内蒙古版画的历史，其在发展中形成了自身独特的风格，彰显出内蒙古版画民族性、地域性、时代性以及国际性的特有魅力。他们的作品用各自独特的艺术语言，阐释了草原文化的精神意蕴。哈斯巴图在《蒙古族题材版画创作深入生活重要性的分析》（2013）中论述"及时""应急"的创作和"长期"生活积累之间的联系，从而凸显版画家深入生活的意义。照日格图在《来之不易的扎鲁特美术》（2000）一文中记述了扎鲁特版画的发展历程，在社会各界的大力协助支持下，扎鲁特版画在创作及美学教育方面都取得了一些成就，而这些成就来之不易。山丹以《在自己的山上唱自己的歌》（2006）为例，对科尔沁版画艺术目前发展所面临的问题和解决途径进行了深度剖析。于永泉、闫鹏、道尔吉在《科尔沁文学艺术60周年》（2007）中详细地介绍了1947~2007年科尔沁版画艺术所取得的成就。陈利利在《内蒙古版画的艺术特色》（2018）中阐述了内蒙古版画的发展演变历程，对内蒙古版画发展演变过程进行阐述，发现内蒙古版画随时代进步逐渐发展变迁，内容随版画家创作风格不断发展壮大，与版画家创作风格息息相关。本文从分析其发展演变入手，探讨其艺术特色和艺术价值，并对乌日切夫创作包含的特定内涵进行解剖。

（2）美术学相关研究视角。胡日查在《蒙古族题材版画的探析——我的〈听见草原〉》（2019）中深入探讨了蒙古族题材绘画创作的题材，指出蒙古民族继承和发扬了游牧文化传统习俗，又与其他民族文化相互交融，不断丰富和完善游牧文化发展的内在需求。通过版画这一形式表达自己的思想情感以及对生活的态度和认识，从而达到精神层面的交流，使作品更具有生命力。王茹在《内蒙古学院版画传承蒙古族特征研究》（2015）一文中从蒙古族艺术特征和传承两个方面进行考察，对内蒙古版画在民族化过程中所形成的特殊的艺术语言特色进行了研究。李聪玲在《从眼中风景到心中风景——浅谈中国版画风景创作中的地域文化因素》（2008）以北大荒版画、云南绝版木刻以及内蒙古科尔沁版画为个案，深入挖掘版画创作地域文化因素的深远影响。山丹在《刀刻版印的蒙古族心灵家园——论科尔沁版画草原》（2006）一文中详细探讨了地域特点和创作风格，同时深入剖析了科尔沁版画在生存和发展过程中所面临的诸多难题。金兰以《浅谈哲里木版画》（2005）为题目，探讨了哲里木版画里面内容的多元化表现，风格与技术变革社会下表现出来的艺术特征和存在的问题，也在探索新的路径。杜艳红在《论科尔沁版画创作的地域特征》（2017）中以科尔沁版画作为研究对象，详细描述了其历史渊源、独特的艺术风格和地域特征，并论述了科尔沁版画与其他流派版画之间的差异，凸显了科尔沁版画中所蕴含的艺术特征及其审美价值。

（3）民俗学相关研究视角。邵春光和欧瑞在《崛起的科尔沁版画》（2003）中阐述了科尔沁特有的激情、质朴、奔放的生活姿态，画面再现了蒙古族的新思想，富有的时代特色、民族特色和地域特色，从而形成20世纪90年代地方流派取得的显著成就。

（4）教育学相关研究视角。常灵龄在《科尔沁版画融入中学美术课堂教学——以呼和浩特市第十八中学为例》（2018）一文中，将科尔沁版画与呼和浩特市中学美术教学相结合，探讨科尔沁版画及其儿童版画的历史、发展和价值。沈思湘在《科尔沁版画与世界对话》（2005）一文中，对两位杰出的艺术家马成武和邵春光进行了深入访谈，并详细记录了科尔沁版画在教学过程中所取得的成绩。

通过对内蒙古民族版画艺术在国内研究状况为背景，笔者结合有关少数民族版画艺术方面的专著、论文和期刊等进行了系统的梳理和总结。目前，国内关于版画研究多出现在以制作工艺、艺术特色为主要内容的期刊上。而对于奈曼版画研究的著作和学术论文比较匮乏，多出现在奈曼地方志或图像集以及期刊中。胡日查（2020）在《哲里木版画传承和发展现状探析——以奈曼版画为例》一文中，以奈曼版画作为研究对象，详细介绍其发展历程、现状、特征以及题材分析研究。杨帆（2019）在《地域性文化资源与美术教学的结合——以版画之乡内蒙古奈曼旗为例》文章中，呼吁教师要重视当地的地域性文化资源，充分利用地域性文化，并把资源转用于培养学生的兴趣爱好上。同时，也要去其糟粕、取其精髓，以使其发扬光大。

4. 研究述评

综上所述，对国内外象征人类学理论方法，研究范围为切入点进行了梳理总结。显而易见，关于象征人类学的研究，国内相对于国外的研究起步较晚。目前国内外对象征概念尚无完整的定义，而主要集中在象征文化的成因、象征本质、象征结构和象征形式的全方位的解读和论述。国外学者从不同角度对象征符号分类和象征意义的层次结构做出的阐释。利奇把符号与象征区别开来，特纳则把符号看作已知事物的代表，象征就是对未知事物的表达，并建议以场域与结构特性的理论来解决仪式象征意义的理解差异问题。道格拉斯从社会秩序系来说，在象征的系统中事物或者现象是相对的。格尔兹将文化定义为表达价值观的符号体系，文化就是社会行动者运用象征符号给自己制造的一种意义与组织逻辑。对于国内学者来说，象征文化实证研究领域方面比较广泛。运用象征符号表达社会观念及感情倾向，集中体现为饮食、服饰、仪式、神话等传统文化显性领域较多。学者们通过实证的方法，揭示了这些领域的象征符号，并总结出象征符号所隐含的象征意义。但是涉及面还不够广泛，在象征人类学实证研究领域内关于版画的研究寥寥无几。

结合本文的研究，笔者也对内蒙古版画的相关文献进行了梳理，发现文献内容主要分为三个方面：①从史学视角出发对内蒙古版画的发展和演变进行研究，体现出内蒙古版画的民族性、地域性和时代性。通过对内蒙古版画的发展状况的分析中，找出较好的继承方法和保护途径。②从美术学的角度出发，对蒙古族题材绘画的创作主题进行探索，对内蒙古版画的艺术特色和艺术风格进行剖析，凸显内蒙古版画中所蕴藏的艺术特征和美学价值。③从教育学的角度出发，选取内蒙古版画作为研究对象，将版画和美术教学结合起来。通过对梳理内蒙古版画的相关研究进行梳理，笔者发现学者们对于内蒙古版画在历史、美术和教育方面都有了较为深入的研究，主要集中在描述性研究上，对于版画艺术创作也进行了较为全面的探讨。但是缺少人类学视野下的理论探讨与深层解读，且对于奈曼版画的相关文献数量极其稀少。主要侧重于对奈曼版画制作过程的记录描述，多以图片资料为主。奈曼版画作为一种民间艺术形式，其所蕴含的文化内涵尚未得到充分的挖掘。

因此，笔者尝试将奈曼版画放在一个整体的文化系统中，运用象征人类学的理论方法，从全新的视角深入探讨对奈曼版画的象征符号和象征意义，以揭示其深层象征意涵，同时也为国内象征文化领域提供实证案例。

（四）研究方法

本文在研究的过程中主要采用了田野调查法和文献法。在实地调查时，通过深入访谈及参与观察法进行资料的收集、整理与分析阐释。此外，本文还运用图像法剖析奈曼版画中图像所呈现的符号、色彩等形式元素，并对其艺术语言进行深入探讨，从而揭示出其中符号所蕴含的深层意蕴。

1. 田野调查法

研究者通过实地调查方式了解当地群众心灵深处的真实感受，有真切的认识和了解，从而获得第一手资料。本文的田野调查地点是奈曼旗大沁他拉镇，以奈曼版画为研究对象。笔者于2021年11月8日至2022年12月20日断断续续进行了田野调查。在正式开展之前笔者通过电话采访、微信交流等方式对熟悉的版画家进行访谈，对奈曼版画有了初步的了解。这些田野调查资料为笔者提供了第一手材料，为研究奈曼版画提供了铺垫。2023年2月25日至3月10日，笔者先后到奈曼版画创作培训基地、美术馆进行实地考察，共收集奈曼版画的历史资料和版画家的作品一共64张。笔者以观察者的身份，通过参与观察法对版画的创作过程进行观察与细致记录，并以此为基础对四位资深版画家和传承人进行深入访谈。

2. 文献法

笔者依靠个人文献、官方文献、大众传媒等多种资料收集方式对文字资料进行了系统的梳理和深入的研究。首先利用网络系统检索到国内外关于象征人类理论的相关研究结果，结合本文研究进行了系统的梳理；其次从图书馆和资料室借阅相关文献，对有关理论有一个整体的了解，并明确了研究的方向；最后对奈曼旗史志资料、相关奈曼版画期刊论文、报纸杂志、影视文献等资料进行搜集并全面综合分析，以明确论文主题和切入要点。

3. 图像分析法

图像分析法是对各种绘画艺术形式的语言特征进行深入剖析，从而揭示图像中隐含的符号所蕴含的寓意。本文研究的奈曼版画中涉及很多图像。在此基础上，再结合象征人类学理论方法，对奈曼版画的图像文本进行深入剖析，进一步剖析奈曼版画的图像文本的深层内涵。

(五) 创新点与不足之处

1. 创新点

首先，视角新颖。梳理相关文献后发现学术界对于奈曼版画的研究多聚焦于历史、美术和教学等领域。本文以象征人类学为视角，在前人已有研究的基础上，结合文化人类学、民俗学理论方法，试图把奈曼版画放在一个整体的文化系统中进行研究，剖析奈曼版画其象征符号和象征意义，并阐释其所反映的内容和审美蕴涵。其次，笔者通过田野调查法对奈曼版画创作的产生背景、追溯奈曼版画历史、制作过程及版画家深厚的人生经历等方面进行分析。结合田野调查方式多次到奈曼版画创作培训基地观摩了版画的制作流程，并收集了第一手文字和图片资料。

2. 不足之处

对于笔者而言，研究家乡的民间艺术具有一定的地缘优势。在田野调查过程中，能方便收集材料，同时也进行了有效的沟通。虽然民族学研究强调研究的客观性，但是在调查过程中以及后期撰写中难免受到主观因素的影响。因此，本文研究存在一定的主观性倾向，同时囿于专业素质所限而缺乏足够的客观性研究。

(六) 核心概念

1. 象征人类学

象征人类学（Symbolic Anthropology）诞生于20世纪60~70年代，人类学研究从认为人类行动的主要动机在于合理地满足物质欲望的人生观，到认为只有意义和象征作为人类的特征才具有重要性的转变，或从重视社会和功能的研究视角到以文化和意义为研究对象的重心转移，在此背景下产生了象征人类学，该派注意的是象征表达的文化多样性与社会意义，强调采用主位方法，从被研究者的视角解释象征，是一种对"有意识模式"的研究，不同文化的象征体系是不同民族对其所处的世界的不同理解，象征人类学及其极端形式解释人类学，强化了过去文化相对论对文化自在性和独特性的观点。象征人类学主要代表人物有利奇、特纳、道格拉斯、格尔茨等。

2. 版画

版画（print）是视觉艺术的一个重要门类。从广义上来讲，版画包括在印刷工业化以前所印制的图形。当代版画，主要是指由艺术家构思创作并且通过制版和印刷程序而产生的艺术作品，是以刀或化学药品等在木、石、麻胶、铜、锌等版面上雕刻或蚀刻后印刷出来的图画。按颜色可分为黑白版画、单色版画、套色版画等；制作方法可分为凹版、凸版、平版、孔版和综合版、电脑版等。而奈曼版画是科尔沁版画的重要组成部分，从20世纪70年代开始兴起并蓬勃发展，多以草原民风民俗为主题，艺术语言与形式内容在艺术家的创作中得到完美结合。奈曼版画是以黑白套色为主，木刻画是一门集绘画、刻板、印刷于一体的综合性绘画艺术。在木板上用不同的刻刀，通过刻、切、铲、凿、画等手段表现的形象，并可印出多份原作的一种艺术形式。制作材料和工具包括木板、木刻刀、夹宣和专业版画纸、摩擦器、刷笔、版画机、油墨、油轮等。奈曼版画已经成为奈曼旗的一张名片。

二、奈曼版画概述

俗话说"一方水土养育一方人",而一方水土的人也造就了一方的民俗文化和艺术。奈曼版画的生存和发展与它的自然生态背景和社会文化背景密切相关。本文从奈曼版画产生的背景研究,主要围绕自然生态背景和社会文化背景进行展开讨论。

(一)奈曼版画产生背景

1. 奈曼版画产生的自然生态背景

奈曼旗位于内蒙古自治区通辽市的西南部,科尔沁沙地南缘,北与通辽市开鲁县隔河相望,东北和东面与通辽市科左后旗、库伦旗连界,南与辽宁省阜新蒙古族自治县接壤,西和西北与赤峰市的敖汉旗、翁牛特旗毗邻。[①] 总面积为8159.3平方千米。

(1)地貌特征。奈曼旗位于辽西山的北部和西辽河平原南端,地势由西南向东北逐渐倾斜,西南高,东北低,一般海拔高度为250~570米,南部缓慢上升,以构造剥蚀为主,中间地带以剥蚀堆积为主,北部为缓慢下降带,以堆积为主,地貌形成由南向北呈现出构造山地—剥蚀风积倾斜平原—风积冲积波状平原与风积冲积河谷平原的变化规律。[②] 从整个地貌上看,南部低山丘陵区地形起伏较大,沟谷较多。

(2)自然气候。奈曼地区属于温带大陆性季风气候,冬寒夏热、春秋温和、冬春干燥风较多;春季雨少干燥干旱,夏季降水少;受夏季降水的影响,秋季气候呈现干旱的特点,冬季少雪。年均气温6.0℃~6.5℃,冬季多西北风,春季多西南风,年平均风速3.6~4.1米/秒。

(3)自然资源与物产资源。奈曼旗拥有得天独厚的自然资源和丰富的物产,这些资源的开发利用价值十分可观。奈曼旗作为中华麦饭石的原产地,其中麦饭石、大理石和石灰石被誉为"奈曼三石";建筑砂、型砂和压裂砂被誉为"奈曼三砂";矿藏储量也同样丰富,金、铁、锌被誉为"奈曼三金"。中华麦饭石以其丰富的自然资源和130多种已探明的矿藏而享誉海内外,其中包括大理石、石灰石、黄金、白银、铜、铁、铅、锌等。还有大量的非金属矿产资源和化工原料资源有待开发利用。目前,我国最大的沙漠淡水湖与奈曼怪柳成为本土独特的自然景观。有大型沙漠水库2个,中小型水库24个。沙漠中还生长着大面积沙生植物——沙漠云杉、沙拐枣和沙葱。怪柳、沙漠水库、林网(带)以及自然生长的牧草组成独特的自然生态景观,沙漠里还生长着大量珍贵的稀有树种。奈曼以其丰富的农产品资源而著称,其中包括玉米、葵花、荞麦等20多种粮油产品。此外,奈曼还生产高品质农产品,其中小米、大米、荞麦米等被誉为"奈曼三米"。畜牧业以养羊、养牛为主。奈曼旗的无籽西瓜以其卓越的品质和广泛的声誉而著称,是全国优质沙地无籽西瓜基地。除此

---

① 奈曼旗人民政府. 奈曼旗地理位置[EB/OL]. 奈曼旗人民政府网[2022-03-02]. http://www.naimanqi.gov.cn/nmq/zjnm/zjhs.shtml.
② 奈曼旗人民政府. 地貌特征[EB/OL]. 奈曼旗人民政府网[2022-03-12]. http://www.naimanqi.gov.cn/nmq/zjnm/zjhs.shtml.

之外，还具有一定规模的奶山羊养殖产业。奈曼旗所拥有的野生动物资源十分丰富，其中狼、狐狸、獾、黄鼬、野兔、艾虎、猞猁、狍子等，皆为具有经济价值的动物。白鹤、丹顶鹤、鸳鸯、天鹅皆为国家保护的鸟类。[①]

当地区拥有得天独厚的自然环境，地形地貌多样，自然资源和物产资源丰富，为版画创作提供了丰富的灵感来源。同时也使其拥有广阔的艺术空间和发展机遇。奈曼的版画作品常常以当地的自然景观为主题，作品具有鲜明的地域特色，印制的色彩也非常鲜艳。这些题材以草原风光为主线展开，流动的沙丘、倔强的怪柳、朴实的牧民、悠扬的音乐以及远行的驼队，构成了这片土地上独特的自然风光。独特的地理风貌使其具有极强的地域性特色。由于其独特的优势，使得奈曼文化和艺术都别具一格。

2. 奈曼版画产生的社会文化背景

人类学中文化的面向千变万化，它可以被视为一种维护特定社会系统的手段，也可被表述为一种特殊的人格类型和价值观念，或是一套复杂的象征符号体系和特定的人群的生活方式等（周大鸣，2019）。因此，各民族的版画不仅是本民族文化的表现形式，更是本民族存在的标志。奈曼版画的产生与奈曼的部落地域历史文化背景息息相关。几千年来陆续有红山文化、契丹文化、辽金文化、察哈尔文化和科尔沁文化植根于奈曼旗这一地域，共同塑造了这片土地的文化气质，历史悠久而有厚重的文化积淀。

从历史脉络上来看，奈曼文化具有鲜明的个性，它由奈曼部落文化和奈曼旗地域文化组成（孛尔只斤·额尔德木图，2016）。奈曼部落文化起源于黠戛斯—吉尔吉斯文化，中世纪初，黠戛斯人的一个分支进入中亚东部的谦谦州一带八河地区，被称为"乃蛮"部，是阿尔泰语系诸部落当中的一个强大部落。13世纪蒙古崛起之后，被统一到大一统的蒙古国家当中，融会成为蒙古族的主要组成部分。元朝及北元时期，奈曼部逐渐融合到蒙古其他部落中。其主体部分被分配到元朝汗廷周围，与其他几个部落共同组成察哈尔部落集团。明嘉靖年间，左翼蒙古南迁，奈曼部随察哈尔部落集团迁至今奈曼旗地域，清朝以后随着盟旗制度的推行，奈曼部形成一旗，属昭乌达盟，奈曼部的活动地域逐渐在今天的位置上固定下来。民国时期奈曼旗被划入哲里木盟（今通辽市），1949年后延续了这一划分。奈曼地域文化自红山文化起先后有契丹文化、辽金文化、察哈尔文化、科尔沁文化在此地域落地生根，清朝末期边禁松弛，内地的汉民逐渐进入奈曼旗地域定居下来并带来中原文化的元素，与本土的蒙古人形成交流并互相影响逐渐融合。综观奈曼的文化历史发展脉络，从纵向的文化传承到横向的文化交流共同标定了奈曼文化的坐标，共同塑造了今天具有鲜明特色的奈曼文化。

奈曼旗有很多杰出的人物。奈曼人祖先塔塔统阿创造了迄今通用的回鹘体蒙古文字；清代蒙医药学家、佛学大师占布拉·道尔吉（1792—1855）创造了厚重蒙医药文化，著有《蒙药正典》《无误蒙药鉴》等不朽的医药学名著。寺庙的画师宝石柱为奈曼版画的发展奠定了基础，其作品有《观灯》《庙会》《回府》等。在奈曼旗历史上，他们曾作出了不可磨灭的贡献。

---

① 奈曼旗人民政府. 奈曼旗生物资源[EB/OL]. 奈曼旗人民政府网[2015-05-30]. http://www.naimanqi.gov.cn/nmq/zjnm/zjhs.shtml.

(二)奈曼版画的发展沿革

1. 版画的历史溯源

我国是世界上最早发明雕版印刷技术的国家,同时也是世界版画艺术最早的发源地。版画的诞生与雕版印刷技术的发明和演进有着密不可分的关系。

版画作为一门独具匠心的艺术形式,有其独特的艺术语言和表达方式。它不仅是绘画与印刷相结合的产物,而且也是人类文化的结晶之一。中国版画源远流长,从殷商文字的甲骨文字到青铜器上的金文,再到后来的汉画像石刻、秦代象形印章和唐代雕版印刷术的发明,经历了数千年的演变;在两宋时期印刷术的发明后,经济、史册和文学书籍中大量出现木刻版画的插图出现;到辽代时期出现了以彩色套印版为主的版画艺术形式,而在明清时期版画开始出现很多种艺术流派,这些艺术流派具有独特的民间特色,同时展现了传统民族审美风格。20世纪20年代,鲁迅先生从国外引进了木刻版画并提倡与推广,进一步加快了我国的版画艺术的步伐;自新中国成立以来,我国版画的表现形式和艺术手法变幻莫测,涌现出很多杰出的版画家,他们之间的创作风格和艺术风格千差万别,呈现出繁花似锦的局面;改革开放后,随着经济文化事业的繁荣和进步,我国各地涌现出许多风格独特的版画作品,展现了其独特的地域特色,不断发扬传承。其中有代表性的地方版画有科尔沁、北大荒、江苏和云南等。

中国版画历经千余年,在制作版材上从木刻版画发展到铜版画、石版画;在颜色上从单色印刷到彩色套印;在技术上从单一的宗教版画发展到多样的文字、画谱和年画版画。最后更是从附于文字的插图,至今发展成为相对独立的专门艺术。奈曼版画演变过程受宏观背景影响较深,本文将以时间为序,系统地梳理奈曼版画从萌芽、发展至如今成熟的过程。

2. 奈曼版画的发展历程

中国的版画艺术在经历了"新兴木刻运动"之后,迎来了创作版画的起步,开启了一段崭新的历程。从这儿开始各个民族的文化艺术受到了尊重和发展。

随着时代的进步,各民族民间美术也受到现代绘画语言影响而逐渐形成了自己的特色。在蒙古族版画艺术的发展历程中,逐渐形成了独具特色的艺术风格,而在这样的背景下,奈曼版画也开始萌芽并逐渐发展壮大,并成为我国民族风格绘画中具有民族特色的优秀传统艺术之一。笔者用文献法,依据已有史料、书籍期刊和影视资料等,对奈曼版画的发展脉络进行了梳理。通过对奈曼版画发展的综述,为后续的研究作铺垫。

在20世纪70年代,奈曼版画受到哲里木版画[①]的影响,早期的创作者以宝石柱、李石庄子、王爱国等为代表,展现了他们的创作才华。其创作内容多以当地人民的日常生活、自然风光及风土人情为题材,其创作风格呈现出浓郁的民族特色和鲜明的地域特色。宝石柱作为奈曼版画的领军人物,自幼便在寺庙中担任画师一职。他的艺术创作涵盖了大量宗教主题的雕塑、图案、画作和剪纸,随着时间的推移,这些作品逐渐形成了独特的艺

---

① 1999年通辽市撤盟建市之前称哲理木版画。

术风格。版画种子在奈曼开始萌发生长,逐渐发展成为哲理木版画的重要一部分,宝石柱创作的版画作品中具有代表性的有《灯会》《回府》。后经过其儿子乌兰巴拉继承和弘扬,这种独特的版画作品得到了进一步的拓展。

自20世纪80年代起,哲里木版画(1999年通辽市撤盟建市之前)开始蓬勃发展,当地举办了各种画展等艺术活动,并安排他们赴各地学习交流。还培养出新的一批青年版画家,其中有石庄沙、王爱国、安广有、图门乌力吉等,还有乌兰巴拉、王作才、王爱科等版画家成长起来。在这一过程中,奈曼版画作为其中一支重要队伍得到迅速发展和壮大。奈曼版画的艺术风格呈现出多姿多彩的面貌,每种风格都有其独特之处。王作才的版画作品《追风马》中对蒙古族骑手的描摹又传递出草原人独有的速度和激情;安广有的版画作品《祭敖包》展现了蒙古族对草原传统文化的忠诚传承;而陈立的版画与他的剪纸相得益彰,展现出一种民间的欢乐和喜悦之感。随后王丽丽、蒋艳玲、王秀春、赵玲玲和孙蕊等开始涉足于女性版画创作领域。吴蔓的版画呈现出更具现代感的艺术风格。就这样奈曼版画展现出学院派严谨的创作态度,技法不断精进。在这一时期,随着科尔沁少儿版画的兴起,奈曼少儿版画也开始崭露头角,并建立了多个少儿版画创作基地。

从20世纪90年代开始,奈曼版画迅速蓬勃发展,不断涌现出优秀的作品,其独特风格在国内受到了广泛认同与欢迎。在全国第十一届和第十四届版画作品展中王作才的《秋风》《草地风》获得铜奖。[①] 安广有的版画作品参加市级以上展览,并在报纸杂志上发表,版画作品《草原酒家》在日本展出,获得了国外媒体的关注,作品《祭敖包》在上海世博会展出并被收藏,2013年以其杰出的版画艺术成就和卓越的表现力,荣获通辽市首届"科尔沁版画十杰"称号。

进入新时代,文艺事业在当前国家建设和民族复兴中扮演着至关重要的角色并发挥着重要作用。在这一时期,奈曼的版画作品注重将本土文化特色与现实社会需求相融合,同时凸显了人文价值的重要性。同时还体现出作者对民族性和地域性的独特理解。在奈曼旗委和旗政府对版画文化产业大力扶持和鼓励下,筹建奈曼版画创作培训基地,多位一体的展览场所,创作队伍以老中青为主,青年为骨干,以青少年为基础的老中青的创作团队。奈曼版画创作培训基地成立以来,现已举办各类展览32次,同时,多次承办了成人和少儿版画培训班,其中参加少儿版画培训班的人数超过3000人。在2018年,奈曼版画被评为内蒙古自治区级非物质文化遗产。

目前,奈曼版画正朝着产业化的方向迈进,为了增进相互间的交往与知识交流以及提升自身的专业水平,先后成立了版画产业协会,注册了奈曼旗本原版画艺术有限责任公司和奈曼版画艺术品店,正在积极开拓奈曼版画文创产品和艺术衍生品等领域。

---

① 经典版画作品欣赏,西辽河文明. 经典版画作品欣赏(四)[EB/OL]. [2022-04-08]. https://mp.weixin.qq.com/s?__biz=MzA4OTA0NzU3OQ==&mid=2247491339&idx=1&sn=738f4ab0c860707e5ff24471d525764a&chksm=9021887fa7560169566ac894cf7ddddb7f846a8431e19dcba7ccbf43618944fd4a6bc7a3d976&scene=27.

三、奈曼版画的工艺考述与分类

版画作为一种独特的艺术形式，以其精湛的工艺为主导。历史的发展和科技创新，使版画从单纯复制的工艺程序逐渐变成了创作者表达自我情感的独立艺术形式（曲音，2014）。笔者首先对版画的工艺流程和技术等进行介绍和描述，其次将收集到的奈曼版画图像进行分类和归纳，并对题材内容进行分类探讨。

（一）奈曼版画制作的材料及流程

版画是视觉艺术中的重要部分。在版画制作的不同过程中体现工艺性，不同材料的版面上通过用刀或笔在版上刻出凹、凸、平、孔等痕迹，然后进行印制而成。笔者以田野调查为基础，对奈曼版画的材料、制作流程以及工艺技术进行详细描述，旨在让更多人全面了解奈曼版画的艺术形式。

1. 制作版画的材料

（1）木板材料。每幅版画均有自己独特的质料要求与技术手段，使用不同质料会给版画画面带来不一样的效果，所以版画家们使用各种材料时，可以说是"挖空心思"。对奈曼版画而言，木板版画以木材（含各种木质材料）为主要材料：

1）梨木：这种由梨树加工烘干后的梨木板是上好的木刻板材。它质地坚硬好刻，时间耐久，只要保护加工就不会变形。

2）白果木：这种木质较白又好刻，是刻黑白木刻的上好材料，但由于其质地较梨木软，故不太适宜刻很细的线条。其用平刀刻出的效果很好。

3）黄杨木：这种木质坚硬而好刻，特别适合刻很细致的木刻。

杂木经过刨面平整后，用木胶、桃胶或乳胶黏合干燥，表面再经打磨后即可木刻版画。除此之外还有三合板、胶板、石板等。

以下为访谈版画家 TZ 内容。

笔者：制作版画时步骤复杂吗？

TZ：挺复杂的，对于木板材、刀刻都有很高的要求。

笔者：在制作奈曼版画时，对板制材料上有什么特别要求吗？

TZ：对于版画家来说创作版画时对木材要求很严格，如不仔细挑选木材，会导致你刻的版画不好看，直接影响效果。所以我们选用木材要细密并均匀，同时木板的表面不能有凹凸物，不空心就可以。

笔者：现在材料方面发生了哪些变化？

TZ：那时我们主要使用木板，现在经济发展了，在选择材料方面更容易一些。目前，主要用的木板以外，还有三合板、五合板等，这些都属于板材一类；看自己需求来选用。

笔者：您从哪里购买木材呢？

TZ：之前当地有专门卖的，你需要的木板如果当地没有，可以从外地直接购买。现在方便了，大部分从网上买了。以前购买板材还需要木工来整理，工序较烦琐。

笔者：制作木版画时，需注意哪些事项？

TZ：在制作木版画时，我们必须选用木材质地细腻匀称的材料，表面上不得出现任何凹凸物。所以说木板版画的制作方法是将经过了一定工艺处理的木材通过雕刻和磨光等步骤来完成。大家可根据对画面肌理的差异化要求，选用不同的版面材质、纹理和粗细进行精细加工，经过打磨后精雕细琢，最终呈现出精美的版画作品。在版画作品里，材料之间的相互关系是很重要的因素，如果用一种材质表现另一种材质的话就会显得比较单调和乏味，而采用两种或三种以上材质组合使用时能使版面更加生动形象。因为版画所使用的不同材质可以激发人们的创造力和创新热情，所以它们在艺术创作中扮演着至关重要的角色。①

（2）版画使用的油墨与颜料。目前，版画所采用的油墨主要来自工业印刷领域，是一种广泛应用的油墨类型。因为这样才能够使其达到一个较为稳定和坚实的状态。这类油墨具有卓越的稳定性，能够经受时间的考验而保持长久不变。版画家要根据自己的艺术创作需求进行调和使用。如印刷黑白木刻时黑色油墨中加入少许煤油，有一定的黏稠度就可以进行印刷。但是必须准备一个干净的玻璃版台，提前备好印刷木刻用的油滚和纸张。如印制油印套色木刻时，备好各种颜色油墨。也可以采用少量油画颜料来丰富版画家对色彩的特殊要求。在田野调查时有一位版画家这样告诉笔者：

制作一幅套色版画的过程十分严谨，要印制油印套色木刻程序比较多，首先是一板多色，也就是说所有的印染工序在一块木板上同步完，然后颜料在底色上的不断叠加，画面产生剥落肌理，用手绘难以达到。所以说在制作过程中每个环节上层层把关，这样制作出来作品给人一种视觉上的冲击（见图1）。②

图1 印制版画作品版数（1~5）的过程

无论是传统木刻版画，还是现代水印套色木刻版画，除了板材之外，所使用的颜料主要是水彩及水粉颜料。它们之间的差别在于水彩颜料较透明，经印刷后给人感觉清爽润泽、轻松。水粉颜料则具有一定的覆盖性能，因有粉质不透明，但厚重、朴实，有一种特殊印刷美感。通常，版画家往往同时混合使用这几种颜料，以达到特定效果。为了区别油印黑白版与水印套色版，笔者采访了以水印套色版为主的版画家（见图2、图3）。

---

① 引自笔者的访谈记录。受访者：TZ（老师、版画家），访谈方式：微信，访谈时间：2022年7月12日。
② 引自笔者的访谈记录。受访者：WXC（老师、版画家），访谈地点：家中，访谈时间：2023年3月16日。

图 2 《牧歌·寻》
资料来源：来自 WLL 版画家提供。

图 3 《牧歌·盼》
资料来源：来自 WLL 版画家提供。

笔者：老师，您在创作过程有自己的独有的风格吗？

WLL：我一般制作水印版画。

笔者：那您从哪里买木板呢？

WLL：我以前是在指定的地方买的，现在大部分在网上买。

笔者：油印套印木刻版画和水印木刻版画有什么区别吗？

WLL：主要在制作的方法上不同，印刷的工具不同，套色版画采用了彩色油墨和油印工具进行印制出来的，一般色彩很艳丽而饱满，板材肌理很优美。而水印套色木刻版画一种利用水性颜料和水性纸张印制套色版画的技法。你看这两幅水印套色木板版画，是不是视觉上给人的感觉是色彩很润泽。

笔者：老师，在制作水印版画时，对材料上有什么特别的要求吗？

WLL：挺多的，主要对水、墨、纸张、温度要求很严格。不然会影响画的效果。

笔者：老师，一般制作一幅水印木刻版画需要多长时间？

WLL：从初稿到印制再到交稿，一般需要 4~5 个月时间吧。①

(3) 版画印刷使用的纸张。版画创作归根结底是以所印作品为准，纸张质量的好坏极大地影响着版画创作效果。随着版画家对纸张质量要求不断提升，创作出来的作品越来越精致而且长久保存。同样，奈曼版画家对纸张厚度、颜色、表面颗粒粗细、吸水性能、黏着油墨性能很有讲究。

WLL 告诉我："我们通常印制黑白木刻，如果画面需要较强烈的对比，往往选择铜版纸，因为它密度高而纯白，同时印刷出来的效果很自然。为了确保印刷水印套色木刻版画的质量，我们选择了具有卓越吸水性能的工业过滤纸。由于这种纸张具有良好的透气性和透光性，因此，用它制作水印套色木刻版画时，印出的作品层次丰富，色彩饱满，立体感较强，而且还不易变形损坏，使用寿命长。而对于油印套色木刻版画和石版画中，纸张的

---

① 引自笔者的访谈记录。受访者：WLL(老师、版画家)，访谈方式：微信，访谈时间：2022 年 7 月 16 日。

选择多种多样，但多以质地坚韧而结实的纸材为好，如此说铜版纸也可以用于印刷。"①

2. 制作版画的工具②

(1)木刻刀。在版画制作中，木刻刀是不可缺少的工具之一。从最初的木刻到铜版，再到胶印，最后进入数码制版阶段。其刀口独具匠心，可呈现出多样的艺术表现。因此，版画家对某种刻刀有自己使用上的偏爱，对于木刻刀可以单独或混合使用，以达到最佳效果。笔者以表格形式对木刻刀种类以及独特的尺寸进行归纳（见表1），可以清楚地看出，不同种类的木刻刀有着不同的使用方法及功能特点。

表1 木刻刀类别

使用刀名称	圆口刀	三角刀	平口刀	斜线刀	铲刀
功能特点	善于刻制点，刀口圆润稳重，给人感觉轻松自然而温和	善于刻制线条，刀口锋利而有力度，给人感觉强烈、刺激、理性	善于刻制大片面积及过渡效果。刀口给人感觉朴实而变化丰富，有一种痛快淋漓的感觉	与单刀功能相似，但刀刃方向不同，常与单刀合用，完成单线线条的刻制	主要用来铲去画面多余部分
使用法	与版面形成20°~35°角下刀向前推动刻制	与版面形成20°~35°角下刀向前推动刻制	与版面形成20°~35°角下刀向前推动刻制	与版面形成90°角左右下刀刻制	与版面形成35°角向前推动下刀刻制
类型					

(2)油墨滚。在创作过程中，一般用小一点的墨滚可以在较短时间内达到效果。对于大型作品而言，其墨滚的大小应当根据需要进行巧妙的搭配，以达到最佳效果。小的可直接用软木或竹片制作的墨滚，以节省费用和时间。制作高品质的墨滚作品需要选用质地柔软、硬度较高的胶质材料，以确保印刷质量的高水准。在选择墨滚时要考虑到墨滚与纸之间的摩擦力和墨的黏度等因素，并尽量使之均匀一致。在使用墨滚时，需要特别关注其质量问题，以确保产品的质量和稳定性。确保滚轴的位置精确无误，滚面必须保持平整无瑕。如果用铁制或不锈钢制成的滚筒，则要求其表面光滑、平整，无毛刺和划痕。在使用后，务必立即对滚面进行彻底的清洁和消毒，以确保其完好无损（见图4）。

(3)印画设施。

1)印刷台。对于油印印刷台要求简单，在制版、滚墨、着色操作时必须注意控制好压

---

① 引自笔者的访谈记录。受访者：WLL（老师、版画家），访谈方式：微信，访谈时间：2022年7月16日。
② 本节所使用的图片除图2、图3、图5、图6是笔者摄于2022年7月外，其余均来源于奈曼版画创作培训基地。

力和速度。为了避免画面被油墨弄脏,可以在滚墨台上弄一张桌子,这样可以有效地保持画面的清晰度。白色的花岗岩石面是油印墨台的最佳选择。也可将一张纯白的纸张置于厚玻璃下,以替代使用。在进行印画时,每一道工序完成后,必须对案面进行彻底的清理(见图5)。

2)晾画架。制作完的版画通常挂在晾画架上晾干,平时使用的有平晾式金属晾画架。这种晾画架用透明玻璃板做成,上面有两个小挂钩,可悬挂不同尺寸的绘画作品,然后从最下层开始放作品,每放一张作品放平一层架子。这种平晾式晾画架的优点是灵活摆放。还有一种是吊晾式晾画架,把版画挂好后用手轻轻拉出挂绳便可拉出,十分轻松。在晾画过程中,将绘画作品的边缘巧妙地卡入架子的卡口内,然后悬挂在空中,等待自然晾干。其优点是防他人蹭脏画面并节省空间,还可将其装配上电动升降部件(见图6)。

3)工具架。木版画的制作过程中需要大量的工具和材料,因此必须设置专门的储物柜或支架,以容纳各种杂物。这两种晾架都需要用一根绳子才能悬挂起来,这样就比较麻烦了,而且容易弄脏衣物。将危险品如酒精、汽油、煤油、烯料等有序地分类摆放于柜内以确保安全。

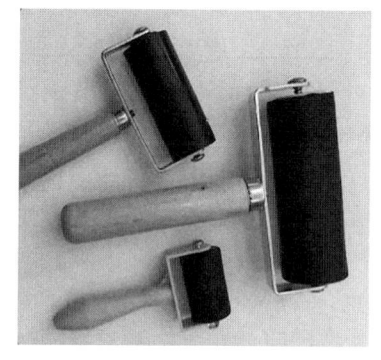
图4 油墨滚

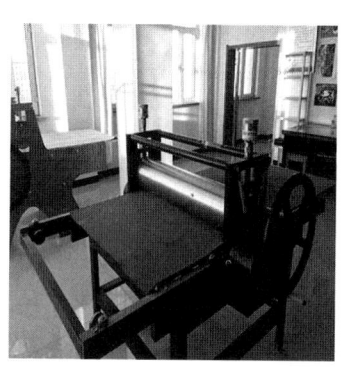
图5 印刷台

图6 晾画架

3. 版画的制作流程

版画的创作与其制作流程紧密相连。笔者在田野调查时多次观摩版画的制作步骤,从有资历的版画家那里了解到了版画制作流程,在一位资深版画家的带领下,参观了奈曼版画创作培训基地,同时观摩了版画创作过程。笔者了解到每个版画家都有自身的一套制作版画的步骤与流程,基本上大同小异,总体分为九个步骤过程。

第一步:绘制草图。首先是绘制一张草图。接着用铅笔在画布上用钢笔画出一个轮廓来。所欲绘制之图像,经过本人简练而精练的概括,已转化为一份相对简洁的线条稿。随后,将精心制作的线稿复制到雕刻板上,以备后续使用。版画所印刷的图像是以相反的方式呈现的,也就是说,在开始书写后再向木板上描绘时,必须将稿纸反转,这样才能达到正确的效果(见图7)。

第二步:备板。根据版画制作的品类和要求,精选所需材料。在木板上画好后,用木条把其固定住。所选用的木板材料必须具备高度致密的木质结构和均匀的质地,同时表面不得出现任何凹凸不平的情况。使用木砂纸对板材进行打磨,以达到表面平整光滑的效果，从而方便后续的雕刻工作(见图8)。

第三步：刻制。在开始进行版画制作之前，需要对版面进行一层涂墨处理，这样在木板上进行刻制时，可以清晰地观察到刻画效果，因为版画的刻制区域是白色的，而未刻制的区域则是黑色的。另外还要根据自己的需要选择不同颜色的颜料来进行描绘，如白色、红色、黄色等。在描绘木板上的图形时，需要先使用三角刻刀勾勒出其轮廓边缘线，然后再以圆刀缓慢地描绘出两面的轮廓(见图9)。

图7　绘制草图

图8　备板

图9　刻制

第四步：调墨。在完成印版刻制之后，需使用棉布或毛刷彻底清除版面碎屑，可以开始进行调墨工作。要根据自己需要选择不同颜色的颜料来进行描绘。在调配打样和小样油墨时，建议选择与印刷所用纸张相同的纸张，因为纸张的吸收性等因素会对油墨颜色产生影响(见图10)。

第五步：打墨。将预先准备好的纸张平整地贴在木刻板上，然后使用专业的印压工具施加适当的压力，即可完成打墨的过程。在进行印刷之前，先把纸张放在水中浸泡一段时间再用水冲洗干净，这样就可以使油墨保持一定的水分。在进行打墨的过程中，需留意印压工具的速度，以缓慢而渐进的方式施加压力(见图11)。

第六步：将纸张对准版面，运用木制板进行摩擦和印刷(见图12)。

图10　调墨

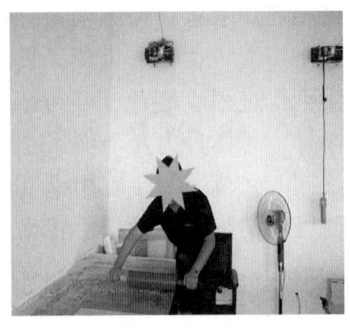
图11　打墨

图12　对板

第七步：上墨。在进行版画的印刷过程中，需要使用油墨滚刷将油墨均匀地涂抹在版面上，确保每个凸起的部位都被油墨覆盖，以避免漏印的情况发生。另外一个步骤是把印好的作品放在阳光下晒一下，然后再进行印刷。确保版面不受过多油墨的影响，只需施加一层轻薄的油墨即可（见图13）。

第八步：揭画。在完成最后一层上墨之后，接下来的步骤是揭开画作。在揭开画作过程中，从另一侧开始逐渐展开，揭画时不能太快（见图14）。

第九步：晒画。揭画后挂在晾画架上，晾画时必须将画作上边卡入架子的卡口内，悬空而晾。晒画时也不能着急，一般在室内阴干，不能拿到室外暴晒。室内温度一般在20℃左右最适合晾晒，通常晒一天左右即可（见图15）。

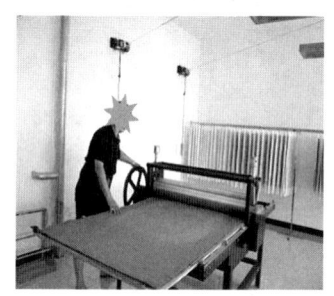 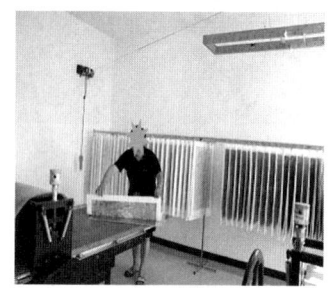 

图13　上墨　　　　　　　　图14　揭画　　　　　　　　图15　晒画

（二）奈曼版画题材内容的分类

格尔茨（1974）说，"一种意识的产物或色彩、形式、运动、声音或其他的要素，被安排成一种能作用于美的感觉的载体"。这说明了一切艺术都是人类情感的表现，创作者通过不同的表现手法来表达思想和感情。笔者所收集到的奈曼版画作品的创作元素涵盖了沙漠、草原、怪柳和游牧民的生活场景，这些元素构成了其独特的创作风格。笔者根据对其所反映的民俗文化的内容进行分类：衣食住行的风俗版画、描绘沙漠怪柳的风景版画、《赛罕塔拉》系列为主的地方版画、"红色文化"为主题的历史版画以及反映社会发展的时事版画等。每一类作品所呈现的内容都紧密关联着当地居民的日常生活，都蕴含着浓郁的民俗文化气息。本节将对相应的奈曼版画作品予以阐释。

1. 风俗版画——衣食住行

生活题材的版画是当代版画创作中一个主要的组成部分。每个时代的版画家都未曾忽略过当地人们的生活——衣食住行。因为生活题材版画不仅再现当地人们的生计方式、民俗习惯、民间信仰等，更是通过这种民间艺术形式来表达当时人们的内心情感和精神风貌。

生活版画是一种独特而又充满生活气息的艺术表现形式。在奈曼版画作品中游牧生活主题的版画在生活版画中显得尤为突出，它深深扎根于草原文化和农业文化之中，主要源自农牧民的日常生活和风俗礼仪。游牧民的生活细节是生活版画主题的核心所在，这一主题得到了充分的阐释。如安广有的《牛市》（见图16）、《祈福》、《吉祥草原》、《祭敖包》、《白音塔拉的牛》、《岁月》等。这些作品是以游牧生活为基础，通过描绘游牧者在牧羊、狩猎过程中的劳作和生存状态，表现出草原上的牧民生活。他所创作的版画以真、善、美为灵感，经过精雕细琢，刀法千姿百态，充满生命力，生动地展现了草原上牧民和万物生灵的生活场景。王作才的作品《游牧》(见图17)和《草地骑手》(见图18)描绘了广袤无边的草原上,牧民们在放牧的生活场景中尽情享受着自然的恩赐。

图16 《牛市》

图17 《游牧》

图18 《草地骑手》

版画家的艺术创作与生活息息相关,他们通过深入生活,观察生活,将对人生、自然、生活的思考融入到艺术作品中,不断提炼出鲜活的创作元素,并将其转换为版画创作的独特语言,以传达给广大观众。

2. 风景版画——沙漠怪柳

对于版画家而言,自然风光一直是备受瞩目的主题之一。它以独特的艺术语言反映了当地自然所拥有的生命力、神秘感。

版画家们从奈曼千姿百态的地形地貌和得天独厚的自然环境中获取创作灵感。奈曼怪柳是当地特有的自然景观。这种怪柳生长在大漠之中,外形高大粗壮,树身皲裂,形状怪异,或卧或立,或曲或直,似鸟似兽,似人似物,婀娜多姿。这种怪柳只有在独特的地理环境和自然气候之下才能得以生长,从而体现了奈曼怪柳在自然环境中顽强的生命力,同时象征着奈曼人热爱生命、勇于拼搏、坚毅刚强的精神。版画创作家们就地取材,充分发挥想象力，赋予美好的内涵。如《秋风》(见图19)作品中沙地、风既给自然界注入了生机，又给家乡带来干旱，他以挺拔锐利的刀凿木刻的语言来诠释自己的心境。除此之外，《吉祥草原》、《飞鸿》、《流动的云》、《初春》(见图20)、《沙地之春》(见图21)、《怪柳》(见图22)等。版画作品中展现出充满生命力与和谐之美，具有强烈的视觉冲击力，体现草原的多姿多彩以及弥漫的生机活力，借此表达家乡的自然风光。

图19 《秋风》

图20 《初春》

图21 《沙地之春》

图22 《怪柳》

　　奈曼独特、富有地域色彩的自然环境给创作者提供了独具匠心的创作灵感。对版画家来说，他们从与大自然互动的过程中汲取灵感，创作出了令人动容的艺术作品，将他们对大自然的全新感受全部倾注于那些充满情感的作品之中。

　　3.《赛罕塔拉》系列

　　古语所言"十里不同风，百里不同俗"，不同地域性文化塑造了当地人们的审美倾向、风俗信仰、价值理念等。奈曼版画中蕴含着深厚的历史文化底蕴，其独特的地域文化特色更是令人叹为观止。版画家高鹏的作品以地方特色突出，如《赛罕塔拉风情之共舞》描绘了男女欢腾共舞、向往自由生活的场景，以粗犷的画风和夸张的造型创造出系列人物，力求在画、刻、印的过程中,充分展现草原民族原生态的生活状态,淳朴的性格特征以及为追求梦想而努力的积极乐观豪迈的精神风貌。色彩和装饰风格体现地方民族服饰鲜明的特征。作品中的色彩倾向于当地人喜爱的"红色、蓝色、白色"三种颜色。一般白色代表草原上圣洁、吉利、吉祥的事物。例如,洁白的哈达象征着白云,蕴含着人间纯洁、善良、吉祥一切美好事物。献给最尊贵的人,蕴含最真诚的感情并寄托最美好的祝福。白色的食物象征着吉祥如意,招待最尊敬的客人。蓝色的哈达象征着蓝天,代表着健康、永恒、平安,蕴含着淳朴善良、美好吉祥的祝福。草原上人物服饰塑造了当地人的蒙古袍特色,因区域不同,蒙古袍的款式也有差异,至今仍保持了当地的鲜明地域特点和民族特点。

独特的地理环境和游牧生活习性,造就了奈曼地域特色鲜明的民族文化。由于版画家依托奈曼丰富的自然资源和深厚的民族文化底蕴,创作上反映了独特的草原风情,如,安广有的版画《心向草原》。这些鲜明的游牧民俗文化形成了奈曼特有的地方特色亮点,充分反映出地方民族特色与风貌。

4. 历史版画——"红色文化"

历史版画主要体现了版画家对历史英雄人物事迹的情感共鸣,同时也是对历史的一种致敬。历史版画的创作不仅是一种精神上的振奋,更是一种对历史事件的记录和社会责任的体现,因此,版画作为一种独特艺术形式,成为了解历史的重要窗口之一。艺术家通过版画的表现形式,呼唤民众的觉醒,时刻回忆历史,是对历史实践和时代的再现。版画作品不仅具备审美功能和认知功能,更重要的是满足人们的情感需求和传递题材的社会情感的功能。奈曼版画经历了"文革"时期的情感性表达、改革开放时期的社会经济复苏和文化复苏上进行的画面呈现、20世纪90年代繁荣时期抒情性和塑造性的审美意味、21世纪的政治经济文化繁荣昌盛时期的多元化呈现等阶段。

版画在不同的历史时期对地区的文化艺术发展产生了积极的推动效应。从宏观角度来看,在各个阶段,版画都具有独特而鲜明的个性与特色。在奈曼版画中,历史版画呈现出相当普遍的趋势如《南湖红船》(见图23)、《红色故都瑞金》(见图24)等。这些作品基本上都是表现革命主题,同时也有反映生活和社会现实方面内容的创作。

图23 《南湖红船》

图24 《红色故都瑞金》

5. 时事版画——社会发展

任何一种绘画形式的表现,都必须紧密贴合时代的背景,它不能独立于时代之外。在当代艺术语境下，版画家通过对生活素材的选择和运用，创作出具有时代感和民族性的艺术作品来传达创作者的情感，表达作者对社会现实的态度和看法。这类题材大多是通过描绘人物、场景或事物来表现社会发展变化和民众生活状态等内容。此类主题在不同的历史时期呈现出多种不同的表现形式，但它们的共同特点在于以独特的视觉语言呈现出时代变革所带来的巨大变化。

艺术是生活的写照，版画反映着社会生活的变迁。奈曼版画的创作与时代主题紧密相连，使其成为了解地区发展的一个窗口。随着社会的发展，奈曼人的生活发生变化，版画家创作中呈现出牧民的生活从游牧转向定居再到城市化，远离草原，生产生活方式和价值观的变化。通过图像记录城市生活方式，同时表达自己对未来的憧憬。时事版画在发掘和整理传统文化、展现地域特色的同时也融入现代生活。版画所呈现的内容旨在强调社会发展对民众的生活品质的提高以及生活环境的改善。在题材选择上更加注重对社会现实的关注。如《不息的脚步》（见图25）、《科尔沁新宠》（见图26）、《地平线交响曲》（见图27）、《中华民族一家亲》（见图28）等。

图 25 《不息的脚步》

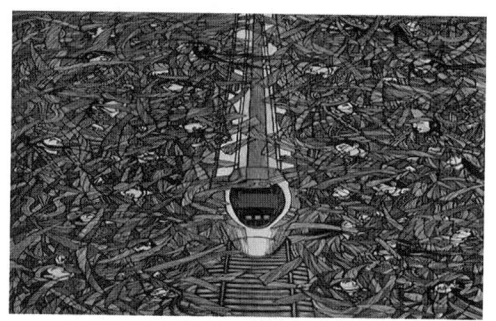

图 26 《科尔沁新宠》

图 27 《地平线交响曲》

图 28 《中华民族一家亲》①

---

① 本章所用图片，除图2、图3由版画家WLL提供外，其他均来自奈曼版画创作培训基地。

从以上图中可以看到迅速发展中的城镇面貌。创作者通过艺术化手法进行刻画具有浓浓的时代气息。时事版画表现出当地人民因物质生活越来越富裕而产生的愉悦心情，同时也烘托出画家对于家乡的深厚情感。

四、奈曼版画的符号与象征意涵及价值

象征人类学家利奇（1975）认为："符号并非孤立出现，某个符号总是体现为一组对比性符号的成分，这组对比性符号，在特殊的文化背景之中，行使其功能。另外，某一符号仅仅是跟同一语境的其他符号和象征组合在一起时，才传递信息。"我们可以归纳出两个层面的意思，首先是象征符号与其所处的文化背景之间的相互关系，强调象征符号必须与其所处的文化背景相契合，才能具有象征意义；当象征符号在另一种语境中单独或孤立出现时，则失去了其象征意义。其次，在同一文化背景下，某一种象征符号与其他一种或多种象征符号相互交织，形成了一种错综复杂的组合关系。象征符号内部之间存在着相互转化、相互渗透的关系。在这种关系中，产生了多种不同的象征意义，从而形成了一个完整的表意体系。在本文中，笔者从象征的构成要素出发，并将其作为奈曼版画的分析对象。

（一）奈曼版画中的符号

象征是这样一种东西，它通过联想、相似或习俗代表另一样东西（维克多·特纳，1967）。本文研究的奈曼版画是版画家以某种观点或想象中的外在的事物以及其他可知道的元素组成到一起展现给大众的一幅艺术作品，而且这些元素即象征符号，与另外一个外在的组成具有多层的文化内涵。通过象征符号来传递信息与观念，来表达当地人内心深处的愿望、情感、祝福、价值观念和价值取向乃至信仰等。笔者结合相关文献资料及收集到的版画图片，对奈曼版画符号（表层结构）进行了分类归纳，为进一步挖掘奈曼版画符号象征意涵（深层结构）作出铺垫。

1. 原始图腾符号

民间信仰是在长期的历史发展过程中，在民众中产生和传承的神灵崇拜观、行为习惯和相应的仪式制度（钟敬文，2009）。在地域文化的漫长历史过程中，传统图腾观念集体表象逐步演变，最终形成。在这个基础上形成了一种以"图腾"为中心概念的社会生活方式，也就是我们通常所说的图腾崇拜。奈曼版画家受当地多宗教文化的熏陶，其作品中的图像主要来源于图腾崇拜，把自己的想法通过图像形式表现出来。

（1）自然崇拜。在早期，游牧民族长期居住于干旱和半干旱的地区，这些地区的原始自然环境相对恶劣，给人们带来了极大的不便。气候多变和恶劣环境使原始民族的生产生活受到很大影响。这种生存环境促使蒙古族先民在面对风、雨、雷、电等自然现象和天灾人祸的时候，产生了对自然（天、地、火、云、日月星辰）的敬畏之情。在蒙古族的文化历史中，这些图腾崇拜物以其独特的名称、标志、图案、禁忌和仪式等元素，传承至今，形成了一个绚丽多彩的图腾文化（岳莹莹，2013）。这种自然环境为图腾文化的产生提供了条件。

在奈曼的萨满教信仰体系中，自然崇拜的种类繁多，其中包括"腾格里"、"天神"、日月星辰崇拜、地神崇拜、火崇拜、山神崇拜、动植物崇拜等多个领域。在"万物皆有灵"的观念引导下，当地人对于自然界中的任一事物都怀有崇高的敬意。在蒙古族祖先东胡部敬天意识基础上发展演化而来，当地人一般除夕夜不睡觉，过了半夜，在天亮之前祭拜"腾格里"，院中放桌点佛灯，长辈或一家之主拿着碗里的祭品，洒向四面八方。通过这种方式以祭敬天，以此来表达对大自然的膜拜与敬意，从而慢慢地形成了人与自然和谐共存的习俗文化，如《长生天》（见图29）。

除此之外，对于火神崇拜，在当地人思想中，火是能够去除邪恶的神圣且不可摧毁的力量。祭火习俗传承至今，每年腊月二十三日被定为祭灶火日。祭火时，先把所需的材料准备好，其中包括肉类、黏饭、枣子、黄油、蒿草和酒等。一般家里的男人动手祭火，祭祀时把各种物品放入灶内烧化，一家之主或者长辈男人跪在前面，而妇女则跪在后面，向火佛上磕头，以赞美"神"的伟大，并祈求"神"驱灾降福，供完火主后全家一起吃祭火黏饭。这个习俗来源于早期游牧民族逐水草而居，四处为家，居室简陋，尤其在冬季来临时，火成了他们唯一可以取暖的工具，火给牧民带来了温馨。在漫长的游牧生活过程中，人们逐渐形成了对火的敬畏之情，通过祭火仪式来表达心中追求平安吉祥、鸿运当头的心愿，如《圣火》（见图30）版画中充分体现了当地人对火的崇敬。画中一蒙古族女性两只手托着祭火贡品，面部表情十分安然，头顶有圣火，后面还有一匹马，马代表鸿运。版画家需要将有形之物转化为情感的真实画面，而这种情感画面必须蕴含着精神上的本质内涵。在创作中，版画家把这些自然现象转化为一种固定的象征符号，以表达他们对自然界的崇敬和敬畏之情。

图29 《长生天》

图30 《圣火》①

（2）动物类崇拜。奈曼地区在北方游牧文化影响下，其生活中少不了五种家畜"陪伴"。在奈曼版画图像中，我们可以看到一系列与动物相关的虚构图像，其中包括了马、牛、羊、骆驼、狼等。这些动物形象都是由特定的民族文化观念所产生的。

从最初对马属动物崇拜到后来将其视为图腾，再发展为如今的以马匹作为主要娱乐方式的民俗活动。马作为人类最早可驯养的家畜之一，它的出现在提高古代人类的迁徙和移

---

① 本节所引用的图片均来源于奈曼版画创作培训基地。

动效率起到巨大的作用。在草原上马是不可缺少的交通工具、是战争时期的忠实战友、草原人民的财富和朋友，更是蒙古族精神的归宿。从最初对马匹的崇拜到后来对马神的敬仰再到如今对于马精神的追求。随着时间的推移，蒙古族特有的马文化逐渐形成，呈现出独具特色的面貌。这一文化在他们的一生中贯穿始终。它不仅是一种精神和情感上的寄托，更是一种生活方式的象征。因此，版画家在绘画过程中融入一种抽象的思维方式和表达方式，成为版画中一种象征符号。在奈曼版画的图像中与动物密切相关的作品有很多。如《驯·初春》、《驯·惊蛰》、《驯马手》（见图31）、《祥云六骏》（见图32）、《心向草原》等。而对狼来说也是如此，狼象征着内心世界里的力量与勇气，是一种强烈的精神追求，是游牧文化必不可少的一部分。自蒙古族先民起，就逐步形成了对狼群的敬仰之情。

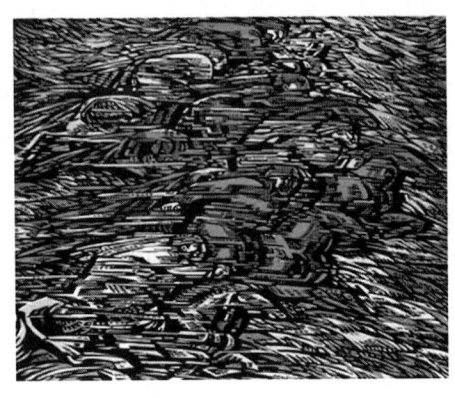

图31　《驯马手》

图32　《祥云六骏》

2. 民俗礼仪符号

人类生活在一个有声有色、光怪陆离的民俗文化象征世界中。任何一种或一个民俗事物和现象，都是人们用相应的表现体系构成的。这些表现体系，正是各式各样民俗元素的象征符号（乌丙安，2000）。这些风俗习惯在奈曼版画中表现得淋漓尽致，如祭敖包、搏克、安代舞等。

祭敖包自古以来是蒙古族的传统文化，一直很被重视。敖包不仅是用来祭祀祖先和神灵的，又有祈求风调雨顺、五谷丰登等象征意义。在奈曼地区，每年的农历六月初三或者十三日都要进行祭祀活动，祭敖包的仪式通常是上午进行。祭时先把宰杀后的动物放在敖包面前献祭，再由人在敖包面前烧干柴，人靠近火旁，念出姓名，献上供品，并把肉丸子放在火中焚烧；也有酒祭的，就是把作为祭祀品的鲜奶或奶酒，撒在敖包面前，以祈平安，风调雨顺，祛病息灾（岳莹莹，2013）。人们环绕着敖包行走，以祈求神灵的庇佑和降福。祭敖包作为一种文化现象，它不仅是氏族社会心理的表现形式，更是一种直接反映一个时代民族精神和生活面貌的重要文化现象（林耀华，1997）。当地人至今还保留着祭敖包习俗，这是一种心灵上的寄托，保佑平安，风调雨顺等。版画家将祭敖包仪式过程用图画的形式展现出来，通过视觉感官感知并诠释其中的意义，如《祭敖包》（见图33、图34）、《安代》（见图35）、《将嘎》（见图36）。

图 33 《祭敖包》

图 34 《祭敖包》

图 35 《安代》

图 36 《将嘎》

3. 色彩符号

由于不同民族、地域和文化的差异，相同的色彩所蕴含的意义也不同。色彩作为一种标志，也是一种象征，是构成民俗象征符号的重要元素，它扮演着至关重要的角色。在民间美术中，色彩更是与民众生活息息相关。每个民族独特的文化精神内涵都在民众表达情感的符号体系中得到了充分的体现，从而形成了各具特色的色彩。同样，版画家把色彩视为一种"色彩语言"，是思想交流的工具，用于表达特定的情感。

从象征具有群体性的理论角度来看，因为不同群体的人们使用的象征符号往往具有各自不同的象征意义（翟明安，2007）。在特定的群体所处的自然环境和社会文化中，色彩慢慢形成了一个由当地群体共同创造的多彩符号系统。在不同民族的文化中，颜色也代表不同的象征意义。奈曼版画艺术家们深受草原文化的熏陶，他们在创作过程中更倾向于运用五种色彩，以红、黄、蓝、白、绿为主色调。这种色彩语言与草原文化精神有着密切联系，表现出浓郁的草原气息和民族风格，具有鲜明的地域性。人们在非理性的观念中习惯了吉祥的色彩，这反映了当地人对美好生活的美好祝愿、吉祥如意。在蒙古族的传统文化中哈达分为很多种颜色，寓意则不同，如白色哈达是乳汁的颜色，象征纯洁，蕴含着人间一切纯洁美好；蓝色哈达象征蓝天，代表着智慧永恒、平安健康和忠诚。如高鹏创作作品有《赛罕塔拉风情之相恋》《幸福鸟》《醉》等。

笔者在与版画家 GP 交流中，更加清晰地了解了色彩符号的意义。

笔者：您在创作作品时受自然环境和社会环境的影响吗？

GP：有，我就是土生土长的当地人，从小看着家乡的变化而长大的。对于我来说，创作灵感大部分来自家乡的独特的风景，比如怪柳、沙漠等。

笔者：您的作品以什么为主？

GP：我的作品以油印套色木刻版画为主。

笔者：老师，那什么是以油印套色木刻版画？

GP：油印套色木刻版画一般印刷效果和印版方法独特，印制材料主要以油性印刷油墨为主。色彩饱和、强烈、浓重、富沉着感；然后油印套色木刻版画是第一版印刷完晾干后才可以进行第二版印刷，第二版印刷完毕后可以进行第三版印刷，以此类推直到全部套色印刷完成后能看见作品的最终效果。

笔者：在您的版画作品中色彩搭配时有什么讲究吗？

GP：我个人倾向于采用暗红、墨绿、土黄色和浅褐色等多种色彩，以营造出一种温暖的整体氛围。画面构图严谨而有层次感。无论是人物还是风景，都呈现出清晰的结构与和谐的色彩搭配，在视觉上令人赏心悦目。①

奈曼版画图像中的色彩能够表现和传达各种意义和内涵。其色彩的色相、明度、彩度等，可以看作是版画色彩的形式要素，而色彩所蕴含的历史、宗教、心理、传说及当地人服饰、动物、事物、图腾、自然等都表达了当地人祈求的愿望、宣泄的感情以及其他民族文化的信息。在奈曼版画中，色彩本是版画形式美的构成因素，如果不与当地悠久历史、宗教信仰、民俗习惯相结合，就毫无意义。同时，在版画创作过程中离不开色彩的运用。版画创作者所运用的色彩搭配，遵循着一套独特的规律和讲究，形成了一套完整的色彩符号系统，这些符号系统是文化不可或缺的组成部分。奈曼版画图像符号所呈现的不仅仅是当地人们的生产方式和生活习俗，更是他们对自然和图腾的原始信仰、价值观和世界观等方面的折射。如《欢腾的草原》(见图37)、《神韵》(见图38)。

图37 《欢腾的草原》

图38 《神韵》

资料来源：来自奈曼版画创作培训基地。

---

① 引自笔者的访谈记录。受访者：GP(版画家)，访谈方式：微信，访谈时间：2022年10月18日。

(二)奈曼版画的象征意涵

象征符号是属于象征体系中的表层结构,是象征意义的表现形式,是人们储存意义的媒介或载体,承担着传递信息。而象征意义则是属于象征体系中的深层结构,是象征符号中隐藏的意涵,表达人们对特定事物的看法和美好期望(翟明安,2014)。

奈曼版画与其他年画、剪纸一样,是一种寓意吉祥的图案,人们在家中张贴或挂着,以表达对当地时代生活、审美向往和心理诉求,同时也象征着辞旧迎新、招福纳吉的美好寓意。奈曼版画的图像元素结构和色彩搭配所呈现的象征符号,不仅是外在文化象征的显性表达,还是内在现象所蕴含的整体象征意义。这种象征性是一种特殊的社会意识形态,并通过不同媒介传递给受众以强烈的视觉刺激和深刻的思想内涵。作为一种承载着丰富象征意义的民间文化媒介,奈曼版画在文化传承中扮演着至关重要的角色。版画所呈现的画面构成形式,是版画家情感世界的重要组成部分,同时也是象征意义的重要线索之一。在现代社会,随着科学技术的发展,人们的精神需求不断增加,因此,人们开始注重对精神方面的追求,这使得版画表现出更加深刻的寓意。奈曼版画所蕴含的象征意义,其所呈现的文化信息,代表了人们对事物的认知和对未来的憧憬。通过对其象征意义进行分析,可以了解到在特定社会环境下的人与物之间相互关系以及人类的思想活动。奈曼版画所呈现的不仅是一种视觉艺术作品,也是一种具有地域特色的客观物质世界的展示,其所蕴含的象征意义也是极其丰富的。

1. 吉祥如意的祈福

奈曼受多宗教文化影响,在历史上主要经历了两个宗教的影响:一个是早期的萨满教,另一个是藏传佛教,有些习俗保留至今。在早期,人们对于自然界中的雨、雪、雷、电或其他现象的理解和判断受到了认知能力的限制,导致他们无法准确地把握其本质。在这种情况下,人类必须依靠各种力量来保护自己免受自然灾害和疾病的侵袭。在面对大自然的威胁时,不仅需要在生存方面面临着衣、食、住、行等方面的困惑,同时也必须承受着生、老、病、死等方面的心理压力。因此,在日常生活当中,人们需要面对各种各样的问题。人们逐渐探索出了精神上的支撑,以应对现实问题和未知的挑战,从而形成了对万物神灵的虔诚崇拜。这种崇拜不仅体现于宗教信仰活动中,而且还渗透到民间生活中。一旦某个民族将自己的精神诉求凝聚在自己族人认可的象征物上,就可以长久地表达他们心灵深处的观念或者是抽象性的精神实体(徐英,2007),结合上面的内容可以看出,奈曼版画中所呈现共享的象征符号与宗教有着很大的关系,这为版画家创作带来了题材,也为奈曼版画图像的象征符号提供了坚实的基础。首先萨满信仰崇拜中最主要的对象,"腾格里"(长生天)借助天的力量,不可估量的神秘力量控制着,能消除人们现实和未知的事,得到内心的满足。将一件事物赋予"吉祥"的象征意义,通过借物寓意将其与人们对美好期待的渴望紧密相连,从而使其成为一种具有象征意义的载体。它不仅具有象征意义,而且还可以承载一些特殊的文化内涵。将其寄托于人类内心深处,使其获得某种抚慰,所以有敬天之俗。这种祭祀活动也体现了当时的社会生活状况以及宗教信仰观念等。从奈曼版画表现出原始图腾符号可以看当地人对天神的敬畏,相信天神会给人带来祥瑞,护佑人畜在大自然中平安幸福生活。在笔者收集到的版画作品中有《祈雨》《祭敖包》《吉祥》《神韵》等。此外，祭火习俗至今仍在当地人的思想中传承，他们会认为火是能够去除邪恶的神圣不可摧毁的力量，赞美"神"的伟大，祈求"神"驱灾降福。

在当地吉祥如意的祈福观念渗透于奈曼版画图像当中，将其具象化于特定的动物形象之上，如马、狼、牛、羊等图像。以上可以看到反映了当地人的自然崇拜、动物崇拜等的原始信仰观念，更重要的是象征着祈祷平安美好的深刻内涵。

2. 美好生活的向往

从生活版画主题内容可以看出，版画的主题、内容和艺术表现形式都以当地居民的日常生活方式为中心，呈现出一种"生活文化"的氛围。在以游牧和农耕生产方式为基础的社会结构中，呈现出当地人对于美好生活的向往，包括朴素的生活方式、充足的衣物和食物，以及安居乐业的渴望。奈曼版画的内容传承呈现出一种程式化和刻板化的过程，版画图像所呈现的不仅是先前时代的生活画面和传统，更凝聚了当代艺术创作者对于再生认知和情感观念的深刻思考。版画家渴望将普通生活中的牧民描绘得栩栩如生，从他们的日常琐事中探寻他们那宽广而坚定的心灵领域。艺术家们通过描绘牧民的日常生产劳动、衣食住行以及他们的宗教信仰等方面来反映生活，表达自己的思想和感情。因此，奈曼版画图像所呈现的是当地人的日常生活和情感体验，这些元素汇聚在一起，构成了一幅生动的画卷。

在民间艺术中，传统吉祥文化因具有典型性的符号元素而被广泛应用。奈曼版画也不例外，符号是传统文化中的一个重要组成部分，它承载着悠久的历史与深厚的文化。吉祥符号的产生与对未来的憧憬意识以及信仰崇拜有着密切联系。吉祥物作为一种图像符号，又是一种直观的视觉形式，蕴含着丰富的符号意味。格尔茨(2004)认为，同一文化内部的成员通过这些被赋予公共意义的符号交流自己的世界观、价值观和社会情感。本文从象征符号在不同时期的象征意义出发，分析了象征符号所具有的多种寓意，并通过具体作品进行解读，从而揭示其丰富而深刻的内涵。在蒙古族文化中，"苏力德"被视为一种神圣之物，其作用在于保护家庭和家畜，消除灾难，促进福气的增长和鸿运的吸引，被视为一种吉祥之物。还有在生产生活中常接触的动物或者物品。如在各个民居家庭的墙壁上挂的"哈达""马""五畜""狼"等绚丽多彩的壁画、编织、刺绣、雕刻、装饰等工艺艺术品，人们通过这些吉祥符号传递它所要表达的信息，即寓意人们对富贵、平安、幸福、和谐等具有象征意义观念的追求。在奈曼版画中体现了当地人对生活的积极向上、乐观的生活观。

奈曼版画创作汲取了当地居民的日常生活习俗，版画家采用夸张、变形等多种艺术手法将人物内、外在的愉悦之情表现得淋漓尽致，反映出浓郁的生活气息和明显的民族性。蕴藏在北方游牧民族生产生活之中积极乐观的精神面貌以它古朴的格调、粗犷的线条、鲜艳丰满的颜色组成而成为我们进行创作的首要材料。它以其特有的艺术风格，把草原生活表现到了极致。通过视觉呈现可以使旅游者对草原生活有感性认识和沉浸感。当观赏者观看作品后，能感受到画家表现出来的感情态度，从作品中得到某种精神愉悦。版画传递给参观者的感受和情绪构成一种感染力，在观赏过程中能对过往生活记忆和文化传统进行观察与解读。

3. 和谐共生的家园

巴尔特认为，符号学的研究目的是根据构筑观察对象的塑像这一结构主义全部活动的企图本身，重构语言以外的符号作用体系的功能（绩部恒雄，1988）。在绘画艺术中，我们所看到的不是一幅画或一个人的形象，而是由不同种类的符号构成了一幅幅图画、一组组画面。因此，欣赏奈曼版画时这些图像就是观察的对象，在版画家的创作过程中重新建构后成为一种非语言的媒介，通过这种符号来表达情感和文化交流。从中看出人与自然之间和谐共生的画面。常如瑜（2010）认为，自然在人类心理的形成过程中起到了极为重要的作用……自然和宇宙对人类集体潜意识的形成起到了决定性的作用，人类的几乎所有创造活动都不可能完全脱离这种影响，其中，最为突出的一个表现就是文学艺术中所反映的人类心灵与宇宙自然之间的关系。至于版画中出现的自然界的画面以及生活过程，如春夏秋冬、日月星辰、动植物等都绝不是客观现象的寓言，而是内在的无意识心理的象征性表现，通过形象化的方式人的意识现象中反映出来对自然世界的热爱和敬仰之情。奈曼版画作为视觉艺术，不管是图腾信仰、民俗民信还是色彩符号都映射出当地人的价值取向。

　　蒙古族的祖先一直秉持着保护自然的信念，草原被他们视为自己的栖息之所，并时刻将自然保护置于至高无上的位置。从蒙汉民族传统文化中可以看到许多关于象征符号的解读。由于他们对自然的敬畏之情，使他们对自然界的各种色彩产生了强烈的好奇心和痴迷，从而形成一种独特的审美观。在蒙古族人看来，世界万物皆是由颜色构成的，草原上的绿色便是最美丽的颜色之一。在他们看来，白云飘荡，蓝天高悬，金色的阳光闪耀着光芒，而草原则呈现出一片碧绿的景象，这一切都成了他们最美好的事物。他们在这样的自然环境下生存发展，并逐渐创造出丰富多彩的传统文化。长达千年的游牧生活，塑造了蒙古族对自然的敬畏之情和对自然的适应意识，从而形成一种游牧文化的自然观。他们崇尚大自然、尊重自然、爱护自然，并把这些观念作为一种美德传递给后代。这一优良传统的形成，源于与特定自然和社会环境的长期互动，体现了对生态环境的保护、对自然的崇拜以及对自然的热爱。在传统绘画艺术中，也可以找到许多人与自然和谐相处的素材。在奈曼版画中，我们时常目睹大自然的无限广袤，其中蕴含着优美的风景、人民的生产和生活活动以及动植物的生存场景。这些画面不仅有强烈的视觉冲击力和震撼力，而且还有深刻的象征意义。不仅生动地展现了蒙古族人的生活方式和文化习惯，真实地展现了他们朴实、纯正、雄壮和壮阔的美丽，同时也生动地再现了他们丰富的思想和情感，如《守望家园》《沙地之春》等。人们追求美好生活、和谐共生的家园以及对自然界的崇拜和敬仰之情的画面，体现了当地人对人与自然之间的生命观。

（三）奈曼版画的价值

　　在人类学的视野中，艺术是一种文化表现形式，艺术本身具有的传播媒介的功能，是艺术能够在文化发展中保持下来那种最有表现力的形式，是每个民族发展过程中共同形成的文化，是世世代代相传和发展的民族文化遗产（金兰，2015）。艺术具有鲜明的地域人文风格、民族文化气息，它借助各种艺术手段表达出百姓心中的主观意念。奈曼版画作为一种民间绘画艺术形式，是当地民俗文化的载体，又是民间艺术创作的文化结晶。版画家对自然景物和当地人们日常生活中的风俗习惯以及传统文化进行感性创作。版画的创作无法脱离生活情境，它不仅是一种物化的艺术形式，而且它构建了特定的文化群体长期的风俗习惯、宗教信仰和心理愿望的结果。

1. 艺术价值

版画的艺术价值,主要是从色彩、构图、造型等方面所体现出来的文化价值。如版画的线条和色彩、风格特征、材料技术及表现方法和运用等。下面着重关注奈曼版画的艺术表达形式,深入挖掘其艺术价值。

奈曼版画作为当地的文化产物,不仅是对中华传统文化的传承与弘扬,更是与时代艺术要素相结合的发展。即版画创作者从本地民间艺术,或从传统艺术,或从其他民族的艺术中吸取经验,使得奈曼版画多姿多彩。奈曼版画数量多,形式和表现手法更趋多样,其取材丰富多彩、造型多样、技法多元化是主要的艺术特点。版画家通过绘、刻、刷创作传达民族文化的同时也彰显出奈曼版画独特的艺术价值。

目前,奈曼版画以版画创作培训基地为交流平台,力图把本地区特有的民族文化和草原文化与国内外的文化进行融会贯通,传播民族文化,文化交流促进各民族之间的交往交流交融。奈曼版画不但走向全国展览,并且走出了国门,促进了国内外文化的融合和交流。

2. 审美价值

奈曼版画作为一种视觉艺术形式,以其独特的描绘技巧、构图方式、画面风格和主题思想为基础,构建了一个视觉化的语言表达体系,这一体系被称为"感官的魅力"。从绘画艺术上来看,我们看到的并不是一幅作品或者是一个人物的影像,它是用不同类型的符号组成的一幅图画。在当下奈曼版画艺术作品当中,版画家们重视蒙古族文化元素的呈现,以自我感知的方式来表达审美对象,他们作品中呈现出来的东西反映出版画家对审美对象的多层次认识和主观重塑。版画家们在这一过程中把对人生的理解和感悟融入艺术创作当中,使作品更富有时代感和民族性,并拥有别具一格的艺术风格。蒙古族民族风俗文化成为版画家们创作灵感的来源,显示出该民族特有的审美理念。从作品中可以窥见艺术家们对于草原生活方式和民俗的感情。当地人的审美观念体现了其简单而原始的世界观,这一思想与其宗教信仰、文化传统及生活习惯有着千丝万缕的联系。各民族对色彩的认识与应用不尽相同,白色在蒙古族的日常生活中被认为是高贵圣洁的色彩,它代表生命源泉孕育一切事物的开端,反映出白色纯洁的含义。而红色象征比如太阳、火焰,则显示了朴素审美特质。所以奈曼版画艺术融合了蒙古族传统图案和色彩所包含的厚重朴素之美和古朴淳厚的民族性格,表现出质朴的审美特质。

因此,奈曼版画所蕴含的传统审美观念,对于民俗文化的传承与发展以及版画艺术的欣赏标准而言,具有不可忽视的审美价值。奈曼版画作为一项非物质文化遗产,不仅传承和发展了造型艺术和美术艺术,同时也向现代人展示了传统民间艺术的精神内涵和文化底蕴。

3. 生态文化价值

生态文化就是由征服自然的文化过渡到人与自然和谐的文化,这种变化表征了人类中心主义价值取向过渡到人与自然和谐发展的价值取向(王丙珍,2013)。许多蒙古族的生活方式彰显了人与自然和谐共生的理念。在草原上放牧和狩猎是他们生存的主要方式之一。在漫长的游牧生产和生活历程中,蒙古民族逐渐形成了一种珍视自然、保护自然的思想观念,呈现出人类与自然环境相互依存、和谐共生的关系。在这些思想观念中蕴含着丰富的生态学思想,是一种朴素而又科学的世界观和方法论。在奈曼版画的自然版画、民俗版画以及社会生产生活版画中，我们可以感受到对大自然的深深热爱和崇敬，这体现了人民对生态保护的强烈意愿和对生态价值的高度重视。

奈曼版画所呈现的不仅是对时代发展步伐和环境变化的敏锐洞察，更是对大自然的传统爱护和集体意识。它通过不断创新版画的题材和造型，注入更多新的时代元素和内涵，打造出新颖的视觉效果，成功实现了现代生态文化的转型。其作品充满着浓厚的人文关怀和环保意识，表达出艺术家对人类生存状态及命运的深切关注与思考。它以当代社会的热点议题和主流思潮为中心，将艺术文化元素巧妙地融入现实画面中，从而呈现出当代生态文化的独特魅力。

4. 记忆价值

文化记忆是每个社会和每个时代所特有的重新使用的全部文字材料、图片和礼仪仪式的总和（哈拉尔德·韦尔策，2007）。奈曼版画作为一种当地文化记忆的载体，创作者以图片化的形式，记录草原生活中的点点滴滴，如蒙古包、牲畜、民族服饰和生活习俗、宗教信仰等，随着时间的加载具有历史记忆的厚重感与时代感。参观版画作品时，参观者不仅能够目睹其中所发生的生活事件，还能够领略到对未来生活的向往和文化图景的魅力。这种带有强烈情感色彩的图像表达与当时人们的心理状态有着千丝万缕的联系。随着社会的演变，人们会自然而然地产生一种对事物空间的探索和追溯的意识，这种意识会逐渐淡化、简化或濡化生活习惯。通过这种方式不仅填补当下人们对于过去生活场景和生活方式的回忆和想象，而且折射过往群体化的生活经验和个体化的生活记忆。在这种共性与个性部分的共同作用下，创作者、参观者在这个互动空间中更容易在心理上产生强烈的情感共鸣。奈曼版画在这个空间内完成了对日常生活的叙述，构成一种符号体系。在新的时代和符号语境中，奈曼版画与其他多种因素相互融合，从而创造出全新的意义，成为更深层次文化记忆的珍贵组成部分，进一步丰富和深化了"他者"对于草原文化的相关认知。

（四）奈曼版画对文化资本发展的启示

1. 当地政府给予足够重视，支持奈曼版画文化产业

当地旗委、旗政府重视奈曼版画文化产业发展，把奈曼版画产业发展纳入重要议事日程，牵头抓奈曼版画产业发展。文化主管部门和教育部门制定切实可行的实施方案，组织实施。各个部门之间主动配合，积极支持奈曼版画文化产业发展，共同促进奈曼版画产业的发展。

（1）建立奈曼旗本原版画艺术有限责任公司。目前，奈曼正在积极探索如何使版画走向产业化之路。组建了版画产业协会，注册了奈曼旗本原版画艺术有限责任公司，成立了奈曼版画艺术品店，正在积极开拓奈曼版画文创产品和艺术衍生品等。

（2）大力建设奈曼版画创作培训基地。从2010年开始计划建立奈曼版画创作培训基地。经过三年的努力，于2013年7月建成正式投入使用。版画创作培训基地共占地面积30多亩，建筑面积4536平方米。内设木版画工作室、铜版画工作室、丝网版画工作室和创作室、培训室、会议室、展厅以及餐厅等，可同时容纳100余人的创作、培训和就餐，容纳30多人封闭式创作。版画创作培训基地设施先进，功能完备，为国内外版画家创作、交流提供了比较理想的场所。自2013年版画创作培训基地开始运营后，每年至少举办两期

成人版画培训班,现已举办22期,并多次承办自治区、通辽市版画培训。目前,累计培训1405人次。为了提高培训质量,奈曼版画创作培训基地聘请中央美术学院博士生导师、国家画院版画院执行院长广军教授,中央美术学院教授、中国丝网版画创始人之一张桂林教授,中国美术学院教授、中国美术家协会版画艺术委员会副主任张敏杰教授等作为版画创作培训基地长期顾问,经常来基地授课指导。

2. 建设奈曼版画队伍

(1)推进奈曼版画产业市场化。为促进交流,提高水平,奈曼旗经常举办展览、论坛等交流活动。尤其版画创作培训基地投入使用以来,坚持每年都举办奈曼版画年展,现已举办各类展览32次。同时还走出去,到国内外进行交流。2017年,作为国家艺术基金传播交流推广资助项目,先后在中国版画博物馆、呼和浩特市美术馆、通辽市博物馆展出。2015~2017年,代表内蒙古自治区到法国、德国、意大利和蒙古国等国家进行文化交流。同时,还多次代表内蒙古自治区到天津、黄山、深圳、沈阳等地参加全国非物质文化遗产展示会、文博会和国际文博会等。奈曼版画的发展不仅丰富了版画作者的文化生活,同时也丰富了奈曼人的精神世界。现在有越来越多的人携家人、朋友来基地参观。同时,版画基地也成为外来游客观光的一个景点。近几年,旅游团队参观人数日益增加,至今参观人数已累计达到10万人次以上。

(2)建设人才培养机制,加强后备力量培养。为了提高培训质量,奈曼版画创作培训基地聘请中央美术学院博士生导师、国家画院版画院执行院长广军教授,中央美术学院教授、中国丝网版画创始人之一张桂林教授,中国美术学院教授、中国美术家协会版画艺术委员会副主任张敏杰教授等作为版画创作培训基地长期顾问,经常来基地授课指导。截至现在,全旗成人版画创作队伍已发展到100多人,其中骨干创作人员70多人,驻基地长期创作人员31人。中国美术家协会会员已由过去1人发展到5人,内蒙古美术家协会会员已由过去3人发展到38人。同时,更加注重版画后继人才的培养,将版画教育纳入了全旗中小学美术教育,并作为美术课外活动的主要项目,在重点乡镇设立少儿版画培训点,全旗参加少儿版画创作的学生已经发展到3000多人。老中青相结合的版画创作队伍已经形成。

3. 加强奈曼版画理论研究

主要与艺术研究院、艺术院校的理论研究合作,不断提高版画创作水平和理论研究水平,同时要切实做好奈曼版画知识产权的保护工作。

结论

对于象征人类学来说,所有事物都是象征和符号,它们是充当两个主体之间的媒介(翟天凤,2011)。奈曼版画不仅融合了游牧文化的精髓,还具有农耕文化的特色,是当地特定的地域之内的艺术形式,具有浓郁的民族特色和地域特色。

本文主要运用了象征人类学的理论方法对奈曼版画进行分析研究。第一章对奈曼版画生存与发展的背景和发展历程进行了梳理,把它放在一个整体宽泛的环境当中,发现它与当地的自然生态背景和社会文化背景是离不开的,这为后面的理论分析提供了依据。同时，研究一种文化必须掌握它的来龙去脉，先描述了中国版画的演变，再梳理和概括了奈曼版画的发展历程。第二章考述了奈曼版画制作工艺，从版画制作所需要的材料与工具以及制作步骤进行详细描述，然后根据奈曼版画的题材内容分类为风景版画、民俗版画、历史版画以及时事版画等，由此发现版画家创作的版画主题来源于当地独特的自然环境、民俗礼仪、民间信仰等。第三章对奈曼版画图像中的象征符号和象征意涵作理论分析阐释，奈曼版画的材质、种类和色彩是表层结构，其图像的内容以及色彩搭配创作出来的才是内在的，隐藏背后是传递着当地人的淳朴生活观和对未来生活的美好期望的深层意义。两者在逻辑上相互依存，缺一不可。毋庸置疑，奈曼版画是呈现给大众欣赏的，如图像中的自然类、怪柳、沙漠以及色彩等文化象征符号，人们通过视觉感官去解读此符号很有意义。如果不赋予以上内容表现形式，那么既不是"符号"也不是符号所表达的意涵。随着社会的发展，人们的观念也不同于以往，对于任何象征符号的意义的解释，必须把它们局限在某个范围，放到特定的人群文化中，否则，要么就是无稽之谈，要么会出现同一个符号具有无数或多种意义。奈曼版画是版画家通过刻凹凸版画图像表现他们在日常生活中的所见所闻，并赋予奈曼版画符号一定的审美情趣，同时对图像的造型、构图、色彩被赋予了特有的象征意义。如果一幅作品毫无象征内涵，那么它是毫无价值的，也不会被大众认可。

随着现代化进程的不断推进，艺术呈现出多元化的发展趋势，为其注入了新的活力。不同文化之间的融合成为当下时代的主流发展趋势，多种形式的艺术相互交流与借鉴成为必然。奈曼版画作为一门视觉艺术形式，从之前宣传性质转变为注重艺术内在表现，从实现创造性转化为创新性发展，充分展示出它的象征意义和价值。奈曼版画作为中华优秀传统文化符号，承载着当地丰富深厚的文化内涵。通过独特的艺术形式体现当地历史背景、民族情感和心理结构。同时奈曼版画作为一种非物质文化遗产也呈现出了地域性和独特性。在新时代的背景下，传承和弘扬中华优秀传统文化，增强文化自信，推动发展当地文化产业的发展，促进不同国家、不同民族文化交流和融合。笔者在收集第一手资料的过程中，或许存在一些遗漏，本文还需要在今后深入讨论和补充，不断完善。

参考文献

一、专著

[1][法]丹纳. 艺术哲学[M]. 四川：重庆出版社，2018.

[2][美]克利福德·格尔茨. 文化的解释[M]. 韩莉译. 南京：译林出版社，2008.

[3][德]哈拉尔德·韦尔策. 社会记忆：历史、回忆、传承[M]. 李斌，王立君，白锡堃译. 北京：北京大学出版社，2007.

[4][美]格尔茨. 地方性知识[M]. 王海龙，张家瑄译. 北京：中央编译出版社，2004.

[5][英]维克多·特纳. 庆典[M]. 方永德等译. 上海：上海文艺出版社，1993.

[6][英]维克多·特纳. 象征之林——恩登布人仪式散论[M]. 赵玉燕等译. 北京：商

务印书馆，2006.

[7][英]埃德蒙·利奇. 文化与交流[M]. 北京：华夏出版社，1991.

[8]白庚胜. 东巴神话象征论[M]. 昆明：云南人民出版社，1998.

[9]孛尔只斤·额尔德木图. 奈曼文化史[M]. 呼伦贝尔：内蒙古文化出版社，2016.

[10]邓启耀. 衣装秘语. 中国民族服饰文化象征[M]. 成都：四川人民出版社，2005.

[11]瞿明安. 象征人类学理论[M]. 北京：人民出版社，2014.

[12]瞿明安. 隐藏民族灵魂的符号——中国饮食象征文化论[M]. 昆明：云南大学出版社，2001.

[13]瞿明安. 郑萍. 沟通人神中国祭祀文化象征[M]. 成都：四川人民出版社，2005.

[14]瞿明安等. 象征人类学理论[M]. 北京：人民出版社，2014.

[15]邓启耀. 民族服饰：一种文化符号——中国西南少数民族服饰文化研究[M]. 昆明：云南人民出版社，1991.

[16]格尔茨. 地方性知识[M]. 王海龙，张家瑄译. 北京：中央编译出版社，2000.

[17]绩部恒雄. 文化人类学的十五种理论[M]. 周星等译. 贵阳：贵州人民出版社，1988.

[18]林耀华. 民族学通论（修订本）[M]. 北京：中央民族大学出版社，1997.

[19]刘锡诚，王文宝. 中国象征辞典[M]. 天津：天津教育出版社，1991.

[20]王宏刚等. 萨满教舞蹈及其象征[M]. 沈阳：辽宁人民出版社，2002.

[21][英]维克多·特纳. 仪式过程：结构与反结构[M]. 黄剑波等译. 北京：中国人民大学出版社，2006.

[22]杨鹍国. 符号与象征——中国少数民族服饰文化[M]. 北京：北京出版社，2000.

[23]钟敬文. 民俗学概论[M]. 上海：上海文艺出版社，2009.

[24]周大鸣. 人类学概论[M]. 北京：高等教育出版社，2019.

[25]杨鹍国. 苗族服饰——符号与象征[M]. 贵阳：贵州人民出版社，1997.

二、学位论文

[1]阿不力米提·优努斯. 维吾尔象征词及其文化含义[D]. 新疆大学博士学位论文，2003.

[2]鲍可心. 翁牛特蒙古族刺绣的象征人类学阐释[D]. 内蒙古师范大学硕士学位论文，2019.

[3]常灵龄. 科尔沁版画融入中学美术课堂教学——以呼和浩特市第十八中学为例[D]. 华中师范大学硕士学位论文，2018.

[4]常如瑜. 荣格：自然、心灵与文学[D]. 苏州大学硕士学位论文，2010.

[5]陈利利. 内蒙古版画的艺术特色[D]. 东北师范大学硕士学位论文，2018.

[6]杜艳红. 论科尔沁版画创作的地域特征[D]. 上海师范大学硕士学位论文，2017.

[7]金兰. 浅谈哲里木版画[D]. 内蒙古师范大学硕士学位论文，2005.

[8]李聪玲. 从眼中风景到心中风景[D]. 中央美术学院硕士学位论文，2008.

[9]梁正海. 傩文化的象征人类学阐释——黔东北思南傩仪度关研究[D]. 中南民族大学硕士学位论文，2007.

[10]彭阳. 符号与象征：剑河县苗族红绣、锡绣之图案研究[D]. 贵州大学硕士学位论文, 2016.

[11]翟天凤. 石林彝族撒尼人刺绣象征文化研究[D]. 云南大学博士学位论文, 2011.

[12]萨茹拉. 清代奈曼旗人文地理若干问题研究[D]. 内蒙古大学硕士学位论文, 2018.

[13]赛哈娜. 内蒙古东部敖包祭祀的象征人类学研究——基于翁牛特旗村落的田野调查[D]. 兰州大学硕士学位论文, 2020.

[14]乌日切夫. 清代蒙古佛教版画的调查与研究[D]. 中央美术学院博士学位论文, 2015.

三、期刊类

[1]范玉梅. 试论中华象征文化[J]. 民族研究, 1994(1)：41-51, 82.

[2]哈斯巴图. 蒙古族题材版画创作深入生活重要性的分析[J]. 大众文艺：下半月(浪漫), 2013(7)：116.

[3]何星亮. 象征的类型[J]. 宗教信仰与民族文化, 2007：44-62.

[4]胡日查. 蒙古族题材版画探析——我的《听见草原》[J]. 美术, 2019(8)：76-79.

[5]胡日查. 哲里木版画传承和发展现状探析——以奈曼版画为例[J]. 中国民族美术, 2020(3)：104-108.

[6]胡宗泽. 洁净、肮脏与社会秩序——读玛丽·道格拉斯《洁净与危险》[J]. 民俗研究, 1998(1)：80-85.

[7]金兰. 论蒙古族版画艺术特点与价值[J]. 山西农业大学学报(社会科学版), 2015, 14(11)：1173-1178.

[8]曲音. 谈版画的工艺性与艺术性[J]. 湖北美术学院学报, 2014(3)：105-106.

[9]瞿明安. 论象征的基本特征[J]. 民族研究, 2007(5)：56-65, 108-109.

[10]山丹. 在自己的山上唱自己的歌[J]. 中国美术馆, 2006(12)：51-52.

[11]邵春光, 欧广瑞. 崛起的科尔沁版画[J]. 今日通辽, 2003, 9(2).

[12]王丙珍. 北大荒版画的审美意蕴与生态文化价值[J]. 艺术研究, 2013, 60(3)：52-53.

[13]王铭铭. 格尔兹的解释人类学[J]. 教学与研究, 1999(4)：30-36, 80.

[14]王茹. 内蒙古学院版画传承蒙古族特征研究[J]. 大众文艺：下半月(浪漫), 2015(6)：101-102.

[15]乌丙安. 走进民俗的象征世界——民俗符号论[J]. 江苏社会科学, 2000(3)：39-53.

[16]乌日切夫, 艺如乐图, 田萧雯. 回溯与展望：内蒙古民族版画的历史语境与当代方向[J]. 美术, 2020(12)：42-44.

[17]徐英. 蒙古族"禄马风旗"与藏族"风马旗"图案及文化内涵的异同[J]. 民族艺术, 2007, 87(2)：100-107.

[18]杨帆. 地域性文化资源与美术教学的结合——以版画之乡内蒙古通辽市奈曼旗为例[J]. 传播力研究, 2019, 3(13)：227.

[19]于永泉,闫鹏,道尔吉.科尔沁文学艺术60周年[J].通辽市委:宣传部,通辽市文学艺术界联合会,2007.

[20]岳莹莹.蒙古族图腾文化与艺术浅议[J].神州民俗(通俗版),2013(5):65-69.

[21]照日格图.来之不易的扎鲁特美术[J].美术,2000(10):12-13.

四、其他

[1]中国人大网[EB/OL].http://www.npc.gov.cn.

[2]内蒙古自治区文化和旅游厅-政务信息[EB/OL].http://www.nmg.gov.cn.

[3]经典版画作品欣赏,https://mp.weixin.qq.com/s?__biz=MzA4OTA0NzU3OQ==&mid=2247491339&idx=1&sn=738f4ab0c860707e5ff24471d525764a&chksm=9021887fa7560169566ac894cf7ddddb7f846a8431e19dcba7ccbf43618944fd4a6bc7a3d976&scene=27。

[4]沈思湘.科尔沁版画与世界对话[N].内蒙古日报,2005,8(31):8.

附录

附图 1　奈曼版画创作培训基地

附图 2　奈曼版画创作培训基地

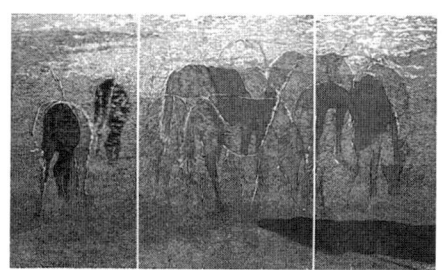

附图 3　《黄昏饮马傍交河》

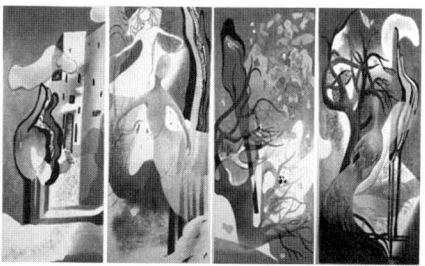

附图 4　《流年逸景》

附图 5　《牧人之春》

附图 6　《劲风》

234 | 推进内蒙古自治区文化建设高质量发展的路径研究

附图 7 《云》

附图 8 《神箭手》

资料来源：来自奈曼版画创作培训基地。

多民族共享那达慕大会文化空间的发展路径研究

赵额尔敦　乌日图那苏图

摘　要：作为中华民族传统文化的重要组成部分，那达慕文化不仅是一种民俗文化资源，而且也是各民族交往交流交融的重要平台。在全面推进民族团结进步事业背景下，以民族交往交流交融为视角研究那达慕文化具有一定的现实价值。鉴于此，本研究在运用文献研究法、参与观察法、个案访谈法、问卷调查法的基础上，以达茂联合旗那达慕大会为文化载体，尝试使用民族交往交流交融理论，对那达慕文化进行研究。

全文由绪论、主体、结尾三部分组成。主体又分为四部分：①主要介绍达茂联合旗及其那达慕大会的情况；②讨论那达慕文化空间再生产的逻辑，包括国家政策的推动、地方政府的支持和社会的参与等方面的内容；③讨论那达慕文化空间的运行模式，包括经济生活交往、文化消费、体育运行模式、文化的交流与交融等方面的内容；④分析思考那达慕文化空间中各民族的交往交流交融。

那达慕文化空间中的各民族互动交流的过程，就是各民族交往交流交融的过程，那达慕文化空间中的各民族交往交流交融的基础是民族团结，而那达慕文化空间中的各民族交往交流交融又推动民族团结。那达慕大会促进民族广泛交往、推动民族全面交流、促使民族文化深度交融，从而全面推进民族团结进步事业。

关键词：那达慕文化；民族交往交流交融；民族团结

一、绪论

（一）选题背景

2022年10月在中国共产党第二十次全国代表大会上，习近平总书记提出：以社会主义核心价值观为引领，发展社会主义先进文化，弘扬革命文化，传承中华优秀传统文化，满足人民日益增长的精神文化需求，巩固全党全国各族人民团结奋斗的共同思想基础，不断提升国家文化软实力和中华文化影响力。坚持以文塑旅、以旅彰文，推进文化和旅游深度融合发展。① 2019年7月，习近平总书记在内蒙古调研时指出："我国是统一的多民族国

---

① 习近平. 高举中国特色社会主义伟大旗帜　为全面建设社会主义现代化国家而团结奋斗——在中国共产党第二十次全国代表大会上的报告[N]. 人民日报，2022-10-26(1).

家,中华民族是多民族不断交流交往交融而形成的。"[1]最后总书记强调内蒙古自治区要增强中华民族共同体自觉,紧密团结在中国共产党周围,为保卫祖国边疆、创造美好生活创造良好环境而共同努力。[2]

本研究以"那达慕"大会为研究对象,一方面,"那达慕"大会不仅保留其传统意义上的娱乐竞技形态,而且还不同程度地吸纳其他民族的优秀文化,具有悠久的历史和现实生命力;另一方面,通过竞技、仪式、展示、表演、交流等符号活动和思维指向达到一种综合效应的那达慕大会不仅是一种民俗文化资源,而且也是多民族物资交往、情感交流、文化交流、信息交流的重要平台,具有值得深入研究与挖掘的价值。除此之外,2006年,那达慕传统民俗文化经国务院批准列入第一批国家级非物质文化遗产名录。这充分表明那达慕文化在我国多元文化体系中的重要地位和现实价值。因此,在民族交往交流交融视角下研究"那达慕"大会,也具有更大的可能性和必要性。

(二)研究综述

1. 有关"那达慕"的研究

"那达慕"的产生历史、内容、特点及变迁方面的研究中,那·恩和、确吉(2007)的《蒙古族那达慕》从历史学视角系统地研究蒙古族那达慕的起源、形成与发展。认为搏克、射箭、赛马一开始都是作为生产工具产生,并由生产工具转向军事手段,后来由于人们的娱乐需要而形成那达慕。以"男儿三艺"为主要内容的蒙古族"乃日那达慕"是源于匈奴、东胡时期,直到成吉思汗建立蒙古帝国时期搏克、赛马、射箭等的雏形分别形成,14~15世纪"男儿三艺"统一为那达慕的主要组成部分,并在16~19世纪得到了较大的发展。陈玉芝(2014)的《蒙古族"那达慕"变迁浅析》一文,认为"那达慕"从公元10世纪北方游牧民族开始孕育起源,到元朝形成定制,明清时期平稳发展,新中国成立后开始快速繁荣。张曙光(2015)的《蒙古族那达慕传承发展的动力机制研究》一文,从民俗学的角度出发,深入探讨那达慕的生产基础、信仰机制以及象征意义,以揭示其发展历程。认为那达慕的发展动力不仅源于当时蒙古族的生产、生活、宗教、军事和政治需求,更是源于蒙古民众精神和心灵的必然呼唤。因此,在那达慕发生的过程中,人们既要满足自身物质上的需要,又要满足自己精神上的追求,同时还需要得到心灵抚慰。那达慕的产生、发展和延续是由游牧生产和生活方式的需求所驱动的,这些需求构成一种生产动力机制的基础;从而那达慕的需求推动机制的不断发展,其核心在于满足人们内心深处对于心灵慰藉的需求;那达慕逐渐演化为一种独特的文化符号,其文化铸造机制源于蒙古族独特的历史经验和民族气质。贾瑞光、胡艳霞(2011)的《蒙古族那达慕文化特性及其发展对策研究》一文,研究了那达慕文化的民族特性、人文特性、地域特性、场地、器材简单特性、传统特性等,并提出那达慕文化的发展对策。邢莉、张曙光(2015)的《蒙古族那达慕符号在当代的重构与族群认同》一文,从符号学的角度研究那达慕。认为那达慕植根于草原的自然生态环境和牧人创造的游牧文化环境中,是蒙古族游牧文化的重要象征符号。由于生态、社会、经济、文化的变

---

[1][2] 牢记初心使命贯彻以人民为中心发展思想 把祖国北部边疆风景线打造得更加亮丽[N].人民日报,2019-07-17(001).

迁，那达慕的文化也发生巨大的变迁。政府的声音与民众的表述衔接在一起，把传统那达慕符号的展示与现代化的展演交织在一起，显示了传统与现代的交织与和谐。李静、于晋海（2019）的《游牧民族传统文化的变迁与调适——以青海河南县那达慕为例》一文，认为青海河南县那达慕是文化重构过程中民族传统体育活动转化为体育赛事的重要形式。其意涵和形式的变迁是人们在民族交往基础上，通过对传统文化进行再阐释和再创造，使传统文化植入现代生活的文化再生产过程。那达慕的意义变迁过程体现在多民族多种形式的交往互动中，实现民族传统文化与现代市场间的协调，建立文化、社会与经济发展一致性的文化资本转化过程。

在"那达慕"的保护与传承方面的研究中，周梅（2019）在《蒙古族传统体育"那达慕"活动安全体系的构建》一文中，从历史学、文化学角度分析那达慕当前发展的不利因素及受到的文化冲击：人口流动造成生存环境改变；文化交流引发被边缘化；功利主义构成致命威胁；互联网分离部分受众；相关教育课程缺失成为发展的"瓶颈"；法律缺失成为继续发展的隐患。并提出构建那达慕文化安全体系的举措与建议：增强文化自信，加强教育引导，提高维护民族文化安全的法律意识和能力，共同构建适应时代发展要求的那达慕文化安全体系。周梅等（2016）在《蒙古族传统体育那达慕的现代价值和传承保护研究》一文中，认为新的历史时期那达慕将发挥更大的作用，不仅能促进边疆民族地区文化生活的丰富，而且还能增强各民族之间的交往和交流，保证蒙古族社区的繁荣稳定。并提出了六个方面的那达慕传承和保护措施建议。赵振浩等（2015）在《蒙古族传统体育那达慕文化国际传播策略及途径》一文中，从传播学的角度对蒙古族那达慕体育文化的国际传播对象、策略及途径进行了探讨。认为蒙古族那达慕体育文化国际传播主要对象是海内外国际友人、留学生和蒙古族人士；传播策略的关键是借鉴西方体育传播经验，选择合理、有效的传播方式；传播的主要途径是国际交流、教育培养蒙古族那达慕的传播人才、构建"男儿三艺"等的文化空间、创新现代那达慕技艺等。姜晓珍、刘志民（2014）在《我国蒙古族"那达慕"文化在学校传承的调查研究》一文中，对蒙古族学生参与那达慕活动途径、次数、类型和方式，喜欢的那达慕内容和体育项目以及校园那达慕和民族传统体育开展的状况进行了调查和分析，并提出学校应与现代那达慕活动互动发展，应加强承担传承重任的建议。

在"那达慕"社会功能方面的研究中，白红梅（2011）在《内蒙古那达慕文化的经济贸易功能》一文中，从那达慕的经济贸易功能入手研究那达慕。认为那达慕已经发展成为内蒙古民族文化旅游产业的主要内容，极大地促进了区域经济发展和个人收入的提高。但那达慕的可持续开发必须以文化传承内涵的挖掘为根，以草原生态环境保护为本。郝延省（2018）在《蒙古族"那达慕"品牌建设与推广策略》一文中，研究了蒙古族"那达慕"市场化程度以及在品牌建设与推广方面存在的不足。并从制定品牌战略发展规划，改革赛事体制；市场定位清晰，文化定位鲜明；健全品牌识别系统，完善赛事传播体系；扩展推广宽度，增加推广深度；做好维护推广，提高延伸推广效益等方面提出了建议。秦丹（2017）在《旅游人类学视域下内蒙古民族节庆旅游研究》一文中，从旅游人类学的视角，以那达慕大会的开发为例分析了目前内蒙古民族节庆旅游发展过程中存在的问题，并相应地提出内蒙古民族节庆旅游的发展策略和建议。白红梅（2008）在《文化传承与教育视野中的蒙古族那达慕》一文中，从文化传承与教育的视角，在对那达慕的田野调查基础上，以结构功能主义理论、象征主义理论、社会建构主义理论以及杜威的"学校即生活"的教育理论为支撑，用结构分析和文化解释的方法，紧紧围绕那达慕为什么有教育功能、有什么教育功能和如何实现教育功能的这一条主线，深入分析和阐释了那达慕的文化传承意义和教育功能。杜格卓玛（2018）的《青海河南蒙古族自治县"那达慕"大会的地域性特点及其意义研究》一文，以河南蒙古族自治县"那达慕"大会的仪式进程、内容方式、前后活动等作为研究和考察对象，分析、阐述和研究当地那达慕大会中的地域性特点，以及背后的社会和生活意义及其功能。

2. 有关民族交往交流交融方面的研究

学术界从民族政策理论、文化、历史等不同角度对民族交往交流交融进行了分析和阐释。杜鹃（2019）在《文化人类学视角下的民族交往交流交融》一文中，首先对"各民族交往交流交融"理论的形成与发展进行了系统的讨论，在此基础上，以文化涵化的理论分析了"各民族交往交流交融"理论和方针，对学术界不同的争论进行评析，认为加强各民族之间的交往可以促进相互理解与认同，进而增强各民族之间的凝聚力和团结；加强不同民族之间的互动与交流，有助于借鉴彼此的优点，促进各民族共同实现繁荣发展；加强不同民族之间的交融，有助于提升各民族之间的共通性，促进"四个认同"的形成，进而推动中华民族的繁荣昌盛和国家的兴旺发达。王瑜、马小婷（2020）在《论加强各民族交往交流交融的内涵辨析、理论释析与教育路径探析》一文中，从内涵辨析到理论释析再到"三交"教育体系探析的脉络进行了论述。在内涵辨析上，认为民族交往是以互惠、共赢为目标的社会经济交往；民族交流是以平等、尊重为原则的精神文化交流；民族交融是以互联、互嵌为特征的社会结构交融。根据"三交"的内涵，对民族交往、民族交流和民族交融选择其相应的理论阐释，即主体间性的交往行为理论、共有核心价值的文化适应理论以及社会结构互嵌的嵌入式理论。在此基础上，探析了"三交"的教育体系。罗彩娟、蓝尉铭（2022）在《以节为媒：民族交往交流交融的新机制——以广西布努瑶祝著节为例》一文中，框定大化瑶族自治县祝著节为背景，阐释祝著节在形成和重构过程中推动民族关系和谐发展的积极作用，进而探讨节日如何成为促进民族"三交"的新机制。曹大明、陈颖（2022）在《节日文化空间中的民族交往交流交融——以湘西州泸溪县婆落寨跳香节为例》一文中，通过全面呈现湘西泸溪县婆落寨"跳香节"的仪式过程，深入探究仪式场景中土、苗、汉三个民族在物质准备、语言互动、文化交融等方面的深层含义，最后总结出加强传统村落节日文化空间的公共属性建设，对推动我国基层社区各民族的交往交流交融以及民族团结进步创建工作有积极的推动作用。阿依古力·依明（2016）在《刍议民族间"交往交流交融"理论：内涵、特征及影响因素》一文中，从"交往交流交融"的定义入手，从民族理论与政策的研究视角，探索其理论内涵，并通过对其时代性的特点分析，探讨影响"交往交流交融"发展的现实因素。郝亚明（2019）在《中华民族共同体意识视角下的民族交往交流交融研究》一文中，强调两者相互助推的关系，着重说明铸牢中华民族共同体意识可以为"三交"提供功能目标、理论支撑和实践指引，民族交往交流交融对于构建新型社会主义民族关系、构建各民族共有精神家园以及建立各民族之间相互嵌入式社会结构都有推动作用，从而实现铸牢中华民族共同体意识的"纲"性目标。

综上所述，在"那达慕"相关研究中，主要从历史学、民俗学、体育学、旅游学、经济学、人类学、传播学、艺术学、教育学、符号学等学科视角探讨了其起源、内容、特征、社会功能与文化变迁。但是,从民族交往交流交融视域对"那达慕"的论究仍不充盈,达茂联合旗那达慕大会相关的研究也不足。有鉴于此,本研究选择以达茂联合旗那达慕大会为对象,以民族交往交流交融为视角开展研究,以期延伸学界相关"那达慕"的研究。

(三) 概念界定

"那达慕",在《简明蒙古语辞典》中被解释为:群众性娱乐活动;玩耍,如玩乐、玩弄、戏弄(只·策布勒,2002)。"耐亦日",在《简明蒙古语辞典》中被解释为:和睦之意;礼物,适宜之意;宴会、娱乐、游戏之意(只·策布勒,2002)。通过对字义的梳理发现,耐亦日或那达慕,强调的是一种和谐、愉悦的状态。"那达慕"词条一般与"耐亦日"词条紧密连用,叫作"耐亦日·那达慕",那达慕是蒙古族传统民俗文化。

本文所指的"那达慕"大会,即以政府指导、市场运作、社会参与的模式,以文化、体育活动为主体,以商贸活动为核心落脚点,以旅游活动为主线的综合型文化活动。具有四层含义:①各民族经济交往的场所;②各民族心理沟通的机遇;③各民族文化交流领域;④各民族休闲娱乐旅游的空间。"那达慕"大会是传统"那达慕"文化经过历史的发展后,迎合当代环境后出现的一种"那达慕"文化现象。

(四) 研究方法

本研究以提出问题、分析问题、解决问题的脉络布局全文。在运用文献研究法、参与观察法、个案访谈法、问卷调查法的基础上,以达茂联合旗那达慕大会为文化载体,尝试使用民族交往交流交融理论,对"那达慕"大会进行系统的分析。

1. 文献研究法

本研究查阅了"那达慕"相关的期刊、学术论文、专著、达茂旗志、风俗志、融媒体中心志等重要的基础资料。还收集媒介上传播的资料,主要有《内蒙古日报》、达茂旗融媒体中心的微信公众号《英雄达茂》、达茂旗融媒体中心的抖音账号、腾讯视频(蒙古音乐网传)、优酷视频、内蒙古新闻网等媒介上传播的达茂旗那达慕大会相关的新闻、广告、宣传片、开幕式视频、闭幕式视频等资料,以此作为本研究的辅助资料,弥补参观和记忆的局限,便于对现象全面把握。最后,对各类文献进行有效鉴别筛选、梳理和分析,为本研究提供重要的资料。

2. 参与观察法

参与观察法是通过深入研究对象的群体或场所,与其进行长时间的密切接触,以体验、理解其行为和思想,从而获得一手资料的研究方法(钱志远、张洁,2022)。笔者先后三次参与观察达茂联合旗那达慕大会。2017年7月23日至8月1日,笔者第一次观察达茂联合旗那达慕大会,参加了开幕式、搏克、赛马、射箭和蒙古象棋比赛的过程,并留下照片资料。2021年5月1日至8月3日,笔者到茂联合旗百灵庙镇进行田野调查,参加了内蒙古第31届旅游那达慕大会暨达茂联合旗第8届文化旅游节开幕式。2022年8月1~3日,参与观察了达茂旗第9届文化旅游节暨第32届那达慕大会的开幕式及射箭比赛活动。

3. 个案访谈法

访谈法就是通过向研究对象提问或与之交谈的方式来获取资料(庄孔韶,2015)。本研究事先设计好访谈提纲,并进行了访谈。笔者第一次访谈是在2021年5月1日至8月3日,访谈了16位不同年龄段、不同职业、不同民族的达茂联合旗当地的人(见表1)。笔者第二次访谈是在2022年8月1~8日,访谈了达茂联合旗文化体育旅游产业发展中心的工作人员和第32届那达慕大会参观者(见表2)。

表1 受访谈人员信息(2021年5月1日至8月3日)

序号	姓名	性别	民族	年龄	角色	访谈地点	访谈时间
1	TRGL	男	蒙古族	34	银匠商贩	达茂旗百灵庙镇那达慕会场	2021年7月31日
2	YG	男	汉族	32	水果商贩	达茂旗百灵庙镇那达慕会场	2021年7月31日
3	RYD	女	汉族	58	老年人队队员	达茂旗百灵庙镇那达慕会场	2021年7月31日
4	NR	女	蒙古族	26	乌兰牧骑演员	达茂旗百灵庙镇那达慕会场	2021年7月31日
5	RYD	女	汉族	58	文艺演出参与者	达茂旗百灵庙镇那达慕会场	2021年7月31日
6	MYH	男	汉族	20	大学生	达茂旗百灵庙镇那达慕会场	2021年7月31日
7	LJS	男	汉族	55	小吃店店主	达茂旗百灵庙镇那达慕会场	2021年7月31日
8	WDS	男	蒙古族	67	观众	达茂旗百灵庙镇那达慕会场	2021年7月31日
9	YQZ	女	汉族	28	观众	达茂旗百灵庙镇那达慕会场	2021年7月31日
10	WXM	女	汉族	42	观众	达茂旗百灵庙镇那达慕会场	2021年7月31日
11	ML	男	回族	37	观众	达茂旗百灵庙镇那达慕会场	2021年7月31日
12	WQ	男	汉族	47	小卖铺店主	达茂旗百灵庙镇开心家园小区附近的王强小卖铺	2021年5月2日
13	NM	女	蒙古族	43	奶食品店主	达茂旗百灵庙镇地税小区附近NM奶食品店	2021年5月2日
14	SRL	女	蒙古族	57	手工艺制作者	达茂旗百灵庙镇恩和小区	2021年5月2日
15	HG	男	蒙古族	45	奶食品店主	达茂旗百灵庙镇地税小区附近NM奶食品店	2021年5月2日
16	ZRZ	女	汉族	17	观众	达茂旗百灵庙镇艾不盖小区	2021年5月3日

表2 受访谈人员信息(2022年8月1~8日)

序号	姓名	性别	民族	年龄	角色	访谈地点	访谈时间
1	BY	男	蒙古族	56	文化体育组织者	达茂联合旗文化体育旅游产业发展中心	2022年8月8日
2	YNR	女	汉族	26	观众	达茂旗百灵庙镇那达慕会场	2022年8月2日
3	HD	男	蒙古族	32	观众	达茂旗百灵庙镇那达慕会场	2022年8月2日
4	MYH	女	汉族	21	观众	达茂旗百灵庙镇那达慕会场	2022年8月2日

4. 问卷调查法

为掌握达茂联合旗那达慕大会参与群众的基本情况，笔者采取了问卷调查法。笔者预先设计了一套调查问卷，并在2022年8月2日，在达茂旗第9届文化旅游节暨第32届那达慕大会会场上发放。共发放200份问卷，收回问卷196份，其中有效问卷189份。

（五）理论基础

本研究试图选择"民族交往交流交融"理论为研究视角。自2010年1月"民族交往交流交融"[①]第一次提出以来，中央工作会议上多次强调民族交往交流交融。2014年召开的第二次中央新疆工作座谈会上习近平总书记指出，加强民族交往交流交融，各民族彼此如同石榴籽般紧密相连。[②] 在同年9月召开的中央民族工作会议暨国务院第六次全国民族团结进步表彰大会上明确提出，在中华民族的大家庭中，应积极推动各民族之间的交往、交流和交融，尊重彼此的独特之处，包容多样性，使每个民族都能够相互支持，共同进步。[③] 2017年"加强各民族交往交流交融"第一次被写进党代会报告中。2019年召开的全国民族团结进步表彰大会和2021年召开的中央民族工作会议上也强调了促进各民族交往交流交融理论。

有关民族交往的内涵：交往关系是人类社会中最基本的关系，是人类生产和生活的基础，是人类历史的起点。对于民族共同体而言，交往是一种共存于其生存、演变、发展和繁荣过程中的一种存在（李静，2010）。一个民族想要生存和发展，就离不开与其他民族之间的交往，即交往是一个民族生存和发展的一种方式。通过交往，两个或两个以上民族之间有了互动作用的机会，从而有可能相互认识、认知、理解和认同。民族交往是一种动态变迁的过程。中国历史是各民族不断互动、不断接触的历史。如明朝时期的"通贡互市"，在明朝的隆庆年间由蒙古土默特首领阿勒坦汗（也称俺答汗）首倡实现，在万历年间由阿勒坦汗之妻钟金哈屯发展。"东自宣府，西至陕西，千里边界上设立了十余处互市市场，每次官市毕，听民市，后来又增民间月市。市场上贾店鳞比，行商威至，蒙古人以马匹、杂畜、皮毛交换明人的铁锅、丝绸、布帛、粮食等物，大大补充了北方经济的不足。和平换来了互市，互市又巩固了和平。"（薄音湖，1981）游牧民族与定居民族频繁交往，物质上的原因是最基本的，由于畜牧业生产模式的单一性，难以满足多元化的需求，因此急切需要与农业民族进行贸易互市，而明朝军队的战马以及中原农业的耕畜，也需要与蒙古地区进行交往通商，形成彼此相互补充、相互满足需求的稳定的交往关系。

有关民族交流的内涵：根据马斯洛的需求层次理论，当人的低层次的需求被满足之后，就会趋向较高层次的需求发展（亚伯拉罕·马斯洛，1954）。各民族之间的文化、习俗等方面都有差异型存在关系。单纯的民族间交往并不能满足深刻理解其他民族的知识、信

[①] 中共中央国务院召开第五次西藏工作座谈会。中国人大网（2010-01-23）[2022-10-21]（http：//www.npc.gov.cn/zgrdw/npc/xinwen/szyw/zhbd/2010-01/23/content_1535846.htm.）。

[②] 习近平在第二次中央新疆工作座谈会上发表重要讲话。中华人民共和国国家民族事务委员会网站（2015-09-24）[2022-10-22]（https：//www.neac.gov.cn/seac/c100500/201405/1085610.shtml）。

[③] 中央民族工作会议暨国务院第六次全国民族团结进步表彰大会在京举行。中华人民共和国国家民族事务委员会网站（2014-09-30）[2022-10-22]（https：//www.neac.gov.cn/seac/c100511/201409/1086823.shtml）。

仰、艺术、道德、风俗等方面的需求,需要更深层次的交往。所以说,民族交流就是民族交往在内容上的扩大、在程度上的加深。在这个过程中,既要注重物质层面的沟通与交流,也不能忽视精神层面的交融和渗透。通过跨文化交流促进诸多领域的沟通,使各民族相互参考、相互交融,以达到共同繁荣发展的目的。各民族间的文化领域的交流从古至今都没有间断过。例如,明初西南边疆民族地区"土司"文化系统中的上层女性,贵州水西奢香夫人主持开通了以贵阳为中心的纵横贵州的五条古驿道(石莉,2014)。奢香古驿道的开置,对边疆民族地区引进中原先进的生产工具和生产技术提供了一个重要的渠道,对西南民族地区经济的发展和进步、文化的传播和交流、思想的碰撞和演化起到了重要的作用。再如,"茶马古道",主要指以滇、川、藏三角地带为核心,从事以茶叶为主的商品交换的交通和商贸古道网络。茶马古道的产生源于中国古代的茶马贸易(王枫云、韦梅,2020)。"茶马古道"包含的含义,超出了简单的"茶路"或者"马道",是连接西南民族间经济、文化、国家与国际交流的一条重要通道与桥梁。

有关民族交融的内涵:"交融"和"同化""融合"这两个概念有着本质上的差别。在民族学的领域中,"融合"这一术语的运用可以归纳为两种情形:①指不同民族在漫长的交往历程中相互吸纳对方文化,逐渐形成新的特征和认同,最终演化成另一种民族的现象和过程。这类研究一般称为"同化论",是一种民族内部因多种原因而发生分化和整合的现象,这种现象导致新成员的产生和原有属性的重新获取。②指某个民族在长期发展过程中由于各种因素而逐步消失或被其他民族所取代的历史演变过程(王希恩,2016)。而"交融"则是指两个或两个以上民族主体间交往交流的频度和深度的加强引起的文化变迁现象。"交融"强调的是相互接纳、吸收、包容和认同,是各民族在不断的变迁中互相借鉴、学习,汲取着对方的生产与生活方式,文化精髓及各自的长处与优点,差异因素逐渐被削减,而共同因素则逐渐增加的动态过程。

二、达尔罕茂明安联合旗及其那达慕大会概况

(一)达茂联合旗概况

1. 达茂联合旗的自然地理环境

达尔罕茂明安联合旗(简称达茂联合旗或达茂旗),坐落在祖国北部边陲,与蒙古国接壤,是内蒙古自治区边境旗(市)之一。达茂联合旗全境地处北纬 41°20′~42°40′、东经 109°16′~111°25′。南北最长处 160 千米,东西最宽处 150 千米,总面积 18177 平方千米。旗境东与乌兰察布市的四子王旗相接,西与巴彦淖尔市的乌拉特中旗毗邻,南与包头市固阳县、呼和浩特市的武川县交界,北与蒙古人民共和国接壤,国境线长 88.6 千米。旗人民政府驻地百灵庙镇。达茂联合旗辖地自 1990 年以后未有变动(达尔罕茂明安联合旗志,2008)。

达茂联合旗历史悠久,文化灿烂,地域辽阔,物产丰富,是内蒙古自治区边境地区的资源大旗。主要农畜产品有羊毛、羊绒、牛羊肉、马铃薯等,主要工矿产品有铁精粉、稀

土精粉和黄金等。

2. 达茂联合旗的行政区划

1995年前，达茂联合旗属乌兰察布盟管辖，自1996年1月1日起，划归包头市管辖。当时，旗内辖有1个镇、11个苏木、9个乡和2个牧场，下设8个居民委员会，44个嘎查，50个村民委员会，378个自然村（达尔罕茂明安联合旗志编纂委员会，2008）。

2001年，根据内蒙古自治区党委办公厅、人民政府办公厅《关于调整撤并苏木、乡、镇和嘎查村的意见》（内党办发〔2001〕1号）要求，达茂联合旗对其行政区域进行了调整撤销。2005年，达茂联合旗共辖有4个镇、8个苏木、5个乡，下设8个居民委员会，35个嘎查，38个村民委员会，350个自然村（达尔罕茂明安联合旗志编纂委员会，2008），此后未有变动。

3. 达茂联合旗的人口结构

常住人口为69563人。有蒙古族、汉族、回族、满族、朝鲜族、达斡尔、藏族、苗族、土族等20个民族，是一个多民族杂居的边疆少数民族地区。

依据最新全国人口普查信息（见图1），到2020年11月1日零点为止，达茂联合旗常住人口为69563人。"全旗常住人口与2010年第六次全国人口普查的101486人相比，减少31923人，下降31.46%。全旗常住人口中，男性人口为36203人，占52.04%；女性人口为33360人，占47.96%。"①

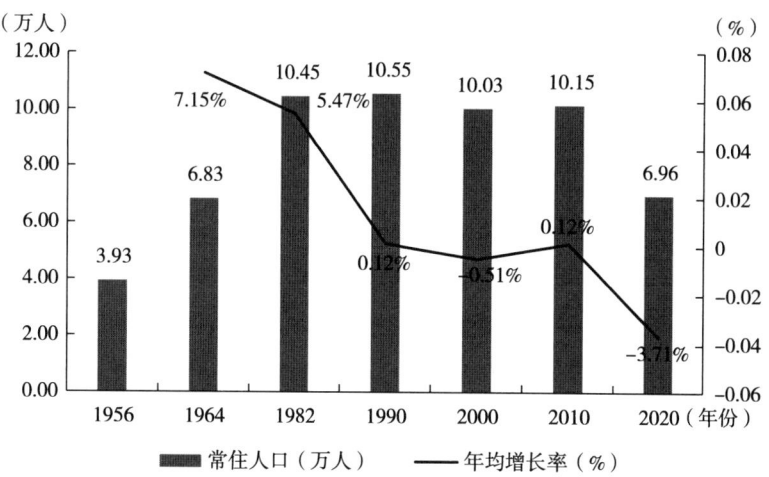

图1 1956~2020年达茂联合旗常住人口的年均增长率②

在全旗常住人口中，汉族人口为56313人，占80.95%；蒙古族人口为12573人，占18.07%；其他少数民族人口为677人，占0.97%。与2010年的全国人口普查比较，汉族人口减少30308人，下降34.99%；蒙古族人口减少1554人，下降11.0%，其他少数民族人口减少61人，下降8.27%。

---

①② 达尔罕茂明安联合旗统计局：达茂联合旗第七次全国人口普查主要数据公报。达尔罕茂明安联合旗统计局微信公众号（达茂统计微讯），（2021年8月4日）。

在全旗常住人口中，拥有大学（指大专及以上）文化程度的人口为9278人；拥有高中（含中专）文化程度的人口为7659人；拥有初中文化程度的人口为23776人；拥有小学文化程度的人口为21899人（以上各种受教育程度的人包括各类学校的毕业生、肄业生和在校生）。全旗常住人口中，文盲人口（15岁及以上不识字的人）为3927人。

在全旗常住人口中，人户分离人口为28626人，流动人口为28626人。流动人口中，跨自治区流入人口为2275人，自治区内流动人口为26351人。

4. 达茂联合旗的历史与社会文化背景

达尔罕茂明安联合旗，于1952年由达尔罕旗和茂明安旗合并而形成，简称达茂联合旗或达茂旗（达尔罕茂明安联合旗志编纂委员会，2008）。达尔罕茂明安联合旗得名于清朝初年境内从不同地区迁移来的两个蒙古族游牧部落。其中之一是达尔罕贝勒旗，其祖先是曾游牧于漠北喀尔喀河流域的成吉思汗"黄金家族"东部蒙古的鞑靼部，是喀尔喀万户后裔土谢图汗部的一个千户小支系。清顺治十年（1653年），喀尔喀中路台吉本塔尔率户千余归附清朝，被封为达尔罕亲王，其部被编称为喀尔喀右翼。康熙四十七年（1708年），本塔尔的孙子詹达固密降袭为札萨克多罗达尔罕贝勒，自此，喀尔喀右翼旗也被称为"达尔罕贝勒旗"[1]。历史上茂明安旗是达尔罕茂明安联合旗的另一个组成部分。茂明安部落系是哈布图哈萨尔的直系后裔。茂明安部落长、哈布图哈萨尔十六代孙车根（车更），后金天聪七年（1633年），偕固穆巴图鲁、台吉达尔伯台衮、乌巴什等，归顺了皇太极。康熙三年（1664年），清廷封车根长子僧格为札萨克一等台吉，赐牧于阴山北部地区，于雍正十三年（1735年）乙卯年，下令将茂明安部落改为茂明安札萨克旗（达尔罕茂明安联合旗志编纂委员会，2008）。1950年，达尔罕、茂明安两个旗相继建立了人民政府，隶属绥远省。1952年10月，达尔罕旗和茂明安旗合并为达尔罕茂明安联合旗。1954年将原隶属绥远省的达尔罕茂明安联合旗划属为乌兰察布盟域内管辖。1996年，达茂联合旗由乌兰察布盟划归包头市。

达茂联合旗是个多元文化聚集的地区。每个民族的进阶发展都会被特定社会环境底色衬托，这就导致民族文化必然要与时代发展相顺应，并在民族文化中有效地反映出时代特征。民国二十二年（1933年）旗内实施政策性大规模放垦，毗邻旗县各民族流民大量涌入本旗域内。新中国成立前后，邻省山西、陕西北部和清水河县农民也陆续自由流入迁居此域。20世纪50年代末，受全国性灾荒影响，河南、河北、山西、山东、甘肃等地民众也流入此地长期生活。在原初以蒙古族为主的生活地域内，其他民族的迁入逐渐显著。不同民族之间的交往促进了民族文化的踊跃交流，使得蒙古族传统服饰、传统饮食习惯、传统的生产方式、传统文艺形式等不断与其他民族文化接触，吸收其文化精华。

（二）达茂联合旗那达慕大会

1. 达茂联合旗那达慕大会的历史形成

"变迁在所有社会文化系统中是一个永恒的现象，尽管变迁的速度和表现的形式，在不同的情形下大不相同。"（克莱德，1989）达茂联合旗那达慕大会的形成与发展适应时代发展需求。

---

[1] 达茂旗政协文史资料编辑委员会. 达茂文史资料（第一辑）[M]. 内部发行，1997（5）：1-4，105-107.

自中华人民共和国成立以来，达茂联合旗举办那达慕大会的最早记录从1953年开始。1955~1965年每年举办旗那达慕，共举办了十一届，比赛项目以搏克、赛马、射箭为主。之后，因各种原因达茂联合旗那达慕大会的举办没有时间上的连续性。2007年8月，举办自治区成立60周年、建旗55周年暨第二十一届那达慕，主要项目有搏克团体、成人、少年搏克、赛马、射箭、布鲁、拔河，参加搏克比赛的人达到256名、参加赛马比赛的赛马达到90匹。2008年是一个转折点，融合了达茂旗那达慕大会与草原文化旅游。2017年7月，举行了第五届中国游牧文化旅游节暨达茂联合旗第28届那达慕大会。2021年7月，举办了内蒙古自治区第31届旅游那达慕大会暨达茂联合旗第八届文化旅游节，主要体育项目有搏克、赛马、射箭、布鲁、蒙古象棋、沙嘎、嘎日哈等，搏克手人数历史最多，达到512名。2022年8月，举办了达茂旗第9届文化旅游节暨第32届那达慕大会，主要项目有搏克、赛马、射箭。

2. 达茂联合旗那达慕大会的内容

达茂联合旗那达慕大会的内容以"男儿三艺"为主，即搏克、赛马、射箭。随着时代的发展，达茂联合旗那达慕的形式和内容不断地丰富。活动内容除了"男儿三艺"外，增加了跳舞、下旗、马术、田径、文艺演出、经济交流等活动。例如，达茂联合旗第十八届那达慕大会的比赛项目除了传统项目外，新增加了布鲁、团体操、拔河等。大会期间，举办了建旗50周年成就大型图片展、招商引资新闻发布会、产品展示会、经贸洽谈会、物资交流等活动。第十九届那达慕大会的体育项目新增了鹿棋、弹个、卸羊脖子等比赛。大会期间，举办了祭敖包、"百灵之夜"、大型文艺焰火晚会、狂欢夜、农牧民歌手大赛、游览草原岩画、参观哈布图·哈萨尔祭奠堂等活动。邀请著名演员为观众演出（达尔罕茂明安联合旗志编纂委员会，2008）。随着社会经济的发展，达茂联合旗那达慕大会不断吸收时代发展的新元素。2008年，达茂旗那达慕大会与草原文化旅游融合起来，此后那达慕大会的形式和内容上更加丰富。例如，2021年，举办的内蒙古自治区第31届旅游那达慕大会暨达茂联合旗第八届文化旅游节安排开幕式、文艺类活动、体育竞技类活动、文化旅游类活动、商贸类活动等几个模块。开幕式模块中有大会开幕式仪式、文艺表演、开幕式专场晚会等内容。文艺类活动模块中有2021内蒙古非遗活动、"美丽草原 生态家园"书画与摄影展暨2021草原文创展、"百景百部"短视频大赛颁奖盛典、草原锐舞嘉年华、达茂籍音乐人专场演唱会、天音乐团专场演唱会、达茂旗时光合唱团专场晚会、草原舞林大会——舞蹈游学夏令营活动、"在灿烂阳光下"网红专场演唱会、Online草原红人盛典、《丝路传奇》多媒体梦幻局等内容。体育竞技类活动模块中有搏克、赛马、传统弓射箭、蒙古象棋竞赛、伽日竞赛、沙嘎竞赛、乒乓球大赛、五人制草原足球邀请赛等内容。文化旅游类活动模块中有旅游实景剧《漠南传奇》展演、热气球飞行体验、文明旅游大型倡议活动启动仪式、文旅项目战略合作签约仪式、"V观草原"——自媒体大V走进草原旅游体验推广主题活动、户外俱乐部露营帐篷节、全域旅游工作推进研讨会的内容。商贸类活动模块中有达茂联合旗夏季招商引资洽谈会暨重大项目签约仪式、全国工商联走进达茂、马兰花草原嘉年华——"内蒙古味道"美食啤酒节暨内蒙古特色旅游商品展等内容。

三、那达慕文化空间再生产的逻辑

政府和社会在文化空间的再生产过程中扮演着不同的角色。那达慕文化空间再生产过程中国家扮演着什么样的角色？地方政府扮演的角色以及组织的形式是什么？社会的参与又是什么形式？本章内容在讨论国家政策的推动、地方政府的支持和社会的参与的基础上，分析那达慕文化空间再生产的逻辑。

(一) 国家政策的推动

近年来，我国十分重视民间传统文化的保护和传承。2005 年国务院发布了《关于加强我国非物质文化遗产保护工作的意见》。从 2006 年起，每年 6 月的第二个星期六定为我国文化遗产日，加强我国非物质文化遗产的保护与弘扬传统文化。2006 年，那达慕传统民俗文化经国务院批准列入第一批国家级非物质文化遗产名录。2019 年 7 月，习近平总书记在内蒙古调研时指出："我国是统一的多民族国家，中华民族是多民族不断交流交往交融而形成的。中华文明植根于和而不同的多民族文化沃土，历史悠久，是世界上唯一没有中断、发展至今的文明。要重视少数民族文化保护和传承，支持和扶持非物质文化遗产，培养好传承人，一代一代接下来、传下去。"[①]这为那达慕民俗文化的传承发展提供了国家层面的强有力支持。

(二) 地方政府的支持

地方政府作为国家权力的代理人和国家权力的具体执行者，在对那达慕文化进行再生产过程中扮演着组织者的角色。达茂联合旗使那达慕大会与文化旅游融合为一体，对那达慕文化进行了再生产(见附录4)，在这个过程中搭建了四种文化空间。

1. 那达慕大会举办主场地的搭建

自 2012 年开始，达茂联合旗那达慕大会主会场迁到百灵那达慕文化产业园区。达茂联合旗那达慕主会场属国家 AAAA 级景区，位于百灵庙镇东南 4 千米处，占地面积约 1700 亩，始建于 2012 年，有 6400 个观众座位。会场主要划分为主观礼台、表演区、观赛区、苏木乡镇看台、商贸展示区、停车场、标准赛马跑道、蒙古包群、摩托车场地赛赛场及马厩区等功能区域(见附录3)。那达慕大会举办主场地的搭建，为那达慕的举办提供了固定场所。

2. 民族文化互动平台的组织

每届那达慕大会的举办，不仅推进民族文化物质层面的交往，也推进民族文化非物质层面的交流，为民族文化互动交流提供平台。以下案例可能说明达茂旗那达慕大会的组织架构及分工情况。

---

① 牢记初心使命贯彻以人民为中心发展思想 把祖国北部边疆风景线打造得更加亮丽[N]. 人民日报，2019-07-17(001).

访谈一

WLL 说:"达茂联合旗旗委、政府对那达慕大会的组织方式不断完善。成立了组委会,设立活动领导小组,全面负责活动的开展和监督(见图2)。活动领导小组下设文化活动组、体育活动组、旅游活动组、商贸活动组、宣传营销组、安全保卫组、市容市貌整治组和后勤保障组。每个活动小组分别安排组长、副组长,设定牵头单位,制定主要职责。文化活动组的牵头单位是文体广电局,体育活动组的牵头单位是马协会、体育中心,旅游活动组的牵头单位是旅游和口岸管理局,商贸活动组的牵头单位是经贸和安全生产监督管理局,宣传营销组的牵头单位是宣传部,安全保卫组的牵头单位是公安局,市容市貌整治组的牵头单位是住房和城乡建设局、百灵庙镇,后勤保障组的牵头单位是政府办"。①

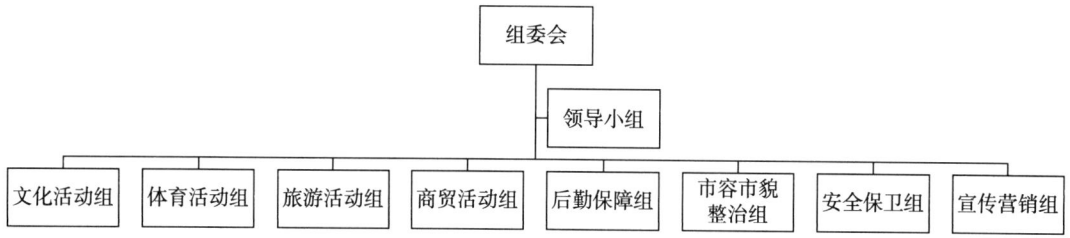

图2 达茂联合旗那达慕大会组织架构图②

访谈二

HSBYR 说:"达茂联合旗那达慕大会的举办分别由主办单位、承办单位以及组委会成员单位共同完成。达茂联合旗委、政府、组委会部署分派工作后,各活动小组分工开展工作。活动小组分工中,文化活动组主要负责那达慕大会的开幕式、主题晚会等文化活动的具体准备;体育活动组主要组织开展各类体育活动、具体比赛项目、规则和报名程序等;旅游活动组的主要责任是旅游活动组织;商贸活动组负责组织招商活动,完善商业区域基础设施,做好客商收购展示产品、投资文化旅游活动项目、开展各类商业演出等方面的对接服务工作;宣传营销组负责开展宣传营销活动及活动期间的情况宣传;安全保卫组负责活动期间各类安全保卫工作;市容市貌整治组负责活动期间环境卫生问题;后勤保障组则负责文化节活动的经费预算和经费保障,协调企业赞助工作,保证节庆活动期间供水、供电、通信、道路等设施完好,畅通无阻,负责节庆期间医疗保障、食品安全管理工作,负责活动期间天气信息报送、预报工作。达茂联合旗那达慕大会的前期准备工作,在组委会的领导下,以工作小组为牵头单位,从外环服务保障工作系统到中环主体活动系统再到内环核心系统,共同承担达茂联合旗那达慕大会的筹备举办工作"。③

从以上访谈或许能推测出,达茂联合旗那达慕大会的组织架构以及组织者之间的大力配合,全旗各地区、各部门团结奋斗、通力协作,共同完成那达慕大会的顺利举办。

---

① 引自笔者的访谈记录。受访者:WLL,政府工作者,受访地点:达茂旗百灵庙镇政府办公楼,受访时间:2021年5月2日。

② 中共达茂联合旗委员会. 达茂联合旗人民政府关于引发《"达茂文化节"总体实施方案》的通知. 达党发〔2013〕9号. [EB/OL]. 达茂联合旗政府网. http://www.dmlhq.gov.cn.

③ 引自笔者的访谈记录。受访者:HSBYR,政府工作者,受访地点:达茂旗百灵庙镇政府办公楼,受访时间:2021年5月2日。

3. 招商引资平台的搭建

地方政府借助那达慕大会活动来举办各种形式的经贸洽谈会。自从达茂联合旗那达慕大会与文化旅游融合以来招商引资是那达慕大会的重要环节之一。

访谈三

LM 说："那达慕大会的筹备举办需要耗费大量的人力、物力和财力。在财力方面，政府利用文化旅游节品牌资源，通过招标、买断、竞拍、转让相应权益等途径，广泛吸纳社会资金，形成以财政补贴为引导，以社会赞助、演展收入、营销收入、广告宣传收入等为主导的多元筹资机制"。①

访谈四

WLL 说："那达慕大会是招商引资的重要机遇。例如，内蒙古第 31 届旅游那达慕大会暨达茂联合旗第 8 届文化旅游节期间组织安排了达茂联合旗夏季招商引资洽谈会暨重大项目签约仪式（围绕达茂旗'十四五'规划和战略布局进行政企招商对接洽谈，并举行重大项目签约仪式，进行经济和产业专题论坛），全国工商联文旅产业交流座谈会，马兰花草原嘉年华—'内蒙古味道'美食啤酒节暨内蒙古特色旅游商品展等活动"。②

以上访谈内容或许可以说明，地方政府借助那达慕大会进行招商引资活动，使那达慕大会成为招商引资的平台，为那达慕的顺利举办以及振兴地方经济提供有利机遇。

4. 文旅发展空间的搭建

随着社会经济的发展，人们的文化性和精神性消费逐渐增多。文化消费逐渐成为现代人普遍的生活形式。然而，作为社会进步的有力推动力，消费不仅仅是一种社会再生产，更是个人与社会、人与事物、集体与世界之间关系模式的反映（贾兴荣，2019）。消费方式的转变，使人们的社会交往交流空间不断扩大。

访谈五

HSBYR 说："达茂联合旗那达慕大会是以政府指导、市场运作、社会参与的原则，以文化、体育活动为主体，以商贸活动为核心落脚点，以旅游活动为主线的运作模式进行的"。③

根据访谈内容可知，达茂联合旗那达慕大会与旅游的融合塑造了一个文化旅游消费空间。那达慕文化旅游空间，吸引着越来越多的人到达茂草原"看那达慕、过旅游节"，为不同民族和个体能够自由地互动和交流提供平台。

（三）社会群众的参与

那达慕文化空间的再生产很大程度上是通过社会群众的广泛参与来实现的，社会群众是那达慕文化再生产的重要力量。除了政府部门的筹备以外，当地民众也会有准备事项。

---

① 引自笔者的访谈记录。受访者：LM，政府工作者，受访地点：达茂旗百灵庙镇政府办公楼，受访时间：2021 年 5 月 2 日。

② 引自笔者的访谈记录。受访者：WLL，政府工作者，受访地点：达茂旗百灵庙镇政府办公楼，受访时间：2021 年 5 月 2 日。

③ 引自笔者的访谈记录。受访者：HSBYR，政府工作者，受访地点：达茂旗百灵庙镇政府办公楼，受访时间：2021 年 5 月 2 日。

访谈六

HD 说:"只要那达慕大会举行,我都会提前把工作做完,然后带着家人来观看。有时也会请邻居帮我们看家。孩子们穿的袍子是提前订做的,他们长得快,去年的已经穿不上了"。①

访谈七

NM 说:"我们店的奶食品大部分都是我自己做的。所以买的人比较多。那达慕大会期间我自己留在家里做奶食品,而我老公把家里的奶食品拿到会场上卖"。②

以上谈话内容可以说明,为了参加那达慕、社会群众的准备事项,首先在服装的准备方面,当地蒙古族会准备那达慕时穿的衣服,提前定做或者购买现成的民族服饰。在那达慕开幕式的当天60%～70%的蒙古族都会穿民族服饰。随着人们经济水平的提高,近几年盛装参加那达慕大会的现象尤为多见。农牧区的人们在那达慕大会期间的劳务分配上也不同程度地体现着那达慕大会前期的准备。例如,他们会提前商议和决定谁留在家里承担劳务,谁去观看那达慕大会等。另外,那达慕大会是商贩进行经济贸易的一个最佳机会,因此商贩也会准备那达慕大会前的工作。例如,他们会在那达慕大会前期去申请固定摊位,对所要买卖的商品进行盘点、进货补货、囤货等。

四、那达慕文化空间的运行模式

(一) 经济生活交往

对一个民族来说,生计方式决定着其文化生活形式。在特定的生存环境的作用下,达茂联合旗地区大体有三种生产方式,生活在达茂联合旗百灵庙镇以南的部分地区经营农业生存方式,主要种植传统的小麦、莜麦、优化的马铃薯、荞麦等。另外一部分经营半农半牧的生产方式,以农业为主,以畜牧山羊和牛为辅。生活在达茂联合旗百灵庙镇以北的大部分地区经营着畜牧业的生产方式。主要养殖马、牛、羊、骆驼。不同的生计方式生产出不同的生存产品,农区群体生产出农产品、牧区的群体生产出肉品和乳制品。达茂联合旗不同的经济类型优势互补、和谐共生。

根据考古资料,早期"那达慕"不仅是以摔跤、赛马、射箭为主的民俗活动,而且也是贸易交流的一种场所。"那达慕"举行期间,当地民众与相邻汉族或其他民族进行农牧产品的交换。如当地群众以其特色的皮革、乳品、绒毛、药材等与汉族换取布匹、粮食、茶叶、果品、铁器等生产生活用品。时至今日,商贸类活动模块成为了那达慕大会的重要一环,其中经济生活互动功能愈加显著。

1. 商人与流通的商品

达茂联合旗那达慕大会期间的商人来源主要分为当地人和外地人两大类。当地人为在

---

① 引自笔者的访谈记录。受访者:HD,观众,受访地点:达茂旗百灵庙镇那达慕会场,受访时间:2022年8月2日。

② 引自笔者的访谈记录。受访者:NM,奶食品店主,受访地点:达茂旗百灵庙镇地税小区附近NM奶食品店,受访时间:2021年5月2日。

达茂联合旗境内长时间居住和从业的人，外地人为平时不在达茂联合旗境内居住和从业的人。

访谈一

WQ 说："我平时经营着小商店。那达慕大会期间我都会把店里的东西拿到会场上卖，也会提前筹备大会期间畅销的东西，主要是一些气球、飞盘、水枪、头饰、小零食、小纪念品和其他杂物等。那达慕大会期间大部分人都会聚在会场，小娃娃也多，是很好的买卖机会"。①

访谈二

NM 说："我们店的奶食品大部分都是我自己做的。所以买的人比较多。那达慕大会期间我自己留在家里做奶食品，而我老公把家里的奶食品拿到会场上卖，一天不少挣呢。听我老公说，不仅蒙古族朋友买得多，汉族朋友买得也不少"。②

访谈三

LJS 说："我是四川人，来达茂旗已经 20 多年了，干过好多工作，最后弄了一个串串店，生意还不错。那达慕大会期间的话推个小车来这边卖，晚上吃烤肠、炸串的人挺多，挺热闹"。③

访谈四

SRL 说："我老家是通辽后旗的，我儿子因为工作在达茂旗定居了，把我接过来也有三四年了，平时就是哄孙女，空闲时间绣烟袋、绣卡包、绣钥匙包、绣笔筒、小挂件儿之类的小东西。那达慕大会期间还去会场上卖过。因为有民族特色，所以游客会比较稀罕这些东西"。④

访谈五

YG 说："我是武川人。早上一早起来走一个多小时的路来的，拉来的一车水果快卖完了。来观看那达慕大会开幕式的人比较多嘛，所以我特意过来的，火龙果、西瓜、菠萝、小柿子都有。顺便观看那达慕也挺有意思的"。⑤

通过访谈及现场观察，达茂联合旗那达慕大会期间的当地商人中以汉族和蒙古族为主，外地商人以汉族为主。汉族商人主要经营小吃、化妆品、儿童玩具、配饰、旅游纪念品、杂货等。蒙古族主要经营奶食品、旅游纪念品、蒙古族服饰、蒙古刀、蒙古地毯、香料、手工品、儿童玩具、杂货等。

2. 顾客与商人间的互动

对于顾客与商户而言那达慕大会是一个交易场所。通过日常生活物品的互动，顾客与商户之间建立互动关系。

---

① 引自笔者的访谈记录。受访者：WQ，小卖铺店主，受访地点：达茂旗百灵庙镇开心家园小区附近的王强小卖铺，受访时间：2021 年 5 月 2 日。

② 引自笔者的访谈记录。受访者：NM，奶食品店主，受访地点：达茂旗百灵庙镇地税小区附近 NM 奶食品店，受访时间：2021 年 5 月 2 日。

③ 引自笔者的访谈记录。受访者：LJS，小吃店店主，受访地点：达茂旗百灵庙镇那达慕会场，受访时间：2021 年 7 月 31 日。

④ 引自笔者的访谈记录。受访者：SRL，手工艺制作者，受访地点：达茂旗百灵庙镇恩和小区，受访时间：2021 年 5 月 2 日。

⑤ 引自笔者的访谈记录。受访者：YG，水果商贩，受访地点：达茂旗百灵庙镇那达慕会场，受访时间：2021 年 7 月 31 日。

访谈六

WQ说:"那达慕大会期间大部分人都会聚在会场,小娃娃也多,是很好的买卖机会。……咱们这种做买卖的人必须要学会与顾客的互动"。①

访谈七

TRGL说:"平时在我那儿订做银首饰的人还算可以,我每天在我的小银匠房里弄银器,没啥时间。那达慕大会期间是我放松的时间。也会把店里的成品带过来卖,有银戒指、银手镯、银耳坠等。以前几年的经验,外地的朋友的话会直接买喜欢的成品,当地的朋友有直接买成品的,也有加微信并提供自己喜欢的样式来订做的"。②

在达茂联合旗那达慕大会空间中,不同民族个体通过买卖旅游纪念品、杂货、奶食品、蒙古族服饰、蒙古刀、银器、银饰、香料等物品,建立一种信任关系、买卖关系、合作关系。

3. 商人与商人间的互帮

达茂联合旗那达慕大会空间中的商家主体并非只关注自身利益最大化,也关注与周围人的合作与互帮。

访谈八

HG说:"我把家里的奶食品拿到会场上卖。……旁边的小卖铺也会去会场上卖一些东西,有的时候谁家的车不好开,会搭上对方的车去会场,也会互相帮忙,比如,去上厕所的时候也会搭照(达茂联合旗方言,帮忙的意思)着看摊"。③

根据访谈资料,达茂联合旗那达慕大会空间中的商家并非只关注自身利益,也会与周围人进行合作与互帮,相互关照。

(二)文化的消费

为了解达茂联合旗那达慕大会消费者的基本情况,笔者设计了一项问卷调查。本次调查共发放200份问卷,收回问卷196份,其中有效问卷有189份,有效问卷率高达96%。有效问卷中有参加过那达慕大会经历的183份,主要是对那达慕大会消费者的民族、来源地和动机进行了统计分析。

1. 文化消费者来源

(1)根据问卷调查数据,那达慕大会消费者的民族分布情况如图3所示。调查主体中汉族118人,占比为64.5%,蒙古族62人,占比为33.9%,其他民族3人,占比为1.6%。

(2)根据问卷调查数据,那达慕大会消费者来源地分布情况如图4所示。其中,来自达茂联合旗境内的人有93人,占比为51%,来自达茂联合旗境外的内蒙古自治区的人有59人,占比为32%,来自内蒙古自治区以外的有31人,占比为17%。

---

① 引自笔者的访谈记录。受访者:WQ,小卖铺店主,受访地点:达茂旗百灵庙镇开心家园小区附近的王强小卖铺,受访时间:2021年5月2日。
② 引自笔者的访谈记录。受访者:TRGL,银匠,受访地点:达茂旗百灵庙镇那达慕会场,受访时间:2021年7月31日。
③ 引自笔者的访谈记录。受访者:HG,奶食品店主,受访地点:达茂旗百灵庙镇地税小区附近NM奶食品店,受访时间:2021年5月2日。

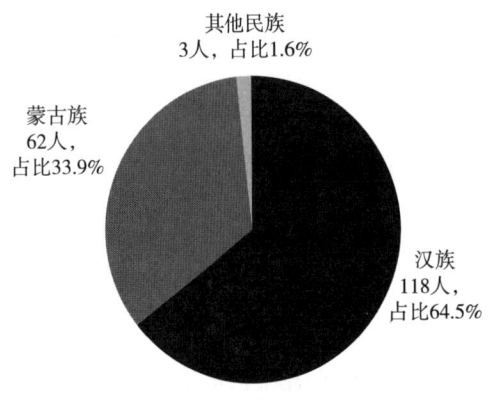

图 3 那达慕大会消费者的民族分布情况　　图 4 那达慕大会消费者的来源地分布

从达茂联合旗那达慕大会消费者的基本情况来看，民族分布最多的是汉族，其次是蒙古族，也有少数其他少数民族的消费者。来源地分布上除了内蒙古自治区内的消费者外，还有区外的消费者。

2. 那达慕大会消费者的动机

(1) 题目一是"您参加达茂联合旗那达慕大会的目的是什么？"。根据问卷调查数据，那达慕大会消费者的参与目的如图5所示。其中，休闲娱乐的有121人，参加项目的8人，了解学习蒙古族传统民俗文化的36人，认识新的朋友的5人，经济活动的13人，占比分别为66%、4%、20%、3%、7%。

(2) 题目二是"您最喜欢那达慕大会的哪个项目？"。根据问卷调查数据，那达慕大会消费者偏好因素如图6所示。其中，比较喜欢开幕式及开幕演出的有55人，占比30%；体育竞技类活动69人，其中传统体育竞技类活动最受欢迎（见图7），喜欢"男儿三艺"搏克、赛马、射箭的有38人，占比55%，喜欢蒙古族象棋的有12人，占比18%；文艺类活动51人，占比28%，商贸类活动8人，占比4%。从以上数据可以得知，体育竞技类活动是调查对象最喜欢的项目，其中，"男儿三艺"是最受欢迎的，其次是开幕式及开幕演出。

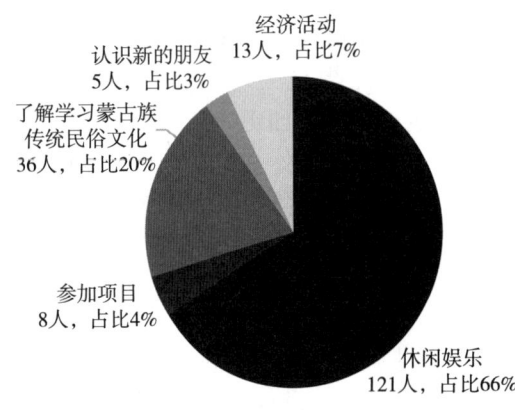 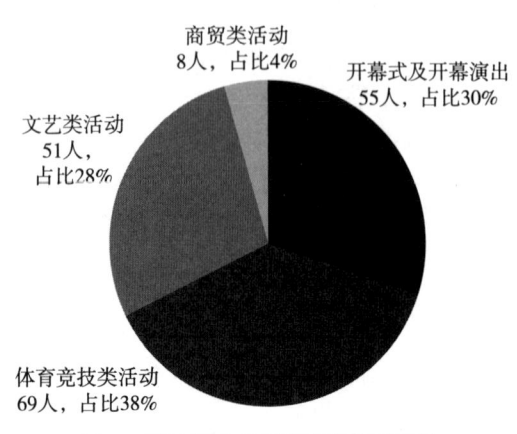

图 5 那达慕大会消费者的参与目的　　图 6 那达慕大会消费者的偏好趋向

多民族共享那达慕大会文化空间的发展路径研究 | 253

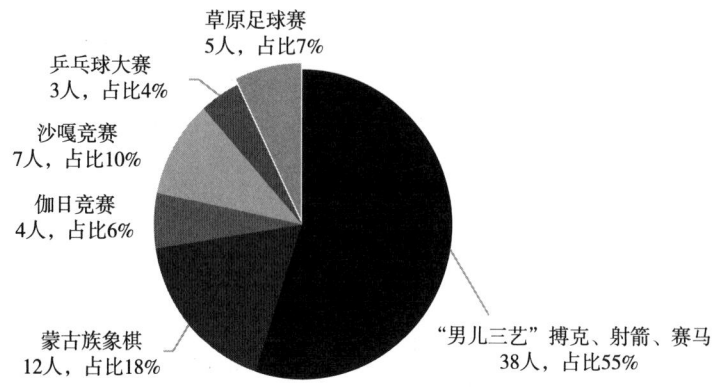

图7　体育竞技类活动偏好情况

从以上数据可以得知，调查对象中休闲娱乐目的人占多数，其次是学习了解蒙古族传统民俗文化目的。体育竞技类活动是调查对象最喜欢的项目，其中，"男儿三艺"是最受欢迎的项目，其次是开幕式及开幕演出。

（三）体育运行模式

1. 主要竞赛项目及规则

达茂联合旗那达慕大会的主要竞赛项目包括搏克比赛、射箭比赛、赛马比赛、蒙古象棋比赛和沙嘎那达慕，每个比赛项目都有严格的比赛规则。

访谈九

BY 介绍，达茂旗第9届文化旅游节暨第32届那达慕大会组织安排了男子搏克个人赛。其比赛规则采用单败淘汰制赛决出全部名次。每场比赛时间在不影响下一轮的情况下不设时间限制，若影响下一轮则采取抢把位的方式决出胜负。男女组射箭比赛使用传统牛角弓，射距30米，15支箭（5支箭一组）淘汰制，环数相同者取高分，按环数优先者进行名次排名。第一轮15支箭留128人，第二轮15支箭留64人，以此类推。赛马也是达茂联合旗那达慕大会上必不可少的比赛项目。速度马与走马1600米、3200米、4800米比赛，3200米两岁速度马比赛，30千米耐力马比赛。速度赛马和走马赛均采用环形跑道，计时制度。蒙古象棋竞赛，分为专业组和业余组。蒙古象棋规则方面，按照《蒙古象棋比赛规则》使用标准棋盘和标准雕刻类棋子；重子（布塔）和轻子（呼）的原始摆放允许传统的选择性的自由摆放法。诺颜（王）和贝日斯（虎）的摆放位置由黑方决定。其他重子（布塔）和轻子（呼）的摆放则遵循现有的标准模板；执白先行，黑方则次。第一步双方都可将诺颜（王）和贝日斯（老虎）前面的兵（呼）挪两格，在棋盘中间相互顶住对峙，其余的兵（呼）都只能挪一格；蒙古象棋的走棋和吃棋子遵循《蒙古象棋比赛规则》；《轻子（呼）升重子（布塔）》为：一方的兵（呼）如果走到对方的底线可直接升级为贝日斯（虎）或杭盖（车）；蒙古象棋游戏中不得《尼楚古勒呼》（吃光对方诺颜（王）以外的全部棋子），否则判为和棋。不得《吉德》（逼和，虽然未将死对方的诺颜（王），但对方的诺颜（王）却无路可走），否则判为和棋；输赢以《玛德》（将死对方的诺颜（王））为标准；比赛过程要进行走棋记录，使用限时制；按照《蒙古象棋比赛规则》进行犯规记录；本次比赛按照报名人数实行分组循环、大循环或淘汰制。按照人数开赛前决定比赛方法。除此以外，还有沙嘎那达慕专业组和业余组竞赛，使用的是传统比赛规则。

比赛资格方面，凡报名参加那达慕大会搏克、射箭、赛马比赛项目的运动员户籍不限。必须为年满18周岁的中国公民，经旗县级以上医院检查身体健康，适宜参加搏克等比赛。搏克手必须在保险公司办理比赛期间人身意外伤害保险（含往返路途），报到时向大会出具保险单据，否则不允许参加比赛。赛会期间搏克手出现伤病事故由本人负责，大会概不负责。搏克手报到时应出具旗县级以上医院体检身体健康证明（主要体检项目：外科/头、颈、四肢、脊柱；内科/呼吸、脉搏、血压、神经、精神、心电图）。[①]

上述访谈说明，达茂联合旗那达慕大会的主要竞赛项目包括搏克比赛、射箭比赛、赛马比赛、蒙古象棋比赛和沙嘎那达慕在比赛资格方面，除了对搏克手的年龄、身体健康情况和比赛期间购买人身意外伤害保险要求以外，其他比赛项目运动员户籍不限、民族不限、男女不限，体现了体育运动的开放性。

2. 体育竞赛者

那达慕大会竞赛者主要来自内蒙古自治区内各个盟市。

根据内蒙古第31届旅游那达慕大会暨达茂联合旗第8届文化旅游节搏克比赛第一轮优胜者256位搏克手的信息资料，256位搏克手的来源分别为呼和浩特2位、赤峰5位、锡林郭勒盟105位、呼伦贝尔6位、兴安盟5位、乌兰察布12位、阿拉善盟5位、鄂尔多斯18位、包头达茂旗98位。

根据内蒙古第31届旅游那达慕大会暨达茂联合旗第8届文化旅游节射箭比赛第一轮优胜者128位射箭手的信息资料，128位射箭手的来源分别为呼和浩特1位、赤峰13位、锡林郭勒盟58位、呼伦贝尔7位、阿拉善盟5位、鄂尔多斯14位、巴彦诺尔12位、包头12位、乌兰察布6位。

内蒙古第31届旅游那达慕大会暨达茂联合旗第8届文化旅游节中参加的赛马有126匹，126位赛马手也来自区内的各个地方。

根据内蒙古第31届旅游那达慕大会暨达茂联合旗第8届文化旅游节中蒙古象棋比赛报名者115位的信息资料，115位比赛者的来源分别为锡林郭勒盟45位、鄂尔多斯6位、巴彦诺尔1位、包头61位、赤峰2位。

根据内蒙古第31届旅游那达慕大会暨达茂联合旗第8届文化旅游节中参加沙嘎那达慕的有136位，136位比赛者的来源分别为锡林郭勒盟50位、鄂尔多斯2位、巴彦诺尔1位、包头72位、乌兰察布11位。

根据田野调查资料的分析，那达慕大会竞赛者主要来自内蒙古自治区内各个盟市的搏克手、射箭手、沙嘎那达慕比赛者、赛马手、蒙古象棋比赛者，其中来自包头的比赛者最多，其次是锡林郭勒盟。

3. 体育体验

当今的那达慕大会体育竞技愈加受到社会各界、不同民族个体的青睐。

---

① 引自笔者的访谈记录。受访者：BY，文化体育组织者，受访地点：达茂联合旗文化体育旅游产业发展中心，受访时间：2022年8月8日。

访谈十

YNR 说:"达茂旗那达慕大会虽然是蒙古族的传统活动,但是我们也认为这是一个很好的活动。一般情况下每年都会搞一次这样的活动,人们都会跑来观看,我个人比较喜欢搏克比赛。看完一场搏克比赛可以让我放松一下"。①

访谈十一

HD 说:"只要那达慕大会举行,我都会提前把工作做完,然后带着家人来观看。我最喜欢的还是搏克比赛,我有两个儿子,通过那达慕让我的两个儿子学一学我们蒙古族的传统文化。那达慕上最近几年汉族参加的也比较多,以前在赛马和搏克比赛上,基本都是蒙古族,但是最近几年看到越来越多的汉族和其他少数民族的人。偶尔也会看到外国人"。②

以上访谈情况说明,那达慕大会"男儿三艺"是不同民族都喜欢的项目之一。

(四)文化的交流与交融

民族学、人类学作为一门学科所讲的文化含义最早被英国人类学家爱德华·伯纳特·泰勒(E. B. Tylor,1832~1917)提出。泰勒对文化的整体性看法是"文化……是一个复合的整体,它包括知识、信仰、艺术、道德、法律、风俗以及作为社会成员的人所获得的其他任何能力和习惯"。在中国民族学界认为:"文化是人们在体力劳动和脑力劳动过程中所创造出来的一切财富,包括物质文化和精神文化,以及人们所具有的各种生产技能、社会经验、知识、民俗习惯等。"(林耀华,1997)文化的内容并不是一成不变的,它会随着文化的创新和引入不断变迁。纵观历史发展的长河,那达慕既保留着它传统意义上娱乐竞技形态,又与不同民族交流过程中吸收着其优秀文化因素,同时那达慕适应时代发展的需求,吸纳新的时代元素。

1. 祭祀祈福

那达慕的起源、发展以及其所表达的精神都与宗教有着密不可分的关系,因此在那达慕大会中有一项重要的神秘环节就是祭祀。达茂联合旗那达慕大会上经常看到的是火祭仪式。蒙古族习俗中,把火神视为家庭的保护神。达茂联合旗那达慕大会开幕之前都会举行火祭仪式,祈福事事顺利、全家幸福、健康平安、牲畜兴旺。例如,内蒙古自治区第31届旅游那达慕大会暨达茂联合旗第八届文化旅游节举行火祭仪式,首先把大会主席台前的篝火架火燃旺,即"拖拉噶"的火。然后旗委书记向"拖拉噶"献胸叉,向火神敬献奶皮、奶酪、奶油、酒等祭品,并祈祷火神保佑幸福安康,牲畜兴旺。火祭过程虽然由蒙古族为主来主持,但在祭拜祈福环节并无民族区分,来参加那达慕大会的各民族共同祈福。另外,受汉族祭灶风俗影响,蒙古族对祭火形式进行了一些改造和革新。篝火架的选用上足以体现(见附录3)。

---

① 引自笔者的访谈记录。受访者:YNR,观众,受访地点:达茂旗百灵庙镇那达慕会场,受访时间:2022年8月2日。

② 引自笔者的访谈记录。受访者:HD,观众,受访地点:达茂旗百灵庙镇那达慕会场,受访时间:2022年8月2日。

2. 艺术的交流

根据田野调查，文艺演出是那达慕大会上的重要模块。以下案例或许能够说明文艺交流情况。

访谈十二

广场舞表演者RYD说："我退休后在家闲着无聊，就开始跳广场舞，我们有一个老年人团，为了参加那达慕大会开幕式演出，我们老早就开始排练了，每天排练两个小时左右，我们队里有蒙古族、汉族，好像还有一个满族和回族的朋友。我们几个月前就开始练习了，我的搭档是蒙古族的，通过几个月的相处加深了友谊，我个人比较喜欢那达慕，热热闹闹的，对于我们老年人来说这样的机会比较少，我会很珍惜的"。①

访谈十三

NR说："每届那达慕大会上我们乌兰牧骑都会准备三四个节目，我今天演出的是马头琴群演，虽然演出是一个常态的工作，但是参加那达慕大会这样大型的开幕文艺演出，压力还是蛮大的"。②

访谈十四

年轻的舞蹈演员MYH说："我是内蒙古艺术学院的学生，今年有机会参加那达慕大会晚上的文艺演出非常激动，组织了一个小组合，从确定节目到编舞用了20天左右的时间，今天发挥得还算可以"。③

从上述访谈并结合田野调查资料了解到，那达慕大会有开幕式文艺演出、专场演唱会、合唱团专场晚会、舞蹈比赛、多媒体梦幻剧等主题不同的文艺活动。那达慕大会文艺演出者构成主要分为五类，包括当地乌兰牧骑、当地民间艺术团、学生团、老年队、从外地邀请的歌手演员。文艺演出者以蒙古族和汉族为主，演出的节目范围也各有特色。内容上，既有传统的蒙古族民歌、现代蒙古族歌曲、汉语歌曲，也有用国家通用语言翻唱的蒙古族歌曲、用蒙古语和国家通用语言串唱的歌曲、马头琴演奏等。舞蹈主要表现为传统的蒙古族舞蹈和现代舞等。汉族和蒙古族的歌手共同合作演出的节目也会常见。另外，那达慕大会开幕式方阵队中参加各个民族和不同行业的人。根据田野调查，第31届旅游那达慕大会开幕式方阵安排分别是：手捧圣洁哈达的哈达方阵队，由360名各民族群众组成的"团结奋进"方阵队，由包钢生产一线的200名产业工人组成的"齐心协力建包钢"方阵队，由20世纪60年代初被当地牧民收养的"国家的孩子"组成的"三千孤儿入内蒙"方阵队，成为一代代青少年学习的榜样的龙梅、玉荣"草原英雄小姐妹"方阵队，为农牧民群众送去欢乐吉祥的乌兰牧骑方阵队，由328人组成的宏大壮观的那达慕裁判员及运动员方阵队，自驾游方阵队等。

3. 语言的交流

语言是一种能够促进不同文化之间互动交流的黏合剂，它在不同文化的相遇、碰撞中

---

① 引自笔者的访谈记录。受访者：RYD，老年人队队员，受访地点：达茂旗百灵庙镇那达慕会场，受访时间：2021年7月31日。

② 引自笔者的访谈记录。受访者：NR，乌兰牧骑演员，受访地点：达茂旗百灵庙镇那达慕会场，受访时间：2021年7月31日。

③ 引自笔者的访谈记录。受访者：MYH，大学生，受访地点：达茂旗百灵庙镇那达慕会场，受访时间：2021年7月31日。

扮演着信息黏合的角色，同时也是一个民族文化的映射。

访谈十五

WXM 说："大会上的蒙古族朋友大部分都会说汉语，所以交流起来不怎么困难。虽然我是达茂旗本地人，经常与蒙古族朋友打交道，但是有些蒙古族民俗文化还是不太了解，我会时不时地问旁边的蒙古族朋友，他也会很认真、很友好地跟我讲解"。[①]

访谈十六

WDS 说："我是从牧区过来参加那达慕的，正好碰到了几位蒙古族老朋友，一起坐在主席台上边看那达慕，边叙叙旧，心里很是高兴"。[②]

根据以上案例和田野调查资料发现，在达茂联合旗那达慕大会上，为了满足蒙古族、汉族和其他民族群众的需要，国家通用语言和蒙古语会交替使用。在大会开幕式以及文艺演出等活动上，用蒙古语和国家通用语言双语主持，使得那达慕大会的传播效果更好，参与群众更加广泛。在大会参与群众中，蒙古族与蒙古族之间多用蒙古语交流，有时交叉使用蒙古语和国家通用语言；蒙古族与汉族之间多用国家通用语言交流，蒙古族与有一些在牧区生活的汉族人之间用蒙古语交流。

4. 服饰文化的交流与交融

物质文化同精神文化一样，是民族文化的一个重要领域。所谓物质文化，是指劳动工具和人们为了满足生活需要而创造出来的一切财富，它包括劳动工具、住所、饮食、服饰及交通运输等(林耀华，1997)。物质文化在内容上并非固定不变，它可以随文化的革新与借用而变迁。

蒙古族服饰符号也是那达慕大会上的一大美景，反映了蒙古族的文化模式、审美心理、社会形态和生活习俗。作为一个民族文化的主要象征，承载了博大精深的民族文化内涵，各民族服饰都表现出特有的地域文化特征，并在与时俱进中不断地创新(马雄福，2008)。从古至今，蒙古族服装种类、款式风格上与其他民族相互影响、相互借鉴，形成了一整套比较完整的服饰文化符号。在历史上，蒙古族在中原落脚后，蒙古族统治者为了更加高效地实施统治，接纳并继承了中原传统文化中的有益元素，并将其与本民族的传统文化相互融合。服饰的改革就是其中之一。蒙元服饰汲取了中原服饰文化的精髓，融合了龙凤等传统纹饰，并采用右衽开襟的方式呈现(李莉莎，2009)。在蒙古汗国成立之前，蒙古袍服的左衽作为一种传统方式，但在蒙古汗国建立以后，随着与周边地区各个民族的接触不断加深，人们的思想和观念也在不断变化，这导致服装形制逐渐演变。在这一时期，受到中原地区农耕民族服饰文化的影响，蒙古贵族、文人以及上层人士的袍服前襟叠压关系已经呈现出右衽的趋势(李莉莎，2007)。蒙古袍服最早右衽，有据可查的是内蒙古达茂联合旗大苏吉乡明水发掘出织金襟袍(夏荷秀、赵丰，1992)。太极图案是华夏族最为古老的抽象图案，在北方草原民族的传统文化中以龙为图案元素，进行组合的太极形状图案，蒙古语为"浩斯扎格斯"，意为生生不息，循环往复，阴阳互动(乌日晗，2021)，运用在服

[①] 引自笔者的访谈记录。受访者：WXM，观众，受访地点：达茂旗百灵庙镇那达慕会场，受访时间：2021年7月31日。

[②] 引自笔者的访谈记录。受访者：WDS，观众，受访地点：达茂旗百灵庙镇那达慕会场，受访时间：2021年7月31日。

饰中，并流传至今。另外"代表中原传统风格的牡丹、莲花、梅、菊、鸳鸯等图案也被广泛使用在蒙古族服饰上"（李莉莎，2010）。蒙古袍服左、右衽的改变以及纹饰的变化，实质上是蒙古民族文化与其他文化交融的结果。

那达慕作为一种文化交流空间为民族服饰文化的交流交融提供了平台。

访谈十七

ZRZ 说："虽然我是汉族，我也很喜欢蒙古袍，尤其在那达慕大会上大部分蒙古族的都会穿，感觉特别吸引我。现在好像也有好多现代样式的，那种的我们穿也不会太夸张，我本人之前也买过蒙古马甲。但是，演出服饰特别的华丽，那种的平时我们穿不了"。[①]

访谈十八

MYH 说："我比较喜欢蒙古族服饰，尤其是加入新元素的服饰，那达慕上也会有蒙古族传统服饰展示环节，这个对我来说最有吸引力"。[②]

5. 饮食文化的交流与交融

饮食作为一种重要存在，已不仅仅是为满足人们生存的基本物质需求，也是一种最明显的民族文化符号。在漫长的历史演进过程中，蒙古族饮食文化与其他民族文化在一个时期里碰撞、接纳、交融，最终积淀和形成了一种全新的文化现象。蒙古族传统饮食大致有四类：面食、肉食、奶食、茶食。在漫长的历史进程中，蒙古族先民很早就接受汉地的茶文化。在《饮膳正要》一书中，元朝宫廷的营养专家忽思慧详细记录了茶叶的名称以及制作方法。在蒙古族的茶文化中，所谓"茶"是指以茶叶和牛奶为主要原料的一种饮品。一方面，奶茶具有丰富的营养成分，含有大量人体所必需的氨基酸和多种维生素。蒙古族饮用奶茶和制作奶茶的习俗传统源自吐蕃王国，即从藏族酥油茶的演变过程中汲取灵感（娜日苏，2019）。随着藏传佛教的迅速传播，蒙古族人逐渐了解和接纳了藏民族的文化习俗，并与自身生活方式融为一体，饮茶习俗得以创新、发展。另一方面，茶在传统的宗教祭祀活动中作为特定的贡品发挥着重要作用。人们习惯将茶敬献给心中崇拜的神灵，以表示敬畏、感谢、祈求之情。比如，达茂联合旗那达慕大会火祭仪式中，将砖茶、奶食、糕点、酒等食物同上供的全羊一起放在供台上，等候喇嘛或者长者主持祭祀仪式。在面食实践历史中，蒙古族也吸收了汉族的饮食文化。蒙古族从汉族那里学会了包子和馅饼的做法，创新出蒙古族水晶包和薄皮馅饼等。在饮食实践历史中，蒙古族在食材的选用、制造的流程等方面都接纳吸收了汉族和其他民族饮食文化，一定程度上能说明蒙、汉、藏民族饮食文化交融的程度。

蒙古族饮食习俗也是那达慕大会文化的重要组成部分。美食展销活动成了那达慕大会的一个亮点。

访谈十九

ZRZ 说："虽然我是汉族，但是饮食习惯上有点像蒙古族，也爱吃手把肉，因为我们达茂旗的羊肉特别好吃，另外奶食品也是经常会吃，因为奶食品是特别有营养的食物。应该是因为长期跟蒙古族混居的原因吧，有些习惯改变了。蒙古族手抓羊肉和奶茶味道也很

---

① 引自笔者的访谈记录。受访者：ZRZ，观众，受访地点：达茂旗百灵庙镇艾不盖小区，受访时间：2021年5月3日。

② 引自笔者的访谈记录。受访者：MYH，观众，受访地点：达茂旗百灵庙镇，受访时间：2022年8月2日。

好，这些食物脂肪含量高，不容易饿，增加身体热量，这样就不怕天冷了"。[①]

访谈二十

YQZ说："第三次来参加那达慕大会。每次回去时，都会买点奶皮、奶酪等奶食品。我弟弟比较爱吃"。[②]

6. 蒙古包文化的交流与交融

在不同的社会变迁中，蒙古包展现出不同的形态和功能。蒙古包在与现代旅游业中的衔接，传统并非消失殆尽，而是通过不断创新、涵化、融合后，被大众传承享用。蒙古包从游牧生活中的居住空间角色逐步发展到旅游中的文化符号等角色，其形态和主要功能发生了很大的改变。在旅游背景下，蒙古包很好地融入到那达慕大会中，扮演着重要的角色。在保留蒙古包传统风格的基础上适应旅游市场的需求及审美，加以创新改造。那达慕大会中的蒙古包使传统蒙古包元素与现代元素融为一体。例如，会场的主席台、演员候场蒙古包、主持人蒙古包、调音台蒙古包的外表延续了传统蒙古包的圆形，保留了表面上的蒙古族建筑特色，选用钢筋水泥等现代建筑材料建成。其功能除了呈现审美功能外，还有遮挡风雨和太阳直射、临时休憩等功能。在那达慕场域下，蒙古包除了被赋予真实空间使用价值外，还成为旅游纪念品设计所必需。

五、那达慕文化空间中各民族交往交流交融的思考

那达慕文化空间中的各民族互动交流的过程，就是各民族交往交流交融的过程。通过对那达慕文化的调查分析，得出一定的结论。那达慕文化空间中的各民族交往交流交融的基础是民族团结，各民族之间的交往交流交融又丰富了民族文化，促进了经济发展，推动了民族团结事业。

（一）那达慕文化空间中各民族交往交流交融的基础是民族团结

民族团结是发展民族文化的前提，是促进民族文化交流与发展的基础。民族团结是那达慕文化传承与发展的重要支撑，若没有民族团结的有力支撑，那达慕文化无法传承与发展。正因为民族团结，才能使那达慕大会顺利举办，也为各民族交往交流交融提供了文化空间。

达尔罕茂明安联合旗坐落在祖国北部边陲，与蒙古国接壤，是内蒙古自治区边境旗（市）之一。达尔罕茂明安联合旗有蒙古族、汉族、回族、满族、朝鲜族、达斡尔族、藏族、苗族、土族等20多个民族，是一个多民族杂居的边疆地区。多民族交往交流密切，不分彼此，形成了团结稳定的社会环境，为那达慕大会的举办提供了和谐稳定的社会条件。

从整个达茂联合旗那达慕大会的举办过程来看，民族团结是那达慕大会成功举办的基

[①] 引自笔者的访谈记录。受访者：ZRZ，观众，受访地点：达茂旗百灵庙镇艾不盖小区，受访时间：2021年5月3日。

[②] 引自笔者的访谈记录。受访者：YQZ，观众，受访地点：达茂旗百灵庙镇那达慕会场，受访时间：2021年7月31日。

础。全旗各地区、各部门、社会各界团结奋斗、大力配合、通力协作,共同完成那达慕大会的顺利举办。另外,民族团结贯穿那达慕大会举办期间的全部过程,例如,那达慕大会的竞赛项目在比赛资格方面,除了对搏克手的年龄、身体健康情况和比赛期间购买人身意外伤害保险要求以外,其他比赛项目运动员户籍不限、民族不限、男女不限,体现了自由、开放、包容的场域,容纳吸引不同的人群和群体。因此,那达慕大会的整个运行过程离不开民族团结的支撑。所以说,民族团结是那达慕文化运行的基础。

(二)那达慕文化空间中各民族交往交流交融推动民族团结

当今那达慕大会的发展某种程度上促进民族与民族之间、地区与地区之间的文化、经济、旅游的互动与交流,同时也推动民族团结事业的发展。

1. 文化交流促进民族交往交流交融的深度

党的十九大强调:"要坚定文化自信,推动中华优秀传统文化创造性转化、创新性发展。"[1]那达慕文化在其漫长的历史进程中,在精神与物质文化方面虚心借鉴其他民族优秀的文化因素,谨慎融入时代发展的新元素,并将其转化为自身稳定的有机组成部分,使那达慕文化更具适应与创新能力。蒙古族那达慕文化是中华文化的重要组成,那达慕文化空间是文化交流传播的重要空间。在那达慕大会文化空间中,蒙古族与其他民族自由地交往,在文化上相互借鉴,生活上相互学习。在这包容开放的文化空间中的文化交流与理解,驱动民族文化的广泛交往,加深不同民族之间的文化、经济、体育等领域的交融,从而促使各民族之间的关系逐渐趋向和谐发展。

另外,不同民族的文化通过语言交流黏合剂得以广泛传播,与此同时,语言交流黏合剂也为不同民族之间的交往交流交融提供了必要的支持。

2. 经济互动推进民族交往交流交融的深度

经济互动与民族交往交流交融的深度息息相关。经济互动需求促使那达慕大会成为一种经济互通的平台。在达茂联合旗那达慕大会空间中,不同民族个体通过买卖小吃、化妆品、儿童玩具、杂货、奶食品、旅游纪念品、蒙古族服饰、蒙古刀、银器、银饰、香料等商品,建立一种信任、买卖、合作的互动关系,增进各民族个体的直接接触的机会,促使各民族在经济交换中加深理解、增进感情,逐步形成团结互助的关系。

3. 文化消费推动民族交往交流交融的深度

文化消费与民族交往交流交融的深度息息相关。那达慕文化旅游消费塑造了一个各民族交往交流交融的自由、开放、包容的文化空间,容纳吸引不同民族的个体。在这种文化消费空间中,更多的个体能够自由地互动和交流,当地蒙古族民众对本民族文化有更多的了解,提升民族自豪感并刺激民族互动,其他民族民众则对蒙古族文化有更深入的认知与理解,加强各民族之间的了解与认同。那达慕文化旅游消费空间为民族交往文化的相互交流和认同提供了强有力的动力。

---

[1] 决胜全面建成小康社会 夺取新时代中国特色社会主义伟大胜利[N]. 人民日报,2017-10-28(001).

(三) 拓展各民族共享那达慕文化空间的对策建议

1. 推动"那达慕"品牌效应，夯实民族交往交流交融的物质基础

加快民族地区的经济发展，推动各民族共同繁荣发展，夯实民族交往交流交融的物质基础。

进一步发挥"那达慕"品牌的独特竞争优势与推动"那达慕"文化资源的整合，是获得更大市场空间、吸引更多消费人群的重要手段。可以先进行内部市场调查，并剖析那达慕在市场竞争中的潜在优势。然后，进行对那达慕文化的守正创新。逐步完善"那达慕"举办过程中的内部管理体系，进一步优化服务水平，借用各种宣传活动和平台，将优势传递给各位潜在消费者。比如，迎合时代特点和新时期年轻人的需求，别出心裁地进行项目、内容、形式的守正创新，以满足当今人们不断变化的精神与物质方面的需求。通过内部调查统计较受欢迎的各类小吃、农牧产品和各类小商品，并在全面分析市场中同类产品的基础上，对现有产品进行优势挖掘。大力进行宣传推广，提升产品的知名度。

从微观上看，"那达慕"品牌建设的过程就是与不同地区、不同民族的交往交流的过程，可以通过线上线下的互动，与来自全国各地的顾客跨时空、跨民族、跨语言交流，实现不同地区之间的信息互换，增进不同民族之间的交往互通。从宏观上来看，"那达慕"品牌建设，有助于拓宽就业渠道，带动各民族就业率，促进参与者的增收。

2. 探索多元模式，夯实民族交往交融的思想基础

举办"那达慕"活动，要紧紧围绕中国特色社会主义伟大旗帜，大力倡导中华民族共同体意识，使社会主义核心价值观贯穿在每一个活动环节中。

"那达慕"承办者有效利用"那达慕"这一文化媒介，不断拓宽各民族交往交流交融的平台，夯实民族交往交流交融的思想基础。在"那达慕"文化活动期间，可以举办民族团结先进典型案例分享大会，也可以举办各民族互助互帮的先进事例分享大会，发挥带头模范作用，借助身边的实际实例来辐射周围人，在潜移默化中影响大家的思想观念。还可以借助"那达慕"文化平台，加强爱国主义教育。通过有效利用"那达慕"这一文化媒介，共同推进各民族文化交流，让各民族像石榴籽一样紧紧抱在一起。

3. 宣传内蒙古民族团结经验，铸牢中华民族共同体意识

发挥好"那达慕"这一文化平台的作用，讲好内蒙古民族团结故事，宣传好内蒙古民族团结经验，呵护"模范自治区"崇高荣誉。汇聚时代发展的力量，不断响应国家和时代的需求，增强民族交往交流交融，促进民族团结，铸牢中华民族共同体意识。

结论

作为中华民族传统文化的重要组成部分，那达慕大会不仅是一种民俗文化资源，而且是各民族交往交流交融的重要平台。全面推进民族团结进步事业背景下，以民族交往交流交融为视角研究那达慕文化具有一定的现实价值。本文选取达茂联合旗那达慕大会为田野点，从国家政策的推动、地方政府的支持和社会的参与角度，分析了那达慕文化空间再生产的逻辑，从经济生活交往、文化消费、体育运行模式、文化的交流与交融等方面，分析了那达慕文化空间的运行模式，从而对那达慕文化空间中各民族交往交流交融进行了思考。通过对那达慕文化的调查分析，得出那达慕文化空间中的各民族互动交流的过程，就是各民族交往交流交融的过程。

那达慕文化空间中各民族交往交流交融的基础是民族团结。民族团结是那达慕文化传承与发展的重要支撑，若没有民族团结的有力支撑，那达慕文化无法传承与发展。正因为民族团结，才使得那达慕文化顺利举办，也为各民族交往交流交融提供了文化空间。从整个达茂联合旗那达慕大会的举办过程来看，民族团结是那达慕大会成功举办的基础。

那达慕文化空间中的各民族交往交流交融推动民族团结。当今那达慕大会的发展某种程度上促进民族与民族之间、地区与地区之间的文化、经济、旅游的互动与交流，同时也推动民族团结事业的发展。在包容开放的那达慕大会文化空间中，蒙古族与其他民族自由地交往，促进民族交往交流交融的深度，从而促使各民族之间的关系逐渐趋向和谐发展；那达慕文化空间增进各民族个体的直接接触的机会，促使各民族在经济交换中加深理解、增进感情，推进民族交往交流交融的深度，逐步形成团结互助的关系；那达慕文化旅游消费空间为民族交往文化的相互交流和认同提供了强有力的动力。那达慕大会促进民族广泛交往、推动民族全面交流、促使民族文化深度交融，从而全面推进民族团结进步事业。

参考文献

一、专著

[1]那·恩和，确吉. 蒙古族那达慕[M]. 呼伦贝尔：内蒙古文化出版社，2007.

[2]张曙光. 那达慕的现代传承及意义阐述[M]. 北京：商务印书馆国际有限公司，2015.

[3]李静. 民族交往心理的跨文化研究[M]. 北京：中国社会科学出版社，2010.

[4][美]亚伯拉罕·马斯洛. 动机与人格[M]. 许金声等译. 北京：中国人民大学出版社，2007.

[5]庄孔韶. 人类学概论（第二版）[M]. 北京：中国人民大学出版社，2015.

[6]达尔罕茂明安联合旗志编纂委员会. 达尔罕茂明安联合旗志（1991-2005）[M]. 海拉尔：内蒙古文化出版社，2008.

[7][蒙古国]只·策布勒. 简明蒙古语辞典[M]. 呼和浩特：内蒙古人民出版社，2002.

[8]大平，宁导. 中国那达慕[M]. 呼和浩特：内蒙古大学出版社，1991.

[9]林耀华. 民族学通论（修订本）[M]. 北京：中央民族大学出版社，1997：384.

[10]达茂旗政协文史资料编辑委员会. 达茂文史资料（第一辑）[M]. 内部发行，1997（5）：1-4.

[11]马雄福. 新疆少数民族服饰与节庆[M]. 北京：中国旅游出版社，2008：4-7.

[12][美]克莱德·M. 伍兹. 文化变迁[M]. 何瑞福译. 石家庄：河北人民出版社，1989.

[13][日]杉山正明. 游牧民的世界史[M]. 黄美蓉译. 北京：中华工商联合出版社，2014.

二、学位论文

[1]白红梅. 文化传承与教育视野中的蒙古族那达慕[D]. 中央民族大学博士学位论文，2008.

[2]贾兴荣. 浙江景宁畲汉民族交往交流交融研究[D]. 中南民族大学博士学位论文，2019.

[3]杜格卓玛. 青海河南蒙古族自治县"那达慕"大会的地域性特点及其意义研究[D]. 西藏大学硕士学位论文，2018.

三、期刊

[1]陈玉芝. 蒙古族"那达慕"变迁浅析[J]. 黑龙江民族丛刊，2014，141(4)：127-130.

[2]贾瑞光，胡艳霞. 蒙古族那达慕文化特性及其发展对策研究[J]. 前沿，2011，282(4)：139-141.

[3]邢莉，张曙光. 蒙古族那达慕符号在当代的重构与族群认同[J]. 中央民族大学学报(哲学社会科学版)，2015，42(6)：126-131.

[4]李静，于晋海. 游牧民族传统文化的变迁与调适——以青海河南县那达慕为例[J]. 青海社会科学，2019，236(2)：180-185.

[5]周梅. 蒙古族传统体育"那达慕"活动安全体系的构建[J]. 广州体育学院学报，2019，39(02)：80-82.

[6]周梅，刘凤梅，谢晓艳. 蒙古族传统体育那达慕的现代价值和传承保护研究[J]. 黑龙江民族丛刊，2016，154(5)：174-178.

[7]赵振浩，刘明胜，包呼格吉乐图. 蒙古族传统体育那达慕文化国际传播策略及途径[J]. 沈阳体育学院学报，2015，34(3)：138-140.

[8]姜晓珍，刘志民. 我国蒙古族"那达慕"文化在学校传承的调查研究[J]. 内蒙古师范大学学报(教育科学版)，2014，27(8)：20-22.

[9]白红梅. 内蒙古那达慕文化的经济贸易功能[J]. 云南社会科学，2011，183(5)：105-107.

[10]郝延省. 蒙古族"那达慕"品牌建设与推广策略[J]. 体育文化导刊，2018，193(7)：90-95.

[11]秦丹. 旅游人类学视域下内蒙古民族节庆旅游研究[J]. 贵州民族研究，2017，38(11)：177-180.

[12]杜娟. 文化人类学视角下的民族交往交流交融[J]. 宗教信仰与民族文化，2019(2)：23-35.

[13]王瑜，马小婷. 论加强各民族交往交流交融的内涵辨析、理论释析与教育路径探析[J]. 广西民族研究，2020(5)：32-39.

[14]罗彩娟，蓝尉铭. 以节为媒：民族交往交流交融的新机制——以广西布努瑶祝著

节为例[J]. 湖北民族大学学报(哲学社会科学版), 2022, 40(3): 144-153.

[15]曹大明, 陈颖. 节日文化空间中的民族交往交流交融——以湘西州泸溪县婆落寨跳香节为例[J]. 中南民族大学学报(人文社会科学版), 2022, 42(4): 49-56.

[16]阿依古力·依明. 刍议民族间"交往交流交融"理论: 内涵、特征及影响因素[J]. 中共乌鲁木齐市委党校学报, 2016, 88(3): 40-45.

[17]郝亚明. 中华民族共同体意识视角下的民族交往交流交融研究[J]. 西南民族大学学报(人文社会科学版), 2019, 40(3): 9-13.

[18]薄音湖. 三娘子在明代蒙汉关系中的作用[J]. 学习与思考(中国社会科学院研究生院学报), 1981(4): 70.

[19]石莉. 打造奢香古驿道文化线路[J]. 贵州社会科学, 2014(7): 87.

[20]王枫云, 韦梅. "茶马古道"概念的形成及其传播[J]. 广西民族研究, 2020(6): 86-93.

[21]王希恩. 民族的融合、交融及互嵌[J]. 学术界, 2016, 215(4): 34.

[22]韩建萍. 文献研究法在高校历史教学中的运用[J]. 喀什大学学报, 2017, 38(6): 106-109.

[23]钱志远, 张洁. "扎根生活"的思想政治教育学——论作为思想政治教育研究方法的参与观察[J]. 思想政治教育研究, 2022, 38(2): 53-57.

[24]李莉莎. 元代服饰制度中南北文化的碰撞与融合[J]. 内蒙古师范大学学报(哲学社会科学版), 2009, 38(3): 62.

[25]李莉莎. 蒙古袍服前襟叠压关系的改变及其意义[J]. 内蒙古社会科学(汉文版), 2007(6): 110.

[26]夏荷秀, 赵丰. 达茂旗大苏吉乡明水墓地出土的丝织品[J]. 内蒙古文物考古, 1992(Z1): 113-120.

[27]乌日晗. 蒙古族图案中龙纹的形态演化与寓意考[J]. 美术大观, 2021(7): 113.

[28]娜日苏. 蒙古族的茶文化[J]. 内蒙古民族大学学报(社会科学版), 2019, 45(4): 19.

[29]杨建军, 彭婷. 藏族弓箭文化符号铸牢中华民族共同体意识研究[J]. 北京体育大学学报, 2022, 45(3): 48.

[30]钟志勇. 搏克传承对蒙古族传统文化发展的启示[J]. 宁夏社会科学, 2009(3): 146.

[31]乌日晗. 蒙古族图案中龙纹的形态演化与寓意考[J]. 美术大观, 2021(7): 111.

四、其他资料

[1]王伟. 中共中央国务院召开第五次西藏工作座谈会[EB/OL]. http://www.npc.gov.cn/zgrdw/npc/xinwen/szyw/zhbd/2010-01/23/content_1535846.htm.

[2]新华网. 习近平在第二次中央新疆工作座谈会上发表重要讲话[EB/OL]. https://www.neac.gov.cn/seac/c100500/201405/1085610.shtml.

[3]新华网. 中央民族工作会议暨国务院第六次全国民族团结进步表彰大会在京举行[EB/OL]. https://www.neac.gov.cn/seac/c100511/201409/1086823.shtml.

［4］牢记初心使命贯彻以人民为中心发展思想　把祖国北部边疆风景线打造得更加亮丽［N］.人民日报，2019-07-17(001).

［5］高举中国特色社会主义伟大旗帜　为全面建设社会主义现代化国家而团结奋斗——在中国共产党第二十次全国代表大会上的报告［N］.人民日报，2022-10-26(01).

［6］达茂联合旗第七次全国人口普查主要数据公报。达茂统计微讯，2021-08-04。

［7］(蒙古语)内蒙古第31届旅游那达慕大会暨达茂旗第8届文化旅游节盛大开幕。达茂联合旗融媒体中心微信公众号(英雄达茂蒙古语)，2021-07-31。

附录1　民族交往交流交融视角下的那达慕文化研究访谈调查提纲

访谈对象：
访谈地点：
访谈方式：
访谈时间：

一、针对组织者的提问(10个问题)：

1. 达茂联合旗共举办了多少届那达慕大会？
2. 达茂联合旗那达慕大会举办具体形式和目的是什么？
3. 现在的达茂联合旗那达慕大会有哪些项目？对哪些传统那达慕项目进行了扬弃？哪些是加的项目？
4. 达茂联合旗那达慕大会具有哪些特点？
5. 您认为举办达茂联合旗那达慕大会的社会价值是什么？
6. 您认为达茂联合旗那达慕大会对蒙古族和社会其他民族成员具有什么影响呢？
7. 达茂联合旗那达慕大会对边疆民族地区的团结稳定起到了什么样的作用？
8. 达茂联合旗那达慕大会对民族的交流交往起到了什么样的作用？
9. 人们参与那达慕大会的积极性如何？
10. 达茂旗那达慕大会的举办达到了什么样的目的？

二、针对参赛者的提问(7个问题)：

1. 您是第几次参加达茂联合旗那达慕大会？具体参赛项目是什么？
2. 最近几年的那达慕大会在项目内容上有什么变化？
3. 除了蒙古族朋友是否有其他民族的朋友以参赛者的身份参与过此项目？
4. 您通过那达慕大会认识了其他民族的朋友吗？
5. 那达慕大会对您有什么影响？
6. 通过那达慕大会是否加深了对蒙古族传统文化了解？
7. 您是否会参加下一届那达慕大会？

三、针对参观者的提问(8个问题)：

1. 您是第几次参加达茂联合旗那达慕大会？
2. 您最喜欢那达慕大会的哪些项目？为什么？
3. 您参加那达慕大会的目的是什么？
4. 通过那达慕大会您认识了其他民族的朋友吗？
5. 通过那达慕大会您是否了解了蒙古族传统文化？
6. 那达慕大会对您有什么影响？

7. 您认为举办那达慕大会有必要吗？为什么？
8. 您是否会参加下一届那达慕大会？

附录2　民族交往交流交融视角下的那达慕大会研究调查问卷

那达慕文化作为我国优秀的传统文化，在促进我国民族团结进步事业方面具有积极的作用。本问卷目的在于了解那达慕大会上民族交往交流交融情况。请您认真阅读每个题目及选项，做出自己的选择，谢谢您！

第一部分　基本情况

1. 您的性别？
   A. 男　　　　　　　　　　　　B. 女
2. 您的年龄？
   A. 18 岁以下　　B. 18~40 岁　　C. 41~65 岁　　D. 65 岁以上
3. 您的民族？
   A. 汉族　　　　B. 蒙古族　　　C. 其他民族
4. 您的学历？
   A. 本科以下　　B. 本科　　　　C. 研究生及以上　D. 无学历
5. 您的职业？
   A. 政府职员　　B. 公司职员　　C. 自由职业者　　D. 学生
   F. 退休者
6. 您现在的居住地？
   A. 县城　　　　B. 牧区　　　　C. 农区

第二部分　民族交往交流情况的测试题目

7. 您参加过达茂联合旗那达慕大会情况？
   A. 0 次　　　　B. 1 次　　　　C. 2 次及以上
8. 未参加是因为？
   A. 没有时间　　　　　　　　　B. 不感兴趣
9. 您参加那达慕大会的目的？
   A. 休闲娱乐　　　　　　　　　B. 参加项目
   C. 了解学习蒙古族传统民俗文化　D. 认识新的朋友
   E. 经济活动
10. 您最喜欢那达慕大会的哪个项目？
    A. 开幕式及开幕演出　　　　　B. 体育竞技类活动
    C. 文艺类活动　　　　　　　　D. 商贸类活动
11. 您最喜欢那达慕大会的哪个体育竞技类项目？
    A. "男儿三艺"搏克、射箭、赛马　B. 蒙古族象棋竞赛

C. 伽日竞赛 D. 沙嘎那达慕
E. 乒乓球大赛 F. 草原足球赛
12. 您了解蒙古族的风俗习惯吗？
A. 不太了解 B. 了解 C. 非常了解
13. 通过那达慕大会您的收获是什么？
A. 认识了新朋友 B. 促进了对蒙古族民俗文化的了解
C. 休闲娱乐
14. 若果有机会您还会参加那达慕大会吗？
A. 会 B. 不会 C. 看情况

附录 3　田野调查资料 1

附图 1　达茂联合旗那达慕大会主会场
（笔者拍摄，2022 年 8 月 1 日）

附图 2　达茂联合旗那达慕大会主会场
（笔者拍摄，2022 年 8 月 1 日）

附图 3　达茂联合旗第 32 届那达慕大会开幕式
（笔者拍摄，2022 年 8 月 1 日）

附图 4　达茂联合旗第 32 届那达慕大会开幕式
（笔者拍摄，2022 年 8 月 1 日）

多民族共享那达慕大会文化空间的发展路径研究 | 269

附图 5　达茂联合旗第 32 届那达慕大会观众

（笔者拍摄，2022 年 8 月 1 日）

附图 6　达茂联合旗第 32 届那达慕大会射箭比赛观众

（笔者拍摄，2022 年 8 月 2 日）

附图 7　第 32 届那达慕大会射箭手

（笔者拍摄，2022 年 8 月 2 日）

附图 8　笔者访谈场所

（笔者朋友娜荷芽拍摄，2022 年 8 月 8 日）

附图 9　第 31 届那达慕大会开幕式

（笔者拍摄，2021 年 7 月 31 日）

附图 10　第 31 届那达慕大会祭火仪式

（笔者拍摄，2021 年 7 月 31 日）

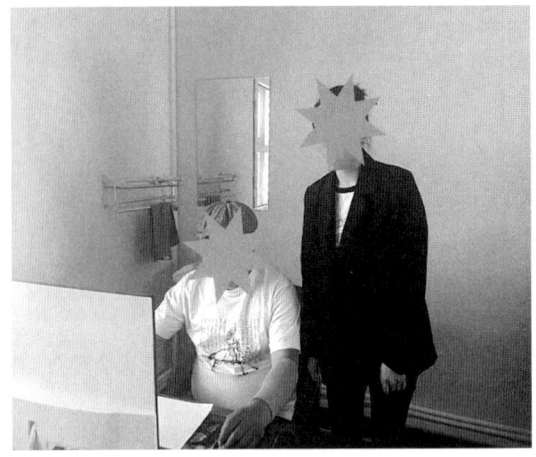

附图 9 和附图 10　文化体育旅游产业发展中心工作人员的访谈图

（笔者朋友娜荷芽拍摄，2022 年 8 月 8 日）

附图 11　第 31 届那达慕大会文艺演出　　　**附图 12　第 31 届那达慕大会方阵队**

　（笔者拍摄，2021 年 7 月 31 日）　　　　　　　（笔者拍摄，2021 年 7 月 31 日）

附图 13　第 31 届那达慕大会搏克比赛　　　**附图 14　第 31 届那达慕大会蒙古象棋比赛**

　（笔者拍摄，2021 年 7 月 31 日）　　　　　　　（笔者拍摄，2021 年 7 月 31 日）

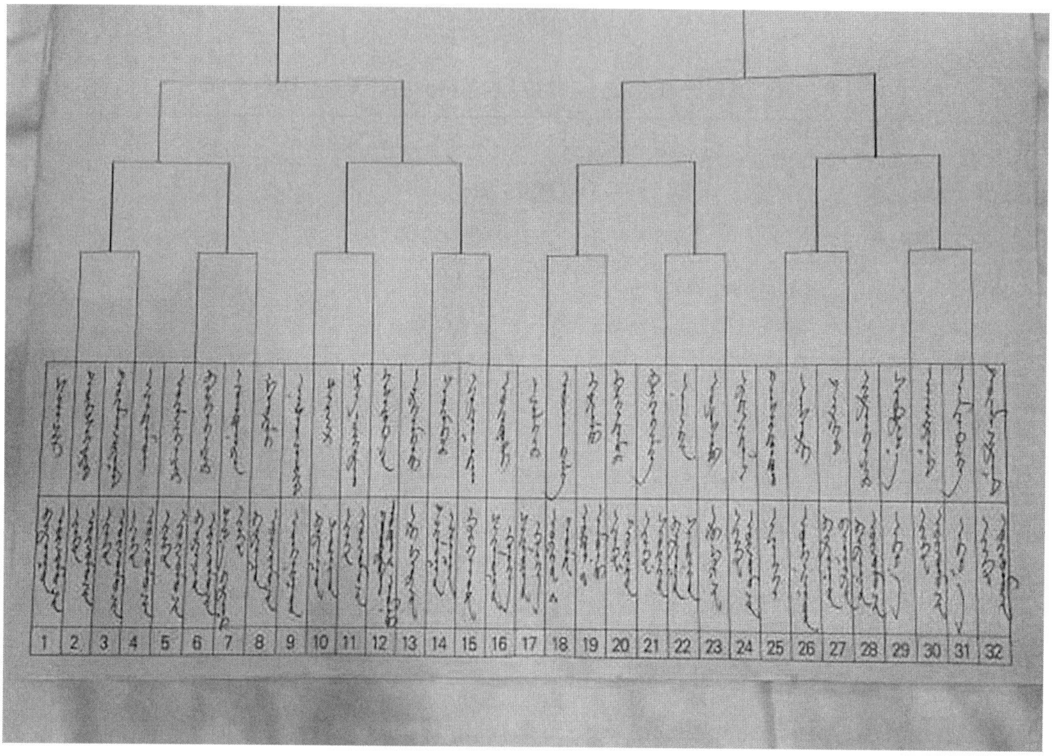

多民族共享那达慕大会文化空间的发展路径研究 | 271

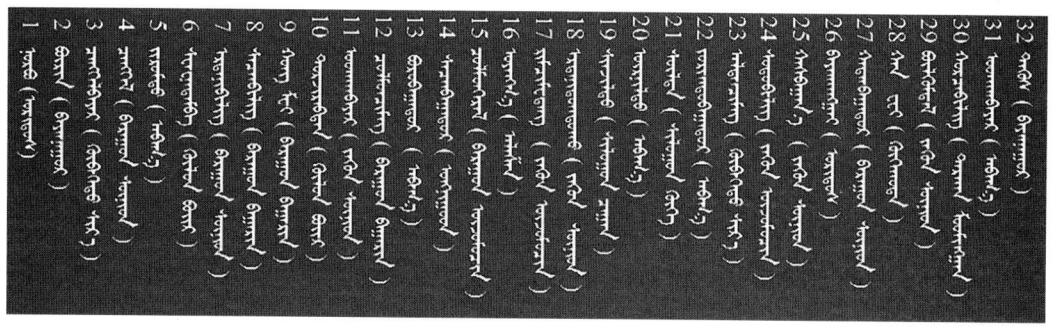

附图 15　第 31 届那达慕大会搏克手名单
（文化体育旅游产业发展中心工作人员提供资料，2022 年 8 月 8 日）

附图 16　第 31 届那达慕大会射箭手名单
（文化体育旅游产业发展中心工作人员提供资料，2022 年 8 月 8 日）

附录4 田野调查资料2

达茂联合旗历届那达慕大会情况(笔者根据田野调查资料制表)

序号	届数	举办时间	体育项目设置	参赛情况
1	第一届那达慕	1953年8月	搏克、赛马、射箭	搏克64名、赛马30匹
2	第二届那达慕	1955年8月	搏克、赛马、射箭	搏克64名、赛马30匹
3	第三届那达慕	1956年8月	搏克、赛马、射箭	搏克64名、赛马35匹
4	第四届那达慕	1957年8月	搏克、赛马、射箭	搏克64名、赛马40匹
5	第五届那达慕	1958年8月	搏克、赛马、射箭、拔河	搏克64名、赛马40匹
6	第六届那达慕	1959年8月	搏克、赛马、射箭	搏克64名、赛马45匹
7	第七届那达慕	1960年8月	搏克、赛马、射箭	搏克64名、赛马50匹
8	第八届那达慕	1961年8月	搏克、赛马、射箭	搏克64名、赛马53匹
9	第九届那达慕	1962年8月	搏克、赛马、射箭、篮球	搏克64名、赛马45匹
10	第十届那达慕	1963年8月	搏克、赛马、射箭	搏克64名、赛马60匹
11	第十一届那达慕	1964年8月1日	搏克、青少年搏克(乌盟首届)、赛马、射箭	搏克64名、赛马62匹
12	第十二届那达慕	1965年8月1日	搏克、赛马、射箭、拔河	搏克64名、赛马65匹
13	第十三届那达慕	1972年8月2日	搏克、赛马、射箭、拔河	搏克128名、赛马80匹
14	第十四届那达慕	1975年8月5日	搏克、赛马、射箭、拔河	搏克64名、赛马45匹
15	第十五届那达慕	1980年8月2日	搏克、赛马、射箭、拔河	搏克64名、赛马45匹
16	乌兰察布盟第二届那达慕暨达茂旗第十六届那达慕	1984年8月3日	搏克、少年搏克、赛马、射箭	搏克256名、赛马80匹
17	建旗45周年暨第十七届那达慕	1997年8月8~12日	搏克团体、成人、少年搏克、赛马、射箭、布鲁、拔河	搏克128名、赛马64匹(参赛500余人次)
18	建旗50周年暨第十八届那达慕	2002年8月26~30日	搏克团体、成人、少年搏克、赛马、射箭、拔河	搏克128名、赛马86匹(参赛800余人次)
19	第十九届那达慕	2005年8月10~14日	搏克团体、成人、少年搏克、赛马、射箭、蒙古棋、鹿棋、弹个、拔河	搏克256名、赛马78匹(参赛1200余人次)
20	第二十届那达慕	2006年8月10~14日	搏克团体、成人、少年搏克、赛马、射箭、拔河	搏克128名、赛马70匹(参赛1100余人次)
21	自治区成立60周年、建旗55周年暨第二十一届那达慕	2007年8月12~14日	搏克团体、成人、少年搏克、赛马、射箭、布鲁、拔河	搏克256名、赛马90匹(参赛1300余人次)

续表

序号	届数	举办时间	体育项目设置	参赛情况
22	第二十二届那达慕暨首届草原文化旅游节	2008年7月28~30日	搏克团体、成人、少年搏克、赛马、射箭、布鲁、拔河	搏克256名、赛马90匹（参赛1600余人次）
23	包头市第二届少数民族传统体育运动会达尔罕茂明安联合旗第二十三届那达慕大会	2012年8月16~18日	搏克、赛马、射箭、布鲁、蒙古象棋、长拳、长棍	搏克256名、赛马90匹（参赛1900余人次）
24	第五届中国游牧文化旅游节暨达茂联合旗第28届那达慕大会	2017年7月22~24日	搏克、赛马、射箭、布鲁、蒙古象棋	（参赛1900余人次）
25	内蒙古自治区第31届旅游那达慕大会暨达茂联合旗第八届文化旅游节	2021年7月31日至8月3日	搏克、赛马、射箭、布鲁、蒙古象棋、沙嘎、嘎日哈	搏克512名、赛马126匹（参赛1500余人次）
26	达茂联合旗第9届文化旅游节暨32届那达慕大会	2022年8月1~3日	搏克、赛马、射箭	搏克256名（参赛1200余人次）

非物质文化遗产乌珠穆沁长调的传承研究

贺希格达来　乌日图那苏图

摘　要：随着国家对非物质文化遗产的重视和保护工作的加强，对其研究力度呈现出持续稳定的发展趋势。非物质文化遗产本质上是民间文化的重要部分，一方面，对其保护有利于提升中华民族文化自信自觉，建设社会主义文化强国；另一方面，挖掘利用宝贵的文化信息资源，对于实现经济文化可持续性发展具有重要意义。蒙古族长调"非物质文化遗产"申报成功再次证明，全国乃至全世界人民对蒙古族长调的文化地位、文化价值给予了认可与肯定。

本文以乌珠穆沁长调为研究对象来研究非物质文化遗产的传承。具体内容包括三个部分：第一部分为绪论部分，交代了研究背景、研究意义以及研究的相关综述和研究方法。第二部分为论文的主体部分，包括四小部分：第一小部分为对长调和调研地点进行概述，第二小部分、第三小部分、第四小部分分别从长调的当代传承载体，当代具体传承的人群以及当前长调的主要传承的空间三个方面对当代的传承进行研究。第三部分对本论文非物质文化遗产和乌珠穆沁长调传承进行总结。通过本文的研究将为乌珠穆沁长调的传承和保护提供参考，为理解和认识音乐的文化价值提供例证，也有利于推动非物质文化遗产资源发展。期望本文研究成果能为内蒙古锡林郭勒地区传统非物质文化遗产未来的保护与发展提供更多的参考与借鉴。

乌珠穆沁长调当代传承的成功经验告诉我们，长调的保护必须深入基层，以确保其文化价值得到充分的体现。保护长调的本质在于维护其生存的基层社区，因为只有在这个社区中，原生性才能得到充分的保护。由于研究水平有限、精力和时间有限，本研究中还存在理论理解和应用不够全面和深刻等不足。

关键词：乌珠穆沁长调；非物质文化遗产；文化人类学；传承

一、绪论

（一）研究背景和研究意义

1. 研究背景

2021年中央民族工作会议提到，"注意对各民族在饮食服饰、风俗习惯、文化艺术、建筑风格等方面的保护和传承，在中华文化百花园里绽放光彩"。文化是民族的精神命脉，文化自信是更基础、更广泛、更深厚的自信，是一个国家、一个民族发展中最基本、最深沉、最持久的力量(胡和平，2022)。习近平总书记在党的二十大报告中提出"推进文化自信自强，铸就社会主义文化新辉煌"的重大任务，"全面建设社会主义现代化国家，必须坚持中国特色社会主义文化发展道路，增强文化自信，围绕举旗帜、聚民心、育新人、兴文化、展形象建设社会主义文化强国，发展面向现代化、面向世界、面向未来的，民族的科学的大众的社会主义文化，激发全民族文化创新创造活力，增强实现中华民族伟大复兴的精神力量"。还强调"以社会主义核心价值观为引领，发展社会主义先进文化，弘扬革命文化，传承中华优秀传统文化，满足人民日益增长的精神文化需求，巩固全党全国各族人民团结奋斗的共同思想基础，不断提升国家文化软实力和中华文化影响力"。传承和弘扬中华优秀传统文化既是增强文化自信、建设社会主义文化强国的应然之义，也是全面建设社会主义现代化国家、推进实现中华民族伟大复兴的实践前提。对"繁荣发展文化事业和文化产业"做出部署安排，将为新时代文化工作的开展提供基本遵循和前进方向。

长调是受自然环境的影响，源于劳动人民的创作。长调悠扬、细微的风格形成了独立的音乐特色，得到普遍认可，被确定为国家级非物质文化遗产保护，在各民族的歌曲艺术中占应有的地位。2005年11月25日联合国教科文组织公布了第三批"人类口头和非物质文化遗产"名录，其中中国和蒙古国联合申报的蒙古族长调民歌榜上有名。2006年蒙古族长调民歌入选中国第一批非物质文化遗产名录(编号：Ⅱ—3，类别：民间音乐)。蒙古族长调民歌"非遗"申报成功再次证明，全国乃至全世界人民对蒙古族音乐的文化地位、文化价值给予了认可与肯定(李建军，2014)。

乌珠穆沁长调是乌珠穆沁人民广为传承和发展的代表性艺术。莫德格作为内蒙古自治区的首位女中音歌唱家，将蒙古长调呈现在舞台上，从而使蒙古族长调成为了一种不可或缺的艺术形式，并为其艺术地位奠定了坚实的基础。那·布和哈达对乌珠穆沁被称为长调摇篮的特征的传承统计，传奇民歌创作最多的故乡、歌舞升平的地方、歌唱家多、歌手地位高、声音涉及的禁忌五个方面表达了研究的价值。

2. 研究意义

非物质文化遗产保存着民族的智慧，这与文化人类学的研究有着密切的关系。本文旨在通过对非物质文化遗产和乌珠穆沁长调的研究，体现乌珠穆沁长调当代传承，为论文奠定理论基础。保护与探索非物质文化遗产对蒙古族文化既传承又弘扬，这不仅具有重要的理论意义，而且具有现代意义。

乌珠穆沁长调民歌，历史悠久、具有特色，为历代乌珠穆沁草原繁衍生息的民众所共同创造。其与乌珠穆沁草原特有的自然地理环境和畜牧业生产生活以及独特的民俗融为一体，成为蒙古族长调民歌最具代表性的传统民歌。随着蒙古族长调民歌被列入人类口头与非物质文化遗产名录，乌珠穆沁长调民歌也迎来了新的发展机遇。长调、呼麦、马头琴三项是蒙古音乐中三大世界非物质文化遗产。这些正在经历不断地变化，积极地融合和创新，形成了独特的艺术精神，展现了草原音乐的完美表现和巨大魅力。蒙古族长调民歌作为世界非物质文化遗产，蕴含着无法估量的艺术价值，足以彰显其独特的文化魅力。通过本文的研究将为乌珠穆沁长调的传承和保护提供参考，为人们更加全面理解、认识音乐的文化价值提供例证，也有利于推动非物质文化遗产资源发展。

(二) 文献综述

1. 非物质文化传承研究

苑利、顾军(2009)的《非物质文化遗产学》是国内第一部以非物质文化遗产学学科建设为终极目标的学术专著，对非物质文化遗产概念、分类、人类保护非物质文化遗产的历史进程、对其的价值影响因素，保护非物质文化遗产的方法与原则等进行了探讨。同时，对于传承主体与保护主体之间不同功能以及遗产的普查、申报、开发经营等进行了分析。麻国庆、朱伟(2018)的《文化人类学与非物质文化遗产》利用人类学理论来阐释非物质文化的本质有活态性、地域性、民族性三大特征。活态性依靠"人"存载，同时也是依赖于社会关系而传承；地域性则强调地方社会的记忆与认同感；民族性强调民族感情和文化自觉。郑培凯(2006)的《口传心授与文化传承：非物质文化遗产：文献，现状与讨论》主要探讨了非物质文化遗产，研究以获得联合国教科文组织"人类非物质文化遗产杰作"的昆曲与古琴为例，对现状做了内部评估与反省，特别是纳入宏观文化传统的观照。在非物质文化遗产保护上，日本一直走在世界前列。王晓奎(2008)在《日本非物质文化遗产保护立法的演变及相关问题》中对日本的非物质文化遗产保护作出了介绍。在日本，人们把传统的文化遗产统称为文化遗产。1950年，日本颁布《文化遗产保护法》。在《文化遗产保护法》中，将国家文化遗产分为有形文化遗产、无形文化遗产、民俗文化遗产、纪念物及传统建筑群五大类。这里第一次提出了无形文化遗产，无形文化遗产是具有历史价值和艺术价值的传统戏曲、歌曲、工艺美术以及其他无形文化的表现形式。日本特别看重非物质文化遗产传承人，还提出一个"民间国宝"的概念。刘晓峰(2007)在《谁是"民间国宝"——日本"无形文化遗产"传承人定则》中说，"民间国宝"在艺术表演领域具有独特的表演技巧，并将自己的技术继承给后来的艺术家。日本政府对这些"民间国宝"给予生活上的大量资助。

2. 乌珠穆沁长调传承研究

乌珠穆沁长调是内蒙古乌珠穆沁草原地区的牧民之间的娱乐活动。乌珠穆沁的老辈艺术家道·桑杰在20世纪80年代出版的乌珠穆沁民歌内部版本，结束了乌珠穆沁民歌无文字记录的历史。在后来的发展过程中，乌珠穆沁长调逐渐成为了内蒙古地区各族群众文化生活中不可或缺的一部分。

在音乐形式和表演特点方面，乌珠穆沁长调通常由多人合唱，在演唱时需要拥有极高的唱法技巧和丰富的人情味道。那·布和哈达(2005)的《乌珠穆沁民间艺术集锦(上)》收录了桑杰的作品，民间口耳相传的众多传说民歌，被记录下来，先后出版上、下两本书。统计了乌珠穆沁庆典歌26首，乌珠穆沁民间传奇歌曲共92首，以乌珠穆沁长调为主，乌珠穆沁家宴的曲调共12首。那·布和哈达(2005)的《乌珠穆沁艺人》书里记载了乌珠穆沁长调协会的简介及管理员名单、西乌珠穆沁旗乌兰牧骑历史概述以及王宫艺术家22名、专业艺术家69名、民间艺术家69名。简单地记录各个艺术家的介绍以及歌唱之路，也是一本田野笔记。《蒙古长调之摇篮——乌珠穆沁》(那·布和哈达，2006)着重研究乌珠穆沁长调民歌的论文，从五个方面解释了作者对乌珠穆沁长调的摇篮的说法：一是乌珠穆沁地区有丰富的词汇，据记载有短歌200多首；二是传奇民歌创作最多的地方；三是献歌多的地方,有宴歌3首等;四是歌手多,地位高。照那斯图,莫德格是长调艺术舞台上的杰出活动家;五是崇尚歌舞,有许多与唱歌礼仪相关的禁忌。此外,乌珠穆沁长调歌曲史上的重要事于1928~2006年逐年记载。道·桑杰(2012)的《乌珠穆沁民歌》里记载了126首长调民歌及民歌,12首乐曲。这些收集的民歌也不都是在乌珠穆沁编的,也不是只有乌珠穆沁人民唱的,而是乌珠穆沁地区的言语、编曲和唱法有地方性特点。道·桑杰的《乌珠穆沁民歌》是首次记载乌珠穆沁长调和乐谱的书籍。乌兰其其格(2013)的《乌珠穆沁宴会歌曲文化研究》主要研究乌珠穆沁宴会歌曲,乌吉莫(2017)的《乌珠穆沁长调民歌之儿童传承习俗研究》对乌珠穆沁长调从教学方面走进学校进行研究,体现出教学价值。蒙古族著名歌唱家拉苏荣撰写了三位长调大师的传记,即《人民歌唱家哈扎布》(1993)、《宝音德力格尔传》(1999)、《我的老师昭那苏图》(2001)等,通过对蒙古族长调历史文化内涵和演唱技法的综合概括和记载,让更多的人了解长调艺术所具有的价值,同时也记载着哈扎布富有传奇色彩的人生。这三部专著是研究长调及演唱者的重要参考资料,对于深入探究长调音乐的学术价值不可估量。刘新和(2001)的《民俗文化视域下的蒙古族长调》中从传统草原民俗文化的角度出发,探讨了长调历史源流的地理、文献和生活三个方面,旨在为长调的保护提供理论支持。杜峥嵘(2012)的《内蒙古东乌珠穆沁旗乌里雅斯太镇蒙古族婚礼仪式"音声"的田野调查》,从仪式音乐的角度出发,对于现代蒙古族的婚礼仪式,进行了一项调查和分析,重点关注了仪式的流程和所产生的影响。由于作者的调查地点位于长调生存较好的区域,因此文章中的"音声"部分主要涉及长调的相关内容,这为研究长调在当代民间的生存现状提供了有价值的参考。

3. 研究评述

乌珠穆沁长调以其独特的音乐、神秘的文化和深厚的历史背景,成为了充满魅力的艺术形式。它的发展离不开对其文化性质的深刻理解,同时,也需要更多的科学研究和推广,以进一步提高当代传承方面的研究。本文将采用实地田野调查和文献研究法的方式,结合文化人类学的学科理论和方法,从学科的研究视角出发,探究这群人在文化载体、空间中的传承,探索乌珠穆沁长调的当代传承和文化价值。

(三)研究方法

1. 文献研究法

本项研究所涉及的文献资源主要来自地方性书籍、学校图书馆以及网络资源,其中包括CNKI中国知网、微信公众号以及通过田野调查所记录和收集的文字资料。在进行田野调查之前,通过对乌珠穆沁长调相关文献记载及地方志等资料的深入研究,对所选田野调查点的基本人文环境知识有了更为全面的了解,从而为乌珠穆沁长调的研究奠定了坚实的基础。在此基础上进行实地调研,掌握第一手材料并将其作为后续论文写作的依据。此外,对选题相关的研究成果进行归纳、对比,掌握当前研究的现状,深入剖析当前研究的范围、重点,以期获得更为深刻的认识,致力于挖掘与本文相关前人研究的差异,并寻找研究内容的创新亮点。在收集资料当中,2021年12月27日至2022年1月2日在

"YЗЭМЧИН СОЁЛ ТҮҮХ"①(乌珠穆沁文化历史)微信群里聆听了国家二级演员、蒙古长调自治区级非物质文化遗产传承人、西乌珠穆沁旗乌兰牧骑著名长调歌手呼都图老师以《乌珠穆沁长调传承和我的艺术之路》为主题进行一个星期讲解,通过讲解进一步了解乌珠穆沁长调并记下讲述内容。在此基础上,运用所学到的知识与本文相关的课文知识以及文化人类学、民族学相关的理论知识,以全新的视角审视乌珠穆沁长调所体现的文化精神。

2. 参与观察法

基于人类学田野调查的方式之一实地调查法,以锡林郭勒盟东乌珠穆沁旗为调查重点,走进研究对象的生活环境中,参加那达慕、婚姻、祭祀宴会等场合,了解长调在不同场合演唱的情况,同时采访乌珠穆沁长调协会、长调非物质文化遗产传承人、著名歌唱家、民间歌手,收集和整理第一手材料,以拍照录像等方式来保证材料的真实性。

在田野调查过程中,2021 年 8 月 17~23 日参与东乌珠穆沁旗阿拉坦合力苏木巴达日呼嘎查乌日吉玛老人 73 岁本命年寿宴;2022 年 8 月 4~5 日在西乌珠穆沁旗现场观看全区"莫德格"杯长调比赛;2022 年 9 月 2~9 日在阿拉坦合力苏木巴彦杭盖嘎查钢巴图家参加其女儿额尔敦其木格婚礼;2022 年 11 月 16~18 日在东乌珠穆沁旗金帐汗宫参加额吉淖尔镇赛乌苏嘎查敖其尔老人 61 岁本命年寿宴等,记录并了解不同场合上的乌珠穆沁长调传承。此外还有采访乌珠穆沁长调协会会长、长调非物质文化遗产传承人、著名歌唱家查干夫,民间歌手萨扎布、萨日娜等,乌珠穆沁民俗研究者敖·元登等。

3. 深度访谈法

通过田野调查法对乌珠穆沁长调的传承和发展以及传承场合等方面进行调查,研究它的生活环境,分析生成原因。通过对东乌珠穆沁旗的长调传承人查干夫和其他乌珠穆沁长调协会会员进行访谈,了解他们的生活方式、学长调环境、日常活动,解释乌珠穆沁长调的歌词的意义与文化功能。通过对文献进行深入调查,并结合实地访谈中出现的新问题进行反复验证,运用了文化人类学和音乐分析技术进行收集,记录其歌唱。本文分析了这一音乐形式如何回应乌珠穆沁人的社会生活以及何以为人所接受、生产、鉴赏与传播的缘由,并诠释了其文化价值与意义。

(四)研究创新

在资料方面,搜集文献资料。虽然在实践上有很多关于田野考察点乌珠穆沁长调的研究,但很少有关于乌珠穆沁长调的新视角研究的作品,大部分书籍集中在 20 世纪末 21 世纪初出版的书籍,而且很少有新出版的书刊。从它的"长调摇篮之乡"的特征和非物质文化遗产的代表性艺术来看,值得从当代文化角度去研究。

在理论方面,使用文化人类学的理论和非物质文化理论,对乌珠穆沁长调这种文化现象进行研究。随着非物质文化遗产保护理念的深入,以往的蒙古长调歌曲研究工作经过不

---

① "YЗЭМЧИН СОЁЛ ТҮҮХ":乌珠穆沁历史文化讨论微信群。2020 年在乌珠穆沁学者的建议下建的群,群主是高·图门那苏图,群里有教授、教师、艺术家、民间艺人、民俗研究者、牧民、大学生、研究生等近 500 人。群里不定期围绕某一个主题进行讲解并讨论,至今已经做了共 25 期的讲解。

懈的努力，已经取得了一些成果，出版了一系列的作品，并积累了宝贵的经验。至今许多学者都从长调传说、起源、变迁、种类、风俗、个性及语言、历史、民俗、教育、音乐、美学等多角度探讨并提出了观点。对于乌珠穆沁长调，目前尚未有学者从文化人类学的角度出发，对其进行深入研究，分析它作为一种优秀传统文化。

二、乌珠穆沁及长调概述

（一）乌珠穆沁概述

1. 历史

"人创造了社会，一个社会的特定自然和人文条件创造了特定的文化，音乐就是这个大的文化中的一个产物；反过来也顺理成章的，音乐作为文化的一类必定会反映或表现它所生存的社会、文化环境的重要特性。"（张宝娣，2015）乌珠穆沁长调是乌珠穆沁地区独具特色的音乐文化之一，其产生与发展依赖于乌珠穆沁自然生态环境与历史人文社会环境，是乌珠穆沁人民在地方特定生态环境与民族文化规约的语境中，经过乌珠穆沁人祖祖辈辈的积淀而构筑起来的知识体系。因此，为了对乌珠穆沁长调进行综合解析，必须对其生存环境进行研究。

在内蒙古锡林郭勒盟东北分东乌珠穆沁旗、西乌珠穆沁旗。参阅有关记载，乌珠穆沁部落很早以前居于阿尔泰杭盖山脉，所居地以"西部蒙古都若杭根呼、浩尼麦拉呼、乌珠穆山"著称。"都若杭根呼"又称"都若杭格努尔音哈布其勒"。指现蒙古国与中国新疆维吾尔自治区边界，位于阿尔泰山，骑马人镫紧贴擦过的狭窄峡谷。"浩尼麦拉呼"距"都若杭根呼"东20多千米，是山林葱郁、溪流涓涓，景色秀丽的地方。很早以前为了躲避一股强盗袭击，惊散的当地蒙古人丢弃了羊群，这些躁动不安咩咩叫的无主羊群后来都变成野羊了。"浩尼麦拉呼"一名源于此。"乌珠穆山"指位于提彦蓬吉岭南，图格特根金矿西南的一座峻峰。当时，这里的蒙古人不仅采食野葡萄，而且从事葡萄生意，所以"乌珠穆山"——"葡萄山"闻名遐迩。15世纪末，图鲁博罗特诺颜领所辖部落从阿尔泰杭爱徙牧至其父巴图孟克达延汗直辖左翼三万户（兀良哈万户、喀尔喀万户、察哈尔万户）之察哈尔万户地栖居。后来，图鲁博罗特之孙翁衮都喇尔诺颜号所部为"乌珠穆沁"，从此乌珠穆沁人所居之地也以"乌珠穆沁草原"著称。翁衮都喇尔诺颜号所部为"乌珠穆沁"，证明其祖地为阿尔泰杭爱之"乌珠穆山"及由"乌珠穆山"徙牧而来的事实。蒙古国萨克赛苏木牧民的姓氏、制作奶食的方法及所牧羊种的体态与乌珠穆沁羊类似，这一点也是乌珠穆沁大迁徙的一个证明（乌力吉，2013）。东乌珠穆沁旗民俗研究者元登等历史民俗研究者和蒙古国学者于2006年组建团队，一起前往蒙古国寻找了传说中的阿勒泰葡萄山。最后在蒙古国西南部巴彦乌列盖省萨格赛苏木和阿拉泰苏木发现了神话中形容的"羊鸣谷""蹬响谷""阿拉泰杭盖盛世"等地方。他们在田野调查中还发现阿勒泰地区的羊品种与内蒙古乌珠穆沁羊品种一致，奶制品做工也相似，除此之外，还有传统习俗方面与之有着相似之处，从以上相似可以进一步说明地域因素对族群的生活习俗有着重要的影响。

访谈一

元登，男 70 岁，东乌珠穆沁旗民俗文化协会成员、民俗学家，2021 年 8 月 5 日，地点：东乌珠穆沁旗。"长调歌曲《伊和宝格都宝力根杭盖》歌词唱的'向阳处，长葡萄，葡萄长在杭盖上'，证实了乌珠穆沁的祖先来自杭盖葡萄山传说。"

2. 人文地理

东乌珠穆沁旗（简称东乌旗）是一个地处北疆、牧业为基、工业为主、开放包容的民族地区。东乌珠穆沁旗地处内蒙古自治区锡林郭勒盟东北部，地理位置于东经 115°10′~120°07′，北纬 44°57′~46°40′。全旗东西长 350 千米，南北宽 150 千米，总面积 47328 平方千米。旗界东邻兴安盟科尔沁右翼前旗、科尔沁右翼中旗和通辽市扎鲁特旗及霍林河市，南接西乌珠穆沁旗、锡林浩特市，西与阿巴嘎旗为邻，北与蒙古国接壤，边境线全长 527.6 千米。旗人民政府所在地乌里雅斯太镇是全旗政治、经济、文化中心（乌力吉，2013）。其特点有三个：①地域辽阔、区位特点显著。东乌旗位于锡林郭勒盟东北部，是自治区 33 个牧业旗（市）和 19 个边境旗（市）之一。境内的珠恩嘎达布其口岸是国家沿边重点口岸和自治区重点开发开放试验区，是名副其实的边境大旗、开放窗口。②资源富集、发展潜力巨大。东乌旗是锡林郭勒大草原的核心区，草原可利用面积占全区的 6% 多，是重要的绿色畜产品加工输出基地。原产于此的乌珠穆沁羊享有"肉中人参、皇家贡品、天下唯一"的盛誉。地矿资源富集，是东北振兴和西部大开发重要的后续能源接续地。③文化独特、民族风情浓郁。东乌旗是全国兴边富民重点旗。这里民族文化底蕴深厚、源远流长，民族习俗传承完整、独具特色。境内历史遗迹众多，民风质朴醇厚，草原风光秀美，素有"长调故乡、搏克摇篮、服饰之都、游牧胜地、生态乐园"的美誉。先后被授予"国家卫生县城""全国乡村治理体系建设试点单位""中国黄骠马之乡""自治区级文明城市""全区双拥模范旗"等荣誉称号。东乌珠穆沁旗分别有额吉淖尔镇、嘎达布其镇、乌里雅斯太镇、道特淖尔镇、满都胡宝拉格镇、阿拉坦合力苏木、萨麦苏木、呼热图淖尔苏木、嘎海乐苏木、宝格达山林场。

（二）长调及乌珠穆沁长调概述

1. 长调概述

关于蒙古长调民歌的界定，在学界通常有三种不同的概念：①波斯尔克·道，即所谓"准长调民歌"（小型长调），泛指那些介于短调和长调两者之间的民歌；②乌尔汀·道（中型长调），即通常意义上的长调民歌；③艾吉木·道（大型长调），即结构庞大，规模超常的特殊长调民歌。从内蒙古地区长调民歌的情况来看，绝大部分属于通常意义上的长调民歌和"准长调民歌"，规模超常的长调民歌则比较少见（图雅，2016）。

长调是蒙古族最具有代表性的歌唱艺术之一，它是蒙古族人民从事畜牧业生产劳动时所创造的一种民歌体裁，它在盛大仪式场合以及传统节庆、民俗生活、野外放牧等场合演唱，流传于中国蒙古族聚居区、蒙古国、俄罗斯布里亚特和卡尔梅克等地。2004 年，长调保护协会成立，该协会收集遗失各个地区的长调民歌，并对其文字资料进行归纳整理，同时还策划长调演唱比赛。因此，蒙古族长调得以登上专业舞台，进入高校课堂，从而形成一种融合民间和专业的双重传承模式。在内蒙古自治区，各级相关部门积极响应，成立专门的院校和专业,并扩大课堂教学的范围,同时还成立专门的机构,负责保护蒙古族长调。

2005年,中蒙联合申报的"蒙古族长调民歌",被联合国教科文组织列为第三批"人类口头和非物质遗产代表作"。2006年5月20日,内蒙古自治区申报的"蒙古族长调民歌"经国务院批准列入第一批国家级非物质文化遗产名录①。2019年11月,《国家级非物质文化遗产代表性项目保护单位名单》公布,和布克赛尔蒙古自治县非物质文化遗产保护中心、内蒙古自治区艺术研究所(内蒙古自治区艺术档案馆)、新疆巴音郭楞蒙古自治州文化馆获得"蒙古族长调民歌"项目保护单位资格②。2021年5月,蒙古族长调民歌(乌珠穆沁长调)入选"第五批国家级非物质文化遗产代表性项目名录"③。

在蒙古长调的研究中,以长调民歌的语音特色和演唱风格为基础,根据各个地区长调歌曲的唱法特点进行分类的现象较为普遍。蒙古长调民歌大致分布在乌珠穆沁、巴尔虎、巴林、鄂尔多斯、阿拉善等地,这些地方的长调唱法在风格、装饰音、润腔音等方面都各有不同。锡林郭勒长调歌曲所指的是察哈尔、阿巴嘎、阿巴哈纳尔、乌珠穆沁、苏尼特等地区的蒙古长调。其中,乌珠穆沁长调歌曲传播最广,长调曲目留存最多。

2. 乌珠穆沁长调概述

长调是乌珠穆沁人生活的重要组成部分,摇篮中的孩子在母亲轻吟的长调中入睡、古稀老人在低沉悠扬的长调中回味美好时光、那达慕上的摔跤手在雄浑的长调中搏击争雄、除夕的家人伴着整夜的长调迎来新年的第一缕阳光、来访的宾客先将受到长调一曲的欢迎。在过去的乌珠穆沁草原,上至80岁老人,下至8岁孩童,无人不会吟唱长调,且很多家庭为歌手世家,三代同唱长调之家不乏其数。在长调方言体式中乌珠穆沁体式最为优美。长调的多种形式即包括延长长调(政界歌,在喀尔喀称之为艾吉木歌、卫拉特称之为艾达木歌)、普通长调(在喀尔沁喀称之为苏门长调)、小长调、混合长调、半长调等多种形式,都包含在乌珠穆沁长调里。因此,乌珠穆沁长调是数量最多的长调歌曲。乌珠穆沁体式的长调具有结构优美,音调流畅、高亢的艺术特点,影响了蒙古族各地域的演唱体式,具备了大型庆典演出中占有重要地位的长调歌曲的特色和风格。

长调民歌诞生于畜牧业生产活动中,传唱于传统节日、民间生活以及外出放牧等活动中,同草原民族社会生活有着密切的联系。依据长调主题内容,可以将其划分为哲理、叙事、爱情、亲情、赞颂、思念、训谕类;还可以划分为牧歌、婚宴歌、朝政歌、娱乐歌等。在这些分类当中思念父母、马、故乡的长调民歌相当多。对于乌珠穆沁人民而言,长调民歌是他们族群历史记忆的载体,以艺术化的形式展现了他们的生活智慧和人生感悟,展现了他们的审美观念,是他们最生动的情感表达方式。

长调民歌能够简练、概括地反映出一个民族当时的道德、礼仪、追求、信仰、崇尚、爱憎、习俗和精神面貌。因而,专家学者把民歌称为反映当时生活的一面镜子,具有文献性质的鲜明特色。乌珠穆沁民歌虽也有长调、短调两种,但以长调为主,这是区别于其他地区民歌的特征。在乌珠穆沁,还有一些没有歌词或在漫长岁月里歌词已遗失的乐曲,例

---

① 国务院关于公布第一批国家级非物质文化遗产名录的通知(国发〔2006〕18号),中国非物质文化遗产网·中国非物质文化遗产数字博物馆,网址:https://www.ihchina.cn/#pagel[引用日期2022-11-09]。
② 文化和旅游部,文化和旅游部办公厅关于公布国家级非物质文化遗产代表性项目[引用日期2022-12-10]。
③ 中国非物质文化遗产网·中国非物质文化遗产数字博物馆,网址:https://www.mct.gov.cn。

如，过去乌珠穆沁王府乐队演奏的《古尔班阿其图》(前奏曲)《阿其特古斯》《巴彦哈拉》《八音》《双八音》《乌珠穆沁阿斯尔》等，但这些曲子仍于民间广为流行。乌珠穆沁几乎家家都有马头琴，因为牧民深信"有马头琴之家，养马顺"这个古老的传说。乌珠穆沁长调民歌之所以成为乌珠穆沁人生活的象征，其原因在于它完全吸收、容纳和反映了住蒙古包的乌珠穆沁人的生产、生活、习俗和精神追求。它表达了在大草原上一年四季逐水草游牧的乌珠穆沁人的心胸像蓝天一样宽阔，长调歌曲和悠扬悦耳的马头琴曲调相得益彰，结合得完美无缺。

乌珠穆沁长调民歌的歌词简练、紧凑，内容丰富，经过数百年的不断加工充实，达到炉火纯青的程度，著名的《伊和宝格都宝力根杭盖》歌词唱的"向阳处，长葡萄，葡萄长在杭盖上"，证实了乌珠穆沁的祖先来自杭盖葡萄山传说。《凉爽的杭盖》这首歌则有三个开头、一个尾声，这在蒙古长调歌曲中是罕见的。

乌珠穆沁长调民歌与牧人的生产、生活有直接的关联，例如，哄母羊亲羊羔歌(呔呔地唱)、催眠曲、呼唤摔跤手上场歌曲和赛马时对领先马的祝词，乌珠穆沁的长调民歌称得上是掘不尽的矿藏，流不完的河水。乌珠穆沁长调民歌里有《图伦古尔本道》("朝政三歌")，《耐林古尔本道》("盛会三歌")，《图伦古尔本道》是《伊和宝格都宝力根杭盖》《太平朝政史略》《圣主成吉思汗》；《耐林古尔本道》则包括《呼布钦萨克拉尔》《金翅百灵鸟》《凉爽的杭盖》。虽然"朝政三歌"要求较严，但在祭祀及大型盛会上都可以演唱，所以广为流传"盛会三歌"较之"朝政三歌"内容更为广泛，允许有爱情内容。有好歌自然有好歌手。如 1940 年前后有个叫瑟的著名歌手就名扬于邻近各旗，之后涌现的乌珠穆沁著名歌手有莫德格、昭那斯图等(白和平，2003)。乌珠穆沁人有着很多有关唱歌的禁忌。

访谈二

元登，男 70 岁，东乌珠穆沁旗民俗文化协会成员、民俗学家，2021 年 8 月 5 日，地点：东乌珠穆沁旗。"首先，不论再有名气的歌手，也不得随意起歌，必须听候宴庆的主持长辈，点什么歌，唱什么歌或接唱主持长辈起的歌。其次，无论何人，除了喜庆、盛会以外，不得在深更半夜唱歌，不能躺着唱。学唱歌，讲究傍晚、深夜或正午练唱。忌上高山之巅或骑车轮，靠门槛儿，坐柜箱唱歌。尤其不给年轻人教唱《阿日胡布其》，传说秋高气爽的夜晚在山上连唱三晚，青年男子就在家待不住。喜庆之时，不可唱悲怆凄凉的歌曲，尤其忌唱轻佻俗气的歌曲。乌珠穆沁人尽可能不唱或即便唱，也忌讳指姓道名地唱有关祖先的歌曲。例如，都仁扎纳的后世家族人唱《都仁扎纳》时，忌呼真名，叫'太吉先生'。其家族人更是忌唱有关都仁扎纳的另一首歌《手十指》。旧时妇女地位低，不能成为王府歌手，妇女不能同男人那样给王公贵族献歌献艺。喜庆、盛会上不排弃妇女唱歌，但是少妇、姑娘不能在长者面前坐着唱歌，而必须站着唱。但年长妇人可以屈膝蹲着唱歌。喇嘛和尚不参加任何喜庆娱乐盛会，并忌讳唱歌。不管歌手是谁，给王爷显贵们献歌时要两膝跪坐，双手放于膝上，头部微微前倾、双目直视，嘴张有度，不随意晃动身子，要求以声色表现感情，以情动人。被邀普通百姓家唱歌的歌手，单腿盘坐于蒙古包西北角直视蒙古包正中而唱。大伙儿一起唱歌时，年少、年轻者站立或屈膝而唱，中老年人可盘腿坐着唱歌。但不可在长辈面前坐着唱歌。在乌珠穆沁，经常提醒歌手们保护好嗓子，烟酒不沾。还有给孩子们吃牛羊眼珠子，这样可以唱好歌的习俗。《伊和宝格都宝力根杭盖》是祭祀上唱的，不能在婚礼宴会上随便唱。"

3. 乌珠穆沁长调传承概述

在长调民歌的保护方面，乌珠穆沁人走在了前面，与其传承至今的深厚传统文化密不可分。除夕晚，邻里会聚到一块儿，挨家挨户过除夕，喝"七锅"茶，唱"三歌"。大年初一早晨与邻里乡亲按年龄之大小依次拜年，然后各自走亲戚好友家拜年。他们三五成群，长者领晚辈，不漏一户地挨门拜年，唱"三歌"，喝三杯（晚辈人喝茶顶酒）。其时，长辈居中，青少年歌手屈膝坐门旁，人多时站着唱歌。年少者在包外领着长辈们的坐骑，应声同唱。历代长调歌手，就是在这样的环境中将蒙古族长调民歌传承下来的。但是，到了20世纪中叶，乌珠穆沁草原蒙古族长调民歌的传承出现了危机。

为了保护和弘扬乌珠穆沁草原的蒙古族长调，1999年3月23日由政协内蒙古自治区东乌珠穆沁旗委员会文教卫体妇青工作委员会副主任胡和向旗政协提出了"关于成立乌珠穆沁长调协会的提案报告"，得到了旗政协的同意，并报人民政府批复。2000年1月13日，东乌珠穆沁旗人民政府给予"同意本提案意见。民政局按社会团体审批程序给予审批"的答复。2004年3月29日经旗委、旗政府研究决定，由旗政协组织成立乌珠穆沁长调协会，并通知旗民政局按社会团体审批程序给予办理审批登记注册手续。经一段时间的筹备后，乌珠穆沁长调协会于2004年6月16日正式成立，并于7月召开第一次理事会，2005年9月召开第二次会员代表大会，以合法的组织形式开始了乌珠穆沁蒙古族长调的保护与"抢救"工作。

虽然乌珠穆沁长调协会成立的时间较短，但成绩显著，2005年完成《乌珠穆沁民间故事歌集》《乌珠穆沁艺人》的出版。2005年成立长调民歌协会合唱团；2005年8月，成功举办由2005人参加的长调民歌合唱大赛。2005年9月，成立乌珠穆沁长调协会西乌珠穆沁旗分会。2006年，与内蒙古卫视翻译中心"体育艺术世界"栏目联合录制了春节专题节目《蒙古族民歌欣赏——乌珠穆沁长调专题晚会》，以独唱、对唱、合唱等形式充分展示了乌珠穆沁长调的特点。与此同时，旗委、旗政府为保护和弘扬长调艺术，也做了大量的卓有成效的工作，形成了政府与民间共同关注、共同保护的喜人景象，政府制定了民族文化生态保护的根本性措施，确立蒙古族长调民歌为东乌珠穆沁旗十大文化品牌之一，作为当地重要的非物质文化遗产进行挖掘与保护。2004年，东乌珠穆沁旗教育局将乌珠穆沁长调民歌正式编入中小学课程规划，实现了以学校教育的形式促进民族文化的保护。2004年开始在蒙古语授课学校开设蒙古族长调民歌与马头琴的第二课堂。2005年，西乌珠穆沁旗政府举行乌珠穆沁长调大师昭那斯图雕像揭幕仪式，为大师立碑立传，并举办"昭那斯图杯"蒙古长调大赛，为长调选苗育英。2006年盛夏，东乌珠穆沁旗举办建旗50周年那达慕大会5000人长调合唱。2007年元月，在东乌旗第三届"吉祥·乌珠穆沁"草原冰雪节开幕式上组织600人的长调合唱团盛装表演，从不同层面向世人展示了蒙古族长调民歌文化的特有风采。2007年，由旗政府筹建的博物馆式的长调音乐厅投入使用。2008年，东乌珠穆沁旗被中国民间文艺家协会命名为"中国乌尔汀哆（长调）之乡"，并建立中国蒙古族乌尔汀哆（长调）研究基地，加大了"十大文化"品牌之一长调的塑造力度。2010年8月，由东乌珠穆沁旗政府承办首届"哈扎布杯"长调大奖赛开幕式暨哈扎布基金成立筹款签名仪式，这对乌珠穆沁长调文化的全面而完整地展示以及进一步的挖掘整理与保护保存具有重要作用。民间协会在乌珠穆沁长调的保护和发展方面扮演着至关重要的角色，为当地的经济和社会发展注入了不可或缺的动力。在东乌珠穆沁旗"乌珠穆沁长调协会"成立以来，协会章程中将工作范围确定为五个方面：①开展乌珠穆沁地方长调的研究；②开展乌珠穆沁长调的田野调查；③收集整理民间长调，出版录音录像编纂书籍资料；④为乌珠穆沁优秀民间歌手立传；⑤组织乌珠穆沁长调比赛，推出年轻歌手等（博特乐图，2009）。长调是牧民和牲畜之间的一种沟通方式。音乐作为一种情感语言的流传，比人类语言更容易得到动物界的认同。优美的音乐对于某一种动物具有"感化"功能，这一奇异现象是蒙古人数百年前在从事游牧生产劳动时发现的，并且早已应用到其生产实践之中。乌珠穆沁长调最突出的特征就是它渗透在乌珠穆沁人生活的方方面面，占有相当大的比例。在庆祝传统节日、举办宴会以及进行放牧迁徙的过程中，随着优美动听的歌声，长调荡漾在耳畔；在盛大的那达慕大会上，伴随着勇猛无畏的搏克之手，一首名为"邀跤歌"的歌曲跃然纸上，让人心驰神往。换言之，乌珠穆沁长调与当地民众和民俗生活相伴而生，且极具艺术文化价值。

访谈三

哈拉木吉，12岁，学生，2023年2月16日，地点：东乌珠穆沁旗。"2017年，6岁时来到乌珠穆沁长调传习所学习长调演唱技法，当时作为传习所最小的学员，经过两年的学习，我的长调民歌演唱技法越发熟练，开始参加大大小小的比赛。2019年8月，在内蒙古自治区阿拉善盟举办的2019全国八省区少儿蒙古长调那达慕上，经过激烈的比拼，取得第三名的好成绩。"

在长调民歌的保存上，乌珠穆沁人民保证歌曲的原生态模式，为了保持非物质文化遗产的可塑性和可变性，进行最忠实的录音和保存。

三、乌珠穆沁长调当代传承载体

（一）互联网上的传承

1. 传承概况

随着互联网时代的到来，乌珠穆沁长调的发展也备受关注。乌珠穆沁长调作为蒙古族传统音乐的代表之一，其独特的表现形式和艺术特色一直深受人们的喜爱。在互联网的影响下，蒙古长调的发展也呈现一些新的趋势。首先，互联网的普及使乌珠穆沁长调的传播范围变得更广。现在无论是在国内还是国外，只要有网络，人们就可以随时随地在线收听乌珠穆沁长调的音乐。其次，互联网也为乌珠穆沁长调的创新提供了更多的机会。通过线上和线下的交流，乌珠穆沁长调演唱者和音乐家可以更加方便地互相学习和交流，从而不断拓展和创新乌珠穆沁长调的音乐形式。

互联网信息丰富，传播迅速，利用现代网络传媒技术，使人们对乌珠穆沁长调艺术有了接触和认识，推广和普及了"非物质文化遗产"的保护知识。为了给乌珠穆沁长调音乐提供一个可持续传承的展示平台，随着一些网络软件在崛起，人们借助网络的互动性和交流性开展了形式多样、开放式的网络系列讲座，教学研讨，歌唱比赛及交流娱乐活动等。现代传媒、网络等形式正主导着一种新的传承方式，这给乌珠穆沁传统长调的传承带来了新的发展。现今，由于交通的便利，牧民们频繁地穿梭于城镇和牧区之间，无论是在乌珠穆沁的城镇还是在牧区，几乎每个牧民都手持手机，他们可以通过网络下载各种风格的歌曲，而在草原深处的牧民家中，则摆放着现代化的设备，如电脑和音箱等。

网络媒体是备受关注，应用十分广泛的媒体形式。网络媒体是集字、图、声、像的全部要素于一体，融合了多种媒体的特点，通过网络，多种内容迅速广泛传播。其中公众号有"查干夫名家工作室""四季乌珠穆沁""东乌珠穆沁旗宣传平台""罕胡传媒工作室"等。在了解当中，"查干夫名家工作室"是2021年10月22日注册成功，为进一步贯彻习近平总书记保护非物质文化遗产、弘扬传统文化的重要指示精神，乌珠穆沁长调传习所与名家工作室于2021年12月26日举办"心中的歌献给党"喜迎新春长调晚会。通过晚会，在这充满民族韵味的文化站里，动听的长调歌曲旋律悠长舒缓、意境开阔，民间文化传承者们怀着颂歌献党的热情，为党和国家奉献草原儿女真挚的祝福。[①]

根据乌珠穆沁当地的调查结果，长调演唱者已经不再像以前那样依赖于收音机、拜师学艺等传统方式学习长调，而是通过各种现代化媒体，如电视、广播、唱片、网络等，为长调的传承提供了更多便利，从而使得牧民们可以在家中轻松掌握各种歌曲和演唱技艺。传统长调因现代化媒介之传播而被继承脱离了人类跟人类传授之束缚，由人类—人类过渡到人类—媒介。所以，媒介作为长调传承传播方式重新组合的一种途径，在向传统社区传播外来音乐的过程中，又将乌珠穆沁传统长调向外传播并转化为具有普世性意义的技术与知识。

此外，电子商务的发展也为乌珠穆沁长调的商业化奠定了基础。现在，越来越多的乌珠穆沁长调作品通过各种网站和平台出售，成为了一种具有商业价值的文化产品。这不仅为乌珠穆沁长调的传承提供了新的动力，也为更多人认识和了解乌珠穆沁长调提供了机会。

综上所述，蒙古长调的发展在互联网也向着更多元、更开放、更具创新性的方向发展。在这个过程中，我们应该关注对于传统文化的传承和保护。

2. 互联网特点

随着互联网的普及和发展，蒙古长调也逐渐走上新的阶段。在互联网时代，蒙古长调的发展呈现出一些新的特点，例如，传播范围更广、创意更多元化、商业化趋势明显等。互联网上的蒙古长调传承的特点具有以下四个方面：

（1）传播范围更广。在过去，蒙古长调的传播主要依靠的是口耳相传和有限的演出机会。但在互联网时代，随着网络技术的普及和发展，人们可以通过各种数码渠道更加方便快捷地传播、分享和收听蒙古长调的音乐。例如，在网上平台（ehshig音乐平台），用户可以在不受时间和空间限制的情况下收听到丰富的蒙古长调歌曲和演出视频。同时，一些蒙古长调的音乐演出和歌曲也经常网上直播，这为更多的听众提供了在线收听蒙古长调音乐的机会。此外，一些网站还提供免费下载和播放蒙古长调的方式，更好地满足了蒙古长调爱好者的需求。因此，互联网的普及使得蒙古长调的传播范围更加广泛，同时也为该传统文化艺术的保护与传承注入了新的力量。

（2）创意更多元化。在互联网时代，蒙古长调的发展也开始呈现出多元化的趋势。创意更加多元化也是其中的一个特点。以前，蒙古长调歌手通常演唱的都是传统的蒙古长调音乐，但现在，随着蒙古长调的演唱方式不断丰富，越来越多的新型蒙古长调作品得到了创作和发表。因此，在互联网时代，蒙古长调的演唱方式和形式也更加多元化，使这种传统文化艺术品更加生动和有活力。

---

① "查干夫名家工作室"发布于2022年1月26日，引用日期：2022年8月22日。

(3)商业化趋势明显。随着互联网的发展，蒙古长调也开始向商业化方向不断转变。目前，越来越多的蒙古长调作品开始在网上平台售卖，这为一些蒙古长调歌手和制作方提供了一个商业化的机会。一些音乐公司和娱乐公司开始为自己的蒙古长调音乐项目进行商业化的推广和推销。因此，互联网也为蒙古长调的商业化转型提供了一个新的观众和市场，但同时也引发了对于蒙古长调的商业化趋势是否会带来对于传统文化保护问题的议论。

(4)创新发展需保留传统元素。互联网时代的蒙古长调发展特点呈现出了多样性和创新性，但这并不意味着可以忽视长时间积累的传统文化元素。在保留传统元素的前提下，蒙古长调可以在新的环境下发展。互联网的辐射和通信使蒙古长调能够在更多的地方得到传播和欣赏。同时，开发创新的方式和展示形式还能够保护和探索蒙古长调在行业内的发掘探索。

(二)电视上的传承

1. 传承概况

乌珠穆沁长调是蒙古族传统的表演艺术形式，其历史悠久，文化内涵丰富，长期以来一直是民族文化的重要组成部分。随着电视行业的兴盛和发展，乌珠穆沁长调的表演形式也发生了很大的变化，这些变化不仅对乌珠穆沁长调的发展产生了深远的影响，同时也在推动优秀传统文化的传承和发展过程中发挥了重要的作用。

在电视机普及的时代，乌珠穆沁长调作为一种传统的表演艺术形式，通过电视的传播，得到了广泛的宣传和推广。电视是为人们日常生活提供不可或缺的信息的媒介形式。画面、文字是视觉感受，语言、音乐、声音是听觉感受，观众通过视觉和听觉器官的共感，获得各种信息。人们往往信以为真，电视的传播活动给人们带来了许多丰富的信息，使观众如实地耳闻目睹。电视播放内容丰富，以声画为表现手段，通过创造醒目的屏幕形象，成为情感感应的媒介，给人以信息、技术、娱乐、审美的享受，具有传播知识、开阔视野的功能。通过电视屏幕，表演者与观看者之间的联系变得紧密起来，陌生人也变得亲切和熟悉起来。

访谈四

根登，男，69岁，牧民，2022年8月20日，地点：东乌珠穆沁旗。牧民根登说："当第一次看电视时，觉得看到了不可思议的东西，到了晚上都去有电视的家看。当时的电视不是很清楚，屏幕上有雾似的，但是能从电视屏幕上看画面也兴奋得不得了。"

通过收集资料当中了解到，2005年，东乌珠穆沁旗长调民歌协会与内蒙古电视台《体育艺术栏目》联合录制了2006年春节晚会；2008年7月22日在东乌珠穆沁旗"乌珠穆沁杯"八省区第二届蒙古长调电视大奖赛隆重举行；2009年8月内蒙古卫视《周末之约》节目了解乌珠穆沁长调和"乌珠穆沁长调协会"的行动，从观众宣传认识的角度邀请乌珠穆沁长调协会接受采访，9月上播的。

在电视上，乌珠穆沁长调常常被制作成为节目的形式呈现出来，这使更多的观众能够接触到并了解到乌珠穆沁长调这一文化形式。同时，电视的传播也使蒙古长调成为一个被广泛关注的文化热点，观众常常会在电视节目上看到各地的蒙古长调表演，这也促进了蒙古长调在全国范围内的传承和发展。随着电视技术不断进步，乌珠穆沁长调的表演形式也得到了进一步的改进和创新。与过去舞台表演的乌珠穆沁长调不同，现在的乌珠穆沁长调制作过程中采用了更为先进的电视技术。新中国成立以来，媒体在保护少数民族文化艺术方面，确实发挥了很大作用。蒙古族长调歌唱家的成长，与中央和地方电台、电视台的大力扶植是分不开的。从这个意义上说，电视台、电台是长调民歌歌唱家成长的摇篮、腾飞的翅膀。新闻媒体发挥自身的强大舆论影响力，积极组织推广、弘扬长调民歌艺术的活动，是十分必要的。诸如定期举办长调民歌大奖赛，不断推出高质量的长调民歌精品，高水平人才等。例如，2007年12月，内蒙古电视台与内蒙古文化厅联合主办蒙古族国际长调民歌电视大奖赛，来自内蒙古、新疆、青海、甘肃、辽宁、吉林、黑龙江省的300多位长调歌手，以及来自蒙古国、俄罗斯的国外歌手，展开同台竞技，引起国内外舆论界的巨大反响，收到了良好的社会效果（乌兰杰，2012）。同时，电视的发展也使乌珠穆沁长调走向了国际舞台。有部分乌珠穆沁长调音视频作品在国际上受到广泛的关注和追捧，这使乌珠穆沁长调更好地与国外的文化进行交流，进一步扩大了乌珠穆沁长调的影响力和传播范围。

一直以来，内蒙古广播电视台投入巨大的人力、物力和财力并且投入大量时间和精力录制、拍摄和制作了大量的长调民歌节目，从而积累了极为丰富的宝藏资料。著名歌唱家莫德格曾经演唱过的《色音宝尔》《清凉》《孤独的白驼羔》《四岁海骝马》《乌珠穆沁团尾马》《清秀的小青马》等诸多歌曲，依然在草原上广泛流传着。例如，在电视直播中常常使用网络直播和高清影像等先进技术，使现场表演更加逼真，将蒙古长调的艺术魅力展现得淋漓尽致。电视时代对蒙古长调的发展产生了深远的影响。随着电视技术的不断发展，蒙古长调表演形式也在逐步加强，蒙古长调在国内外的知名度也得到了提升。我们应该在支持并保护蒙古长调文化传统的同时，积极探索新的传播形式和技术手段，将蒙古长调这一特色文化传承和发扬下去。

2. 电视的特点

电视的使用是一个多元化、高速发展的时代，传统文化与现代技术之间的融合不断加深。乌珠穆沁长调作为传统的独唱艺术形式，自然也受到了电视的影响。具有以下五个特点：

（1）多元化的表演形式。与过去单一的演唱形式不同，电视上的乌珠穆沁长调表演形式已经非常多元化。演唱者不再是单独演唱，而是可以与其他表演形式进行混合演出。例如，乌珠穆沁长调表演者可以和舞蹈演员一起表演，或者和现代流行歌曲结合。这种多元化的表演形式使得乌珠穆沁长调更加接近当代人们的审美标准，也为精彩的演出提供了更多可能性。

（2）电视技术的应用。随着电视技术的不断更新，乌珠穆沁长调表演形式也在不断演进。电视技术的应用使得乌珠穆沁长调在演出过程中更具视觉冲击力和艺术效果。例如，在演出中使用高清视频和现代灯光设计，使现场气氛更为浓厚，演出效果更加出色。这种技术的应用已经成为乌珠穆沁长调表演中不可或缺的重要环节。

（3）国际化的传播。随着跨国合作和文化交流的加强，乌珠穆沁长调已经不再只是地方性音乐，而成为了国际性的文化瑰宝。通过电视传播，乌珠穆沁长调已经走向了世界，成为了国际舞台上备受瞩目的文化艺术形式。例如，随着长调"非遗"申报成功，乌珠穆沁长调已经成为世界音乐界流行的潮流之一，许多西方艺术家和音乐制作人都在尝试将其与自己的音乐风格相结合。萨仁格日勒和铁力木杰(2018)的《亨宁·哈士纶搜集的蒙古民歌研究》主人公享宁·哈士纶是丹麦探险家，20世纪二三十年代从蒙古地区收集很多民歌，现找到的有300多首民歌。

(4) 保护与传承。电视时代的发展也催生更多年轻人的参与，年轻人通过学习乌珠穆沁长调及其魅力所在，成为乌珠穆沁长调传承的新生力量。同时，由于传播技术的方便性，有许多音视频创作者拍摄乌珠穆沁长调内容，传达它的独特之处，以此推动乌珠穆沁长调的保护和传承。这些年轻人、音视频创作者都为乌珠穆沁长调的传统文化保护和传承作出了积极的贡献。

在保持文化的特点和魅力的基础上，合理利用现代技术，才能促进乌珠穆沁长调的文化传承和发扬。

(三) 收音机里的传承

1. 传承概况

20世纪50年代，收音机成为了蒙古长调发展、传播和推广的重要手段和媒介。随着收音机技术的普及，蒙古长调开始进入更广泛的社会群体之中。目前颇具代表性的音乐学者蒂莫西·特罗莫(Mithus Timmy)认为，收音机是20世纪最重要的一种文化媒体，通过它可迅速且广泛地介绍各式音乐到世界各地。它突破了传统音乐演出和传播的时空限制，把地区性的音乐文化带到了全国各地，也使其更广泛地被听众群体所接受，成为地方音乐文化与主流音乐文化传承融合的重要时期。这标志着蒙古长调音乐艺术的历史进入了一个新的发展时期。在此期间，蒙古长调从传统保守的文化形式中逐渐转变成为了现代化、流行的文化艺术。

随着收音机的问世，蒙古长调被广泛传播和普及到了普通人家，进一步推动了其在全国范围内的传承和发展。蒙古长调成为了受欢迎的音乐形式，许多城市广场上都充满了这种优美的蒙古族民族音乐。同时，也有很多具有创新和探索精神的音乐人，他们希望用现代音乐的形式来表达蒙古长调的文化内涵和精髓，让更多的人共同感受蒙古长调音乐艺术的独特魅力。在当时的背景下，蒙古族长调在现代传承下的突破和发展，对于蒙古族文化的传承和发展起到了重要作用。从传统保守的文化形式中，蒙古长调开始发展成为了现代化、流行的文化艺术，逐步扩大了其普及面和受众群体，这也为其在当代音乐领域中的传承和发扬打下了坚实的基础。收音机是长调民歌传播不可缺少的桥梁，不仅不受传播的限制，而且有识之士、普通百姓和少年都可以欣赏和收听广播节目，收听广播不受周围环境的限制，可以自由携带，人们都听收音机。从收音机里听到歌唱家查干夫的歌曲，在乌珠穆沁，对长调歌曲产生兴趣的人很多。收音机与报纸相比省去排字、校对、印刷、运输、发行等工作过程，过了规定的时间，不但听不下去，而且把听众紧紧地束缚在一起，不像读报纸一样给他思考的机会。就算是学习一首长调的歌曲，除非学会即时接受，否则无法打破时序自由地聆听。过去的老人对歌曲的定音很好，听一次就学会了。著名的歌唱家莫德格老师讲到，从小就很喜欢长调歌曲，听歌手们唱，背诵，模仿唱。收音机只能靠听觉，听者摸不着、肉眼看不见，可以说是儿童学习歌唱的好媒介。歌唱艺术首先是听觉艺术。通过听声学习音乐，孩子的听力得到提高，成为集中精力思考的基础。

访谈五

巴特尔，男，56岁，牧民，2022年7月25日，地点：东乌珠穆沁旗阿拉坦合力苏木巴彦杭盖嘎查。"从小喜爱乌云毕力格唱的长调歌曲以及民歌，每次在收音机里播放乌云毕力格唱的民歌时，我就什么都不干，坐在收音机旁边全心投入地聆听。并把它一遍又一遍地学习演唱，尽快地记起来，最快地掌握乌云毕力格的民歌演唱技巧与风格，记得那会在附近一带被说成小乌云毕力格。"

访谈六

那顺吉日嘎拉，男，62岁，2023年11月20日，地点：东乌珠穆沁旗。"在家每天早上起来做的第一件事就是收听收音机，听新闻、听歌之类的，从收音机里喜欢听哈扎布、莫德格等唱的长调，每次听他们唱歌来回忆自己年轻时代。莫德格、哈扎布、昭那苏图、宝音德力格尔等长调歌手的歌曲是当时很出名，被人们所认可的。记得小时候，长辈们在蒙古包里，收音机里正好放歌时，年少的出于礼貌也不敢进去坐在大人旁边听收音机，只能在蒙古包外面听歌，欣赏歌。后来随着社会发展，听收音机更方便了。现在看来，目前使用收音机的也就我们这一代人，年轻人很少听收音机。"

从以上案例来看，到现在也有长辈们拿着收音机听音乐。在乌珠穆沁长辈们身边都有一台收音机，没事就收听音乐。现代高科技宣传媒体，乃是保护长调民歌的重要手段。唯有与高科技媒体相结合，长调民歌遗产保护才能跟上新时代的潮流。

2. 收音机的特点

（1）传统与现代的融合。收音机里的乌珠穆沁长调音乐艺术，不再局限于传统的艺术形式和表现手法，在演唱方式、伴奏手段、歌词内容等方面都具有较大程度的创新和探索。传统长调歌曲仍然保留着独特的旋律和表现形式，但是，加入对现代音乐形式的认识和改造，也随之将艺术形式和表达方式转变到更广泛和多元化的范围之内。

（2）文化多样性的保护和弘扬。在收音机里，随着全球化的不断推进，民族文化面临着极大的挑战，成为全球文化多样性的重要警示。因此，当代社会要保护、传承和弘扬蒙古族长调这样的艺术形式，让更多的人能够体会到其独特魅力与巨大价值。在收音机时代，很多乌珠穆沁长调音乐艺术家抓住时机，利用现代音乐语言的手段来表达乌珠穆沁长调音乐的文化内涵和精髓。

（3）少数民族文化的传承和弘扬。在收音机里的乌珠穆沁长调音乐艺术中，传统文化引领了先进文化的传播。通过收音机等媒介的传播，在中国大地上推广了蒙古长调这一少数民族文化的艺术形式，也为传承这一不可复制的文化艺术遗产提供了可能。一方面乌珠穆沁长调在传承过程中吸收了大量先进的音乐形式和表现手法；另一方面也起到了推广少数民族文化的作用。

四、乌珠穆沁长调当代传承人

（一）官方认定的传承人

从文化的动态形式上观察，长调具有不断更新的规律，但从文化的固定形态上分析，即从文化的传统形态上说，长调作为一个优秀的口传艺术文化形态，首先应该保持它优美完整的原型状态。

随着非物质文化遗产保护工作的不断深入，各个部门及学校已开始高度重视对民间歌手和艺人这一传统音乐传承人的认定和保护工作。一批被认定为国家级和自治区级的非物质文化遗产传承人已经得到了相关措施的实施和公示。从《内蒙古蒙古族长调风格区及其典型曲目》（上、下）里收集到蒙古长调歌曲国家级非物质文化遗产传承人共有宝音德力格尔、莫德格、鲁·巴德玛、额日格吉德玛、淖尔吉玛、扎格达苏荣、阿拉坦其其格、赛音毕力格8人，蒙古长调歌曲自治区级非物质文化遗产传承人共有30人，其中乌珠穆沁长调传承人有东乌珠穆沁旗的查干夫和陶格陶、西乌珠穆沁旗的斯琴格日勒和阿拉腾其木格等长调歌手。

查干夫1960年7月出生于内蒙古自治区锡林郭勒盟东乌珠穆沁旗宝力格苏木巴彦乌拉嘎查。查干夫是国家二级演员、内蒙古音乐家协会会员、锡林郭勒盟长调协会会员、锡林郭勒盟艺术研究中心研究员、东乌珠穆沁旗长调协会主席、内蒙古自治区非物质文化遗产长调民歌代表性传承人、著名长调歌手。其代表作品有《团尾马》《金翅的鸟儿》《铁青马》《乌林达坝》等。2016年7月29日在锡林郭勒盟非物质文化遗产保护中心和东乌珠穆沁旗人民政府等单位大力支持下，乌珠穆沁长调传习所在国家级二级演员、著名长调歌唱家查干夫的家乡原宝力格苏木宣告成立。

查干夫从2002年开始为了把乌珠穆沁长调传承给下辈，开始教乌珠穆沁长调。2016年在党政和广大牧民的支持和帮助下，建立乌珠穆沁长调传习所，挖掘失传的长调民歌，以向青少年传授乌珠穆沁长调民歌为目标，开始进行系统的传教。在乌珠穆沁长调传习所的努力下将失传的长调民歌进行整理教学，通过培养新一代长调歌手的同时将失传的曲目进行"反哺"，用他们的歌声将尘封多年的优秀作品再次展现于世人面前，进一步推动实施非物质文化遗产的保护工作。乌珠穆沁长调传习所的成立宗旨为挖掘失传的长调民歌，向青少年传授乌珠穆沁长调民歌，锻炼和提高乌珠穆沁人的音乐素养，活跃当地牧民的文化氛围。这些年在锡林郭勒盟范围内收集民间长调并寻找采访80多位名人来收集快被遗忘的长调，而且收获不少。2019年为庆祝新中国成立70周年，在自治区民委和锡林郭勒盟民委的大力支持下，协会成员前后用一年的时间制作录制了55首长调CD、15首影像MTV、70首长调歌曲。到现在教的长调民歌有《清凉的色也乐吉》《长尾红彪马》《阿亚苏和》《莎乐吉德小黄》《额仁宝力格》等多首，均由非物质文化遗产蒙古族长调民歌自治区级传承人、著名长调民歌歌唱家查干夫经过多年的田野考察，采访当地的老一辈民间歌手后挖掘整理恢复的。萨扎布、萨日娜、娜仁图雅等人为乌珠穆沁长调传习所会员，传习所共有54名民间艺人。

访谈七

查干夫，2023年2月17日，地点：东乌珠穆沁旗。"首先作为一名歌手，必须完全沉浸在歌中演唱。其次，这首歌是年少时常听长辈演唱的歌曲，在了解整个故事背景后，对于这段错过的爱情非常惋惜，所以每每演唱都会在层次和情感细节上进行调整，唱的时候我就是歌中人。"

呼都图是西乌珠穆沁旗巴彦花苏木阿拉坦兴安嘎查人，国家二级演员、蒙古长调自治区级非物质文化遗产传承人、西乌珠穆沁旗乌兰牧骑著名长调歌手。呼都图一家五代都会唱乌珠穆沁长调。呼都图的叔叔们都是民间艺术家，其中：二叔阿拉坦敖其尔善于唱《走马》;三叔阿迪亚虽然长调很少,但是有一两首歌长调特别好,如《罕山的雪》;布和巴雅尔叔善于唱《哲日根图锡力》;尼玛叔善于吹笛子,有时候也跟唱,而且口哨也吹得好;小叔则是会拉马头琴;呼都图父亲哈英哈日瓦用长调民歌来教会孩子们做人的道理。在这样环境中长大的呼都图走上了艺术之路。也从小听收音机长大的,每天下午3点从外面停止干活收听艺术节目上哈扎布、宝音德力格尔、莫德格等著名歌手们唱长调,听完感觉到全身轻松、没有一点劳累。从当中能了解到长调能让人缓解压力,全身放松,而且能有个好的状态。对人们的身心健康很有帮助。在父母以及叔叔们的教导下学会《金圣的森吉乐》《金世的太阳》《美高的远方》等长调,为她之后的艺术之路打下了牢固的基础。呼都图从2020年开始建立微信群"遗宝"(ow erdeni)来教长调爱好者唱长调(详细长调歌名见图1和图2)。布和额尔敦是东乌珠穆沁旗贺斯格乌拉牧民,从小就喜欢唱歌,在长辈们的教导下学长调到现在。2019年第二届"扎格达苏荣"杯长调比赛获得优秀奖。2020年开始从呼都古图老师微信群上学乌珠穆沁长调,前后有《金世太阳》《神山森德乐》《西吉尔宝格达锡力》《布林罕布尔嘎苏》等乌珠穆沁长调。

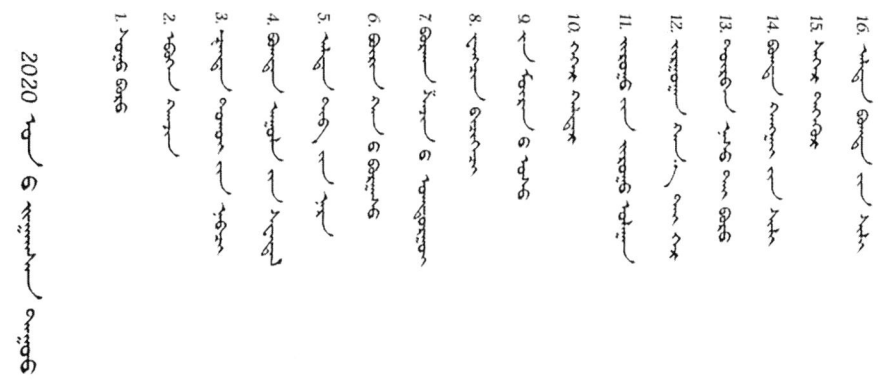

图1 呼都图在2020年教的乌珠穆沁长调歌名:
①苏古宝日;②老罕巾;③赞丹陶荟叶子;④神山森德乐;⑤金世太阳;⑥布林罕布尔嘎苏;⑦神的天空;⑧王沁毕澈其;⑨扎木仁乃乌素;⑩枣骝克栗马;⑪走马红;⑫六墙蒙古包;⑬四岁褐马;⑭神旷锡力;⑮瑟日上面;⑯金神锡力。

举办这类民间歌手训练班对保护少数民族民间艺术同时确保民族艺术的纯正风格是有其积极作用的。为了保护长调民歌文化的生态环境,必须提供强有力的支持,以促进民族艺术教育的发展。也为了保护和弘扬长调民歌,我们必须采取措施,以确保传统音乐在民间歌手和艺人中得到传承和保护。总结过去在田野上所做的工作的经验教训,往往以"曲目"为本,单纯追求民歌数量,多少忽略了长调艺术的主要载体——民间歌手。例如,过去所出版的一些民歌集中,往往只记录了民间歌手的名字,而很少记载其他相关信息。诸如,学艺经历、师承关系、从艺活动、代表曲目、风格流派等。并且,应详细记录每位歌手的通信地址、电话号码,以备建立长调歌手"个人艺术档案",随时进行联络,实现动态管理,增强实地调查的真实性、科学性和实用性(乌兰杰,2012)。举办培训班,以确保民族艺术的原生态风格得以保留,这对于维护中华民族文化遗产的完整性具有相当意义。

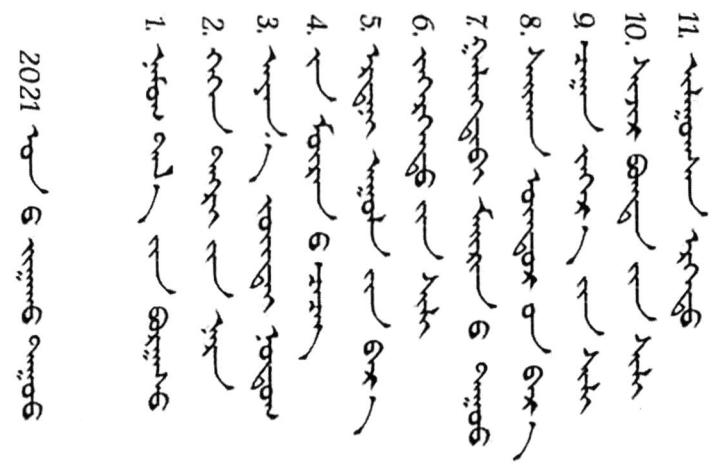

图 2　呼都图在 2021 年教的乌珠穆沁长调歌名：
①沼泽柳；②光天太阳；③阿亚那巨太家乡；④扎木仁乃其其格；⑤额尔敦山背影；⑥哲日根图锡力；⑦嘎灵迪毕梅林的歌；⑧赛罕温都尔背影；⑨白羚的锡力；⑩西吉尔宝格达锡力；⑪伊拉古森额尔和图。

（二）民间艺人

传统社会乌珠穆沁长调采用口传心授形式，借助民俗场景集体合唱，师徒和家族传承自然流传。父母对家族传承起到了关键作用，从小时的摇篮曲，到日常生活当中的训谕歌，父母的歌曲一直陪伴着下一代，为他们的成长提供了坚实的支撑。与现今音乐院校的教学传承不同，民间师徒传承采用的是模仿长调民歌这一最为简单而有效的方式，学徒们通过这种方式来进行学习。在乌珠穆沁地区，一些年幼的孩子自幼便展现出了在歌唱方面的卓越才华，令人叹为观止，父母早有预备，送子女到当地著名歌手那里拜师学习演唱。在媒体和其他现代化设施不足的年代，牧区的婚礼、寿宴、那达慕以及其他仪式宴会之后的种种民俗仪式中，常常承载着它就是民间长调大合唱，而这民间长调合唱无形之中就构成了传承磁力场的巨大载体，变成了集体创造和集体传承的途径。

然而，在传承和弘扬长调民歌的过程中，民间歌手常常扮演着至关重要的角色，他们的才华和贡献是不可或缺的，为其注入源源不断的活力和灵感。民歌艺术的辉煌成就，最主要的代表人物莫过于那些来自民间的歌手。民间歌手亦为展现民族或地域特色的代表人物。所以，缺少民间歌手，传统音乐的高级形态将无从谈起，民间风格的成熟稳定也将难以形成独具特色的艺术流派。在蒙古族传统音乐艺术中，民间歌手扮演着最为活跃、最为重要的角色，他们是不可或缺的存在。

萨扎布是东乌珠穆沁旗阿拉坦合力苏木巴彦杭盖嘎查人、乌珠穆沁长调协会成员。从小在牧区长大的萨扎布，在那达慕、婚礼、过年时把长辈们唱的长调跟着学并把它跟着唱，在这样环境当中偶尔在寿宴、婚礼等场合上跟着大家唱。直到 2017 年在东乌珠穆沁旗中心乌里雅斯太镇陪读外孙女哈拉木吉上学期间，因爱好参加了查干夫的乌珠穆沁长调传习所。从查干夫的传习所学到曾经失传的乌珠穆沁长调，而不是人们所知道的长调歌曲。《神奇的喇嘛》这首乌珠穆沁长调是在查干夫的教导下所恢复唱的一首歌。通过乌珠穆沁长调协会以及乌珠穆沁长调传习所集体参加各种活动来充实自己。

访谈八

萨扎布，男，70岁，东乌珠穆沁旗民间艺人，2023年2月16日，地点：东乌珠穆沁旗。"我在旗里看外孙女哈拉木吉上学期间，2017年因爱好参加了乌珠穆沁长调传习所到现在已经有6年时间了。在查干夫的教导下唱了《神奇的喇嘛》这首长调民歌。在20世纪，婚礼、寿宴上唱完《神奇的喇嘛》长调民歌的基础上才能唱别的歌，所以在当时《神奇的喇嘛》这首长调民歌是必唱之歌。后来，查干夫在资料上看到这首歌却不知道作曲和唱法的情况下，通过田野调查发现，阿拉坦合力苏木巴大拉胡嘎查陶来老人会唱《神奇的喇嘛》这首歌并且录音下来，用图来老人的录音教给我唱这首长调民歌。陶来老人当时能记住所见所闻而不忘，记忆力特别好，他的嗓音低沉广阔，一直以唱《赞歌》练嗓子，超出众多歌手。陶来老人不仅唱乌珠穆沁长调唱得好，而且以自己的特点唱阿巴嘎民歌《马桩上的枣骝马》而出名。"

"乌珠穆沁长调歌曲集所记载的乌珠穆沁长调歌曲的唱词并不完整，如果按照最传统的演唱习俗进行完整演唱，那么一首长调歌曲至少可连续唱几个小时。《棕色的小鸟》(borboriin biljvvhai)这首歌一共有33段，是乌珠穆沁长调里诗段最长的一首长调歌曲。"就像萨扎布所说，乌珠穆沁部长调的唱词篇幅较长，歌曲集为了载入更多数量的长调歌曲，往往只会对其前两段唱词(两个诗段)进行记载，再加上当今长调演唱中约定俗成的只唱两段唱词的习俗，歌曲集中的唱词记录一般只限于两个诗段，即两段唱词。

陶格陶是东乌珠穆沁旗萨麦苏木胡戈尔齐戈嘎查牧民，民间艺人。出生于1948年4月。陶格陶姥爷那仁满都拉是当地著名的歌手、马头琴手，是个艺人。陶格陶是家里的独生子，从小受家族遗传，长调歌曲唱得好，在牧区大小乃日婚礼上献唱并获得牧民们的认可。在最初的演唱传统中，歌手在演唱时追求唱词的完整性，只要开始演唱一首长调歌曲，就必将其全段唱词唱完。追求完整地表现歌曲唱词所表达的故事内涵。从2005年开始参加各种比赛来展示自己的才艺表演获得各个奖项。获得2007年8月西乌珠穆沁旗承办的《乌珠穆沁歌曲大赛》长调组第二名；2009年1月在西乌珠穆沁旗举办的《草原歌曲大奖赛》长调组第一名。2009年东乌珠穆沁旗人民政府授予陶格陶"长调传承人"。随着非物质文化遗产保护工作的逐步深入，内蒙古自治区文化主管部门开始重视对传统音乐传承人——民间歌手和艺人的认定和保护工作。2010年6月内蒙古自治区文化厅授予陶格陶内蒙古自治区非物质文化遗产乌珠穆沁长调自治区级代表性传承人。2012年8月陶格陶受蒙古国东方省之邀前去蒙古国东方省参加演出，11月受日本艺术学校之邀同乌珠穆沁长调艺术团前去日本，把乌珠穆沁长调献唱异国他乡。

通过陶格陶的家族民间歌手的例子可以看出，长调民歌原生态形式的文化传播方式——家族血缘传承关系，完全可以适应新时代的要求，重新与民俗活动相结合，逐渐发展为文化专业户。2011年4月东乌珠穆沁旗非物质文化保护中心授予陶格陶家为"蒙古族长调传承户"。这样的传承户模式，对于保护长调民歌具有一定的积极影响。

在乌珠穆沁民间艺术家创作的歌曲中，《神山宝力根杭盖》《凉爽的赛亚力吉》《查干套海》《查干哲日音锡力》《富饶的杭盖》《乌珠穆沁的团尾马》《铁青马》《高高的青马》《都仁扎纳》《金翅的翠鸟》《锦吉白鹭》《阿必达神》《神气的喇嘛》《宝格达山的森德尔》《宝格达山之巅》《缭绕的黑云》《神气的走马》《五彩缤纷》《太平盛世赞》《清凉的天空》《章吉尔老寨》《雾笼大地》《汉乌拉之影》《敖包图汉贝之歌》《筑秘藏》《岩石中垒巢的鹰》《乌珠穆沁亲王之歌》等。乌珠穆沁人创作的蒙古长调歌曲，真实地反映了乌珠穆沁的历史沿革，反映了乌珠穆沁人热爱故乡、热爱大自然、热爱生活的心境。

（三）民众

民众也在乌珠穆沁长调传承过程当中具有离不开的作用。蒙古族的传统节日、社会民俗事项极为丰富多彩，诸如那达慕、各种祭奠仪式、敖包神树祭祀活动等。这些节日或祭祀活动，既是人民群众喜闻乐见的娱乐形式，又是长调民歌的重要载体，属于原生形态的文化传播和保护渠道。社会民俗事项具有群众性、周期性、社会性、稳定性特点，是传播和保护长调民歌最为有效的形式之一。有些内容健康、形式独特的民俗事项，诸如祭敖包、祭神树、祭火等传统仪式，并非宣扬封建迷信，而是表现蒙古人对大自然的虔诚崇拜。经过挖掘、考证、整理和提高后，可以重新推向社会，从而使蒙古族民俗活动变得更加丰富多彩，文化载体变得更加多元化。

访谈九

阿诺德，27岁，呼伦贝尔市新巴尔虎左旗人，2022年11月10日，地点：呼和浩特市。"我们新巴尔虎左旗，为了纪念杰出长调歌唱家——宝音德力格尔的特殊贡献，树立了一座'道奇丁·敖包'歌手敖包。定期举行祭祀仪式，并举行长调民歌比赛。"

总之，在保护长调民歌方面，民众重视传统节日和民俗活动的特殊作用，综合发挥其多方面的功能，并努力打造成高质量的民族文化品牌。我们只要做得好，必定会收到事半功倍的社会效益，产生良好的社会影响和经济效益。

图 3　寿宴现场乌兰牧骑长调歌手布和朝鲁演唱《金翅鸟》，笔者拍摄于 2022 年 11 月 18 日

图 4　在座的长辈们听完歌鼓掌，笔者拍摄于 2021 年 8 月 21 日

五、乌珠穆沁长调当代传承空间

（一）传统祭祀活动空间

在中华民族传统文化自然生态保护区中，应当注重保护蒙古族传统民俗活动的完整性和可持续性。长调民歌是草原人民在漫长的生产斗争和生活劳动过程中创造出来的艺术形式，是一种古老而又年轻的文化遗产。蒙古族的传统节日和社会民俗事项丰富多彩，涵盖了那达慕、婚礼仪式、各种祭祀仪式、敖包神树祭祀活动等多个方面，为人们提供了丰富多彩的文化体验。这些节庆或祭祀活动，不仅是广大民众所钟爱的娱乐形式，同时也是长调民歌的重要媒介，属于文化传承和保护的原始形式。自改革开放以来，内蒙古各地的节日和民俗文化活动在对外文化交流和旅游事业的双重推动下焕发出勃勃生机。

乌珠穆沁人祭敖包挑选山水丰美的地方用石头堆成一座圆锥形的敖包祭祀。祭祀敖包有特定的日期，通常集中在农历六月，乌珠穆沁人称六月为"敖包月"。在东乌珠穆沁旗内范围最大的敖包是巴彦敖包，往下有大小敖包很多种。

访谈九

根登，男，69 岁，牧民，2022 年 8 月 20 日，地点：东乌珠穆沁旗。"祭祀敖包的前一天负责祭祀的人带上用品，搭建蒙古包、帐莲、厨房，整修布置敖包更换柳条、插上天马旗，请喇嘛、备好祭品，准备整羊茶点膳食。祭敖包日，太阳升起时，祭祀人要列队参加祭祀活动。队伍最前面走的是喇嘛僧侣，其次是负责祭祀的几家成员们，最后是百姓队伍。女子不能上敖包山，在敖包山坡下面酹酒叩头。用五种颜色的哈达、佛幡装饰的敖包前摆放长方桌，上面摆上整羊两只，两旁摆上牧民供奉的奶食。喇嘛们诵祭祀经文擂鼓吹号请神求福，这时所有人面朝敖包下跪叩头。之后负责祭祀的几家率众手捧奶食围着敖包顺时针转三圈，并祈求风调雨顺、水草丰美、五畜兴旺、安乐太平、降福于人间，并敬献祭祀品，祭祀完毕，由差役将奶食等收回。

祭祀仪式结束后，举行敖包那达慕。场地中间搭建大帷幄，长辈们坐中间，大帷幄桌上摆放整羊、奶食、奶酒。敖包那达慕开始赛马、摔跤比赛。比赛必须在一天内完毕。那达慕结束后，为参加比赛获奖者颁发奖品，并分发敖包祭祀品。敖包福禄是在大锅里煮上牛羊肉，把奶食、点心等摆在大盘内分给所有参加祭祀者分享。"

社会民俗事项具有群众性、周期性、社会性、稳定性特点，犹如一台黄金制作的保险箱，是传播和保护长调民歌最为有效的形式之一。乌珠穆沁人民日常生活当中一直以来崇尚长调民歌。

访谈十

萨日娜，女，58岁，东乌珠穆沁旗民间艺人，2022年12月16日，地点：东乌珠穆沁旗。"为了传承给下一代，乌珠穆沁长调协会2010年8月9日（农历六月二十九日）在乌里雅斯太山前面树立了一座'长调敖包'——歌手敖包。此后每年农历六月二十九日举行祭祀仪式时，长调歌手们围绕着敖包顺时针方向转三圈向敖包（敬献）祭品，完了之后歌手们在敖包前开始唱《伊和博格多宝力根杭盖》《太平盛世赞》《前世圣洁的福缘》三首长调民歌。"总之，保护长调民歌方面，重视传统节日和民俗活动的空间特殊作用，综合发挥其多方面的功能，必定会收到事半功倍的社会效益。

（二）私人婚庆活动空间

音乐可以促进社交联系，为人们提供交流和沟通的途径，减轻社交紧张感，建立社会信任。音乐可以在游戏、庆祝、婚礼、葬礼、政治集会等空间场合发挥这种功能。

婚礼歌中的许多优秀歌曲，不仅成功地塑造了女性形象，深刻表达出蒙古妇女的思想感情，而且为广大妇女发挥其艺术才能提供了十分广阔的天地。从音乐方面来看，整个婚礼歌舞的高潮往往是围绕女性及新娘来展开的，因此确立了女性在婚礼歌舞中的中心地位。婚礼歌以其独特的仪式性、程式性、民俗性和群众性特征脱颖而出，与其他民歌体裁迥然不同。婚礼歌是以婚礼为主题的歌唱形式，它通过对各种不同场合下婚礼礼仪的描述和描绘来抒发人们对于美好婚姻的向往之情。在婚礼仪式的每一个环节中，都伴随着相应的旋律和歌词。其中既有长调婚礼歌，也有短调婚礼歌，分别在不同的仪式场合演唱。婚礼歌各构成要素都各具特色，起伏跌宕，疏密有致地构成了一个结构严密、色彩斑斓的民俗性组歌套曲。《伊和博格多宝力根杭盖》是乌珠穆沁朝政礼仪歌曲之一，也是正式的宴歌。《富饶美丽的杭盖》也是婚礼上唱的歌。

在宴庆的开始曲和结尾曲常演唱的《圣主成吉思》（潮尔歌）和《清凉的杭盖》等长调由两个乐句组成。这种长调只有掌握乌珠穆沁体式的歌手才能够唱出它固有的风格。这些歌曲的风格特点与歌词的内容相融，前部分高亢广阔，带有颂词的特点，后部分则具有自由流畅、优美动听的特点，显示出音乐的两种风格。乌珠穆沁宴庆所演唱的普通长调（苏门长调）有《圣山宝力根杭盖》《枝叶稠密的大树》等。其内容以赞礼颂歌、怀念情调歌曲、生活哲理为主，音乐特点则是抒情流畅、高亢向上为标志。这类长调，只有具备演唱乌珠穆沁长调的女高音歌手才能唱出它的原味。

在办婚嫁喜事时，不仅双方均邀请长调歌手来唱歌，被邀请到场的男男女女也都争着唱，露一手，比唱技。乌珠穆沁历代歌手们就是在这样的环境中成长的。在上述婚庆时，至少也要唱三首歌。乌珠穆沁人讲究"唱歌越多，福气越大"，将唱歌作为生活的吉祥之兆。因此有关喜庆、盛会的名词中就有"献歌""喜庆三桃""娱乐三关""不要放过歌"等。

访谈十一

萨扎布，男，70岁，东乌珠穆沁旗民间艺人，2023年2月16日，地点：东乌珠穆沁旗。民间艺人萨扎布说道："以现在的情况来看，在牧区举办的婚礼场合上才能看到长调的演唱，具有原生态风格。牧区的婚礼舞台是在蒙古包里，到场的人们围绕着图拉嘎坐在一起，一人开始唱其他人就跟着唱，唱完，在场的晚辈齐唱。在城镇举办的婚礼具有舞台演出形式，而且短调民歌演唱的多。"

（三）公共赛事活动空间

乌珠穆沁长调大都内容健康，格调高雅，有益于人们身心健康，富有积极意义。东乌珠穆沁旗阿音奈益年养老中心是以医疗检查为引领，通过入住老人进行康复训练、日常娱乐、日常学习、日常健康饮食的生活养老方式进行医养结合的养老园区。养老中心最吸引人们的是纳贡毕力格蒙医心身互动疗法。2023年2月18日召开阿音奈养老园区志愿者协会第一次会员大会。大会上著名歌手查干夫、长调歌手陶格陶、长调歌手乌日图娜苏图、民间艺人萨日娜等演唱乌珠穆沁长调。

访谈十二

萨扎布，男，70岁，东乌珠穆沁旗民间艺人，2023年2月16日，地点：东乌珠穆沁旗。民间艺人萨扎布说："不管是对歌唱者还对听歌者，长调都能让人的心情愉快、舒服，唱完或者听完瞬间像走在草原上，身心自然变得宽广。"

2022年8月4日到5日，在西乌珠穆沁旗举办全区"莫德格杯"长调比赛。在比赛现场，观众不惧天气热，在观众座位坐得满满的。在这样的一个比赛环境当中，现场的人们，不管是举办人、参赛人还是观众都能意识到长调民歌的传唱人还是很多的，其中参赛选手一共143名、半决赛有32名、决赛有16名来自各地歌手，歌手们不分专业歌手与非专业歌手，学生、民间艺人、牧民歌手等都有参加。类似定期举办各类群众文化活动，经过各地群众文化馆的组织和培养，牧区演唱长调民歌蔚然成风，涌现出一批年轻的歌手。纷纷参加各类歌曲比赛，有的还取得了很好的成绩。群众文化与原生形态的长调民歌，毕竟有所不同，不能将两者等同起来。然而，长调民歌与群众文化相结合，为保护工程提供广阔空间和宝贵经验，是一件有利的事情。

图5和图6　阿音奈养老园区志愿者协会第一次会员大会长调演出，拍摄于2023年2月18日

图7 西乌珠穆沁旗全区"莫德格杯"长调比赛初赛现场，笔者拍摄于2022年8月4日

图8 东乌珠穆沁旗民间歌手萨日娜，笔者拍摄于2022年8月5日

（四）乌珠穆沁长调传承空间的发展策略

随着社会的发展和变迁，乌珠穆沁长调的传承面临着挑战。一方面，现代生活节奏的加快，使人们越来越少有时间和精力去欣赏和学习这种传统的歌唱方式；另一方面，随着科技的发展和全球化的推进，外来的音乐文化对乌珠穆沁长调的冲击也越来越大。面对这些挑战，我们应该采取积极的措施来保护和传承长调民歌。首先，我们应该加大对乌珠穆沁长调的宣传力度，让更多的人了解和认识到它的价值。在草原旅游业和乌珠穆沁长调之间搭建桥梁，使长调文化能够与外界沟通，得到外界的欣赏和热爱。草原旅游业可以利用乌珠穆沁长调使广大人民群众重新认识到乌珠穆沁长调的独特魅力，使人们产生保护和传承乌珠穆沁长调的责任感、使命感和义务感，壮大保护力量。深入挖掘和发现乌珠穆沁长调的经济价值，使其文化价值与经济效益协调统一，更有实效地保护和传承乌珠穆沁长调。其次，我们应该在学校和社区开展乌珠穆沁长调的教学和活动，让更多的年轻人有机会接触和学习这种传统的歌唱方式。乌珠穆沁长调当代传承的成功经验告诉我们，长调的保护必须深入到基层，以确保其文化价值得到充分的体现。保护长调的本质在于维护其生存的基层社区，因为只有在这个社区中，原生性才能得到充分的保护。在内蒙古，乌珠穆沁分为东乌珠穆沁旗和西乌珠穆沁旗两个旗，是乌珠穆沁长调保留的基本空间单位。文化品类的传承和发展需要在特定的基层社区和特定的受众群体中进行，因为基层不仅仅是其标签，更是其独特意义和功能的温床。基层的优势在于，能够切身感受和了解生长在基层的文化，可以根据成长的需要给予营养。乌珠穆沁长调的繁荣源于其与当地居民的生活相互交融，形成了一种紧密的联系，这种联系是当地文化系统中不可或缺的组成部分。最后，我们应该利用现代科技手段，如互联网和数字技术，来传播和推广乌珠穆沁长调。

结论

从非物质文化遗产方面，乌珠穆沁长调在当前的文化保护工作中，我们不能忽视民间协会所扮演的重要角色。正如之前所述，乌珠穆沁长调协会在其保护和发展工作中扮演着至关重要的角色。通过田野调查，在长调的具体工作中，政府和牧民之间的互动并非垂直，而是通过乌珠穆沁长调协会这一中介机构相互关联。民间协会不仅能够促进当地经济发展，而且可以提高当地人民群众的生活质量，同时也对当地传统文化产生积极影响。协会常常策划各种长调方面的工作计划，向政府提出方案，以协助文化部门协调社会力量参与支持，并组织歌手开展活动。2017~2022 年乌珠穆沁长调协会收集录制了 100 多首即将失传的长调歌曲。如今长调协会已走过 19 年的历程，成员们经常参加地区各类文艺演出及比赛，也多次参加国家级和国际性蒙古长调比赛并取得过良好的成绩。

从另一个角度来看，牧民和民间艺人们更倾向于通过参与协会来积极参与各种活动。在此过程中，政府和牧民之间形成一种良性互动关系，这种关系是政府主导下的社会整合方式。在政府与民间联系中，行政手段所带来的机械互动尴尬问题得到了有效缓解。长调民歌申报"人类非物质文化遗产"成功，彰显了长调民歌在人类文化大背景下的独特价值，并以蒙古族文化为典型表达形式，在人类文明进程中具有历史价值和当代意义。

从传承方面来看，运用文化人类学对乌珠穆沁长调进行文化根源认识，目前长调传承方式大致可分为三种：第一类为在当代传承的载体，互联网、电视、收音机；第二类为传承人及民间艺人，目前约 50~60 岁，还居住在牧区，这类人员为传承人中的主体和原生文化中的主导力量。他们生于草原长于草原，触摸着原生态的文化形态；第三类为空间中的传承，蒙古族的传统节日和社会民俗事项丰富多彩，涵盖了那达慕、婚礼仪式、各种祭祀仪式、敖包神树祭祀活动等多个方面，为人们提供了丰富多彩的文化体验。这些节庆或祭祀活动，不仅是广大民众所钟爱的娱乐形式，同时也是长调民歌的重要媒介，属于文化传承和保护掌握长调民歌的独特特征，尤其是熟练运用颤音技巧，是将演唱风格表现得更加出色的关键，能充分发挥长调民歌歌手的自然嗓音。

本研究还需要进一步完善的内容很多：首先，由于本文只是基于乌珠穆沁长调中的当代传承进行研究，对于宏观角度的研究比较欠缺；其次，理论知识有待于进一步加强，在研究过程中理论理解和应用不够全面和深刻，对于文化人类学视角下非物质文化遗产传承研究分析可能有很多缺陷之处；最后，在田野调查过程中语言转换方面不够精准，与访谈者的交流和访谈笔记都是用蒙语进行的。因此有翻译不当的情况，这也是本研究的不足之处。

参考文献

一、专著

[1] 苑利，顾军. 非物质文化遗产学[M]. 北京：高等教育出版社，2009.
[2] 麻国庆，朱伟. 文化人类学与非物质文化遗产[M]. 北京：生活·读书·新知三联书店，2018.

[3]郑培凯. 口传心授与文化传承：非物质文化遗产：文献, 现状与讨论[M]. 桂林：广西师范大学出版社, 2006.

[4]瑟·巴音吉日嘎拉. 蒙古长调歌原理(蒙古文)[M]. 呼和浩特：内蒙古人民出版社, 2000.

[5]拉苏荣. 人民的歌唱家哈扎布(蒙古文)[M]. 呼和浩特：内蒙古人民出版社, 1993.

[6]拉苏荣. 宝音德力格尔传(蒙古文)[M]. 北京：民族出版社, 1999.

[7]拉苏荣. 我的老师昭那斯图(蒙古文)[M]. 呼和浩特：内蒙古人民出版社, 2001.

[8]那·布和哈达. 乌珠穆沁民间艺术集锦（上）(蒙古文)[M]. 呼和浩特：内蒙古人民出版社, 2005.

[9]那·布和哈达. 乌珠穆沁艺术家(蒙古文)[M]. 呼和浩特：内蒙古人民出版社, 2005.

[10]那·布和哈达. 蒙古长调之摇篮——乌珠穆沁(蒙古文)[M]. 呼伦贝尔：内蒙古文化出版社, 2006.

[11]道·桑杰. 乌珠穆沁民歌(蒙古文)[M]. 呼和浩特：内蒙古人民出版社, 2012.

[12]乌力吉. 东乌珠穆沁旗志[M]. 呼伦贝尔：内蒙古文化出版社, 2013.

[13]白和平. 西乌珠穆沁旗志[M]. 呼伦贝尔：内蒙古文化出版社, 2003.

[14]乌兰杰. 中国蒙古族长调民歌[M]. 北京：中央音乐学院出版社, 2012.

[15]包·达尔汗, 乌云陶丽. 蒙古族长调民歌[M]. 北京：文化艺术出版社, 2012.

[16]德木其格, 格日勒陶格陶. 长调发展[M]. 东乌珠穆沁旗文化历史协会(蒙古文内版), 2020.

[17]乔玉光. 内蒙古蒙古族长调风格区及其典型曲目(上下)[M]. 呼和浩特：内蒙古人民出版社, 2015.

[18][美]西奥多·列文. 在那山水歌唱的地方：图瓦及其周边地区的音乐与游牧文化[M]. 北京：民族出版社, 2021.

[19]萨仁格日勒, 铁力木杰. 亨宁·哈士纶搜集的蒙古民歌研究(蒙古文)[M]. 北京：民族出版社, 2018.

二、论文

[1]乌拉儿. 蒙古族长调民歌国际论坛优秀论文集[C]. 内蒙古人民出版社, 2007.

[2]第四届"宝音德力格尔"杯长调大赛暨蒙古族长调艺术东乌珠穆沁论坛论文集[C]. 中国乌里雅斯太, 2012.

[3]杜峥嵘. 内蒙古东乌珠穆沁旗乌里雅斯太镇蒙古族婚礼仪式"音声"的田野调查[C]. 内蒙古大学艺术学院学报, 2012(2).

[4]乌兰其其格. 乌珠穆沁宴会歌曲文化研究[D]. 内蒙古大学博士学位论文, 2013(11).

[5]盖帅. 锡林郭勒地区长调民歌区域风格与唱腔特点研究[D]. 内蒙古师范大学硕士学位论文, 2017(2).

[6]乌吉莫. 乌珠穆沁长调民歌之儿童传承习俗研究[D]. 内蒙古师范大学硕士学位论

文，2017(2).

[7]额日登塔娜.电视媒体对蒙古族传统文化的影响研究[D].兰州大学硕士学位论文，2015.

[8]张宝娣.酉水船工号子的音乐人类学研究[D].吉首大学硕士学位论文，2015.

[9]图雅.蒙古大型长调研究[D].上海音乐学院硕士学位论文，2016.

[10]刘新和.民俗文化视域下的蒙古族长调[J].内蒙古大学艺术学院学报，2011，8(3)：44-49.

[11]博特乐图.经验与启示——蒙古族长调民歌的保护与传承经验两例[J].内蒙古大学艺术学院学报，2009(2)：67-71.

[12]傲东白力格.蒙古长调歌是如何传承的？——群体歌手、宴会舞台与德都蒙古长调歌表演[J].内蒙古大学艺术学院学报，2017(1)：56-62.

[13]王晓奎.日本非物质文化遗产保护立法的演变及相关问题[J].文化遗产，2008(2)：135-139.

[14]党旗，乌兰其其格.蒙古族科尔沁叙事民歌的传承与保护以国家级非物质文化遗产传承人何巴特尔口述采访为例[J].内蒙古艺术学院学报，2018(3)：50-54.

[15]刘晓峰.谁是'民间国宝'—'本无形文化遗产'传承人定则[J].艺术评论，2007(6).

[16]乌云陶丽.也谈蒙古长调的现状与保存[J].人民音乐，2011(5)：52-54.

[17]包爱军.从蒙古长调现状谈原生态音乐的保存[J].广播歌选，2011(6)：109.

[18]吴云.蒙古族长调的记忆方式与口头传承——以乌珠穆沁部长调为例[J].中国音乐，2019(6)：39-49.

[19]吴海龙.浅析蒙古族音乐元素在流行音乐中的传承及发展[J].科技风，2019(13)：222.

[20]黄薇.中国少数民族音乐文化的当代传承与创新探讨[J].参花(上)，2022(11)：65-67.

[21]宋杰.音乐心理学与民族音乐的文化传承[J].艺术品鉴，2022(21)：193-196.

[22]赵旻.增强文化自信 坚定艺术为人民的思想立场[J].中央音乐学院学报，2023(1)：3-10.

[23]白雁.流行音乐视域下蒙古族长调音乐的传承与发展[J].艺术大观，2021(26)：31-33.

[24]胡和平.繁荣发展文化事业和文化产业[N].人民日报，2022(009).

附录

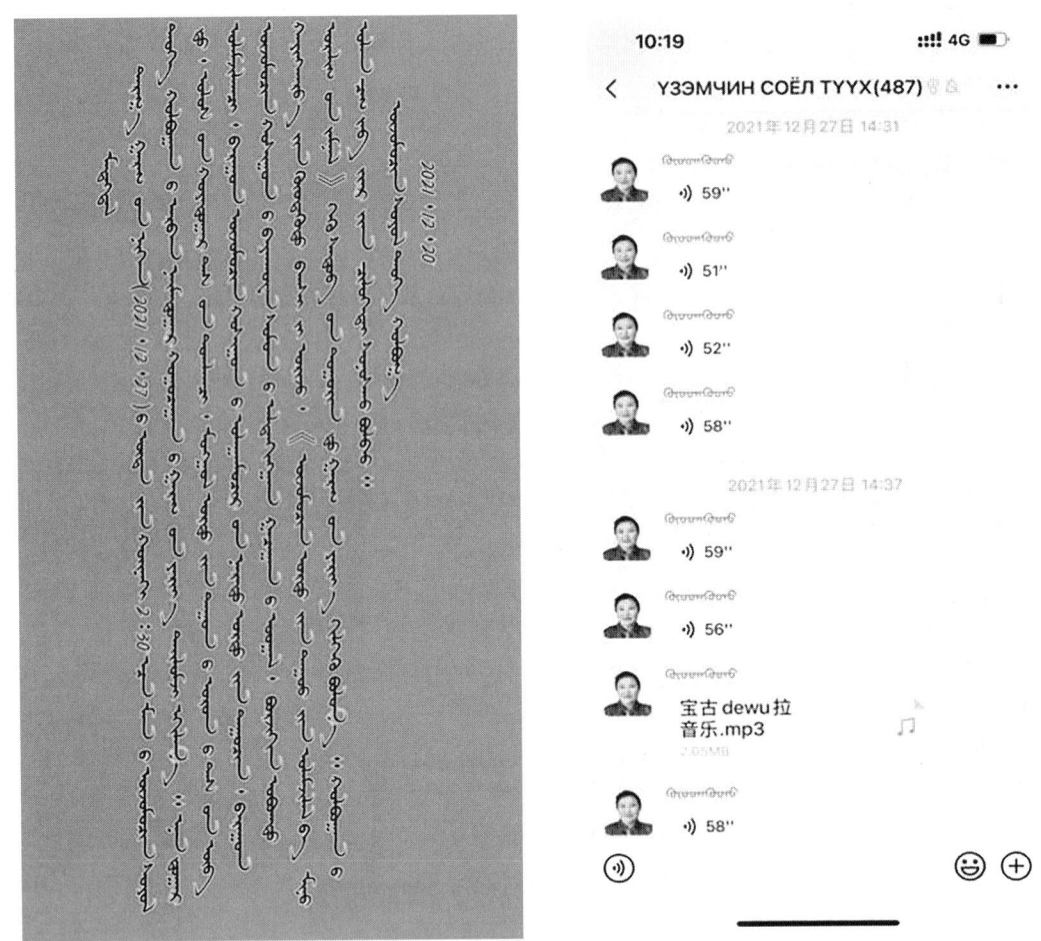

附图1(左)和附图2(右)　2021年12月27日至2022年1月2日在"ҮЗЭМЧИН СОЁЛ ТҮҮХ"(乌珠穆沁文化历史)微信群里，国家二级演员、蒙古长调区级非物质文化遗产传承人、西乌珠穆沁旗乌兰牧骑著名长调歌手呼都古图以《乌珠穆沁长调传承和我的艺术之路》为主题进行一个星期讲解的通知和微信上的开讲截图。